精准方略的高校实践

——高校精准扶贫精准脱贫典型项目集

教育部乡村振兴工作领导小组办公室⊙编

JINGZHUN FANGLUE DE GAOXIAO SHIJIAN

——GAOXIAO JINGZHUN FUPIN JINGZHUN TUOPIN DIANXING XIANGMUJI

电子科技大学出版社
University of Electronic Science and Technology of China Press
·成都·

图书在版编目(CIP)数据

精准方略的高校实践：高校精准扶贫精准脱贫典型项目集 / 教育部乡村振兴工作领导小组办公室编. -- 成都：电子科技大学出版社，2021.7

ISBN 978-7-5647-8588-8

Ⅰ. ①精… Ⅱ. ①教… Ⅲ. ①高等学校—扶贫—项目—中国 Ⅳ. ①G649.2

中国版本图书馆CIP数据核字（2020）第239383号

精准方略的高校实践——高校精准扶贫精准脱贫典型项目集

教育部乡村振兴工作领导小组办公室　编

策划编辑　杨仪玮
责任编辑　杨仪玮

出版发行　电子科技大学出版社
　　　　　成都市一环路东一段159号电子信息产业大厦　邮编 610051
主　　页　www.uestcp.com.cn
服务电话　028-83203399
邮购电话　028-83201495

印　　刷　四川煤田地质制图印刷厂
成品尺寸　170mm×240mm
印　　张　24.75　彩页　28页
字　　数　405千字
版　　次　2021年7月第一版
印　　次　2021年7月第一次印刷
书　　号　ISBN 978-7-5647-8588-8
定　　价　98.00元

编委会成员

1 综合扶贫篇

北京大学帮扶建设的云南弥渡县花鱼洞光伏提水工程通水

清华大学帮助设计建设的福建福鼎站正式启用并给学生团队代表颁发“荣誉村民证”

同济大学在深度贫困村云南云龙县永安村设计并援建的上村议事中心

南京农业大学专家为贵州麻江县高枧村贫困户做菊花栽培管理技术指导

中国药科大学帮扶“爱心田”——我在镇坪有块田

湖南大学帮扶点——自发参与、协力造屋

华南理工大学帮扶建设的孔美党建主题文化公园和长廊

重庆大学打造云南绿春县大兴镇党建脱贫“双推进”教育实训基地

2 教育扶贫篇

电子科技大学帮助贵州岑巩县建设BOE智能艺术画屏教室，岑巩小学生展示自己的画作

首都师范大学指导新疆和田地区教师观摩优质示范课

北京教育学院教师对河北阜平县龙泉关小学进行教学指导

吉林财经大学双师课堂教学现场

中国美术学院实践团队师生绘制长卷《邛海风情》

淮南师范学院顶岗支教学生为安徽寿县炎刘镇广岩小学上音乐课

南宁师范大学2017年起利用手机直播为乡村教师开展教研指导活动

石河子大学支教团开展生动活泼的示范课

3 产业扶贫篇

浙江大学专家团队在云南景东县指导茶叶种植

厦门大学帮扶隆德县建设的康业扶贫产业园

西安电子科技大学帮扶建设的金银花扶贫车间

兰州大学指导种植青贮饲草带来的生态变化

河北大学帮扶河北赤城县椴木沟村建设的电子商务平台

黑龙江八一农垦大学“玉鹅种养”模式玉米地收获前

上海理工大学医疗器械与食品学院团队开始实验

南昌大学科研团队开展江西婺源荷包红鲤选育工作

海南大学兰花专家在海南乐妹村兰花基地开展培训

西藏农牧学院帮扶指导的黑青稞丰收，群众欢欣雀跃

4 智力扶贫篇

中国农业大学"科技小院"冬桃修剪培训会

中国传媒大学"光明影院"走进四川凉山州深度贫困地区盲人家中开展帮扶

华中农业大学“大手牵小手”城市行活动组织湖北建始县小学生在武汉科技馆观看星空展

中山大学帮扶点云南阿者科村航拍图

西北农林科技大学研究生助力团为陕西合阳县黄埔庄小学生开展科普活动

天津师范大学科技帮扶团队入棚指导

内蒙古医科大学扶贫干部在田间地头与村民交流

新疆大学双语青年志愿者在新疆叶城县与学生进行互动教学

5 健康扶贫篇

复旦大学附属金山医院与云南永平县人民医院结对帮扶，开展远程助诊工作

四川大学华西第二医院儿童先心病救治团队开展“儿童先心病精准扶贫”工作

河北医科大学专家带教查房

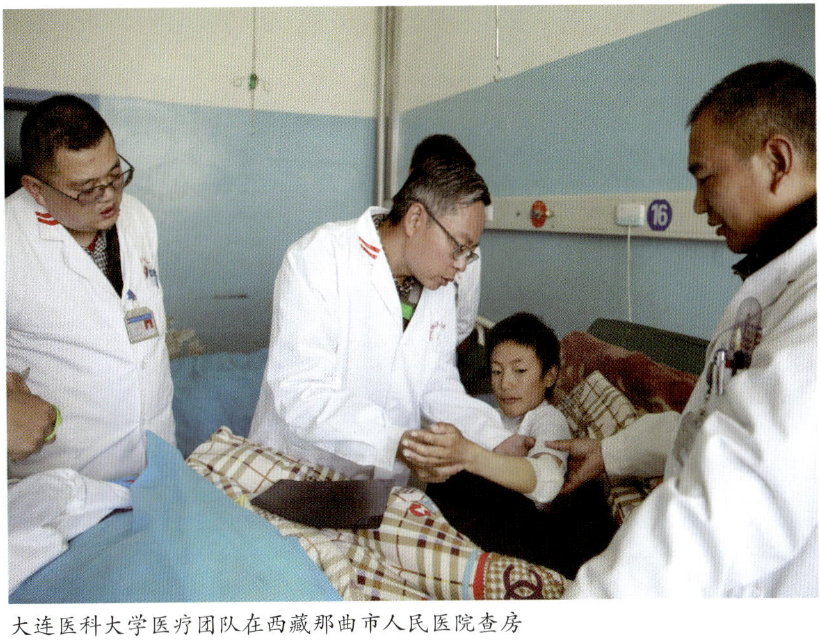

大连医科大学医疗团队在西藏那曲市人民医院查房

南京医科大学第二附属医院医生在西藏边吸氧边坚持工作

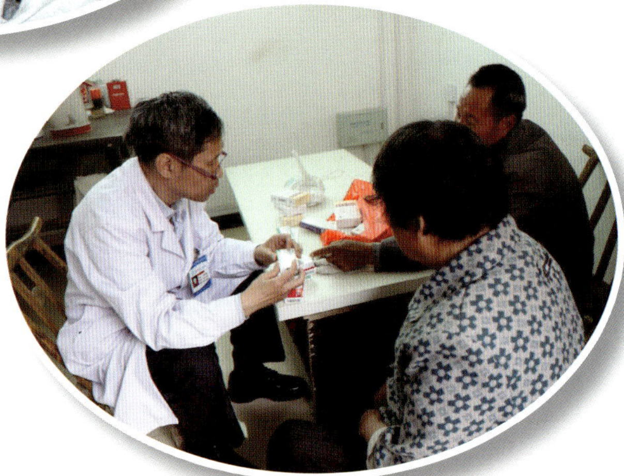

郑州大学医疗团队在河南卢氏县新庄村开展医疗问诊活动

重庆医科大学附属第二医院专家团队赴重庆彭水县开展义诊工作

6 科技扶贫篇

北京交通大学旅游管理系师生调研内蒙古科尔沁左翼后旗旅游发展现状

河北农业大学专家在河北阜平县瑞博驿站开展梨树夏季修剪指导

吉林大学科研团队为羊群佩戴定位模块

上海交通大学帮扶云南洱源县大力发展黑蒜产业

华中科技大学为金线莲生产线员工进行技术培训

安徽农业大学教授指导果蔬种植

贵州大学"博士村长"威宁作战队在贵州威宁帮扶春耕

云南大学利用"绿色烤房技术"带动建设的烟草基地

青海大学蚕豆专家在田间开展技术指导

前言

打赢脱贫攻坚战，是党中央作出的重大决策部署，是我们党践行初心使命、坚持以人民为中心发展理念的伟大实践。党的十八大以来，习近平总书记亲自挂帅、亲自出征、亲自督战，带领全党全国各族人民，推动人类历史上规模空前、力度最大、惠及人口最多的脱贫攻坚战，使困扰了中华民族几千年的绝对贫困问题得到历史性解决，谱写了世界减贫史上的“中国奇迹”。脱贫攻坚的伟大实践，充分证明了我们党领导亿万人民坚持和发展中国特色社会主义的奇迹，充分彰显了中国共产党的坚强领导和中国特色社会主义制度的政治优势。在这中间，高等院校是脱贫攻坚的一支重要力量，各高校以习近平总书记关于扶贫工作的重要论述为指导，深入贯彻落实党中央、国务院的决策部署，坚持精准扶贫、精准脱贫的基本方略，把扶贫工作作为服务国家、服务社会、服务人民的重要阵地，作为贴近基层、了解民情的重要渠道，作为扎根中国大地办大学的重要途径，作为培养锻炼干部、转变作风的重要方式，开展了一系列卓有成效的工作，树立了高校扶贫的品牌，逐步探索形成了应贫困县所需、尽高校所能的特色扶贫路径。

为加强高校精准扶贫精准脱贫典型模式、成功范例、创新经验、工作成效的总结、宣传和推广，自2016年起，教育部连续开展了5届直属高校和3届省属高校精准扶贫精准脱贫典型项目推选活动，由31个省级教育行政部门、75所直属高校和14所部省合建高校推荐候选项目，共遴选出典型项目133个。为系统总结高校精准扶贫精准脱贫的实践经验，讲好教育扶贫的中国故事，集中展现高校参与脱贫攻坚的生动实践和巨大成绩，现从历届推选出的高校精准扶贫精准脱贫典型项目中再次遴选出52个项目，包括直属高校项目24个、部省合建高校项目8个、省属高校项目20个，分为综合扶贫、教育扶贫、产业扶贫、智力扶贫、健康扶贫及科技扶贫共6个篇章，并设置“点评”专栏，从实际参与实践的师生角度展现高校扶贫特色。

本书介绍的典型项目是对各高校扶贫工作的阶段性总结和集中呈现，有利于各高校学习参阅、相互借鉴、取长补短，增强高校深入参与脱贫攻坚的合力，为巩固拓展脱贫攻坚成果同乡村振兴有效衔接工作提供借鉴。同时，可作为高校帮扶育人的参考资料，动员更广大的青年干部师生到一线受教育、长才干、做贡献。

教育部乡村振兴工作领导小组办公室

2021年5月

目 录

综合扶贫篇

教育扶贫篇

产业扶贫篇

健康扶贫篇

科技扶贫篇

综合扶贫篇

各高校立足师资人才队伍智力密集优势，将定点扶贫资源与地方资源紧密结合，加强组织领导，完善工作机制，加大工作力度，把先进的理念、人才、技术、经验等要素传播到贫困地区，开展了一系列卓有成效的工作，取得了显著成效，并积累了丰富鲜活的经验和可复制推广的路径模式。

探索“1+8+N”帮扶模式　加快推进精准扶贫工作

——北京大学精准扶贫精准脱贫典型项目

自2012年以来，北京大学全面贯彻落实国务院扶贫办、教育部的部署，定点扶贫云南省大理白族自治州弥渡县。北京大学高度重视定点扶贫工作，探索“1+8+N”扶贫工作新模式，在教育扶贫、医疗扶贫、产业扶贫等方面不断探索实践，整合多方资源，力争产生实效。

“1”是指学校在宏观层面统筹指导扶贫工作，全校一盘棋，以“全校动员、统筹资源、院系对口、智力帮扶”为原则，以智力扶贫为主旨，引导北京大学的人才、教育、科技、文化、医疗等各类扶贫资源优化配置，充分发挥科技知识与优秀人才对地方脱贫致富的核心拉动作用。学校成立了以党委书记、校长担任组长的定点扶贫工作领导小组，通过不断创新扶贫工作模式，精准发力，强化校级宏观安排和战略部署，使顶层设计和基层探索良性互动与深度融合。

“8”是指北京大学建立8个院系与弥渡县8个乡镇定点结对帮扶机制，实现了扶贫工作的全县覆盖，切实增强了扶贫工作的精准性和有效性。北京大学光华管理学院、经济学院、国家发展研究院、艺术学院、法学院、信息科学技术学院、工学院、国际关系学院等8个有代表性的院系，分别与弥渡县德苴乡、苴力镇、牛街乡、密祉镇、弥城镇、寅街镇、新街镇、红岩镇等8个乡镇定点结对帮扶，从微观的院系层面推进落实扶贫工作。

“N”是指按照弥渡县的实际需要，引入医学部、校友会、基金会、附中、附小、方正集团、出版社等单位，从金融、产业、教育、医疗、文化等方面进行全方位的精准帮扶。

北京大学在探索“1+8+N”扶贫工作模式中，取得了阶段性的扶贫成果，具体项目进展如下。

一、学校统筹规划，加强组织领导

北京大学成立了党委书记、校长亲自担任组长，学校30个职能部门及基层院系负责人为成员的扶贫工作领导小组，将定点扶贫弥渡县工作纳入学校“十三五”规划，为定点扶贫工作提供“人、财、物”绿色通道，下发正式文件，实施北京大学扶贫“甘霖计划”，每年安排扶贫工作专项经费，全校统筹动员，院系对口承接，明确具体责任人，一对一对口帮扶，逐步构建精准扶贫工作长效机制，为科学扶贫奠定坚实基础，支持弥渡县加快发展，真诚帮助贫困群众尽早脱贫致富，全力协助该县如期实现脱贫。

北京大学针对每个参与扶贫工作的单位制定了详细任务清单、时间表，对扶贫工作实施进展、质量进行跟踪、检测和考核，强化责任落实，确保各项扶贫措施落实到位，推动扶贫成果快速实现。

北京大学党委书记邱水平、校长郝平及其他学校领导先后多次赴弥渡县考察调研，走访了该县中小学校、幼儿园、企业、医院等20余个单位，深入山区特困村农户家庭实地调研，掌握第一手资料，科学制订扶贫规划，部署相关工作，促进北京大学扶贫工作有序开展。

二、院系对口帮扶，强化责任落实

北京大学全面推动扶贫工作“重心下移”，8个对口学院安排院领导专人负责扶贫工作，发挥主观能动性，支持帮扶对象融资融智、兴业脱贫。

（1）集聚扶贫资源。各对口院系积极发挥自身资源优势，积极发掘院友、产业、社会、科研等方面资源，根据对口扶贫乡镇的特色及比较优势，紧贴社会发展需求，帮助对口扶贫乡镇完善地方产业经济，促进乡镇人员就业增收，建立其自身可持续发展的扶贫模式。2016年，光华管理学院向弥渡县德苴乡捐赠图书2460册，价值6万元；同时积极联络院友，协调云南省水利厅在德苴乡落地1300多万元水利项目工程，解决该乡缺水问题。

（2）发挥院系优势。各院系发挥学科优势、专业优势、行业优势，在发展规划、政策咨询等多方面，派遣专家学者实地调研、制订方案，推动地方科学决策、科学发展。2016年2月，北京大学艺术学院师生代表深入弥渡县密祉镇，就如何整合相关文化资源用以发展旅游业以及文化产业，做了一系列实地走访和专题交流。学院师生还与密祉花灯、密祉民歌的国家非物质文化遗产传承人进行了互动和交流。合唱团的同学们共记录了10余首当地传统民歌，并收集了大量曲谱手稿；学生舞蹈团的团员们向老艺人学习了单扇花灯舞的基本动作和要领，并对花灯节节目的编排提出了意见。

（3）资助贫困学生。各对口院系遴选对口扶贫乡镇中家庭经济困难且品学兼优的学生，开展定向帮扶，对其学业成长情况进行指导，帮助其获得有效资助。各对口院系每年资助至少15名学生完成学业，共计资助贫困学生超过千名，并带动其家庭脱贫。

北京大学鼓励各对口院系根据科研项目特点，积极联合大理州及弥渡县，共同申请国家、部委及地方的科研项目，同时结合县情，优先引导科研项目落户弥渡。

三、统筹卫生资源，改善民生医疗

（1）完善卫生规划。为提高当地医疗水平，北京大学医学部领导多次赴弥渡县调研医疗卫生工作，就弥渡县医疗卫生事业发展提出具体的指导意见，完善弥渡县三级医疗体系发展规划。

（2）加强业务指导。截至2020年，北京大学先后选派附属医院2批共计40名医生赴弥渡县义诊、会诊，为群众免费诊疗超过1500人次，并结合具体病例开展专题讲座。指导医疗科室的建设工作，指导儿科独立建科，提升检验科、骨科、神经内科等关键科室工作。对弥渡县医疗技术骨干进行了临床技术业务指导，提升了弥渡县的医疗管理水平。面向基层医护人员举办临床科研、护理团队建设和医院感染管理等学术报告会，提升医务人员管理理念，切实防止群众因病致贫、因病返贫。

（3）开展健康扶贫。北京大学精心组织专家团队赴弥渡县开展教学查房、带教指导、咨询等活动，为当地百姓诊治疑难病症，提供优质医疗服务。面向广大群众开展健康科普宣教活动，普及营养与食品健康、防治妇科肿瘤、心理调节等方面的知识，提升当地居民健康意识，帮助其养成良好的卫生习惯和健康生活方式。

（4）培养医疗人才。北京大学安排弥渡县人民医院、县中医院院长、副院长等医院管理骨干到北大医院进修，安排8名弥渡县医院卫生技术人员到北大医院、人民医院、第三医院进修，提高弥渡县的基层医疗技术水平。

（5）引入惠民工程。北京大学协调国家卫生健康委员会重大专项“脑卒中筛查与防治工程”落户弥渡县，经费800余万元，分3年完成。该工程在有效防控贫困地区群众高血压、大幅降低脑卒中发病率的同时，可为全县群众节省大量医药费用开支，大幅减少“因病返贫”现象。北京大学协调中国人口福利基金会和北京大学妇儿保健中心的保健项目落地弥渡县，重点支持弥渡县妇幼保健事业。

四、发挥人才优势，突出智力帮扶

（1）夯实组织基础。北京大学高度重视干部挂职工作和以村党组织为核心的村级组织配套建设，落实好向弥渡县选派挂职副县长、向贫困村党组织选派第一书记工作。北京大学先后派出5名干部挂职弥渡县副县长，3名干部挂职村第一书记。这些选派干部勤奋敬业，以县为家，将基层组织优势变成扶贫优势，将组织活力化为扶贫攻坚动力，受到当地干部群众欢迎。

（2）紧抓干部培训。要想做好扶贫工作，当地的干部是中央多次强调的“关键少数”。北京大学结合弥渡县县情需求，开设了“北京大学弥渡讲坛”。该讲坛是北京大学倾力打造的品牌性培训工程，自2016年5月起，每月一讲，由8个对口院系轮流选派知名专家学者赴弥渡县，为当地党政领导干部、教师、医生，开设了县域干部执政能力、城乡建设规划、媒体关系管理、文化产业发展、旅游资源开发、医院管理、教师能力建设、创业能力建设等培训课程。截至2020年11月已举办23期讲坛，后续授课安排仍在紧密筹划中。

此外，北京大学还先后为弥渡县的县级、乡镇级领导干部在京免费开办了两期干部培训班，共重点培训了103名重要岗位上的干部；学校邀请名师专家到弥渡县培训干部和骨干，讲授“转变经济发展方式的法制保障”“十九大后中国经济形势分析”“地方政府如何扶持中小企业的发展”等讲座，多年来累计培训千余人次，提高了该县干部的政治素养、理论水平和工作作风。此外，北京大学还协调弥渡县干部考察汇源果汁等现代农业企业，学习其先进理念和管理经验，拓展联系，启发发展思路。

（3）选派学生支教。北京大学在团省委、团中央的支持下，先后安排7批共23名学生赴云南省弥渡县弥渡一中支教，每批为期一年。北京大学支教学生扎根贫困地区学校，与当地师生同吃同住，在传授知识、树立学风、促进教育发展等方面做出了表率和贡献。

（4）开展师资培训。北大附中接收弥渡县一中、二中10余名教师来校跟班学习交流，帮助弥渡县教师更新教育教学理念，改进教育教学方法，提高高中教育教学质量。

（5）加强社会服务。自2013年以来，北京大学博士生服务团、学生社会实践团积极开展走访调研、励志宣讲、村民法律知识讲座、田间调研、义诊宣传等多项活动，支援弥渡县的各项事业发展。

五、引导当地发展，创新产业帮扶

（1）重视发展规划。北京大学系统安排校内专家学者根据当地农业、文化、矿产、医疗卫生、工业等领域情况开展相关研究，进一步帮扶弥渡县在总体发展战略和政府政策制定等方面科学发展。

（2）突出产业优势。为调整和优化弥渡县产业结构，延长产业链条，深化区域经济发展，增加居民收入，根据弥渡县地理气候特点，北京大学安排药学院屠鹏飞教授到弥渡县选址考察，校地探索共同推进弥渡县中药材产业建设。

六、吸引社会资源，完善社会保障

在北京大学的组织动员下，北大方正集团、北大先锋科技有限公司共捐款31万元用于滇西扶贫开发；协调中国教师发展基金会，捐款30万元资助特困教师，奖励特岗教师，并支持德苴乡邑郎完全小学的硬件建设；积极动员社会力量，组织社会爱心人士为密祉镇八士村捐赠了78万元扶贫款，以改善村民生产生活条件，支持该村经济发展；动员社会力量捐赠6万元支持乡村小学教学设施改造；协调宋庆龄基金会向弥渡县捐赠价值20余万元的救护车。

自承担定点扶贫工作任务以来，在国务院扶贫办、教育部的领导下，北京大学积极探索“1+8+N”扶贫模式，整合资源，形成项目，整体推进，通过认真规划、细致调研、积极推动、筹措资金、创新工作，已先后投入及引入扶贫项目资金、公益捐赠资金共计4亿多元，扶贫工作不断取得实效。

（北京大学　刘爽健）

首创“乡村振兴工作站”模式
助力脱贫攻坚到乡村振兴的有效衔接

——清华大学精准扶贫精准脱贫典型项目

2018年，清华大学建筑学院在清华大学党委领导及学校团委等部处的支持下，联合学校相关院系，发起与地方政府共建清华大学“乡村振兴工作站”（以下简称“工作站”）项目。2019年5月2日，中央电视台《新闻联播》头条报道了工作站团队扎根中国大地、投身脱贫攻坚、助力乡村振兴的故事。两年来，工作站建设稳步推进，在服务当地脱贫攻坚到乡村振兴的有效衔接、发挥高校带动示范引领作用等方面取得显著成效。

一、基本情况

清华大学建筑学院自建院（系）以来，就秉承梁思成先生的“居者有其屋”理念，依托吴良镛先生的“人居环境科学”理论，长期坚持服务国家战略，数十年如一日地“真刀真枪”助力乡村发展，持续在滇西北、黔中以及四川、青海地震灾区等贫困高发地区乡村开展实践工作，响应党的十八大号召，聚焦服务脱贫攻坚工作。学院连续五年组织开展“美丽乡村”主题实践，近300名师生因地制宜地为贫困地区乡村提供环境整治、产业升级、教育支持等多方面的精准扶贫服务，也培养出和云娟［清华大学建筑学院硕士毕业，云南省大理州祥云县下庄镇大仓社区第一书记、扶贫工作队队长，荣获“2020年全国向上向善好青年（扶贫助困好青年）”称号］等大量投身基层建设的青年学子。

自党的十九大提出乡村振兴战略以来，学院总结工作经验，积极调整思路，探索脱贫攻坚到乡村振兴的有效衔接。2017年年底，学院在全国高校首创“乡村振兴工作站”模式，在全国不同地区针对性布点，设计改造闲置房屋，与地方政府共建实体工作站，打造公益性、开放性、长效性的服务平台，并面向国内相关高校，组织青年学生驻点开展“乡村振兴”主题实践，助力当地脱贫攻坚到乡村振兴的有效衔接。

二、实施进展

（一）建设工作站点

截至2020年，学院已与14个省份、19个市区县政府签订了共建工作站协议，已经建成投入使用7处，另有5处即将建成（见表1）。

表1　清华大学乡村振兴工作站整体情况

站点位置	签约批次	站点建设	特色工作
福建福鼎	第一批	一期建成，二期在建	共生计划、社区营造、海岛文化打造
福建闽清	第一批	站点在建	研学教育产业、闽东古厝传统建筑工艺
山东威海文登区	第一批	站点在建	乡村风貌改造、乡村文创、北方民居更新
山西闻喜	第一批	方案深化	“喜文化”文脉传承与创新，北方民宿文化
云南盐津	第一批	方案深化	扶贫—振兴转化、引入数据标注产业
四川梓潼	第二批	方案深化	文昌文化传承与创新、新型民宿产业
四川理县	第二批	一期建设完成	县域文化品牌打造、藏羌民族文化与建筑工艺
江西龙南	第二批	施工图深化	客家文化、围屋记忆传承、社区共建
陕西铜川王益区	第二批	站点建成	红色文化传承创新、秦文化与民族文化传承
江苏南京高淳区	第二批	一期建成，二期在建	“慢城”乡村营造、新型乡村建设
云南南涧	第三批	一期建成，二期在建	彝族文化传承、清华-南涧文化共通
河南三门峡	第三批	站点在建	地坑院传统技艺、乡村非遗文化传承与创新
福建宁德	第三批	方案深化	乡村特色产业，总书记初心之路
浙江台州椒江区	第三批	站点在建	垦荒文化、海岛青年成长路径探索
吉林东辽	第三批	方案深化	东北民居现代化改造

续表

站点位置	签约批次	站点建设	特色工作
黑龙江牡丹江	第四批	站点在建	东北历史文化传承与创新、近代建筑调研
重庆荣昌	第四批	站点建成	陶瓷文化传承与创新、乡村组织建设
云南维西	第四批	施工图深化	西南民族文化与建筑技艺、乡村风貌改造
海南澄迈	第四批	站点在建	乡村产业融合、亚热带建筑与传统材料应用

（二）开展主题实践

自2018年1月以来，工作站共组织121支支队，来自60余所大专院校、50余个专业的超过1400人次的师生，前往全国19个省份、34个区县（其中贫困县10个，均已成功脱贫）开展工作站建设与公益实践，累计服务超过12 000人天；完成工作站设计方案51份，目前已投入使用或即将投入使用的站点10处；完成乡村文创产品设计方案140余份，部分已投入市场或被政府采用；走访调研村落150余个，完成调研报告累计达112.5万余字并提交当地政府及相关部门参考；跟踪性固定调研观察点700余户，开展乡村座谈会400余次；通过骨干技能培训覆盖5000多人次，通过乡村振兴云讲堂覆盖乡村干部与村民2万余人次。以上工作为精准扶贫、科学施策和脱贫攻坚到乡村振兴的有效衔接提供了坚实的智力指导与调研支撑。

人居环境方面，工作站围绕基础设施提升与环境整治工作，持续推进贫困地区乡村人居环境优化提质。如四川理县工作站通过走访调研，采用适宜技术，切实解决了少数民族地区乡村用水安全等问题。

产业发展方面，工作站利用多学科交叉优势，因地制宜发展特色产业，促进乡村产业脱贫。如云南盐津工作站引入数据标注产业，开展技能培训，帮助返乡青年就业，提升贫困村民收入水平。

组织建设方面，工作站致力于激活乡村发展内生动力，增强基层组织凝聚力。如云南南涧工作站探索由清华高年级博士担任校方站长、西山村驻村第一书记担任地方站长、清华大学云南省校友会秘书长担任校友站长的“三站长”模式，凝聚组织核心力量，有效带动村民全面参与，全面整合村庄资源，培育乡村振兴的内生动力。

人才培养方面，工作站依托专家资源，与专业培养相结合，以课堂教学、云讲堂、微沙龙等形式，培养在地化三农人才、脱贫能手等。如团队中已有30余名骨干同学因持续多次前往站点开展服务，深度参与脱贫攻坚，被当地授予“荣誉村民”称号。

文化传承方面，工作站发挥师生专业特长，关注乡愁，挖掘传承地方文化特色。如云南维西工作站结合当地傈僳族文化等民俗文化特色，探索村庄有机适应现代生活的更新策略，传承非遗文化，促进乡村特色文旅发展。

助力学校定点扶贫方面，专门在清华大学定点扶贫的云南省南涧县设立站点，充分发挥学校资源优势，助力巩固脱贫攻坚成果，并推动乡村振兴发展。与继续教育学院合作，建设远程教学点，培训2200余名基层乡村干部；和清华控股等校企合作，与当地政府共同筹集500万元建设经费，推进村落基础设施与人居环境改善；开展“奶奶的鸡汤”公益扶贫项目，免费发放乌骨鸡苗2500余只并开展技能培训与跟进指导，使50余户贫困村民直接受益；在疫情防控期间，借助线上平台，举办心理讲座，覆盖1200余名学生；完成“勿忘涧枣”“涧生沃柑”等6件农村合作社产品包装设计，提升品牌效应；助力电商平台建设，扩大消费扶贫途径，帮助上线14件特色产品，月销售量超过2000件，月均获益5万余元。

三、主要特点

（一）“六个一”工作模式

乡村振兴工作站依托清华大学实践体系，以师生为主体，整合多项资源，构建“六个一”工作模式。

（1）一个统筹：设立“清华大学乡村振兴工作站办公室”，负责工作站的整体运营策划、平台建设与总体协调。

（2）一个指导：设立“清华大学乡村振兴工作站实践指导委员会”，由50位来自全国各领域的专家学者构成，为学生实践与工作站运营提供全面指导，并以乡村振兴云讲堂、微沙龙等形式向工作站所在地民众开展技能培训等工作。

（3）一个组织：设立“清华大学学生乡村振兴工作站协会”，凝聚热心乡村实践的青年学生，培养乡村实践骨干。

（4）一项基金：设立“清华大学学生乡村振兴实践基金”，获得10余家企业提供的公益基金支持，筹集专项资金500余万元，保障了团队的常规运营与站点服务，同时构建了良好的政校企社的多方互动。

（5）一组站点：与地方合作建设“清华大学乡村振兴工作站”，目前19个工作站分布于全国14个省份，设计改造乡村中的闲置、废弃房屋，与地方政府共同建设实体工作站，为驻点开展脱贫攻坚和乡村振兴主题服务，提供生活、工作、培训等功能保障。

（6）一个网络：与地方组成“清华大学乡村振兴工作站站点工作委员会”，统筹推进工作站建设，确定地方需求与团队工作方向，并设立地方-校方-校友“三站长”，由其具体执行各项运营工作，同时积极与地方高校与返乡创业团队建立合作，共同服务地方。

（二）服务脱贫攻坚和乡村振兴

“乡村振兴工作站”模式是全国高校中首创的一种青年学生依托固定站点来开展主题实践、服务脱贫攻坚和乡村振兴的新型模式，具有公益性、开放性、长效性的显著特点。工作站为广大青年学子长期投身脱贫攻坚和乡村振兴提供了稳定支持，为地方解决贫困问题衔接乡村振兴注入了活力资源，为凝聚多方力量推动复制拓展打造了创新样板。开展运营2年多以来，该模式获得了站点地区百姓的一致点赞，得到了社会各界的大力支持和认可。

（1）创新青年学子深入参与脱贫攻坚和乡村振兴的形式。学校牢记立德树人的根本任务，通过实践育人、劳动育人，以“乡村振兴工作站”为总抓手，引导学生前往乡村、了解乡村，磨砺其自身素质，树立其服务乡村的观念。从短期实践到长期扎根，从“见证者”转为“建设者”，青年学子跟当地村民同吃同住同劳动，深入调研农村现状，与当地群众建立了深厚的情感基础。学生们将汗水挥洒在田间地头，将论文书写在中国大地上。青年学子的身份变成了“荣誉村民”，他们开始自发思考自发组织帮扶行动，真正走到人民群众中去，“真刀真枪”地为脱贫攻坚乃至更长远的乡村振兴工作贡献青春力量，成长为有理想、有本领、有担当的社会主义合格建设者和可靠接班人。

（2）创新脱贫攻坚到乡村振兴的有效衔接机制。脱贫摘帽不是终点，而是新生活、新奋斗的起点。针对主要矛盾的变化，工作站先行先试，建立了长短结合的体制机制，促进“地”“人”“钱”的有效衔接。通过打造实体，化旧为新，改造乡村中具有传统特色的闲置建筑物，建立了长效的根据地；通过设立“三站长”模式，发挥钉钉子精神，一锤接着一锤敲，实现全年覆盖，持续推进；通过创造多功能多接口的“面板”，打造兼容并蓄的资源平台，形成有效循环，激活地方内生动力，推动脱贫攻坚和乡村振兴工作体系平稳转型。

（3）创新多方合作助力地方脱贫攻坚和乡村振兴的方式。工作站是一个网络型的合作平台：其打破了以往的单线沟通模式，依托论坛、年会、学术讨论形成了校地合作、站点互动、点点相连的平台，让不同地域打破交流屏障，共商乡村发展妙方。工作站是一个开放型的合作平台：学生、校友、专家学者、企事业单位、社会组织等各尽其能、各司其职，为脱贫攻坚与乡村振兴的有效衔接提供了全方位的服务清单，为脱贫攻坚和乡村振兴谱写了一曲嘹亮的战歌。工作站是一个可复制的合作平台：作为示范引领，其设立高校联盟，减少单兵作战，发挥各院校特点，促进模式在不同高校中复制迭代、开枝散叶，推动形成全国一张网，助力打赢脱贫攻坚战，为乡村振兴阵地战打下了坚实基础。

四、成效经验

工作站团队得到了中央电视台《新闻联播》、《人民日报》、《光明日报》、新华社等社会各界媒体的持续报道，并作为典型代表在中央电视台五四青年节晚会上讲述了服务脱贫攻坚和乡村振兴的故事。教育部官网发布了以《清华大学推进“乡村振兴工作站”建设，引导学生在服务乡村振兴战略中成长进步》为题的新闻简报。团队入选了团中央2019年全国大中专学生志愿者暑期“三下乡”社会实践活动优秀团队，部分支队及多位老师、同学获评“青年服务国家”首都大中专学生暑期社会实践优秀团队、先进工作者、先进个人，团队连续7年获评清华大学最佳社会实践奖、实践金奖支队，团队及成员连续2年获评清华大学年度人物。工作站团队也得到了地方政府的认可，还收到了来自部分站点村民的手写感谢信。

五、推广实施的考虑

扩大辐射影响，打造可复制样板。工作站邀请北京大学、天津大学、同济大学、重庆大学等十余所高校商议合作共建模式，探讨共同服务地方乡村发展。南京大学、湖南大学等高校在工作站模式的带动下，结合自身特点，积极探索复制迭代方案。来自60余所国内外大专院校的1400余名师生不断传播理念和做法，使工作站模式得到有效复制推广，工作站的影响得到持续提升。工作站将与各地方高校建立合作，构建乡村公益服务联盟，推动形成全国一张网，发挥示范引领作用。

（清华大学　张　弘　程正雨）

规划引领　绘就美丽乡村新蓝图

——同济大学精准扶贫精准脱贫典型项目

习近平总书记在云南省大理白族自治州考察时指出："云南有很好的生态环境，一定要珍惜，不能在我们手里受到破坏。""新农村建设一定要走符合农村实际的路子，遵循乡村自身发展规律，充分体现农村特点，注意乡土味道，保留乡村风貌，留得住青山绿水，记得住乡愁。"

同济大学自2013年起定点扶贫云南省大理白族自治州云龙县。在国务院扶贫办、教育部的指导支持下，同济大学以高度的政治责任心和使命感，发扬"同心同德同舟楫，济人济事济天下"的同济精神，贯彻落实"创新、协调、绿色、开放、共享"发展理念，把保护好当地的自然环境、人文资源为己任，发挥自身学科优势、智力优势和人才优势，探索了一条以城乡规划为核心引擎，全力推进精准脱贫，助力当地社会经济跨越发展的特色道路，为云龙绘就了一幅美丽乡村的新蓝图。

一、基本情况

云龙县位于云南省大理白族自治州最西部，属横断山脉南端"三江并流"纵谷区腹地，总面积4400.95平方公里，是大理白族自治州面积最大的县，其中98.4%以上为山地，总人口约20万，是集"民族、山区、贫困、偏远"为一体的国家扶贫攻坚重点县。

云龙县有着优美的风光、悠久的历史与灿烂的文化，展现出多姿多彩的自然生态和极具地域特色、民族特色的物质与非物质文化遗产。但工业化基础薄弱、城镇化动力不足、城镇空间发展面临刚性约束等因素，正逐渐使其失去自身特色。在国家提出新型城镇化、农村现代化和可持续发展的大背景下，传统的二元城乡发展模式已经无法适应新的发展需求。同时，区域环境的变化、重大基础设施的建设、相关国家政策的落实，又给云龙县带来了新的挑战与机遇。由此，云龙县在积极应对城镇化影响的同时，需更深入地探索适合自身发展特点的城镇化道路和城乡统筹的地方策略。

承担定点扶贫任务伊始，同济大学首先选派规划、环境、材料和新农村建设领域专家赴云龙县实地考察，厘清了云龙县扶贫开发过程中面临的现实障碍和瓶颈问题。针对这些问题，通过进一步大批量、高密度、专业化的实地走访、考察调研，并与云龙县委和县政府协商一致，明确了以城乡规划编制、新农村建设为切入和龙头的扶贫工作整体思路，确定了云龙必须走保护环境、发扬特色的城乡发展道路，将其建设成有地域特色、文化内涵的山地小城镇。

随后，同济大学建筑与城市规划学院、上海同济城市规划设计研究院（以下简称“同济规划院”）第一时间深入定点扶贫第一线，高质量地做好云龙县县城总体规划、漕涧镇总体规划、“多规合一”规划、县城控制性详细规划、县城建筑立面整治规划、县城色彩专项规划、县城生态廊道专项规划、县城地下综合管廊规划、县城景观照明专项规划、县城人防专项规划、县城抗震防灾专项规划、全域旅游规划、游客服务中心建设设计等13项规划编制、建筑设计等帮扶工作。2013—2018年间，学校选派包括4位规划副院长、5位总工、50余位工程师在内的200余人次的规划团队赴云龙实地调研，开展规划设计、不定期建设项目协助审查、项目评审等技术援助，累计优惠、减免设计费达720万元。

同济大学编制完成的规划为云龙县建立了较为完善的规划管理体系，整体规划工作在大理州名列前茅，为滇西山区城镇和新农村建设提供了一个可供参考的实践案例。2014年，同济规划院也由此获得国务院扶贫工作领导小组颁发的全国扶贫优秀集体称号。与此同时，在各项规划的引领下，同济大学还依托自身优势，整合各方资源，大力推进和持续开展了人才扶贫、教育扶贫、医疗扶贫、产业扶贫等工作，全力配合相关规划的落地实施。

二、实施进展

同济大学成立定点扶贫工作领导小组，由校党委书记、校长担任组长，定期召开定点扶贫专题工作会议商讨部署任务，并保持与云龙县的密切沟通。学校研究制订了定点扶贫工作规划，分析了云龙县诸多致贫原因中的主要问题，明晰了“规划引领，重点突出，整合推进，精准帮扶”的扶贫方针，以城乡规划统筹各项扶贫工作，抓住精准扶贫的“牛鼻子”，齐心聚力，全面落实各项帮扶措施。

（一）编制总体规划，引领精准扶贫，统筹全县的发展方向与重点

城乡规划学科是同济大学传统强势学科，国家“双一流”建设学科。城乡规划的目的之一就是制定区域发展方向与战略，以空间资源保护与利用为目的统筹社会经济发展，通过规划统筹生产、生活、生态三大布局，实现资源高效利用，创造更好的人居环境。

习近平总书记指出：“规划科学是最大的效益，规划失误是最大的浪费，规划折腾是最大的忌讳。”在加快贫困地区脱贫的道路上，城乡规划起着引领性作用，只有把握方向，找出重点，才能加快脱贫。

2013年7月，同济大学组织精英团队首期开展了具有统筹引领作用的云龙县县城总体规划和云龙县漕涧镇总体规划的编制工作。学校汇集众多国内一流规划专家会诊云龙贫困根源，经多方协商论证，达成云龙脱贫发展共识：云龙必须从过度依赖矿产资源、牺牲生态的发展路径，转向以保护生态、复兴文化为核心的发展方式；充分考虑地广人稀、山高水深，无法进行农业规模化生产的现实条件，不走传统工业化带动城镇化、人口向城镇规模化集中的传统城镇化道路，而是建立依托县城、漕涧、功果桥三个重点城镇核心辐射，形成服务设施均等化、相对扁平化的城镇村布局。规划重新调整了县城的功能，将其定位为县域的服务中心，不发展大规模工业，集中打造美丽宜居白族特色小城，以旅游、文化等服务设施建设带动县城周边区域的发展，形成区域发展的新引擎。这种城镇化路径避免了大规模的基础设施投入，将有限的资金用于核心带动地区和民生项目。这种模式，对西南偏远山区脱贫致富具有一定借鉴意义。

在总体规划的引领下，云龙县政府集中力量发展县城和漕涧镇，加大生态及文化遗产保护力度，有重点地加强了村镇基础设施和公共服务设施

建设，为实现乡村振兴、脱贫攻坚打下了坚实基础。截至2018年上半年，全县共建成11个为民服务中心，投资2.84亿元新建校舍230栋、加固改造校舍53栋，提升改造乡镇卫生院11个、村卫生室47个，另有39个村卫生室正在改造之中。

（二）修订交通规划，实现高速梦想，为云龙插上脱贫的翅膀

要致富，先修路。没有高等级公路一直是云龙县各项事业尤其是产业发展的瓶颈。云龙县县城总体规划从促进城镇布局出发，修正了云南全省高速路网云龙段方案，精心设计了县域高等级公路网。2015年起，在云龙县同济大学挂职干部的牵线搭桥、多方协调下，开展了大理—漾濞—兰坪高速公路线路调整申请工作。交通部规划研究院设计所充分认可了云龙县县城总体规划中的高速公路设计线形，并据此编制了云龙县“十三五”交通综合规划、云龙县2030年综合交通规划，加快了该项目的立项审批及后续设计工作。2016年11月，大理—漾濞—兰坪段高速公路正式开工，云龙县段被包含在内，实现了云龙多年的“高速梦”。

（三）实施“多规合一”，整合空间资源，提高政府脱贫攻坚工作效能

扶贫靠合力，一张蓝图干到底。为了更好地消除各部门规划的不一致，2015年，同济规划院为云龙县编制了“多规合一”规划。该规划是对城市总体规划的再一次提升，建立统一工作空间平台，针对精准扶贫中的项目空间落地，梳理各部门的支持资金与项目，形成扶贫建设项目库和部门协同联审机制，大大加快了项目落地时间，为打赢扶贫攻坚战提供了强有力的机制保障。

（四）打造旅游规划，寻找脱贫支点，将绿水青山转化为金山银山

长期以来，云龙县的旅游资源缺乏系统性的规划和产品策划。2016年，云南省提出发展全域旅游的三年行动计划。为找准旅游发力点，同济

规划院又编制了云龙县全域旅游规划，深挖人文资源价值，重新整合自然资源优势，重点打造县城旅游服务中心、天然太极景区和诺邓火腿小镇。同时加快盐马古道国家步道的基础建设和宣传推广，设计了具有吸引力的乡村旅游线路和产品，建立特色村庄旅游引导体系，掀起了云龙乡村旅游新热潮。目前云龙县旅游委与大理州旅游投资集团共同成立了旅游投资管理平台，以吸引社会资本参与云龙旅游开发。诺邓古村、天然太极、虎头山等景区基础设施正逐步建设完善，累计投资达2.29亿元。2017年，云龙县全年旅游收入为3.62亿元，占GDP的6.87%。旅游从业人员大幅增加，年均游客增长30%左右，旅游经济呈现出强劲的后发优势。

（五）聚焦专项规划，创建特色小镇，努力实现城乡一体共同富裕

为更好地发挥县城服务核心功能，建设特色魅力小城，2016年以来，同济规划院又先后开展了云龙县城控制性详细规划、县城地下综合管廊规划、县城建筑立面整治规划、县城色彩专项规划、县城生态廊道专项规划、县城景观照明专项规划、县城人防专项规划和县城抗震防灾专项规划等9个系列规划的编制工作。在这些规划的指导下，县一中、县医院、游客服务中心、规划展示馆、综合环境整治等一大批项目陆续启动，有效地增强了县城服务能级，带动了周边乡村发展，改善了人居环境。

（六）优化产业规划，推介农特产品，校县双方联手探索致富新路

同济大学建筑与城市规划学院联手经济与管理学院一同为云龙县优化完善了产业规划方案，厘清产业发展重点，突出发展高原生态农业，用“互联网+”和品牌推广等方式促进基础产业增值。通过协调努力，学校推介200余种云南特色产品入驻上海云品中心展示并举办大理西三县农特产展，诺邓火腿成功进入上海国际食品博览会、十一届昆明泛亚国际农业博览会和十三届中国国际农产品交易会，并荣获优质农产品金奖。推动云龙县与上海郑明现代物流有限公司签订5000支诺邓火腿和5000份盐泥肉订单。2016—2017年，学校采购云龙泡核桃90万元，推动校友企业和附属医

院采购云龙农特产品13余万元。2017年，学校将校门前临街铺面租借给云龙县，免收2017—2020年全部租金53万元，供其设立云龙高原农特产品销售中心（上海），为滇西特色农特产品入沪提供全方位支持。

（七）依托高校资源，采取有效举措，全力助推脱贫规划落地落实

在各项规划的统筹引领下，同济大学依托自身优势和资源，6年间持续开展了教育扶贫、人才扶贫、医疗扶贫等工作，点面结合，帮助云龙县提高社会保障和综合治理能力。

同济大学支教团为云龙县教育局开展义务教育均衡数据化、信息化建设提供框架设计和技术支持。目前，云龙县对照义务教育发展10项办学条件和20条底线要求，全面启动实施471个、总投资3.12亿元的义务教育基本均衡规划项目，为2018年通过国家、省、州评估验收奠定了坚实基础。通过挂职干部推动，申请中央专项彩票公益金“润雨计划”项目资金140万元用于强化基层义务教育阶段教学基础。推动云龙一中与同济一附中、二附中，云南省腾冲一中等多个学校结对，通过定期开展教学交流合作，促进云龙县教学质量的提升。通过各种方式捐资助学130余万元，直接捐赠或引进捐赠各类物资折合300余万元。

选派18名研究生赴云龙县团结、长新两所中学开展为期一年的支教，200余人次师生志愿者通过实践团方式赴云龙县短期支教；通过“同济云龙大讲坛”等方式持续深化推动云龙县干部教育培训工作，累计参训5600余人次。

选派13批次130余名专家赴云龙县举办“同济医疗活动周”活动，开展手术演示232例、专科就诊及义诊1815人次、教学查房647人次、疑难病例讨论92例、专业讲座79场，参训医护人员达2164人次。接受云县龙人民医院业务骨干进修100余人次，附属东方医院免费接收云龙县10余名先心病儿童来沪救治。

此外，学校扩大定点帮扶领域，与大理州签署25项协议，在城乡统筹、乡村建设、历史文化保护三个重点领域给予其智力和技术支持。

三、经验体会

扶贫工作是党中央、国务院的一项重要战略部署，高校参与扶贫，就是要发挥大学的人才优势、知识溢出效应，践行社会服务的重要责任。同济大学发挥自身学科优势，直接对接国家扶贫战略，为云龙县描绘了建设美丽乡村的新蓝图，走出了一条高校扶贫的新路子。

（一）顺应区域特征，探索新型城镇化实现路径

云龙县地势北高南低，怒江、澜沧江、沘江由北向南纵贯全境，形成“川”字形的空间结构、产业布局和城镇结构。学校顺应云龙开放、渗透的区域特征，规划形成“一主两副、三区三轴”的城镇体系结构，融入区域交通体系与旅游格局。城区规划以“白云之上、悠然之村”为发展目标，形成“一轴两翼七组团”的中心城区多组团发展空间结构，契合云龙未来休闲旅游发展方向。设置县城—乡镇—中心村—基层村的4级服务设施体系，提倡农村流动服务的思路与灵活的管理方式，形成城乡生活融合、多层次多类型的城乡公共服务体系。

（二）以保护为前提，统筹县域经济产业发展

人文特色、生态资源是云龙发展的最大优势。学校编制的云龙总体规划通过保护和挖掘具有地域性和独特价值的资源，用更好的生态环境、更集约的资源利用和更低的生态压力充分保护生态、历史文化、地域文化资源，利用现有的农业、自然等资源优势，推进农业产业化、农工商旅一体化产业链的形成，为云龙县的未来创造财富，实现长远发展。

（三）加强顶层设计，重视分步实施

自承担扶贫任务以来，学校结合自身学科优势，将规划编制作为扶贫开发的工作特色。2013年起拟订云龙县总体规划及各类规划13项，目前项目稳步实施，已经完成近9项。学校将所有规划工作分类、分级和分时统筹，使地方政府和职能部门做到心中有数。扶贫7年来，规划扶贫已成为学校与云龙县每年工作计划的中心任务。

（四）握牢规划抓手，不断推进扶贫工作

学校围绕云龙县实际情况，以云龙县城总体规划为龙头，主动对接、全面统筹、分步实施，全面融入云龙县各项社会事业建设，从人才与资源帮扶、教育与医疗援助、智力与科技支撑、产业与事业推动等方面，不断完善与丰富具有同济特色的扶贫帮扶工作机制，用心描绘云龙县乡村振兴的美丽新蓝图。

（同济大学　陆英楠）

“南农麻江10+10”行动计划
探索精准扶贫乡村振兴新路径

——南京农业大学精准扶贫精准脱贫典型项目

2018年以来，南京农业大学充分发挥组织人才与科技成果优势，精准对接贵州省麻江县脱贫攻坚与乡村振兴需求，组织10个学院结对帮扶麻江县10个典型村脱贫攻坚、乡村振兴，多措并举激发学院积极性、主动性和创造性，整合资源服务助力乡村五大振兴，努力探索具有南农-麻江特色的定点扶贫与乡村振兴新路径。

一、基本情况

2018年，中共麻江县委、麻江县人民政府1号文件《关于麻江县2018年决战决胜脱贫攻坚确保整县实现国定标准脱贫退出的实施意见》明确提出，2018年是全县决战决胜脱贫攻坚、确保整县实现国定标准脱贫退出年，也是迈上乡村振兴新征程的关键之年。

针对麻江县脱贫攻坚新形势与乡村振兴新需求，南京农业大学同麻江县充分沟通协调，创新性地提出并深入实施“南农麻江10+10”行动计划，由南京农业大学农学院、动物医学院、资源与环境科学学院、植物保护学院、生命科学学院、动物科技学院、食品科技学院、人文与社会发展学院、园艺学院和经济管理学院分别结对帮扶麻江县咸宁村、乐坪村、新场村、水城村、仙坝村、河坝村、兰山村、卡乌村、谷羊村和黄泥村，严格落实《中央单位定点扶贫工作责任书》，按照《教育部关于做好新时期直属高校定点扶贫工作的意见》，深入开展党建扶贫、智力扶贫、产业扶贫和消费扶贫，协同开展教育扶贫、健康扶贫、精神扶贫以及招商引资、人才培训等工作，助推10村产业、人才、生态、文化和组织振兴，取得积极成效。

二、实施进展

2018年以来，南京农业大学党委书记、校长等5位校领导4次赴麻江调研指导定点扶贫工作，部署实施“南农麻江10+10”行动计划：加大经费投入与资源整合，直接投入帮扶资金513万元，帮助引进帮扶资金1000万元；推进党建扶贫，组织10个学院结对帮扶麻江县10个典型村，开展党建共建活动15场次，培训基层干部407人次，培训村“两委”42人次；推进产业扶贫，组建技术专家团队9支，建立科技示范基地11个，引进展示新品种700余个，示范新技术、新模式20余项，助推建设产业发展联盟4个，培训技术人员622人次，辐射服务农业生产面积超过10万亩*次；帮助打造农业旅游品牌节1个，吸引游客超过100万人次，实现综合收入超过1亿元；推进智力扶贫，帮助完成10村乡村振兴产业发展总体规划；推进消费扶贫，直接采购农特产品218万元，帮助销售农特产品236万元；推进教育扶贫，选派研究生支教团2批8人，支教服务乡镇中学1所，募集各类物资与捐赠共计86 600余元，资助“禾苗”学子75人，投入教育扶贫资金20余万元，资助优秀学生实践游学56人，奖助优秀学生60人，惠及乡村学校5所。

三、主要特点

（1）以党建扶贫为核力。2018年以来，10个学院累计有8位学院党委书记、4位党委副书记和2位副院长组团或带队共15次、48人次深入考察10个帮扶村，先后开展联合党日活动、党建培训活动、基层党建交流、“双带头人”教师党支部共建、网上支部共建、学生党（团）支部暑期社会实践、村支部党建学习考察等活动与工作15场次，把精准扶贫、乡村振兴与党建共建同谋划、同部署、同督导、同落实。帮助联系麻江县、村等地干部赴江苏等地参观考察6次，助其开拓工作新思路、新理念，帮助结对村村“两委”更好地聚焦扶贫、推动振兴。2018年划拨党费100万元、2019年划拨帮扶经费100万元，专项用于结对村基层党组织建设和集体经济发

* 1亩≈666.67平方米

展。积极开展党建募捐活动，经管学院“双带头人”教师党支部带领全院党员教师、动医学院联系江苏省盐城市盐都区旭日居委会、公管学院联系江苏省南京市玄武高级中学青年教师成长共同体等共计捐赠帮扶经费36 800余元。

（2）以产业扶贫为动力。与麻江县农业农村局、麻江县农业文化旅游园区管委会、麻江县供销社联合，针对10村梳理出在全县有一定影响的锌硒米、菊花、红蒜、稻渔、油菜、蔬菜、草莓、肉鸡、花卉、蕨菜和蓝莓等11个特色产业，10个学院组建了9支专家服务团队，建设科技示范基地11个，引进新品种700余个；展示菊花脱毒育苗、草莓无土栽培等新技术、新模式20余项，调研与指导红蒜蒜种退化、锌硒米绿色优质栽培、肉鸡养殖生物营养调控、蓝莓保鲜操作规范等关键技术问题35个；帮助成立麻江县稻米产业新型农业经营主体联盟，推进麻江县花卉、蔬菜和蓝莓新型农业经营主体联盟建设，促进产业链条共建共发展；培训技术人员622人次，编制产业技术手册11份，辐射农业生产面积超过10万亩次；帮助引进麻江药谷江村菊花园等产业项目发展资金1000万元，指导农业龙头企业与农产品加工企业3家、农民专业合作社5家；帮助建设休闲农业与乡村旅游点2个，帮助打造“贵州麻江品菊季”，吸引游客超过100万人次，实现综合旅游收入超过1亿元。

（3）以智力扶贫为引力。2018年，对接兰山村乡村振兴案例打造、卡乌村药谷江村菊花休闲园建设；2019年，组织规划设计研究院覆盖10个帮扶村进行全面考察调研与总体规划，践行“绿水青山就是金山银山”理念，深入推进农业供给侧结构性改革，加快培育农业农村发展新动能，大力发展现代山地特色高效农业，融合生态自然和美丽乡村资源，创新实施“党建+乡村旅游”，全面改善人居环境，打造“景村”党建品牌，制订乡村振兴产业发展规划。以卡乌村、新场村、河坝村等为重点，持续在麻江县有机农业发展规划、有机农业示范县创建、“1258”建设工程、蓝莓产业发展等重大项目中提供智力支撑。

（4）以消费扶贫为磁力。10个学院同校工会、后勤集团、资产经营公司等共同配合，积极推介10村农特产品进校园、进超市、进食堂、进社区，广泛联系社会资源定向采购麻江县特色扶贫产品，吸引贫困户积极参与扶贫产业。以咸宁村、乐坪村等为重点，组织采购锌硒米190吨、价值170万元；以新场村、水城村等为重点，组织采购红蒜等48万元；以卡乌村、黄泥村等为重点，举办“‘我消费、我扶贫’定点扶贫麻江蓝莓‘黔货出山’现场展销会”，展销蓝莓鲜果、蓝莓果汁果干、山核桃及干竹荪等农产品共计110 214元；以卡乌村、谷羊村等为重点，联系江苏省南京市翰苑宾馆采购菊花茶等农特产品40万元；帮助举办“贵州麻江品菊季”，展销麻江县农特产品185万元。校长办公会决定预留每个学院2019年采购经费各5万元，重点采购结对村扶贫特色产品，进一步巩固扶贫成果。

（5）以教育扶贫为助力。扶智优先：“一对一”资助帮扶“禾苗”学子，为每一位“禾苗”学子制订有针对性的学习计划。截至2019年6月，资助“禾苗”学子共计75人，所筹资金达70 000余元。扶志根本：2018年开始，精心组织开展实践游学，每年捐赠游学经费约15万元，2批56位品学兼优的麻江学子走出大山，种下向上的种子。“智志结合”，设立爱心奖助学金5万元/年，激励学生用自己的力量改变家庭命运，首批奖助优秀学生60人。坚持以需求为导向，力求解决教育软硬件“卡脖子”的问题，实现社会化公益精准助力，2018年以来募集各类物资及资助共计86 600余元，惠及河坝村小、兰山村小等帮扶村和龙山中学、宣威中学等乡镇中学。

（6）以特色扶贫为活力。面对帮扶村脱贫攻坚与乡村振兴的个性化需求，广聚资源、多措并举推进帮扶工作精准落地，拓宽工作格局，激活扶贫内生动力。委派3位教授担任贵州省“三区”科技人才，对接帮扶村开展农业科技指导工作。组织大学生艺术团和武术队参演“贵州麻江品菊季”，积极开展大学生暑期社会实践活动，帮助策划蓝莓艺术节、发展河坝村瑶族枫香染技术与开发非物质文化遗产，对乡村团组织、留守儿童、妇女团体等的发展提出建设。邀请麻江县在学校2019年校友代表大会上开展项目招商引资推介，重点推荐卡乌村、黄泥村等蓝莓产业和乌羊麻乡村田园养生养老项目。组织校友企业家赴麻江考察，联系江苏沃田集团股份有限公司、邳州市黎明食品有限公司、江苏江南生物科技有限公司、安徽省旌德县朝辉绿色食品有限公司等，对接帮扶卡乌村、黄泥村、新场村、兰山村等的蓝莓产业、红蒜产业、蕨菜加工产业和食用菌项目等的发展。组织校医院专家团队开展专家坐诊、基层巡诊和业务知识讲座等系列健康扶贫活动。园艺学院与黔东南州唯一本科院校凯里学院开展学生培训与项目合作，丰富扶贫工作内容。人社系党支部开展劳动保障调研，助力就业扶贫。

四、成效经验

到2018年年底，麻江县所有贫困村全部出列，剩余贫困人口1382户3280人，贫困发生率由3年前的16.8%降低至1.57%。2019年4月24日，贵州省人民政府发文同意麻江县退出贫困县序列。2019年1月29日，学校定点扶贫案例成为微言教育“奋进之笔我来写”专栏之攻坚篇的两个入选高校案例之一。1月30日，中共贵州省委书记孙志刚、贵州省省长谌贻琴联合署名向学校发来感谢信，信中提及：南京农业大学一年来卓有成效的帮扶工作，有力推动麻江县脱贫攻坚取得显著成果。6月，南京农业大学定点扶贫麻江县入选第一届高等学校新农村发展研究院乡村振兴暨脱贫攻坚十大典型案例，并在全国新农院会议上做典型经验交流。

作为农业高校，南京农业大学也认识到必须充分利用“三农”领域科研与资源优势，结合贫困地区需求与资源禀赋，全力引领与服务帮扶地区的乡村振兴，促进脱贫攻坚与乡村振兴的有机衔接。

（1）推进乡村产业振兴。通过11个特色产业扶贫工作，支撑麻江县“一减四增”“1258”工程等现代农业发展重大战略，成功创建“国家现代农业产业园”。推动麻江县锌硒米、蔬菜、蓝莓和花卉等新型农业经营主体发展联盟的建设，以帮扶村特色产业基地与发展主体为理事单位，引领家庭经营、集体经营、合作经营、企业经营等共同发展。以蓝莓、菊花和花卉产业为重点，帮助开展招商引资，推进帮扶村辐射全县带动一、二、三产业交叉融合发展，助推产业全面振兴。

（2）推进乡村生态振兴。以智力扶贫总体规划为引领，促进10村践行“绿水青山就是金山银山”的理念，帮助10村加快转变生产生活方式。产业扶贫推动10村农业绿色发展，促进农业废弃物资源化利用开发，改善畜禽养殖清洁化繁殖方式模式。党建扶贫参与生态治理创新工程，帮助改善农村人居环境，提升农村人居环境质量。

（3）推进乡村文化振兴。党建扶贫促进帮扶村公共文化服务体系建设，广泛联系社会资源捐赠帮助建设文化服务载体。积极开展大学生暑期社会实践活动，帮助策划麻江蓝莓艺术节、发展河坝村瑶族枫香染技术与开发非物质文化遗产。积极营造敬农、重农、爱农的氛围。

（4）推进乡村组织振兴。党建扶贫全力推动基层党组织建设，助推建设充满活力、和谐有序的善治乡村。开展大学生暑期社会实践活动，推动帮扶村团组织、留守儿童、妇女团体等的建设，助力乡村组织事业。产业扶贫协同消费扶贫精准帮扶产业发展组织与专业生产合作社，健全运行规程，提升发展质量。

（5）推进乡村人才振兴。党建扶贫助力村“两委”培训共建，帮助联系考察学习，使得村“两委”更具凝聚力与战斗力。科技扶贫加快培养新一代爱农业、懂技术、善经营的新型职业农民，帮助加强农技推广人才队伍建设。教育扶贫助力乡村学子全面发展，“禾苗”计划、实践游学等扶智扶志特色活动帮助培养自立自强的新时代人才。

五、下一步工作举措

随着工作的进一步拓展与深入，如何持续巩固脱贫攻坚成果，有效衔接乡村振兴战略，成为校地双方面临的新局面、新挑战。南京农业大学将继续以“南农麻江10+10”行动计划为指南，统筹推进党建扶贫、智力扶贫、产业扶贫、消费扶贫、教育扶贫、健康扶贫和精神扶贫各项工作，巩固脱贫攻坚成果，实施乡村振兴战略。

（1）加强组织领导。及时召开党委常委会、校长办公会听取定点扶贫工作汇报，深入麻江调研考察，根据实际部署定点扶贫工作，进一步统筹资源，有组织、有安排、有创新地推进帮扶工作。

（2）推进行动计划。发挥人才和科技优势，继续深入实施“南农麻江10+10”行动计划：开展形式多样的特色党建活动，进一步增强村支部的凝聚力与战斗力；进一步完善10村乡村振兴产业规划，邀请多方专家咨询论证；大力推进产业扶贫，围绕扶贫产业积极引进新品种、示范新技术、推广新模式，推进产业联盟建设，拓展乡村旅游；创新消费扶贫新举措、新渠道，加强电子商务发展与平台建设指导，全力提升麻江农特产品市场竞争力。

（3）开展特色扶贫。持续做好支教服务，开展好“禾苗”计划、实践游学等扶智扶志特色活动，拓展乡村学校师资培训。广泛开展调研与智力扶贫活动，就乡村组织振兴、人才振兴等方面多选题地提出调研论证建议。广泛邀请社会资源参与定点扶贫、乡村振兴工作，服务产业、生态、文化、组织与人才等多方面。组织新一批校友企业家和友好企业赴麻江县考察，促进招商引资。

（4）加强总结宣传。继续加强对定点扶贫工作的政策解读及总结宣传，发动扶贫开发领导小组成员积极为定点扶贫工作献计献策。坚持主动发声、适时发声，常态化公布工作进展，积极回应社会关切。进一步总结梳理南农–麻江定点扶贫工作经验，凝练学校乡村振兴助力模式；选树表彰先进典型，营造南农–麻江脱贫攻坚与乡村振兴的正能量。

（南京农业大学　严　瑾　徐敏轮）

我在镇坪有块田
巩固提升脱贫成效　压茬推进乡村振兴

——中国药科大学精准扶贫精准脱贫典型项目

一、立项意义

（一）决战决胜脱贫攻坚

2020年是脱贫攻坚收官之年，也是全面建成小康社会关键之年。自2013年承担定点扶贫镇坪脱贫攻坚的光荣任务以来，中国药科大学始终坚持真扶贫、扶真贫、真脱贫，深耕“责任田”、建立“试验田”、打造“示范田”、种好“爱心田”，在“田”上做文章、下功夫、见实效，不断巩固脱贫成果，坚决打好打赢脱贫攻坚收官战。

（二）全面助力乡村振兴

学校按照乡村振兴战略“产业兴旺、生态宜居、乡风文明、治理有效、生活富裕”的总要求，充分发挥药学特色，紧密围绕镇坪“巴山药乡”的自然资源禀赋，践行“绿水青山就是金山银山”发展理念，找准切入点、聚焦着力点，全力推动镇坪中药一、二、三产业融合发展，大力发展康养旅游、绿色农业，以绿色发展引领镇坪加速实现乡村振兴。

二、基本情况

镇坪县区位独特，地处陕西最南端，位于陕渝鄂三省（市）交界处，属《全国主体功能区规划》中的秦巴生物多样性生态功能区，森林覆盖率达86.4%，中药材资源丰富，宜种品种达到420余种，宜种面积高达40万亩，史有“无地不药、无农不药、无商不药”的传统，是不可多得的中药材宝库。中国药科大学的药学类学科享有盛誉，其中中药学入选国家“双一流”建设学科。自承担定点扶贫任务以来，学校始终将帮助镇坪挖贫穷之根、寻富民之策作为义不容辞的责任，充分发挥组织、科技、人才、信息等优势，高站位谋划、高强度推进、高标准见效，精锐尽出，全力以赴，为建设“富裕新镇坪”不断贡献药大智慧、药大力量。

（一）党建“责任田”

学校坚持以党建为引领，着力把基层党组织建设成带领群众脱贫致富的坚强战斗堡垒，建立完善校党委书记、二级党组织书记、党支部书记“三级书记”抓扶贫的工作责任制，把党建活力转化为脱贫动力。

一是学校党委履职尽责，以上率下。学校成立定点扶贫领导小组，校党委书记亲抓亲管，指挥部署扶贫工作；校领导班子成员30人次带队赴镇坪考察调研，加强校地交流，协调推动各项工作落地见效。

二是基层党组织尽锐出战，持续用力。学校7个二级党组织、30个教师党支部与镇坪全部7个镇结对共建，因地制宜，精准施策，确保脱贫需求在哪里，党组织的战斗力就延伸到哪里，党员的先锋模范作用就发挥到哪里。二级党组织选派精锐，在科技、产业、教育、健康、文化等方面给予结对镇、村全力支持，同时，积极捐赠防疫物资，实施精准消费扶贫，开展“云”端培训，助力镇坪疫情防控和经济发展。

三是挂职干部担当作为，全力以赴。学校先后选派5名专家教授挂职镇坪县副县长，为发展扶贫产业献计献策，牵线搭桥；选派2名党员教师担任驻村第一书记，帮助建强农村党组织，让支部建在产业上、党员聚在产业上、群众富在产业上。

（二）科技“试验田”

学校充分发挥学科优势，在镇坪县华坪镇尖山坪村租地15亩建立科技试验田，种植黄连、玄参、葛根等17种镇坪道地中药材。经过不断试验探索，测算出中药材品种选育、规范种植、质量控制等一整套科研数据，为镇坪中药产业发展提供科学依据。此外，依托中国药科大学秦巴中药材研究中心，成立定点扶贫专家库，累计投入科研经费750万元，组织近百位教授、专家开展育种繁殖、天然药化、药理药效、产品开发等方面的研究，成功建立白芨、重楼、石斛等多种高经济价值中药材的快速繁殖体系，深入研究了黄连、玄参、川牛膝、独活、天麻、杜仲等中药材的有效成分和独特活性，开发了中药眼罩等科技产品，成功助推镇坪黄连入选“国家地理标志保护产品”。

学校发挥教育优势，积极为镇坪培养科技人才。通过“农村专项”累计录取镇坪籍本科生21名，已顺利毕业8人，其中博士1人；在镇坪建立研究生实训基地，指导研究生开展科学研究，已有2人完成答辩顺利毕业；举办脱贫攻坚培训班，开展技术指导，累计培训镇坪基层干部、技术人员、创业致富带头人、新型农民等6000余人次，为镇坪持续发展提供人才保障。

（三）产业“示范田”

药材是中药成品的原材料，是药品生产的“第一车间”，是中药现代化的第一关。药材好，药才好。镇坪中药材种植分散，缺乏统一的技术指导和质量管理，药材质量不稳定，农药残留、重金属超标，市场占有率低。为把药农有效组织起来，提高中药材种植质量，学校成立了镇坪中药材种植推广中心，推行“企业+合作社+基地+农户”的模式，引进扬子江药业集团、安康振兴实业集团等一批实力雄厚的龙头企业，按照GAP标准开展中药材基地建设，通过“政府扶企业、企业建基地、基地带农户”的方式带动农民脱贫致富。基地采取统一签订种植合同、统一规范管理、统一收购外销的方式，为种植户提供种苗、技术，组织规范化管理，实现生产、加工、销售一体化运作，最大限度降低药农风险，保障药农利益。全县已建成中药材种植基地14个，发展种植面积14.5万亩，发展种植户8710户，占全县总农户的73%，农民人均种药达到2.8亩，带动贫困户户均增收1000元以上，实现农民就近就地就业，稳定持续增收。

学校抓好产销两头，积极为镇坪中药材牵线搭桥，促成南京正大制药、南京中科集团与镇坪县达成葛根素购销合同，金陵制药、康缘药业分别就玄参、天麻等中药材产业发展与镇坪达成意向性协议，广药集团等10多家知名药企与镇坪签订中药材长期购买合同。

（四）帮扶“爱心田”

市民农园是都市农业的一种形式，是休闲农业的高级阶段，具有生产、生态、生活三大功能，满足了人们对绿色天然食品的需求和对美好田园生活的向往。镇坪定制农园采用“生态定制+贫困户”的扶贫模式：由各乡镇出资流转土地，配套水、电、路等基础设施建设；爱心人士以每分*地1000元的价格出资认购土地，购买农产品或者服务；贫困户接受雇佣，提供代管代种服务。定制农园一方面激发了贫困户劳动脱贫的志气，促进了稳定增收；另一方面带动了农村基础设施建设和环境综合整治，拉动了乡村旅游增长，推动了乡村振兴。

学校后勤集团在镇坪县上竹镇中心村以每亩地1万元的价格认购了10亩地，建立了中国药科大学蔬菜基地，雇佣当地贫困户种植时令蔬菜，供应学校食堂，并定期组织教职工赴基地开展各类活动，参加农业劳动，慰问帮扶贫困户。共建院部积极发挥结对帮扶优势，面向结对镇、村未脱贫、易返贫的困难群体，大力推广定制农园扶贫模式，精准帮扶到人，确保如期完成脱贫任务。

学校坚持将生态定制农园与美丽乡村建设相结合，帮助开展景观设计、文化打造、品牌建设等活动。同时，加强农村村容村貌整治、配套基础设施建设，不断完善功能，美化环境，扩大影响力。目前，镇坪生态定制农园已形成4个片区基地、1256块田，带动贫困户903户，实现贫困户直接增收120多万元。

三、主要特点

镇坪县深处秦巴山区腹地，生态资源优越，有全国最好的空气、水源，是著名的长寿之乡、养生天堂，但交通不便，好产品出不去，好项目难进来。“我在镇坪有块田”项目深度聚焦镇坪优势，充分利用镇坪土地资

* 1分=0.1亩

源，以“田”为媒，筑巢引凤，把技术、人才、产业、资金等发展要素引进来，大力发展中药产业、特色农业等绿色产业，促进一、二、三产有机融合，推动镇坪经济社会全面发展。

（一）多主体参与

学校根据产业发展的不同阶段，引入不同主体，调动激发政府、企业、学校、社会等各方力量共同参与，让党员干部的“责任田”、专家学者的“试验田”、龙头企业的“示范田”、公益人士的“爱心田”最终变成贫困户的“致富田”。

镇坪各级政府充分发挥主导作用，制定扶持政策，对有意愿、有土地、有劳力的农户进行摸底登记，开展基础设施建设，优化管理服务，加大宣传推广、招商引资的力度。学校发挥学科优势，组织专家学者把技术带到田间地头，指导农户科学种植。通过举办脱贫产业培训班、建立研究生实训基地，为镇坪培养更多的技术人才、农业致富带头人、新型职业农民。企业发挥带动引领作用，加快标准化基地建设，以多种形式促进农民增收。社会各界人士积极奉献爱心，出资认购地块，帮扶贫困户。

（二）多形式推进

学校坚持以党建为引领，深入开展“院镇共建、支部结对”活动，充分调动各级党组织深耕自己的“责任田”，做到守土有责、守土担责、守土尽责。通过落实“五级书记抓扶贫”责任，不断提振各级党员干部精气神，撸起袖子决战决胜脱贫攻坚。“我在镇坪有块田”项目充分发挥各级党组织政治优势，不断将科技扶贫、产业扶贫、智力扶贫、消费扶贫、旅游扶贫等各项工作推向深入，形成“责任田”吹响发展号角、“试验田”破解发展难题、“示范田”加快发展速度、“爱心田”汇聚发展力量的生动局面。

（三）多渠道增收

引入龙头企业，成立专业合作社，发展种植基地，推广标准化、规范化种植，有效克服了农户自发、分散种植的弊端，提高了药材的质量，降低了农户的风险，增加了农户的收益。农户既可以与基地签订合同，开展订单式生产，也可以将土地流转给基地，成为产业工人，获得土地流转费和劳动报酬双项收入，实现“家门口有产业，出了门能就业”。

生态定制农园连接起贫困山区农户的脱贫期盼与社会消费群体的健康需求。社会爱心人士通过定制农园既可获得绿色新鲜的优质农产品，也可以在节假日带着家庭成员来农园体验采摘的乐趣，从而产生了旅游、住宿、购物等多种需求，带动了休闲旅游、民宿体验、土特产品消费等多个环节的发展，促进农民多渠道增收。消费者与贫困户通过“田”结成了相对稳定的联结机制，加深了消费者对贫困户的了解，增强了其帮扶意愿。

四、成效经验

目前，镇坪县已经成为陕西省医药强县，经济增长走在全市前列，2018年率先在安康市脱贫摘帽，2019年贫困发生率下降至0.54%，入选生态环境部“绿水青山就是金山银山”实践创新基地。

（一）各级领导重视是取得扶贫实效的根本保障

自承担定点扶贫任务以来，学校党委高度重视，高瞻远瞩，谋划长远，以上率下，统筹协调推进各项扶贫工作。校党委常委会定期听取扶贫工作汇报，研究部署相关工作；主要领导亲自主持召开扶贫工作调度会、推进会；学校领导班子成员亲自赴镇坪考察调研，指导工作，有力保障了各项工作顺利推进。

学校的定点扶贫工作也得到了陕西省主要领导的大力支持，同时，安康市、镇坪县的党政领导先后多次应邀到学校对接扶贫工作，共商扶贫大计，为各项工作顺利开展提供了良好的外部环境。

（二）发挥优势特色是找准扶贫路径的关键之举

发展产业是稳固脱贫的根本之策。“巴山药乡”“药界黄埔”因“药”结缘，学校始终抓住镇坪中药产业发展这条主线，发挥药学优势，在编制规划、科技支撑、招商引资、人才培养等各方面给予全力支持，构建了中药材种养、药品深加工、中药康养一体化的产业链条，帮助镇坪实现了“县因药而强，民因药而富，景因药而美”的目标。

（三）全校全力以赴是实现脱贫致富的根本途径

学校全力构建了“大扶贫”工作格局，在校党委的统一领导下，各部门快速响应，各司其职，各战线尽锐出战，倾情投入。此外，学校利用行业优势、校友资源为镇坪的招商引资、产业发展牵线搭桥，助推多个重大项目落地生根，开花结果。正是全校上下齐心协力、全力以赴，才能不断取得镇坪脱贫攻坚各阶段战役的胜利，得到当地政府、企业与百姓的广泛认可和支持，形成“高校搭台、政府推动、企业助力、群众受益、多方共赢”的政产学研相结合的有效扶贫模式。

五、下一步计划

下一步将着眼于巩固脱贫成效，接续乡村振兴，重点以消费扶贫、旅游扶贫为落脚点，宣传推广“我在镇坪有块田”项目，动员社会各界广泛参与。

（一）完善功能，树立品牌

进一步提高项目的便捷性、参与性、实用性。完善手机平台建设，提升消费体验，实现网上下单、网上付款、实时查看、农产品物流一键化操作，打造好“指尖上的农园”。加强品牌建设，立足内涵式发展，着力推动项目由短期济困行为向产业化发展转变。设计制作带有标志标识、富有文化特色的专用礼包，通过包装进行品牌植入，提升市场消费和公益认购人对镇坪相关产品的品牌认可力。完善配套基础设施建设，加强农业技术指导和新技术运用，提高农产品质量。以镇坪特色药膳文化为载体，搭配其他药食同源的药材、农副产品、深加工产品，丰富消费者选择，拓宽销售渠道，促进农民增收。

（二）创新形式，带动旅游

结合镇坪“旅游+”发展规划，加强旅游产品的研发设计，把镇坪优越的生态资源、丰富的旅游资源、悠久的中药文化融入定制农园中，以“品巴山美食、赏巴山美景、学中药文化、享健康人生”为主题，将“我在镇坪有块田”与乡村旅游、中药康养有机结合起来，增强旅游吸引力，扩大社会影响力。探索建立“田园综合体”，优化景观布局，加强民宿开发，吸引消费者来镇坪乡下亲自采摘、亲自烹饪、亲自加工，提供“吃、住、行、游、购、娱”一条龙服务。发展药材种植体验、种植基地观赏、药材博物馆参观、中药产品消费一体化的旅游业态，将亲子游、科普游、休闲游等各类市场需求有效整合，实现镇坪“生态立县、产业强县、旅游兴县”的发展目标，为巩固脱贫成效，接续乡村振兴打下坚实的基础。

（中国药科大学　聂庆霁）

贫困地区人居环境治理模块化系统解决方案

——湖南大学精准扶贫精准脱贫典型项目

习近平总书记在十九大报告中提出，“要坚决打好防范化解重大风险、精准脱贫、污染防治的攻坚战”。2018年年初，中共中央办公厅、国务院办公厅印发了《农村人居环境整治三年行动方案》，明确打赢打好污染防治攻坚战，要以农村人居环境整治为重点，改善贫困人口生活居住环境品质，切实保障和推动脱贫攻坚取得决定性胜利。

根据教育部、国务院扶贫办部署安排，湖南大学自2012年起承担湖南省隆回县定点扶贫工作。在扶贫实践过程中，学校围绕“两不愁三保障”目标标准，针对贫困地区人居环境治理需求，以隆回县虎形山地区为样本，精细剖析、精准谋划，采取了“整体规划、精准介入、重点示范”的人居环境综合治理帮扶策略。学校发挥综合性大学的系统性资源整合优势，针对贫困地区存在的普遍性问题和特异性问题采取模块化细分，开发设计了一系列乡村整体规划、农村废污无公害技术治理、厨房改造和“厕所革命”等治理模块，探索出一套贫困地区人居环境治理模块化系统解决方案，逐步为隆回县虎形山地区营造出良好农村人居环境。2017年，当地乡村旅游和新型农业发展实现产值总计达3170万元，为实现脱贫摘帽总体目标奠定了坚实基础。

2016年4月，教育部在湖南省隆回县开展直属高校定点扶贫集中调研活动，组织参与定点扶贫的44所直属高校调研了本项目中期示范建设情况。教育部副部长朱之文、国务院扶贫办副主任洪天云、湖南省人大常委会副主任王柯敏等领导同志先后对项目进行实地调研，并给予高度评价。

一、当前贫困地区人居环境问题现状

当前，贫困地区人居环境问题主要体现在以下几个方面。

（一）村容散乱，缺乏规划

“远看青山绿水，近看满地泥泞。”贫困地区风景秀美壮丽，自然资源优越，但居住与生产的物质环境较差，严重制约了乡村旅游发展。使“村容整洁、规划有序”，是目前贫困地区“最急迫、最直接、最关心”的实际问题，是让贫困群众得实惠的重要实事。

（二）废污直排，治理乏力

由于居住分散，生活污水和固体垃圾不易搜集，排污管线及处理设备等基础设施建设成本高，不同地区的技术策略差异性大。在脱贫攻坚及乡村发展进程中，大量产业密集推动发展，各类养殖生产排放，过量农药、化肥等污染问题成为高端农产品生产、农业供给侧改革的瓶颈。贫困地区专业管理人员缺乏，适宜性技术策略有限，乡村废弃污染物治理面临极大的挑战。

（三）品质堪忧，习俗落后

近年来，尽管农户建房的规模、水平略有提升，但住宅与牲畜圈舍混杂，供水、安全、环境卫生等问题仍然普遍存在，贫困村地区农民生活居住环境品质仍然堪忧。部分落后的生活、生产习俗导致区域性疾病丛生，因病致贫返贫情况严重。此外，农村住宅由农户自主决策、投资、兴建，是典型的“自发性建筑”，很难依赖政府管控、投资等手段直接介入。

二、贫困地区人居环境治理模块和路径

湖南大学在虎形山瑶族乡扶贫的过程中，与当地政府及村民密切配合，逐步探索“系统架构、模块建构、重点示范、精准策略、自发参与、连点成片”的治理路径。

（一）系统架构

在贫困地区人居环境建设工作中，需编制不同空间层级尺度的规划作为后期模块应用的“基座”。规划应当充分“统筹空间，协同邻里”，要能协调单体建筑和整体区域环境，调动群众的参与热情；应注重发展，具备较好的前瞻性，对未来的趋势进行预判，做好脱贫攻坚与乡村振兴的统筹衔接。

（二）模块建构

我国农村具有不同于城市的土地制度以及自治原则，规划、建设的管理程序、原则也不尽相同。各贫困地区人居环境问题也不尽完全一致。根据这一特征，本项目根据不同贫困地区特征，将人居环境治理的任务拆解成若干独立的项目模块，根据贫困地区的发展及外部条件的实际状况灵活执行。

（三）重点示范

高标准地建设项目模块，创造精致化、高品质的人居环境“空间节点”。示范模块要体现出与既有环境的“势差”，强调实际建成项目模块的示范性，把每一个实际建成项目作为向贫困群众普及科学知识、建造原理的示范重点，展示新材料、新构造、新技术、新理念的应用。结合重点示范案例的实物展示，定期举办培训、研讨班，向贫困群众讲授原理，传播信息，提升整体的建设水平与环保意识。

（四）精准策略

针对贫困地区的经济适宜性（造价低廉，前期投入小）与技术适宜性（简单有效，可复制，易传播，农民可掌握），充分发挥高校的科研优势，利用其对行业了解的全面性，对不同解决方案进行筛选，精准选择适宜性技术方案，处理高品质与低造价之间的矛盾，在有限资金条件下，高质量完成目标任务。

（五）自发参与

注重提升农户自愿参加新农村建设的积极性，实现“政府引导、高校指导、农户主导”的脱贫发展模式。团队在贫困村人居环境治理中，注重空间规划与产业发展的衔接，在单体建设上注重通过技术扶持来指导农户，注重结合培训来示范引导农户，鼓励农户及社会的小额投资共同参与乡村建设。

（六）连点成片

尊重贫困地区的经济、技术、社会条件，不搞大规模、整体式的乡村建设。充分依托乡村基层组织，借助乡村特有的地缘、血缘纽带推动道路、沟渠、管网等基础设施的建设，助力贫困人口住宅品质提升，以示范案例为“基核”，按照“住宅单体—邻里单元—村落”的层级逐渐发展，连点成面，创新乡村社区结构，进而整体提升贫困地区人居环境的品质，形成规模化治理。

（七）形成价值

围绕片区人居环境治理成果，推动乡村特色小镇建设，深入开展对民居及民宿设计、改造和建设的引导，改进传统生产生活方式，提升现有农副产品附加值，逐步打造乡村旅游产业、观光农业、特色种养殖等扶贫产业，让贫困群众切身感受优良人居环境带来的经济价值，激发其主动参与环境治理的内生动力。

三、贫困地区人居环境治理的实践——以隆回县虎形山地区为例

（一）系统构建，规划统筹

2015年11月至2018年1月，团队介入了崇木凼村、大托村、草原村的规划：对崇木凼村前期规划予以修整，深化排水与排污部分的内容；深化大托村安置区的设计，研究了土地的集约利用的途径；在草原村规划中，

重点研究乡村规划与水源地保护之间的关系，对该村山地高原水库的水体保护、景观营造与旅游发展进行综合协调。

（二）观念更新，教育宣导

贫困地区人居环境的综合提升，一方面依靠基础设施的整体改善，另一方面也有赖于贫困人口自身环保意识的综合提升。团队以“在地式”陪伴乡建，全程在地督造重点示范案例；多次举办学术研讨会与培训班；激发村民内生动力，使其有意识地主动建设、使用环保技术，自发维护环境卫生，保持乡村人居环境的可持续发展。

（三）创新示范，砖木改良

崇木凼村于2013年入选国家历史文化名村名录，当地的瑶族建筑风貌独特，但其传统木结构于防水、防火不利，易腐坏，耐久性差。本项目基于“形态延续、外观一致、材料更新、设施完善”原则，通过材料更新、构造改良来提升房屋性能，在延续传统风貌的基础上使其适应现代功能需求。2013—2018年，本项目在花瑶地区推广改良型砖木结构，提出“框架结构+家具填充”模式，完成富寨村小学、虎形山民族团结小学、传统民居改造等示范项目。

（四）民宿提质，共同发展

农村住宅是农民生活、生产的复合空间。农村住宅的品质，直接关乎农民生活品质的提升，也是开展农业生产、实施旅游服务的基础平台，是乡村经济发展、农民生活水平提升以及生态环境优化的关键。团队通过融合火塘文化、增加层数、提高土地集约化利用及材料体系适度更新等方法提升民宿标准。2013—2018年，已完成白水洞民居改造4栋（2017年）、崇木凼村民居改造13栋（2014—2017年）、大托村民居改造21栋（2017—2018年）等工作。

（五）厕所革命，厨房改造

厨卫空间的提质，有助于改善农民生活水平，提高旅游接待水平，是贫困地区人居环境治理的关键。2016—2017年，团队开展崇木凼村厨卫改造工作。改造设计尊重当地经济基础、少数民族饮食习俗，解决了空间结构、采光照明、给水排水、通风排烟、物料储存等问题，先后完成农户的厨房、卫生间改造13家（设计介入10家，设计咨询及材料资助8家，现场督造2家）。

（六）社区更新，重塑邻里

尊重民族文化、地方习俗，利用空间设计，为非物质文化遗产传承、村民公共交往提供平台。2016—2017年，在崇木凼村对火塘、熏肉房进行一体化设计，建造90平方米左右的“火塘客厅”，成为村民聚会、游客休闲的公共空间，以及村落认同、农民增收的平台。2018年，全国性的学术会议“西南聚落青年论坛”在此举行。

（七）污染整治，技术介入

生活废污是困扰贫困地区人居环境发展的重要问题。2013—2018年，团队完成了不同空间尺度上的村庄规划、厨卫空间改造（崇木凼村，2014—2017年，13例；白水洞，2017年，4例；大托，2017年，21例）、村落管沟及水渠规划（崇木凼村，2017年）等项目。这些实施案例在水污染整治方面就基于雨洪管控以及水污染整治的村落规划、雨污分流、生活污水的在地组团式处理等进行了探究。

（八）循环经济，还利于民

规划中，充分应用可持续发展思维服务乡村，将产品规划、产业规划与空间规划相结合，实现农业发展、旅游发展、生活提质一体化设计。

水源利用中，注重利用花瑶地区的地貌特征与自然资源，构建雨水、井水、山泉水等多水源的综合利用系统。屋面实施有组织排水，屋檐下方设置的集水槽收集来的雨水可用于洒扫庭园，或者作为食物粗加工的清洗水源。

污水整治中，农户、邻里采用三格化粪池对生活污水进行初级处理，后期根据规划，利用生态湿地、生态鱼塘对污水做进一步回收处置。利用循环型生态农业的思路，对农村土、水、种、肥等各种生产要素进行统筹考虑，整体谋划，系统节约，综合开发、再生利用、深度利用农村种植养殖业产生的废弃物及乡镇企业产生的废弃物，化害为利、变废为宝，产生了显著的经济效益、社会效益、环境效益。

四、项目发展战略

贫困地区人居环境治理工作注重经济、文化与生态环境的共同可持续发展。“模块化”的发展模式，系统性与灵活性兼具，长期效益与短期成效兼顾，能有效解决当前扶贫工作中人居环境治理的具体问题。目前，本项目率先实施治理工作的白水洞村、崇木凼村的人居环境提质明显；两村乡村旅游发展显著，经济效益初步显现；工作成果得到当地村民认可，村民主动参与综合治理的数量显著上升；社会效益逐渐显现，社会小额投资频度显著增加。

为乡村整体、综合的可持续发展提供可资借鉴的案例，进一步完善“模块化”治理的方法，团队下一步计划完成以下工作。

（一）探索多元化模块类型

增加后端的模块，延长技术链条，深化解决贫困地区人居环境治理的问题。例如，在污水治理领域，应与农业生产进一步结合，探索农村生活污水的多种不同途径，总结适于高寒山地、分散式居住村落的生活污水处理模式。完善村落规划，将生活污水处理技术与农业、养殖业相结合，研究循环经济模式下的乡村生活污水的综合处理模式。

（二）增强模块链接与协同

拟在前期工作的基础上，增强模块之间的横向关联与前后衔接，使目前相对独立的模块成为协同工作的组件。根据前期工作经验，对目前已有模块做进一步细分，增强模块的种类与数量，进一步提升模块应用的灵活度与技术性，对前期案例实践中未实践的具体措施（如简易太阳能集热装置、庭园雨水的在地回渗）进行补充完善。

（三）加大系统推广与示范

进一步结合示范案例做好宣传教育工作，提升当地规划、建设人员及村民对模块化治理的认知；加强模块化治理技术的传播与示范，为村民提供技术支撑；有意识地引导村民在住宅自建的过程中，自发地合理应用不同的模块单元，使贫困地区人居环境治理成为当地人自发、自觉、自主实施的长效工作。

（湖南大学　卢健松）

从重点涉毒村到美丽红色村的蝶变

——华南理工大学精准扶贫精准脱贫典型项目

孔美村位于揭阳市惠来县隆江镇，过去曾经是一个贫困落后、村民外出都不愿提及的“重点涉毒村”，然而，在华南理工大学定点帮扶的4年时间里，孔美村焕然一新，成功入选了中国传统村落名录，现已成为集旅游项目与特色农产品开发于一体的“美丽红色村”。从“白”到“红”，以“美”为美，孔美村的蝶变，其核心要素是党和国家精准扶贫的好政策，实现路径则是华南理工大学发挥自身顶层设计优势、牵头组团高校进行扶贫开发的新模式。

一、基本情况

孔美村位于广东省揭阳市惠来县隆江镇，占地1.8平方公里，共有5825人，其中412人为贫困人口。20世纪90年代，因受不良风气影响，该村曾有13人因涉毒被判死刑，94人被列为重点管控对象，村中4个区域为重点监控区域，长期驻有5位禁毒辅警，并且每周举行2次全村设卡查毒的“众剑行动”。孔美村逐渐沦落为“重点涉毒村”，公共基础设施落后，无支柱产业，青壮年劳力大部分外出，空心化严重。由于长期受“重点涉毒村”污名影响，村民缺乏发展信心与动力，“等靠要”思想较为严重。

自定点扶贫以来，根据孔美村实际发展需要，华南理工大学充分发挥高校特色优势，牵头联合华南农业大学、华南师范大学、南方医科大学和广东技术师范大学，以“以我为主、为我所用、优势互补、共享共赢”的组团帮扶理念，“以党建为引领，基建扶贫、产业扶贫、教育扶贫三擎驱动”，走出了一条既有助于强化和落实自身帮扶责任，又充分发挥各组团兄弟高校优势的精准扶贫精准脱贫之路。短短4年时间，孔美村发生了翻天覆地的变化，成功地由“重点涉毒村”转变为“美丽红色村”和打卡地。与过去截然相反的是，现在村里人都会一脸自豪地向外人炫耀说：“我们村可是国家级传统村落。”

二、实施进展

（一）全面完成脱贫攻坚目标，新农村建设成果显著

组团高校施展“组合拳”，使得孔美村在2019年率先实现了贫困人口全部脱贫、贫困村正式出列。孔美村在2018年便实现了“三无”：无新增吸毒人员、无新增贩毒案件、无制毒窝点，并成功入选了中国传统村落名录，是揭阳市获此殊荣的2个村落之一，同时也是广东省卫生村、广东省古村落、揭阳市精准扶贫精准脱贫示范村创建单位。华南理工大学牵头组团高校帮扶孔美村工作获得了社会和地方政府的高度认可和肯定，帮扶工作获新华社、广东卫视、《南方日报》、《南方都市报》、《羊城晚报》等媒体报道40余次，相关报道7次登上“学习强国”教育平台、1次获新华社专题报道、2次在广东卫视报道。其中《羊城晚报》于2020年大年初一在头版导读报道了孔美村的扶贫故事，《新快报·广东扶贫特刊》用2个版面的篇幅对孔美村从“涉毒村”到“打卡地”进行了专题报道，此报道入选了广东省脱贫攻坚特辑。华南理工大学也因此荣获了“揭阳市优秀帮扶单位”，第一书记苏秋斌先后获评为“广东省向上向善好青年”“揭阳市十大创业青年”等。

（二）以党建为引领，扶贫先扶志

贫困村如何帮扶？特别是重点涉毒和贫困交织的村庄如何快速改变、重焕生机？组团高校发挥党建强校、党建育人的成功经验，确立了“以党建为引领，扶贫先扶志”的指导思想，始终将党建引领放在基础性战略性位置。组团高校帮扶驻村工作队成立了“组团高校联合党支部”，通过支部建设，共商共享优势资源，共建共荣贫困村发展。

一是实施党建教育“五个一”工程。联合党支部在各村实施讲一系列党课、看一部红色经典电影、重温一遍入党誓词、瞻仰一次革命传统教育基地、做一次志愿服务的“五个一”工程，进一步强化了党员身份意识，增强党员的先进性意识、荣誉感和责任感。结合村情社情民情，注重把党员干部培养成为脱贫攻坚的“领头雁”和能谋善干的“当家人”，建立二级单位负责人直接挂钩帮扶贫困户工作机制，开展“党员践诺亮身份”活动，建立“一帮一”党员帮带贫困户制度，形成支委联系流动党员机制，采取线上参会方式为流动党员参加组织生活、参与集体决策搭建桥梁。充分发挥基层战斗堡垒作用和党员先锋模范作用，快速推动脱贫攻坚与乡村振兴工作的有序发展。

二是发挥红色文化熏陶功能。借助华南理工大学建筑设计优势，把进村的大路改造建设成为“华工孔美党建之路”，设立学习贯彻习近平新时代中国特色社会主义思想、宣传社会主义核心价值观、展现新农村建设成果的红色文化宣传栏；在村口建造文化广场，竖立“中国传统村落孔美村”标志，增强村民的责任感和荣誉感；为孔美村建造了图书馆和便民服务中心；邀请广东技术师范大学设计学院“三下乡”队伍，为孔美村绘制党建文化墙和美丽孔美墙绘等；邀请华南师范大学党建专家定期为村民讲述党课和红色历史文化。组团高校通过形式多样的活动，将党建教育从室内拓展到室外，从党员拓展到群众，极大地增强了人民群众对党组织和党员身份的认同感，用积极向上的红色文化取代了颓废消沉的“白色文化”。

三是注重激发广大村民的内生动力。首先，大力开展移风易俗活动。坚决破除个别人不以贫困为耻、反以贫困为荣的现象，设立勤劳致富奖，通过奖励一批想干真干的村民，树立一种主动作为的正确导向，鞭策一撮“等靠要”的落后分子。针对孔美村地处潮汕地区、极为重视宗祠文化和族群关系等特点，集中各组团高校民俗、传播专业专家，制定了有关禁毒的村规民约，由村中各房长辈在祠堂带头宣誓，充分发挥了传统文化优势。其次，发挥组团高校宣传力量。定期开展专题讲座，将禁毒宣传教育纳入村小学教学内容中，全面开展“禁毒拍手操”“无毒巷”和“无毒家庭”等活动。再次，充分利用传统文化。组织各组团高校建筑设计、风景园林、城乡规划等专业的教授和学生志愿者，对孔美村的古迹、古树、古风、古训等历史传统和人文地理进行全面梳理，修葺和完善村民视为魂之所系的宗族祠堂，组织修订族谱、谱牒、宗谱，帮助和指导建设停工近30年的民间信仰建筑，用优良的祖训家风和传统文化浸润村民心灵，唤醒村民的生活信心。其中，清溪祖祠、辅臣公祠被列为县级文物保护单位。最后，打造美好孔美的发展蓝图。发挥组团学校多学科专业优势，为孔美村编制社会主义新农村示范村整治创建规划，为村民展示乡村振兴的美好未来，激发村民内生动力。该规划还获得了南粤村庄（整治）规划设计大赛特等奖（全省仅3个，排名第一）。

（三）以基建为抓手，建设美丽打卡地

组团高校尽锐出战。其中华南理工大学派出程建军、叶红、李彬彬等建筑、设计学科高级人才近百人次；华南农业大学、华南师范大学等派出乡村振兴、新农村建设、技能培训等学科专家近50人次；华南理工大学协调各方资金，仅2019年就投入约410万元，累计投入资金超1000万元。完成了村口湿地公园、党建文化长廊、党群服务中心、河堤景观、学校面前工程、党群服务中心前太阳能路灯等15个项目。利用新农村资金约1200万元，建设了约3.6公里的村道、约6公里的巷道，完成了雨污分流、环保公厕等项目的建设。

如今的孔美村一改以往涉毒村的颓势，村容村貌焕然一新。纯白色的党建服务中心犹如灯塔一般指引着孔美村前行。村中随处可见连片的稻田和色彩斑斓的格桑花海，村口湿地公园已然成了新的打卡点，游客络绎不绝。村中道路宽敞平整，良田美池、屋舍俨然，古朴的祠堂、历史悠久的古民居随处可见，实现了古景与新气象的完美交融。现如今，这一古老的村落已重焕生机。

（四）以产业为核心，用组团式帮扶的加法，发挥组团高校的乘法效果

组团高校发挥各自资源优势，精准对接贫困村需求，补齐高校扶贫资源供给侧的学科专业缺口。依托华南农业大学农业、养殖等专业优势，南方医科大学医学与中草药种植利用等渠道和资源，华南师范大学人才培

训、教育扶贫等底蕴和经验，广东技术师范学院技工培训、弱劳动力就业培训等特色，整合各项资源，凝聚工作合力，发挥组团高校的乘法效果。

华南理工大学发挥顶层设计优势，为孔美村打造了“大米+仙草+屋顶光伏发电+山苍子”的综合产业扶贫模式。依托华南理工大学电力学院的专家优势，现已完成了130千瓦屋顶光伏发电项目的建设，可稳定增收20年，每年可为村集体创收8万元。依托华南农业大学“软华优1179”“软华优6100”等优质高产水稻、玉米和南瓜种子，打造了“孔子美农家香米”品牌产品，目前累计产值已超100万元。依托南方医科大学中草药种植资源优势，实施了70亩仙草种植项目和10亩山苍子种植项目，预计可为村集体经济增收60万元以上，同时带动邻近的鳌江镇山栗村、康美南药种植基地等兄弟贫困村相继种植仙草以及山苍子等中草药。

（五）以教育为长效机制，建立脱贫攻坚的长久之计

教育扶贫是切断贫困代际传递的关键，也是组团高校发挥教育优势，给予直接支持的重点。

华南理工大学为孔美小学和周美小学全体学生捐赠了2套夏季校服和2套冬天校服，组织二级单位和教职工对口认助84位贫困学生，每人每年发放助学金1000元，发动有条件的教师和校友大力资助特困学生，切实让村里的每一位不同教育阶段的贫困学生不愁没衣穿、不愁没学上。华南理工大学组织孔美村43位小学生到广州开展3天2晚的冬令营活动，各组团高校志愿者踊跃参与，并定期捐赠文具和体育用品等；协调广州晓教育集团与孔美村两所小学签订了为期3年的奖教奖学金资助协议，并捐赠460个书包及其他教学物资等。各组团高校实施“伴你同行”大学生教育结对帮扶项目，为孔美村留守贫困儿童提供线上陪伴和家教服务。2020年疫情发生后，各组团高校第一时间为部分急需的贫困学生发放了华为平板电脑用于上网课，想方设法帮助小学改善教学条件，提高教学质量。

另外，依托华南师范大学与广东技术师范学院的教育扶贫、人才培训、贫困人口再就业培训等资源，为孔美村弱劳动力人口和无劳动力人口提供了培训，帮其实现再就业，为变“输血”为“造血”提供了坚定的支持。

三、主要特点

（一）组团高校通力合作，优势互补，建立起一套行之有效的协调合作机制

结合现实发展需求与未来发展规划，组团高校成立了“组团高校脱贫攻坚协调中心”，并于每个季度召开一次脱贫攻坚和优质资源对接会，五所高校驻村工作队欢聚一堂，分享脱贫攻坚中的好做法好经验，提出自身帮扶村目前存在的困难与需求，与会工作队分享所在单位的优势资源及成果等。

为推进组团帮扶工作，建立了一套“五个一”的协调合作机制：每个驻村工作队指定一位信息联络员，及时沟通，互补有无；每年组团高校召开一次联席会议，协调联系组团高校做好资源保障和具体工作实施；每季度召集驻村工作队到帮扶村庄中考察一次，及时了解组团高校帮扶工作的进展；根据各组团高校学科特长，每年驻村工作队组织一次专家下乡，为贫困村解决发展问题；每年统一组织一次大学生“三下乡”活动，优势互补，共同进步。

（二）组团高校充分发挥人才学科优势，“以我为主，为我所用”，实现五方共赢

五所高校联合打造的“造血式”扶贫的高校组团模式，充分发挥了不同特色高校的人才资源优势，实现了共赢，助推了广东省脱贫攻坚高质量、跨越式发展。

（1）加强顶层设计。依托华南理工大学“双一流”A类高校优势平台，做好倡议和规划，主导资源匹配方式，牵头引领高校联盟，助推脱贫攻坚，衔接乡村振兴。

（2）发挥院校特色。充分发挥五所高校不同资源特色：华南理工大学做好村落整体发展规划，华南师范大学加强教育扶贫，华南农业大学加强农业扶贫，南方医科大学加强健康扶贫，广东技术师范大学加强技能培训。

（3）组建专业队伍。针对不同贫困村的不同致贫原因和发展需求，做到“对症下药”，确保每个贫困村的帮扶队伍涵盖来自不同领域的专家学者，实现了多元化帮扶，为脱贫攻坚“注魂赋能”。

（三）组团高校紧扣“造血式”扶贫主线，强化集约思维，打造产业集群

紧抓“一村一品一主体”产业扶贫工作主线，立足特色资源深入推动农业产业发展，打造特色农产品优势品牌，把“输血扶贫”转化为“造血扶贫”，使产业扶贫成为贫困群众增收的“稳压器”。

（1）优化种植结构。依托华南农业大学农业特色优势，为五个贫困村引进“软华优1179”“软华优6100”等优质高产水稻和玉米、南瓜种子，加快发展对贫困户增收带动作用明显的高值高效作物，推广“龙头企业+合作社+农户”的经营模式，健全带贫益贫机制。

（2）大力实施光伏扶贫。加大对现有光伏扶贫电站的运营管理，实现光伏电站最大收益，合理安排村级光伏电站收益用于发展村集体经济和脱贫攻坚。

（3）打造旅游精准扶贫模式。充分挖掘贫困村资源优势，突出本地独特性，打造本地旅游业的亮点，树立旅游业响亮品牌，让好风景变“好钱景”，推动农村一、二、三产业融合。

四、成效经验

（一）一起来，更精彩

脱贫攻坚只唱“独角戏”，解决不了大问题，“集体舞”才是解决问题的根本方案。通过建立组团高校协调合作机制，挖掘各方优势资源，共同发力推动，共同攻坚克难，将几个贫困村的帮扶工作纳入组团帮扶“一盘棋”来谋划和推进，构建了华南理工大学牵头统筹、各组团高校分工合作、组团高校全体师生员工和校友共同参与的“大扶贫”格局。

（二）拿出一份资源，收获五份成果

长期以来，单一高校定点帮扶单一贫困村存在资源单一、优势难以维系、扶贫局面难以全面拓展的问题。然而，经过组团帮扶之后，各组团高校共享优势资源，在不增加组团高校成本的前提下，做大做强了扶贫格局。实践证明，这是非常有效的内部挖潜方案。

（三）千难万难，找对路子就不难

在巨大的困难和严峻的挑战面前，组团高校始终牢牢把握住习近平总书记强调的“扶贫开发贵在精准、重在精准，成败之举在于精准”的核心要义，坚持先谋后动，不盲目出击，摸清弄透组团帮扶村庄的村情民情，切实找准症结所在，结合各组团高校自身优势，精准施策、精准发力，走出了一条具有高校特色、符合贫困村实际需要、得到当地广泛好评的定点扶贫之路，取得了实实在在的成效。

五、下一步在更大范围内推广实施的考虑

（1）全面总结组团高校帮扶的成功经验，分析高校优势互补的优缺点，在全国范围内统筹各高校进行组团帮扶，探索推进跨地域、跨高校、跨学科的合作，用组团的加法，发挥出帮扶的乘法效果。

（2）进一步完善组团高校的合作机制、利益分享、成果分享等，在下一步乡村振兴中，各高校结合自身学科优势特点，自由组团，自主选择帮扶点。

（华南理工大学　苏秋斌）

“五帮五促”助攻坚　稳边富民促振兴

——重庆大学精准扶贫精准脱贫典型项目

习近平总书记指出：“脱贫攻坚工作做好了，边疆稳定、民族团结就有了坚实基础；边境建设搞好了，民族事业发展了，对打赢脱贫攻坚战也是极大促进。”根据国务院扶贫办和教育部的工作部署，重庆大学自2012年起定点扶贫云南省红河哈尼族彝族自治州绿春县。绿春县总人口24.66万人，是少数民族聚居县，县境内世居哈尼、彝、瑶、傣、拉祜、汉等六个民族，其中拉祜族、瑶族两个特少数民族属于“直过民族”；全县少数民族人口和哈尼族人口分别占98.8%和87.7%，是全国哈尼族人口占比最高的县。同时，绿春县地处中越边境，与越南莱州省勐谍县接壤，国境线长153公里，是云南省25个边境县之一，也是27个深度贫困县之一。

2018年以来，重庆大学结合绿春县“少、边”等基本县情贫情，坚持以“搞好边境建设、发展民族事业”为指导思想，明确了“稳边、活边、兴边、富边、固边”的帮扶工作思路。同时，学校聚焦需求，制定“五帮五促”工作措施，从党建、文化、教育、产业和医疗五方面精准发力，提振边民精气神，激发边民内生动力，促进生产发展、民族和谐，助力脱贫攻坚和乡村振兴。

一、主要做法

“五帮五促”工作措施，即从党建、文化、教育、产业和医疗五方面对绿春县进行精准帮扶。

（一）帮党建促引领

通过在绿春县成立的重庆大学前锋党小组、援建绿春县边疆153党建长廊示范创建工程和大兴镇党建脱贫“双推进”教育实训基地，开展形式多样的党课和技术培训，提升基层党组织的软硬件实力，开创基层党建引领脱贫攻坚的新局面。

（二）帮文化促志气

通过援建成立重庆大学白鹇鸟合唱团、绿春一中前锋合唱团、博雅皓月书画苑、诺玛阿美舞蹈团等素质提升社团，支持绿春县图书馆、戈奎乡文化广场办公楼和动力小站建设，成立重庆大学哈尼古歌文化保护传承示范基地，开展重庆大学“五彩石”项目和大学生、研究生“三下乡”社会实践活动等，转变群众观念，激发广大贫困户的内生动力，加强群众精神文明建设，为脱贫攻坚提供强大精神动力。

（三）帮教育促发展

通过捐赠资金保障基础教育均衡发展，设立重庆大学绿春高中复兴班和绿春一中前锋班，开展线上线下少数民族干部培训，建设绿春县平河中学国旗护卫班和构建法律“三个一”平台开展边疆青少年爱国主义教育、边民法制教育，以及拉祜寨学前教育等帮扶工作，营造良好的学习氛围，激励青少年学习奋进的斗志。

（四）帮产业促增收

通过帮助加快绿春县“国家有机产品认证示范区”创建步伐，设立重庆大学乡村振兴专家工作站，聘请校友职业导师团队指导，开展绿春品牌推广大赛、“生态绿春进重庆”等活动，以及进行精准的科技扶贫、消费扶贫和绿春优质农产品品牌建设等，帮助提升农业技术水平，提高农产品质量，为绿春县特色农产品进重庆打开市场，使贫困群众增产又增收。

（五）帮医疗促提升

开展医疗精准帮扶，学校附属医院结对扶持绿春县医疗技术和条件相对落后的医院和卫生所，组织专家赴当地开展培训指导，举行义诊活动和健康讲座，努力提升当地医院的管理水平和医务人员的诊疗水平。

二、主要成效

2018年起，为助力绿春脱贫攻坚，学校持续加大对绿春县帮扶力度，直接投入帮扶资金768.88万元，引进帮扶资金1012.18万元，培训基层干部3496名，培训专业技术人员3136人次，购买贫困地区农产品575.04万元，帮助销售贫困地区农产品1548.98万元。

2020年5月16日，绿春县正式被批准退出贫困县序列，全县贫困发生率从2013年年末的46.86%下降至2019年年末的1.31%，累计减贫10.61万人。

（一）组织稳边，夯实党建引领作用

前锋党小组开展活动10余次，受益学生215人，获得9次表彰奖励。学校捐赠58.5万元用于建设边疆党建153长廊示范创建工程和党建脱贫“双推进”实训基地，选派40余名专家教授和校友企业家进行授课，累计开展各类培训班55期，培训党员群众6186人次、“乡贤能人”和村级党组织书记3932人次，培养“明白人、带头人”348名。实训班学员李高福成为云南省青年五四奖章获得者；赵菲、白秀珍成为带领群众脱贫致富的引路人，先后被评为云南省社会扶贫模范；大寨社区党总支书记高招飘当选为党的十九大代表。在学校的帮扶下，绿春探索出符合边疆民族地区实际的稳边固边兴边新模式，开辟了符合边境民族地区实际的脱贫致富新路径。

（二）文化活边，提振边民精神信心

学校向素质提升社团投入77万元，选派20余名专家教授亲临指导。自成立至今，社团已开办319个公益学时讲座和3期培训班，累计参训学员409人。划拨专项经费55万元设立非遗保护课题，以哈尼古歌为切入点，

打造特色文化名片，宣传绿春“哈尼家园，生态绿春，天然氧吧，云海斑斓”的文旅形象符号。课题组先后5次共40人赴绿春进行采风，现已完成宣传片1部、团队纪录片1部、抖音小视频53个，拟出版的《哈尼古歌集》已收录古歌107首。在学校“铭初心”云音乐会上，哈尼古歌传唱人与学校学生隔空演绎哈尼古歌，近5万人点赞。向绿春县图书馆捐赠价值314.22万元的图书和有声朗读设备，并建成了红河州唯一的有声图书馆，吸引了更多的当地群众走进图书馆，通过读书学知识、长见识。开展大学生“三下乡”社会实践活动9次，受益人数超过1万人。“五彩石”志愿活动已帮助当地中小学生约500人，有效弥补了当地青少年心理健康教育的缺失。在专家指导、资金支持和管理模式优化下，学校结对帮扶的动力小站在奖品档次和村民参与度方面均有显著提升，有效地推动了移风易俗、弘扬了文明新风，在祖国边疆浇灌出永不凋谢的“精神之花”。

（三）教育兴边，提升边民综合素质

学校向绿春县先后投入628.66万元用于基础设施建设，援建了重庆大学复兴楼、重庆大学前锋楼、重庆大学寅初亭；出资83.3万元设立奖助学金资助品学兼优的贫困学生共计1130人次，投入30万元支持绿春县平河镇拉祜寨27名幼儿接受学前教育。复兴班和前锋班平均成绩分别提升了5.7%和6.8%，学生获得29次奖励。绿春县基础教育质量明显提高，全县贫困家庭子女义务教育阶段无失学辍学，2019年度高考成绩600分以上人数实现零的突破，重点援建的绿春县一中2020年中考成绩获全县第一名。同时，对6000余名基层干部和技术人员进行培训，帮助绿春县打造了一支扎实肯干、作风优良的边疆少数民族干部队伍和技术人才队伍。以国旗护卫班建设为基础，绿春县平河中学实现升降旗仪式规范化、国防和爱国主义教育常态化。通过绿春县平河镇法律“三个一”平台开展普法教育活动6场，受益人258名，派发普法宣传单500份，为建立法治宣传教育长效机制打下了坚实基础。

（四）产业富边，促进群众增收致富

依托专家工作站开展了9个科研项目，扶持了9个当地企业，打出了

“绿色生态”品牌。帮助绿春成功通过“国家有机产品认证示范创建区”专家评审，全县申请有机农产品认证的经营主体20家、产品10种，目前已获批有机认证企业7家、产品6种。2019年绿春县入选“中国茶叶百强县”，学校帮扶示范单位——绿鑫生态茶叶有限公司推出了以绿茶为主的50多个系列产品，销往重庆、广西、浙江、山东、上海等国内市场。通过3次绿春县品牌推广大赛，评选出100余份优秀的特色品牌包装、营销方案，供绿春县人民政府和相关企业无偿使用。进一步发挥消费扶贫带贫益贫作用，购买和销售贫困地区农副产品2124.02万元。在“生态绿春进重庆”系列活动中，举行优质农产品展销会、推介会10余次，建成农校对接示范窗口13个、校园扶贫超市3个、绿春特色产品展示区1个，帮助4家重庆知名火锅企业与当地企业建立稳定的战略合作关系，引介绿春红米线进入重百超市，目前正在协调绿春县农产品上架重庆市智能消费扶贫柜。

（五）医疗固边，构筑边境安宁基石

学校为绿春县培训基层医务人员1300余人，捐赠并协调校友企业捐赠价值87万元的医疗检测设备，出资50万元用于“绿春县公共卫生健康与抗击新冠肺炎专项资金”和基层医务人员能力提升培训，助力县人民医院通过二级甲等医院等级评审，9个乡镇卫生院各项指标均达基本标准要求，有效解决了当地医疗物资短缺问题，改善了当地医疗硬件设施，切实提升了医院的管理水平和医疗服务能力。

（六）精准帮扶，打通拉祜寨振兴路

学校向“民族直过区、边境地区、贫困地区”拉祜寨捐赠30万元用于连续3年资助27名幼儿入园接受教育，实现了拉祜寨学前教育从无到有的历史性转变；支教学生结对帮扶大头村小，让拉祜寨学生学习进步，心理健康，综合素质大幅提升；加大基础教育设施帮扶投入力度，改善基础教育条件；开展普法教育2场，让拉祜寨33户168位村民基本知法、懂法和守法；包销因疫情滞销的黑木耳，使户均增收5000元以上。在帮扶单位和当地村民干部的共同努力下，拉祜寨于2019年实现整村脱贫摘帽。2019年

10月24日，《拉祜寨的“美丽蝶变”》得到国务院扶贫办主任刘永富同志的关注与批示；2019年12月30日，国务院扶贫办《扶贫信息》（2019年第101期）刊发了文章《云南绿春党建引领拉祜寨脱贫》。

（七）加强宣传，报道典型事迹

2018年以来，有关学校扶贫工作的新闻报道共计200余篇，其中《人民日报》、人民网、《光明日报》等主流媒体报道近50篇。媒体对学校扶贫工作中先进典型事迹的广泛宣传，让更多人关注扶贫以及边疆地区发展和民族团结事迹。

三、下一步工作思路

2020年1月19—21日，习近平总书记在云南考察调研时指出，要坚持“富脑袋”和“富口袋”并重，加强扶贫同扶志扶智相结合，加强开发式扶贫同保障性扶贫相衔接。

2020年4月和5月，学校党委书记舒立春和其他校领导先后三次带队赴绿春对接定点扶贫工作。虽然绿春县已经脱贫摘帽，但是部分脱贫群众返贫的风险较大，脱贫成效还需巩固，仍需通过“志智双扶”的“造血式”帮扶才能形成脱贫振兴的长效模式与机制，推动边疆群众与全国群众携手奔小康。

（1）坚决落实“四个不摘”的要求，持续加大投入人力、物力和财力，以稳边、兴边和民族团结为指导思想，以“扶贫先扶志，扶贫必扶智”为原则，进一步做好“五帮五促”工作措施，打造“人文绿春、书香绿春、科技绿春和健康绿春”，巩固脱贫成效，助力乡村振兴。

（2）充分挖掘哈尼族文化资源，以哈尼古歌为载体，提升哈尼古歌的艺术品质及其在现代社会的适应能力，充分利用现代信息传播手段扩大哈尼古歌的影响，将哈尼古歌打造成绿春县最为靓丽的文化名片，提振边民精气神，消除“等靠要”思想，激发群众对未来美好生活的追求。

（3）帮助培养更多优秀的农业技术人才和企业家，扩大绿春有机产品知名度，提升品牌竞争力，使绿春农副产品进入重庆大型超市及各大电商平台，卖向全国各地，形成稳定的销售渠道和成熟的带贫益贫机制，帮助农户持续增收，使群众生活富裕、安居乐业。

（4）继续以教育帮扶为主，确保拉祜寨所有学龄前儿童都能接受学前教育，提高义务教育教学质量，同时力争把拉祜寨打造成产业振兴、乡风文明、治理有效的乡村振兴典型。

（重庆大学　廖瑞金　胡友强　吴　炯）

在脱贫攻坚主战场展现农大的担当和作为

——山西农业大学精准扶贫精准脱贫典型项目

山西农业大学在110多年的办学历程中，始终坚持立足山西、面向全国、服务“三农”，为民解困、帮民除忧、助民脱贫。自2016年以来，学校积极响应党中央“打赢脱贫攻坚战”的伟大号召，举全校之力、集全校之智，充分发挥学校特色，集中学科优势、人才优势、技术优势，协同联动，积极投入脱贫攻坚主战场。习近平总书记视察山西时提出，“深度贫困地区是脱贫攻坚的坚中之坚”。按照习近平总书记重要讲话精神指示，学校积极行动，多点出击，精准发力，积极与吕梁市开展战略合作，同6个国定贫困县进行对接帮扶，助力深度贫困县脱贫攻坚。

一、学校助力深度贫困县脱贫攻坚工作总体情况

（一）扶贫历史传承悠久

山西农业大学110多年的办学史，既是一部弦歌不辍、桃李芬芳的育人史，也是一部科教兴农、助农脱贫的服务史。建校初期，学校就提出“学以事人”的办学宗旨，鼓励青年学生投身广阔农村。20世纪三四十年代的铭贤学校时期，学校成立了乡村服务部，以“开门与乡村结合办学，为乡村服务”为指导思想，开展农村概况调查，服务农村发展。20世纪八九十年代，学校以“科教兴农”为己任，实施“攻两山、占平川”战略，上万师生奋战在三晋大地扶贫一线，涌现出解思敏、李连昌等一大批科技服务先进典型。特别是园艺学院的解思敏教授，在苹果产业方面，坚持十多年帮助平定县理家庄村民育苗、栽植、剪枝、防虫、管理，取得良好的经

济效益。1996年，国务院副总理李岚清视察理家庄时，充分肯定了该村依靠科技脱贫致富的经验。理家庄群众把解思敏教授称为“科技神人”，并立碑铭记。20世纪90年代以来，学校对扶贫事业长抓不懈，坚持30年，选派31批扶贫队、148名干部教师开展驻村扶贫工作，取得突出成绩。自2015年起，为助力打赢脱贫攻坚的硬仗，学校先后选派了17名挂职副县长和64名第一书记，积极推动当地农业增效、农民增收、农村增绿。回顾110多年劳苦不计、守望承续的扶贫历程，一批批专家教授、一代代教师学生，薪火相继，久久为功，坚持把科研课题做在田野、把科技论文写在山村，主动对接深度贫困地区的产业发展需求，以校地合作、校企合作、项目合作为主要模式，以科技扶贫、教育扶贫、产业扶贫为主要抓手，以学科、人才、技术为主要支撑，肩负起了一所地方农业院校的使命担当。

（二）学校领导高度重视

学校领导历来高度重视扶贫工作，自党中央发出脱贫攻坚的号召以来，更是始终将其作为学校重大的政治任务来完成、作为全校干部的历史使命来担当、作为检验学校办学实力的历史机遇来把握。按照党中央、省委省政府的安排部署，学校第一时间把脱贫攻坚工作列入重要议事日程，成立由党委书记、校长担任组长，党委副书记担任副组长的学校精准扶贫工作领导小组，研究解决精准扶贫工作中的重大问题，将精准扶贫工作列入学校“十三五”规划、山西农谷建设。2017年，学校领导进一步推进脱贫工作，先后组织制定出台了《山西农业大学“助力攻坚深度贫困吕梁行动”实施方案》《山西农业大学临县教育扶贫行动方案》，签订了“临县人民政府山西农业大学教育扶贫行动协议书”，为脱贫攻坚工作明确了指导思想、目标任务、工作重点并提供了政策保障。工作开展期间，学校领导身体力行，奔赴吕梁签订战略合作协议，并到对口帮扶的六个贫困县区实地调研脱贫工作进展情况，安排部署工作，激励鼓舞一线的专家、老师、学生在脱贫攻坚战场主动担当、奋发有为。

（三）工作机制不断完善

健全的工作机制是保障脱贫攻坚顺利进行的基础。为提高脱贫攻坚工作成效，学校在脱贫工作实践中不断探索完善工作运行机制。一是建立了联络沟通机制。成立项目领导小组，定期召开会议，研究项目进展新情况、新问题，制定具体措施。设立联络督促员和专家服务团队，形成市校联席会议制度、专家例会制度、联络员例会制度，研究讨论市校在“三农”工作中开展合作的有关事宜，研究、分析、落实各项合作具体事宜中存在的问题，制定推进措施。二是建立了投入保障机制。灵活调整教学科研安排，统筹协调学校教师、研究生的抽调派遣，为扶贫工作的顺利开展提供了人才保障。设立专项经费，用于新技术新品种购置费、差旅费、培训宣传费、用工劳务费、专家补助、课时补贴等方面的支出，为扶贫工作的顺利开展提供了经费保障。三是建立了督导考核机制。出台督导考核措施，形成督导考核机制，督促脱贫一线人员主动担当、勇于担当，确保扎实有序地推进扶贫工作。

（四）育人扶贫同频共振

从20世纪80年代起，学校就积极响应团中央、团省委的号召，组织开展了内容丰富、形式多样的大学生暑期“三下乡”社会实践活动，引导广大团员青年深入田间地头，宣讲“三农”政策、推广实用技术，多次受到团中央的表彰。自2016年以来，我们主动服务山西省脱贫攻坚大局，在山西省扶贫办的支持下，将社会实践与精准扶贫相结合，开展“走进乡土乡村，助力精准扶贫”暑期“三下乡”社会实践活动，带领广大青年深入基层，广泛调研，积极开展理论普及宣讲、科技支农帮扶、教育关爱服务等活动，助力全省脱贫攻坚。2017年4月，学校认真落实山西省委省政府领导对《脱贫攻坚是一堂生动的国情教育课》的重要批示精神，根据省高校工委、省教育厅的安排部署，在临县大禹乡府底村建立了思想政治教育基地，共相继在贫困村建立了17个实践基地，以“受教育、长才干、做贡献”为宗旨，让青年学子在扶贫一线接受国情教育，增强使命感和责任感。学校首批实践队员开展了丰富多彩、形式多样的扶贫教育活动，受到当地村民的热烈欢迎，相关事迹也被新华网、人民网、《中国妇女报》、《山西日报》等多家媒体报道。

二、主要工作特点与经验成效

（一）突出一个“本”字，使教育培训在切断贫困代际传递中主动发力

授民以鱼，不如授民以渔。教育培训使贫困家庭切实得到了物质和技术的双重实惠，有助于激发贫困家庭的内生动力，使其脱贫不返贫、脱贫能致富。为此，学校积极搭建校内校外两大平台，好戏同唱，在校内主要以资助、奖励、招收贫困大学生为手段，在校外以开展地方教师和农民培训为抓手，共同推动知识技术在深度贫困地区扎牢根基、深层发力、长效发力，合力切断贫困的代际传递。

以我们对口帮扶的临县为例：在校内，根据山西省有关政策，学校与临县一中签订了“山西农业大学临县一中优质生源地共建协议”，做好面向贫困地区的专项招生工作。2017年，与临县政府签订了“教育扶贫行动协议书”，鼓励和引导临县籍考生报考山西农大，对考入学校的临县籍的贫困学生实行资助全覆盖，已完成对150名临县籍贫困学生的认定、建档工作，各类奖助学金累计金额达30多万元。完善和落实贫困高校毕业生就业创业帮扶政策，对临县贫困家庭未就业毕业生进行实时跟踪，实行“一对一”动态管理和服务。利用“互联网+”技术，为建档立卡贫困毕业生精准推送就业岗位。在校外，针对地方教师和农民群体，学校重点以农民继续教育培训和校县合作教育扶贫行动为主要抓手，提升贫困地区的造血能力和内生动力。在长治、晋城、晋中、临汾、运城、吕梁、大同等7个地级市的15个县（市）举办讲座报告，为贫困县培养了一批“土专家”“田秀才”和脱贫致富的“领头雁”。

在临县，学校与白文职业技术中学签订了“农业实用技术培训基地协议”，与临县建立基础教育合作平台，借助学校教育优势，分批开展贫困地区新型职业农民实用技术短期培训。

（二）突出一个“智”字，在科技帮扶中智慧发力

学校在长期的扶贫工作和科研实践中积累了大量的科技经验，帮助农民生产生活解决了很多技术难题。自2016年以来，学校共派出200余名科技人员，5000多名研究生、本科生到贫困县区开展技术指导，累计推广各类新品种、新技术193项，示范面积达12.5万亩。2017年学校与吕梁市签订校市战略合作框架协议，与石楼、临县、中阳、兴县、岚县、方山等6个国定贫困县进行对接，由6名首席专家带领6支服务团队进驻各县，形成了“学院—市县—专家—团队”对接帮扶模式，帮助当地贫困户发展养蜂、红枣、核桃、杂粮等特色产业。

以我们对口帮扶的临县为例：一是提供经费保障。按照校市战略合作协议，由吕梁市农业委员会代表吕梁市人民政府提供100万元的对口临县专项经费。二是强化队伍保障。学校组织专家服务团队，整合博士、硕士等专业力量，选派科技特派员，深入深度贫困乡村开展驻点指导帮扶。三是加强技术推广。专家围绕临县红枣产业发展现状、枣树林经济发展、田间管理、红枣防裂果技术等内容，进行了全面系统的理论讲解和技术操作演示。高培芳教授团队以“枣园防裂果与林下循环经济模式试验示范项目”为支撑，助力当地红枣产业发展，建立了1500亩防红枣裂果技术示范园，平均每亩增收656元。同时，还推广以养殖和食用菌为主的新技术和新品种。四是打造优势品牌。大力发展红枣产业，选好试点，协助做好红枣产业链的规划和构建，提供技术支撑，推动产业发展升级，提升产品附加值，培育新的经济增长点。

（三）突出一个“准”字，在脱贫攻坚评估工作中精准发力

在脱贫攻坚战场中，学校除发挥自身优势帮助解决农村问题外，还积极承担山西省委、省政府交付的重要使命。2016年和2017年连续两年承担山西省脱贫成效第三方评估工作任务，先后有近千名师生深入全省716个样本村实地调查评估；2018年和2019年连续两年对山西省14个县开展脱贫摘帽第三方评估。受国务院扶贫办委托，2018年在黑龙江圆满完成了贫困县退出第三方国家专项评估检查工作任务，2019年组织100余名师生前往

内蒙古、云南开展脱贫摘帽第三方评估。评估工作不仅让专家、师生掌握了深度贫困地区生产生活所急需、所急缺的政策、技术等情况，也反逼他们查找不足，补齐短板。

评估工作得到了地方领导的认可，也受到省委、省政府主要领导的充分肯定。

三、下一步的工作思路

学校将以习近平新时代中国特色社会主义思想为指引，按照省委省政府的决策部署，牢记使命，勇挑重任，在已有成绩的基础上，紧紧围绕决胜全面建成小康社会的宏伟目标，以实施乡村振兴战略为契机，不断研究探索新思路、出台实施新举措，在攻克深度贫困的伟大事业中贡献农大力量。

（一）问题导向，因地制宜，在脱贫攻坚取得实效上下功夫

助力深度贫困县脱贫工作，要深入了解贫困地区基本状况，把准问题成因，提出有针对性的脱贫举措。下一步，我们将加强顶层设计，进一步加强科学调查，切实摸清深度贫困县走出贫困的制约因素，把深度贫困县面临的问题作为农大的研究课题。结合山西省山地、旱地、坡耕地的种植功能农产品天然优势，在以功能农业、功能食品为主导，建设农谷科创城的过程中，学校将把在贫困地区种植功能农产品作为一个专门的研究方向，在育种、种植、管理、收割、加工等方面进行系统研究，为贫困地区的精准脱贫走出一条功能农业的新途径。

（二）立足“三农”，突出优势，在培育脱贫内生动力上下功夫

激发贫困地区和贫困群众脱贫致富的内在活力，提高贫困地区和贫困群众的自我发展能力，是攻克深度贫困的治本之策。在下一步的工作中，学校将总结优化“学院—市县—专家—团队”对接帮扶模式，开展攻克深度贫困“农大在行动”活动，与各地市签订战略合作协议，继续发挥农大在科技支农、项目推广、产业扶贫等方面的优势。以教育培训为重要抓

手，继续开展技术培训工作，针对临县产业开展红枣生产技术、猪养殖技术、食用菌生产技术、蔬菜生产技术、马铃薯生产技术、小杂粮生产技术等培训。不断完善培训模式、扩大培训规模、增强培训力度、优化培训内容，以传统培训为基础，探索发展面向贫困地区的远程教育，为当地农民提供远程教学，不断拓展培训教育空间。

（三）整合资源，创建联盟，在智库支撑决策咨询上下功夫

深度贫困地区如期完成脱贫攻坚，任务艰巨，时间紧迫，需要集中火力、整合资源。下一步的工作中，学校将集合全校上下有关农村区域发展、农村特色产业、功能农业、功能食品、资源环境等领域的专家教授，成立攻克深度贫困联盟团队。实施省政府“互联网+现代农业”项目，组建大学生农副产品销售创业团队，打造山西农副产品电子商务综合服务平台，与贫困地区产品销售对接。

进一步发挥大学生思想政治教育基地的作用，努力通过教师学生的到位，开展支教、支农，做好政策宣传，带动农村文化建设。

（四）围绕特色，打造品牌，在产品创制研发上下功夫

以学校为纽带，以地方为平台，以企业为支撑，推进校地企三方融合发展，不断打造区域品牌特色，加快产品提质升级，打通市场营销渠道，积极推进地方土特产快速发展。

围绕临县红枣产业发展现状、枣树林经济发展、田间管理、红枣防裂果技术等方面，学校拟建设100亩高标准红枣生产示范园，带动全县开展红枣的标准化生产，开展红枣防裂果技术培训1000人次。进行红枣品种改良、引种工作，开展红枣深加工技术研究，力争研发2～3个高附加值红枣深加工产品。

学校在脱贫攻坚中做出了一些贡献，取得了一定的成效，但离省委省政府和省教育厅的期望和要求还有一定距离。学校将会继续投身脱贫攻坚主战场，助力深度贫困县脱贫大战役，把脱贫攻坚放在实现中华民族伟大复兴、全面建成小康社会、实现山西经济振兴的宏伟格局中去研究，不断在脱贫攻坚主战场展现农大的担当和作为。

（山西农业大学　郝　峰）

“三位一体”锻造脱贫致富“金钥匙”

——青岛农业大学精准扶贫精准脱贫典型项目

2013年11月3日，习近平总书记到湖南湘西十八洞村考察时，首次提出“精准扶贫”的重要论述，并明确指示要探索“可复制、可推广”的脱贫经验。青岛农业大学以习近平总书记这一重要指示精神为指引，坚持深刻领会、准确把握、全面贯彻落实，在服务全国、全省脱贫攻坚大局，助力打赢打好脱贫攻坚战、实施乡村振兴战略的实践中，持续实施重点突破、多点开花的总思路，融教育扶贫、科技扶贫、产业扶贫于一体，始终坚持以探索精准扶贫、脱贫新路径为根本，以培养脱贫生力军为支撑，以抓实“第一书记”促脱贫帮致富为支点，“三位一体”努力打好精准扶贫“组合拳”，最大限度把学校人才力量聚集到脱贫攻坚主战场，因地制宜走出了一条又一条可学习、可复制、可推广的扶贫脱贫新路子，不仅成功拔掉了一个又一个“穷根子”，还形成了良好的示范带动作用和辐射效应，受到中央电视台《新闻联播》《科技日报》《中国教育报》《大众日报》等媒体的广泛报道和推广。

一、聚焦“可复制、可推广”，探索管用、好用脱贫新路径

在聚焦脱贫攻坚、深化帮扶工作中，青岛农业大学始终突出凝聚、激活学校专家学者这一关键力量，大力激发学校各学科人才积极投身脱贫攻坚主战场的激情与热情。学校一大批专家长期活跃在脱贫攻坚一线，他们充分发挥学科专业优势，自觉把科研攻关与脱贫攻坚有机结合，不仅立足于为一村一地“开方子”“治穷病”，更着眼于探索建立长期有效、普遍适用的脱贫“大药方”。

（一）工作站“扎”到村里，“淘”出盐碱地上脱贫新模式

东营市利津县毛坨村，是东营市出了名的“碱窝窝”。十几年前，这里还流传着一段顺口溜：“毛坨村，太偏远，进出交通不方便，远离水源年年旱，土地宽阔光盐碱，人种天收干瞪眼，要想致富难上难。”这是黄河三角洲800万亩滨海重盐碱地的缩影。这样的土地过去只能种棉花，村民人均年收入只有几百元。

2008年，青岛农业大学主动揽下了这块难啃的“硬骨头”，在承诺一定让毛坨村乡亲们过上幸福生活的同时，也把目光聚焦到了整个黄河三角洲800万亩滨海重盐碱地上。当年，学校就直接在毛坨村里建立了黄河三角洲重盐碱地改良及生态农业试验工作站和研究生工作站。随着平台的搭建，学校植保专家王建林教授、花生育种专家王晶珊教授、小麦育种专家林琪教授、葡萄专家刘更森教授、蔬菜专家杨延杰教授等来自学校12个学院的27支研究团队300余名专家教授和研究生纷纷来到这片盐碱地，“扎”下了根。来自国内外23所高校科研院所的专家学者也被请来联合开展科研攻关。大家与毛坨村人吃住在一起、流汗在一起，一起打起了脱贫攻坚战。

国家技术发明二等奖、国家科技进步二等奖获得者王晶珊教授，年过五旬仍亲自带队住进村里，进行花生耐盐鉴定和耐盐花生新品种选育。用她自己的话说就是“带动农民脱贫致富是我们的责任”，她就是要在盐碱地上为乡亲们种出高品质的花生。在毛坨村，她与当地农民一起吃饭、一起下地，没有一点儿教授架子。为抢种抢收，早饭、午饭就在地里吃，晚上天不黑不收工，经常晚上9点才吃上饭。经过4年的努力，王晶珊团队培育的“宇花2号”和“宇花21号”花生新品种在毛坨村盐碱地种植成功，并创造了亩产425公斤的奇迹，几乎和普通土地产量一样高，而且其出油率比普通地块高出2个百分点以上，加上盐碱地黄曲霉少的先天优势，盐碱地上产的花生甚至比普通花生品质更高。

王晶珊教授只是这样一大批专家教授团队扎根毛坨村、助力毛坨村脱贫攻坚的一个缩影。在众多教授专家的共同不懈努力下，青岛农业大学仅用7年时间就在当地成功探索出以盐碱地改良、上农下渔、无土栽培、稻

鸭共生、耐盐林果、粮油栽培等6种生产模式为主的盐碱地生态农业发展模式——“毛圪模式”。“毛圪模式”彻底摘掉了毛圪村的穷帽子，曾经的“不毛之地”长出了绿意诱人的蔬果和籽粒饱满的花生、稻麦，甚至在人见人愁的重盐碱地上建起了一座集研发、生产、休闲观光为一体的现代农业庄园。

“攻克”毛圪只是开始。学校又继续与东营市共建了青岛农业大学黄河三角洲研究院，在东营建立了9个不同的试验示范基地，让“毛圪模式”全面辐射到了东营各个县区市，为整个黄河三角洲乡村振兴提供了一条可行路径。据不完全统计，这一模式已为当地累计节水30多亿方，改造盐碱地23万亩，粮棉油作物累计增产3亿公斤以上，直接经济效益超过15亿元。

（二）组团下乡，趟出水利移民村振兴新路子

在青岛，因修建水库整村搬迁或接纳移民迁入的村庄共有679个，移民工作涉及891个村。由于历史原因，多数水利移民村地处相对偏远，土壤瘠薄，从事传统种植业较多，种植技术更新慢，增收致富障碍多。2013年，学校在深度调研把脉后，整合全校农业专家力量与青岛市水利移民管理局联合成立了青岛水利移民科技下乡专家服务团。服务团成员不仅有农业技术专家、农业经济专家，还有政府水利移民工作人员。这种“三合一”的科技下乡模式，充分考虑到了现代农业发展的实际问题，形成了“技术指导+市场引导+产业发展+政策咨询”等多元组合的复合型科技服务新模式。此外，针对农民在生产中遇到的问题比较琐碎、连续不断的现实状况，服务团创造性地设计了“专家联系点”制度，做到每次下乡的服务对象、服务区域、服务专家、服务联系人“四固定”，以“一对一”保姆式服务最大限度消除传统科技下乡的随机性，让农民和专家“点对点、面对面”无界限沟通。

2017年，莱西市河头店镇高格庄村引进了大棚葡萄种植项目，专家服务团了解后很快确定在高格庄村建立专家联系点，刘更森教授为常任指导专家。由于是第一次种大棚葡萄，各种问题纷纷出现，大家心里都打起了鼓。为此，刘教授走遍村里所有大棚，详细分析各家的情况，挨个给农民

吃上定心丸。2018年夏天，由于多雨，部分棚因地势低洼又不注意排水，涝灾严重，农民的心再次提到嗓子眼。好在刘更森教授下村勤、电话打得勤、微信回得勤，就这样，在涝害严重的情况下，刘教授指导该村第一年种植大棚葡萄亩产就达到了2500公斤，比当初预计的亩产翻了一倍还多。

自2013年以来，服务团直接扶持移民14.2万人，培训服务对象890个村，连带73万人受益。2017年，联合专家服务团的成功做法被水利部录入《全国水库移民工作典型案例》并印发全国。

（三）“成果+农户”，提升脱贫攻坚加速度

让创新成果直接转化为农民脱贫致富的现实生产力，也是青岛农业大学不懈努力的方向。在滨州市沾化区古城镇北耿村，青岛农业大学果树栽培专家原永兵教授的“冬枣篱壁形生态栽培技术示范”项目主动找上了贫困户耿志忠。该项目以帮扶贫困户科技脱贫为重点，采用篱壁形生态栽培模式建设冬枣示范园，实行高纺锤形整形，树下覆盖无纺布地膜，行间生草，支架栽培并搭设多功能网，冬枣内在品质和外观品质显著提高，农药残留显著降低。由此种出来的冬枣卖到了60元/公斤，合6元/颗，这与普通冬枣1.5～2.5元/公斤的价格形成了鲜明对比。项目结题验收时，专家组一致认为，这是一种生态、清洁、优质、高效的冬枣栽培新模式，具有显著的扶贫效果和很强的示范推广价值。

近年来，青岛农业大学还重点在临沂沂南县湖头镇、菏泽巨野县、枣庄山亭区徐庄镇和菏泽牡丹区沙土镇、独山镇等地，采取无偿技术服务与成果转移转让的形式，转化超早熟无公害草莓高产技术、食用菌周年生产高产栽培技术示范推广、核桃深加工技术攻关和示范推广、利用废弃畜禽养殖大棚栽培食用菌技术开发和示范、设施农业栽培技术示范推广等农业生产关键技术，为当地农户带来了5000万元的直接经济收益，带动2.8万名农民提高了农业生产技术，有效减少了贫困人口，降低了贫困比例。

学校还紧紧把握特色产业这条主线，创新全产业链条式科技扶贫模式。近年来，学校先后打造了高抗玉米、抗逆小麦、优质花生、光伏大

棚、加工专用苹果、耐寒茶树、有机韭菜、高产甜瓜、早熟草莓、优质肉牛、特色水禽、杂交扇贝等10多个特色农业产业链，进一步拓展了产业链条，提高了农产品的附加值，全面提升了农业产业的综合竞争力，有效带动了农村脱贫和农民增收，收到了良好的产业扶贫效果。

二、立足持久内生动力，夯实乡村振兴人才之基

习近平总书记指出："从长远看，无论怎么加强外部人才支持，派去的人总是有限的，关键还是要靠本地干部队伍和人才。"打好脱贫攻坚战，着眼2020年脱贫攻坚战结束后的持续发展，就要注重培养当地队伍，打造"乡村振兴生力军"。

在推动全校专家教授持续活跃于脱贫攻坚、乡村振兴第一线，精准探索"可复制、可推广"的脱贫模式的同时，青岛农业大学还大力推进将学校教育资源转化为推动地方可持续发展的人才资源。学校认为，农民既是乡村振兴的受益者，也是实施乡村振兴战略的主体，通过专业、系统的教育培训，调动和发挥他们的积极性、主动性、创新创业精神和能力，是确保乡村振兴战略顺利实施的根本。学校依托在学校设立的11个国家级、省级培训基地，鼓励专家教授上培训讲堂，大力培养"土专家""田秀才"，培训新型职业农民，逐步建立起以校内外双聘院士、行业领域专家、"泰山学者"特聘教授、全国优秀教师、省有突出贡献中青年专家、省教学名师以及现代农业产业技术体系岗位专家和试验站站长等为主体，政府部门领导、涉农企业主管、农村创业优秀典型、有带动力与影响力的技术能手为补充的"高校+科研院所+政府+企业"的立体组合式师资培训队伍。

培训中，注重从根本上改变农民固有的传统思想，改变他们世代沿袭的传统种植养殖和管理观念，引进家庭农场、农村合作社等现代经营理念，激发他们大胆创新创业意识。烟台海阳市的陈少勇是学校新型农民培训班2009年第4期的学员。经过培训学习，陈少勇说明显感觉到自己眼界宽了、办法多了，他所倡导成立的永平蔬菜专业合作社社员已从最初的19户增加到2000多户，蔬菜种植面积达2000亩，先后被评为国家级黄瓜标准化示范区、国家级示范社，成为当地有名的高端蔬菜产业龙头。平度市南

村镇的王伦世经过培训，从一位普通农民成长为优秀的“田秀才”，并逐渐成长为山东省农广校新型职业农民培育讲师团蔬菜专家、“金草帽”全国基层农技专家，从一名培训学员转化为培训人员。2010年以来，他先后在山东电视台农科频道、青岛电视台党建频道以及远程教育频道做公益科普讲座100多期，参与各级政府部门举办的公益技术讲座70多场，培训12 000多人次，提供农业市场信息和技术咨询服务6000人次。

像陈少勇、王伦世这样从青岛农大培训班走出的农村“领头羊”还有很多。自2007年以来，学校累计举办新型农民培训班次700多个、培训5万余人，培训范围已涵盖整个山东，并辐射到全国11个省份，为实现乡村振兴输送了大批人才。

为强化培训效果，延伸培训效应，学校成立了“培训追踪服务专家顾问服务小组”，将服务延伸到培训之后，通过建立学校、继续教育学院、教师、学员之间广泛、长期、多层次的联系，切实解决学员在学习之后的实际生产过程中面临的规划设计、管理创新、生产关键技术等问题，成效十分显著。学校还积极参与山东省科技扶贫云平台建设，组织专家教授平均每年在线上为农民解答各类农业技术问题4.6万余个，用户满意度一直保持在95%以上。此外，专家教授还积极进驻学校在全省各地建设的15个综合服务示范基地、特色产业基地和研究院，在200余家企业和合作社建立的分布式服务站和专家工作站每年主动承担社会服务项目200余项，培训各类人才5万余人次。

三、着眼脱贫攻坚新动能，推动“第一书记”发挥“第一作用”

青岛农业大学高度重视“第一书记”工作，把“第一书记”作为乡村脱贫攻坚的新动能，始终坚持质量第一的原则，确保精准选派，把最优秀的干部选派到贫困村使其成为农村脱贫的新动能。在干部选任中，树立正确选人用人导向，在同等条件下优先选用表现优秀的“第一书记”，有力激发“第一书记”干事创业的热情。

自2012年起，学校已先后选派4轮共计19名“第一书记”驻枣庄、菏泽、济宁等地区，在7年的实践中，走出了一条以“第一书记”为红线，以高校科技资源对接山东西部发展需求，持续提升农业发展、农民增收、乡村振兴的智力化帮扶和产业改造之路。枣庄市山亭区徐庄镇的西七里河、武王庄、赵山头三个村，是不折不扣的“穷窝窝”。2012—2015年，学校先后选派9名干部到枣庄市作为“第一书记”驻村帮扶。3年中，累计争取各类资金、物资1600余万元，实施村庄道路改造、水利设施修建、文化广场建设等民生工程66项，开展扶贫济困、捐资助学等惠民活动40余次，为群众办实事、解难题100多项。同时，通过他们牵线搭桥，学校和当地建立了更为紧密的合作关系，先后建立了青岛农业大学枣庄综合试验站、合作社党建工作研究促进会、新型农业经营体系建设试验基地以及7个专家大院、4个试验基地，建立了将学校人才、技术、专业等优势长期引入当地的灵活机制，达到“造血式”智力扶贫目标。2017年2月，学校又选派3名“第一书记”和1名驻村队员到菏泽市牡丹区开展帮扶，在他们的红线牵引下，学校园区规划、蔬菜种植育种、果树种植、食品加工、食用菌种植、合作社建设等各方面专家都汇集到帮扶村，仅用1年时间，便整合资金1200多万元，流转土地400余亩，建起一个新型、高标准的现代农业生态园区。

脱贫不是终点。青岛农业大学将在全力服务乡村振兴战略中，聚焦扶贫脱贫模式培育、脱贫生力军培养、“第一书记”选派使用“三位一体”，充分发挥农业院校的先天优势，一件事接着一件事办、一年接着一年干，不断提升脱贫致富“金钥匙”的含金量和适用率，在脱贫攻坚与打造乡村振兴齐鲁样板中，不断贡献智慧与力量。

（青岛农业大学　刘晓华）

点评：

乡村振兴工作站作为清华大学青年学子的社会实践基地，深入探索了脱贫攻坚与乡村振兴有效衔接的高校参与可能形式。同学们能够在这里用一年甚至更短的时间亲手把自己改造设计的房子盖起来，在乡村一线接受劳动教育、国情教育，并以自身的智力成果反馈乡村，这对同学们的成长是非常重要的，远比多读几本书要重要得多。与此同时，建成的工作站也是弘扬乡村文化的种子，我们希望能够有更多这样的平台搭建起来，有更多的学校加入进来，有更多的资源融合进来，这样就可以把乡村振兴的经验和乡村文化的种子播种到全国各个地方。

——中国工程院院士　清华大学建筑学院院长、教授　庄惟敏

高校扶贫是中国特色“大扶贫体系”的有机组成部分，它将人才、学科、科研、技术、校友等优势资源嵌入贫困地区，在拉动贫困地区脱贫内生动力与持续能力等方面发挥着不可替代的独特作用。对高校扶贫工作经验进行系统的回顾、还原、总结以及学理性提炼，有助于进一步推进高校扶贫工作的实践发展，对深化关于整个中国特色扶贫体系的理论解读与系统性优化也具有重要价值。在后扶贫时代，如何科学厘定高校扶贫在巩固脱贫攻坚成果、筑牢返贫致贫防线、解决相对贫困问题，以及接续推进全面脱贫与乡村振兴有效衔接中的新定位、新角色、新路径，已成为新的时代命题，值得学界和业界的有识之士共同探讨。

——华南理工大学公共管理学院教授　文　宏

教育扶贫篇

各高校坚持硬件建设和软件建设同步提升，援建捐赠、师生支教、师资培训、资源共享、学生资助、结对关爱等共同行动，帮助贫困地区有效缓解了基础薄弱、师资短缺、资源不足等突出困难，使得贫困县的教育教学质量有了较大提升，一些贫困县实现了重点高校录取人数“零”的突破。

打造“电子信息+教育”扶贫新模式 深入推进“1234”基础教育强基工程

——电子科技大学精准扶贫精准脱贫典型项目

电子科技大学高度重视定点帮扶岑巩县的工作，聚焦“两不愁三保障”突出问题，坚持“扶贫先扶智，扶贫必扶志”，充分发挥教育资源优势，构建“电子信息+教育”扶贫新模式，大力实施“基础教育强基工程”，实现全县义务教育入学率达100%。岑巩县教育和科技局因控辍保学措施有力，受到贵州省教育督导室和教育厅的通报表扬。学校助力岑巩县第一中学高考本科上线率从2016年的67.5%提升至2020年的87.9%，8个教育质量评价指标均位列黔东南苗族侗族自治州第一，为岑巩县打造“黔东基础教育高地”奠定了坚实基础。

一、项目实施概况

岑巩县各级各类学校共有125所，其中普通高中2所、职业高中1所、初级中学10所、小学44所（教学点23个）、幼儿园66所；在编教师2750人，在校学生41 213人，其中幼儿园6685人、小学18 593人、初中8963人、普通高中5440人、中职1532人。长期以来，贫困学生比例高、教育资源分配不均衡、优秀教师资源匮乏以及部分孩子和家长对教育“拔穷根”的认识不足等问题，影响和制约了岑巩县基础教育的发展。

二、总体思路和主要做法

习近平总书记高度重视教育扶贫工作，强调“治贫先治愚，扶贫先扶智。教育是阻断贫困代际传递的治本之策”。结合岑巩县脱贫攻坚实际和电子科技大学教育资源优势，校地双方就教育扶贫达成共识，即用教育精准扶贫打破贫困代际传递，拔除“穷根”，以建设“黔东基础教育高地”为目标，构建了“1个目标、2项重点、3类群体、4个计划”的创新型“电子信息+教育”扶贫新模式，简称“1234”模式。

瞄准“1个目标”：以加强控辍保学、打造“黔东基础教育高地”为目标，实现“人人有学上、个个有发展、家家有希望”。

聚焦“2项重点”：以增强小学教育入口端、提升高考录取出口端为重点，不断夯实教育脱贫根基，提升教育脱贫能力。

围绕“3类教育群体”：主要围绕建档立卡贫困学生、小学教育阶段学生、高中教育阶段学生3类群体分类施策。

实施“4个计划”：大力推进教育人才“引培计划”、科技为教育赋能“跃升计划”、教育发展“均衡计划”和教育扶贫“聚力计划”。

（一）实施教育人才“引培计划”，“强”教育理念和师资

为切实建强做优岑巩县教师教育，全面提升教师素质能力，建设一支高素质、专业化教师队伍，电子科大深化实施了教育人才“引培计划”。

（1）提升理念方法，树牢教育教学“新标杆”。首先，为更新教育管理理念、强化教育管理者“领头羊”作用，面向中小学校长开设综合素质提升班，传授现代教育理念、打造特色学校、加强发展规划，对110名校长进行专项培训和指导。其次，为提高教学技能和水平、引领教师专业成长，面向岑巩县中小学教师实施教育人才“引培计划”，投入40万元提升语文、数学、外语、体育、心理健康、信息技术等科目教师的教学技能，累计培训教师1300余人。在2017年、2018年教育部“一师一优课，一课一名师”的评选活动中，岑巩县先后有13人获“优课”表彰，获奖人数居黔东南第一。

（2）加强师资建设，拓展引培并重“新思路”。一方面，为提高中小学办学水平和质量，推动基础教育改革发展，电子科大不断加强教育人才引进力度，助力聘请岑巩县第一中学校长谭军等30名教学管理人才，推荐硕士毕业生白芸落地岑巩，在全国各重点高校招聘74名优秀大学毕业生扎根

岑巩教育系统。另一方面，为主动适应深化基础教育课程改革、全面实施素质教育的现实需求，电子科大加速现有教师队伍培养，邀请中国心理学会人格专业委员会委员李媛教授等30名专家实地开展教学指导，并将短期培训和长期进修相结合，每年有10名中小学管理和教学骨干到电子科大附属中小学轮岗进修；通过面对面指导和远程研讨，组织电子科大附属中小学教师和岑巩县教师在线互动研讨。

（二）实施科技赋能“跃升计划”，“促”教育改革发展

电子科大推进教育管理和教学信息化建设，指导岑巩县在贵州省率先编制完成了智慧教育规划设计，并大力实施科技赋能“跃升计划”。

（1）找准赋能抓手，加速智慧教育落地。一方面，为构建教育信息化应用模式，推动教育理念更新，电子科大开展了远程教育，引进了“缤果英语”，投入220余万元，启动建设贵州省首个覆盖县域30所中小学校59个班级的英语口语“空中课堂”项目，搭建黔东南第一个“两地三端”（电子科技大学、电子科技大学实验中学与岑巩县第一中学）远程教育系统。另一方面，为推进信息技术与教育管理及学科教学的融合，电子科大不断加强平台建设，投入73.9万元建设岑巩县第二中学校园信息化平台、第三小学思政影视智慧课堂、第三中学和第三小学智慧德育平台，推进信息技术与教育教学的融合和中小学思政教育改革，助力岑巩县教师在省州“微课”等技能竞赛中多次获奖，岑巩县也因此成为贵州省9个教育信息化建设试点示范县之一。

（2）扩大辐射带动，推进教育教学改革。一方面，为找准教育教学改革突破点和“以点带面”关键点，深化实施了英语口语“空中课堂”项目，其教育理念和教学方法启发和推动了岑巩县中小学英语及其他课程的教学改革；另一方面，为推动研讨性教学模式推广，加强了“空中课堂”远程教育系统建设力度，实现了课堂内容及课件录制、存储、点播和直播一体化，教学内容逐步从外语扩展到语文、数学、物理、化学、生物、历史等课程，不断激发岑巩县教师对教育教学的热情。

（三）实施教育发展“均衡计划”，“提”教育教学质量

为扩大优质教育资源覆盖面，促进岑巩县城乡之间义务教育的均衡发展，促进教育公平和提高教育教学质量，学校与岑巩县一道推进实施教育发展“均衡计划”。

（1）强化优质教育资源共享，促进教育公平。一方面，为积极推进线上平台资源共享，学校加快建设“空中课堂”远程教育系统，开启“两地三端”教学互动和研讨新起点，实现了岑巩县学生“实时连线”成都市优质教育资源的目标，英语口语“空中课堂”实现了3000余名学生与国外优秀教师的“面对面”。另一方面，为推动线下资源互动，学校积极引入电子科大附属中小学等优质教育资源，专项资助200余名岑巩县优秀学生和贫困学生到电子科大附属中小学参观、学习等互动活动50余次。2013年以来，学校从硬件改善、软实力提升、师资共享等方面持续发力，让贫困地区的孩子实现了从单纯感受到切身享受优质教学资源的转变。

（2）探索多元化特色发展路径，提高教育质量。一方面，为补齐岑巩县高考英语短板，学校积极探索日语课程特色发展路径，指导岑巩县第一中学进行日语课程的建设，为英语基础差的学生开拓出高考考日语的差异化比拼路子，连续3年无间断选派优秀日语教师支教、上示范课，投入106万元建设日语阅览室，取得了5年间高考外语平均分提升20分的成绩，其中日语高考人均分高出全州英语人均成绩近40分，探索出一条外语成绩“长期提升靠‘空中课堂’，短期发力转学日语”的特色发展道路。另一方面，为挖掘中小学校科创竞赛潜力，提高综合竞争实力，学校积极推进科创竞赛发展，邀请曾带队获得国际赛冠军的骆德渊教授指导创客教室建设并开展培训，助力岑巩县学生获评贵州省“贵青杯”大赛一等奖1名、二等奖3名，实现了县中学生参加科创比赛获省级奖项的零的突破。

（四）实施教育扶贫“聚力计划”，“创”全民重教环境

为积极调动社会力量参与教育扶贫，推进基础教育发展，关爱贫困地区学生成长，学校与岑巩县携手持续实施教育扶贫“聚力计划”。

（1）建强捐资助学保障，全过程守护学生成长。首先，着力募集爱心

基金助学，学校领导和各院系、部门多次深入岑巩县持续开展扶贫助学行动，推动爱心助学基金的募集，累计募集30余万元，保障了岑巩县160余名贫困学生的就学。其次，着力探索“零负担”助学，学校继续教育学院招收了17名岑巩籍建档立卡贫困家庭落榜学生，对其进行为期3年的计算机专业大专学习培养，该批学生的学费与生活费通过学校减免、企业赞助、县政府补贴等形式实现了“零负担”。再次，着力用爱心培育希望，校内党支部与塔山村18个贫困学生积极开展“爱心一帮一”帮扶工作，强化情感纽带，注重对贫困学生发展的全面指导。

（2）凝聚社会各方力量，全方位扩大扶贫局面。一方面，汇聚成电校友爱心力量，协调蓉之风华和苏州、无锡、常熟等地的校友会，举办“让艺术点亮孩子人生梦想”公益行活动；引入校友资源捐赠50余万元，在岑巩县第三小学建成全国首个以艺术物联网为智能载体的BOE蓉华创新艺术体验中心；动员校友企业贵州联科卫信科技公司设立10万元的专项助学奖学金。另一方面，汇聚成电青年正能量，先后组织了20余支累计260余人的精准扶贫实践队，以“立智、立志”为主线，开展暑期支教和帮扶等活动。实践活动被《人民日报》、《中国日报》、中国青年网等中央级媒体报道10余次，合力教育扶贫局面得到不断扩大。

三、项目特色和经验体会

（一）坚持“黔”心教育，拔除落后“穷根”

教育脱贫攻坚战进入决胜关键阶段后，电子科技大学党委高度重视，与岑巩县委、县政府携手攻坚，坚持“电子信息+教育”扶贫模式，努力探索出一条特色鲜明、切合实际、突出优势、精准滴灌的教育发展之路，既符合阻断贫困代际传递的治本要求，也符合实施乡村振兴战略的行动需要。

（二）坚持科技赋能，加速教育弯道超车

电子科技大学坚持立足电子信息学科特色，充分发挥互联网领域的人才和信息技术优势，强化科技赋能，投资建设智慧德育平台、BOE智能艺

术画屏教室、创客教室、英语口语“空中课堂”、远程教育系统、思政影视智能教室等项目，打破了教育资源壁垒，拓宽了教育空间，实现了岑巩县基础教育的跨越式发展。

（三）坚持路径创新，形成人才储备优势

电子科技大学与岑巩县委、县政府围绕打造“黔东基础教育高地”的工作目标，深入推进“1234”基础教育强基工程的扶贫路径，让“电子信息+教育”在岑巩县教师培养、中小学生的教育教学中看得见、用得上、有实效；通过邀请全国教育领域的专家团队实地教学指导，全面推进实施教师培训“千人计划”，正构建起岑巩县教育领域的人才储备库，形成人才振兴教育、教育促进发展的长效帮扶模式。

（四）坚持全面督导，保障义务教育核心

电子科技大学党委书记、扶贫工作领导小组组长王亚非等校领导以教育扶贫为重点，多次带队赴岑巩县针对“两不愁三保障”开展督导，就岑巩县控辍保学、教育帮扶项目落实、易地教育保障及义务教育精准资助等工作进行全面督促和指导。坚持以保障义务教育为核心抓牢教育扶贫，发挥义务教育的基础性和先导性作用，既保障不让学生因家庭经济困难而失学，又全面提升岑巩县义务教育质量，不断夯实教育脱贫基础，增强教育脱贫实效。

四、下一步工作思路

电子科技大学继续坚持深入贯彻党中央、国务院关于脱贫攻坚的重大决策部署，全面落实教育部关于直属高校定点扶贫工作要求，紧紧围绕“电子信息+教育”总框架，继续聚焦“两不愁三保障”突出问题，大力实施“1234”基础教育强基工程，夯实控辍保学成效，抓好教育扶贫，阻断贫困代际传递。

（一）让“1234”教育强基工程成为岑巩县脱贫攻坚的新高地

“1234”教育强基工程有效填平了岑巩县教育洼地，特别是教育信息化

的深入推进有效解决了农村薄弱学校和教学点师资短缺、水平不高的问题。“十四五”期间，学校将着力推动岑巩县搭上教育现代化的快车，将基础教育建强为岑巩县脱贫攻坚的排头兵。

（二）让“1234”教育强基工程成为高校助力扶贫的新典范

“电子信息+教育”重视发挥智慧教育的功能，不断提升深度贫困地区教育的软硬件服务能力，树立了深度贫困地区共享优质教育资源的典范。今后将继续注重特色发展，为地方教育发展留下高校帮扶的好故事和好经验。

（三）让“1234”教育强基工程成为衔接乡村振兴的新支点

把实施乡村振兴战略、做好“三农”工作放在经济社会发展全局中统筹谋划和推进。乡村振兴最终要靠人才，人才的培养要靠教育。电子科技大学将继续强化“1234”教育强基工程对乡村振兴战略的支点作用，对接和服务好乡村振兴战略，肩负起高校义不容辞的责任与担当。

（电子科技大学　游雪梅　黄治华）

“首都教育远程互助工程”助力和田地区教师国家通用语言能力提升

——首都师范大学精准扶贫精准脱贫典型项目

为响应《国家语言文字事业“十三五”发展规划》中提出的将国家通用语言文字普及攻坚工程与国家扶贫攻坚等工程相衔接，实施民族地区双语教师国家通用语言能力提升培训计划的号召，落实北京市教委将国家通用语言文字培训纳入北京对口支援新疆维吾尔自治区和田地区重点项目的工作要求，2019年9月，首都师范大学启动实施“首都教育远程互助工程”和田地区教师国家通用语言能力提升一期培训。《人民日报》、《光明日报》、新华社、“学习强国”平台等几十家媒体和北京、新疆等多家电视台进行了专题报道。

2020年是脱贫攻坚战的决战决胜之年，也是展示脱贫攻坚成就的最重要一年。首都师范大学继续发挥人才、智力、科技优势，于2020年5月启动“首都教育远程互助工程”和田地区教师国家通用语言能力提升二期培训，为和田地区教师提供多元交流的平台，丰富的学习场景、研修环境和资源配给，构建了完善的教育均衡发展体系。

一、和田地区学情摸底调研概况

（一）政策摸底概况

为响应教育部、国家语委关于《国家通用语言文字普及攻坚工程实施方案》中提出的“原则上到2020年特殊困难县域的普及率不得低于50%”的要求，和田地区在2017年6月印发了《和田地区实施全民学习国家通用语言文字工程的意见》，9月在全地区启动了全民学习国家通用语言文字工程。在此基础上，和田地区于2018年3月实施了“国语（国家通用语言文字）筑基行动”，为全地区少数民族干部群众学习、掌握、使用国家通用语言文字，筑牢社会稳定根基和脱贫致富打好了基础。截至2019年12月30日，和田地区有在编教师3.13万名、特岗教师1.22万名，其中少数民族教师2.94万名；普通话不达标的中小学教师1.88万名，普通话不达标的幼儿园教师0.39万名。

（二）语言能力摸底概况

为了更精准锁定每一位和田学员在普通话应用方面的薄弱点，以便制定精准的培训方案与内容，在项目正式开始之前，项目组针对参训教师进行了一次全面的训前口语测试。为了保证测试的客观性与真实性，每位参训教师的成绩都由三位专家盲评打分，最后取平均成绩作为参训教师的最终成绩。前测分为四个维度，即单音节字词（满分10分）、多音节字词（满分20分）、朗读短文（满分30分）、命题说话（满分40分），总分值100分。

根据参训教师测试成绩统计，本次测试各维度平均分分别为：单音节字词6.1分、多音节字词11.75分、朗读短文19.95分、命题说话24.8分，总平均分为62.88分。项目组按照各维度以及总成绩将不同等级区间分为优秀、良好、一般、差、较差五个等级。195个分析样本中，20位成绩优秀、66位成绩良好、55位成绩一般、39位成绩差、15位成绩较差，其中最低总成绩为28.2分、最高为94.1分。从前测成绩来看，教师之间水平相差较大，水平参差不齐。

（三）个性化提升的需求摸底概况

从2003年开始，在国家大力推普的背景下，新疆地区形成全民学习普通话的热潮，所有民考民（即少数民族考生用少数民族语言文字考大学）的学生进校后都要进行一年的预科学习，而这其中大部分时间是用于学习国家通用语言文字。少数民族学生预科学习后HSK至少要达到5级水平才有资格进行专业学习。专家对样本参训学员进行访谈后发现，和田地区教师积极参与国家通用语言文字培训的原因主要有以下几方面。

1. 自我发展的需要

在国家推普大政方针的指导下，新疆地区的工作岗位大多数要求任职人员要通过普通话考试，适龄的求职人员也都自发主动地开始学习普通话；在校的大学生为了更好地学习专业，也会更进一步地进修国家通用语言，如和田地区和田县实验中学的买买提·艾力老师就提到，国家通用语言资源相较于民族语言资源更加丰富准确，学会国家通用语言之后在专业学习上更有助力。

2. 形成正确的人生观、价值观的需要

通过培训与交流，和田参训教师认为普通话普及更好的北疆教育水平要相对优于南疆，并认为北疆的教育意识和教育理念更先进，他们愿意引导学生主动去了解世界，开阔视野，增强文化认同感和国家认同感，帮助学生形成正确的人生观和价值观。

3. 语言断层的现实需要

参考和田地区目前的普通话推广情况：和田地区的中小学生、幼儿园小朋友的普通话发音标准程度、语言表达准确程度以及国家通用语言读写能力普遍好于他们的父母。造成这个现象的主要原因是：成年人的语言学习能力相对弱于儿童，国家通用语言环境对其影响程度也有限。因此，和田地区很多为人父母的成年人面临与子女间的沟通障碍。如和田地区47团中学阿卜杜克伊木·尔根老师所说，年龄在30～40岁的和田教师在家要跟父母讲民族语言，跟子女讲国家通用语言，很多和田教师因为与子女间存在语言沟通障碍，无法准确了解子女的想法，因而产生切身的学习需求。

二、项目实施进展

（一）训前与训后测试的整体情况

截至2020年9月，项目参训教师总人数为195人，参加训前测试人数为195人，有效成绩为195人。训后测试总平均分为79.32分，良好及以上成绩占比99.28%；训前测试总平均分为62.88分，良好及以上成绩占比44.10%。训后测试平均分比训前测试平均分高16.44分，就项目整体平均分来看，本批参训教师训后较训前普通话口语水平整体有所提升，有93.18%的教师训后成绩较训前成绩有所提高，人均提高分数17.28分，其中45.45%的教师提高分数超过17.28分（见表1）。

表1　训后—训前测试成绩对比表

平均分	训后测试	训前测试	变化
项目平均分	79.35	62.08	+12.27

（二）训前与训后测试成绩平均分

参考测试满分值：单音节字词（满分10分）、多音节字词（满分20分）、朗读短文（满分30分）、命题说话（满分40分），总分值100分。训后测试各维度平均分分别为：单音节字词6.89分（训前6.1分）、多音节字词15.77分（训前11.75分）、朗读短文24.74分（训前19.98分）、命题说话31.93分（训前24.8分），总平均分为79.32分（训前62.88分）（见图1）。就平均分来看，本批参训教师训后较训前普通话口语水平整体有了很大的提升。

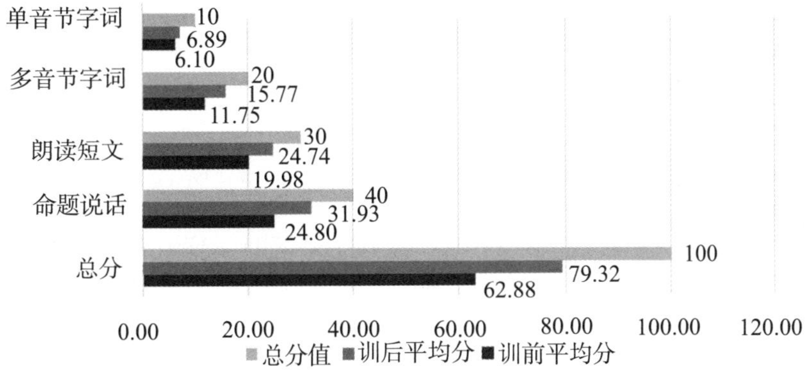

图1　训前与训后测试成绩平均分对比图

三、项目实施亮点

（一）“双优云桥-乐智悦读”普通话大数据平台支撑

项目以国家对学校教师语言文字教学能力培养要求为培训目标，依托首都师范大学语言文字方面优质专家资源和优质师范生资源，开发了“双优云桥-乐智悦读”普通话大数据测评系统。系统在听、说、读、写四大模块，从可扩展性维度，通过“测试—诊断—反馈—提升”四个阶段，创设语言情境，丰富线上线下活动方式，拓展课内语言学习资源，助力普通话学习。AI智能评价系统实时跟踪、精准测试、即时诊断；专家团队根据数据分析结果制订个性化解决方案，有效反馈、针对性提升，以平台为支撑，线上线下多角度、多层次，实时跟踪问效、全过程数据记录，通过基于大数据的分析评价为推普攻坚提质增效。

（二）参训教师个人成长档案机制激励

为加强对参训教师的过程性激励，显化培训效果，特设立参训教师成长档案机制：通过对教师前测、随堂测、期中测试、期末测试等各阶段数据的采集形成综合评价反馈报告，让每位参训教师直观地了解自己的每一次进步。

（三）在线培训服务机制常态化推进

项目通过App和平台实时反馈，再配合“一对一”师范生和北京教师的指导，保证和田地区教师在培训过程中遇到的问题能得到及时解决，形成常态化的培训机制。

首先，在项目实施过程中：一方面聘请首都师范大学语言文字方面的专家对每位参训学员进行情况摸底，提出针对性的课程方案，并通过普通话App随时了解学员的学习情况和问题；另一方面，首都师范大学师范生助教与参训教师组成“一对一”在线交流互动小组，每日进行不少于20分钟的日常对话；同时，建立助教组长管理机制，每位组长负责对师范生助教进行业务培训、软件应用培训和答疑辅导工作，以“传帮带”的形式为项目的全面推广培养一批经验丰富的新型师范生队伍。

其次，基于和田地区的实际情况，项目组专门开发系统学习App，保证和田地区教师只需用一部手机，就可以不受时间和空间限制，随时随地开展学习。

四、项目成效经验

“首都教育远程互助工程”和田项目践行了高等院校精准扶贫理念，两地教育部门和首都师范大学成立“首都教育远程互助工程”工作领导小组，督促落实支援工作的各项任务。参训教师的态度积极，学习欲望强烈，保证了项目的顺利推进，取得了从量变到质变的显著效果。

（一）凸显高校扶贫特色

此次“首都教育远程互助工程”和田地区教师国家通用语言能力提升培训项目充分贯彻了2019年教育部会同国务院扶贫办印发的《关于进一步充实教育部直属高校定点扶贫工作力量的意见》中强调的“发挥高校优势，创新帮扶形式”的要求，充分发挥了首都师范大学普通话教学资源丰富、师资力量雄厚等优势，在充分调研的基础上，立足个性化提升需求，利用普通话学习“双优云桥–乐智悦读”App平台，组织普通话水平不达标教师进行国家通用语言文字能力培训、基层干部普通话应用能力培训等，并进一步宣传推广国家通用语言文字和中华优秀传统文化。

（二）实现教育援助转型升级

利用“互联网+教育”新技术，创新培训模式，优化培训机制，从“大水漫灌式”培训向“精准滴灌式”培训转变。对整个培训过程进行全数据记录，完全贴合受训教师的需求，紧密结合教学实践，实时跟踪教师的学习情况，有效解决了和田地区现有在岗教师日常课时量大、离岗培训困难的现状。

（三）创新双向互助的人才培养模式

“首都教育远程互助工程”和田地区教师国家通用语言能力提升培训项目不是单方面的北京对和田地区的帮扶，而是通过“互联网+教育”的手段进行的双向互助，共同成长。首都师范大学构建了具有“首都教育扶贫”特色的新型师范生培养模式，让优秀师范生参与到和田地区教师国家通用语言能力提升专项培训中来，一方面发挥了师范生的专业能力和优势，另一方面也让师范生在项目参与过程中充分感受到了作为人民教师的光荣和责任，为探索未来新型师范生培养模式奠定了基础。

（四）实现低耗基础上的效益倍增

此次培训不仅效果显著，同时还大大节省了国家的培训经费成本：培训过程中，线上累计辅导11 200次，累计辅导时长5864小时，其中专家专业辅导课累计3076.68小时，平均每位教师接受辅导时间为61.52小时，每位教师每周接受一次专家辅导，每次辅导时长约2.16小时；每周师范生助教对教师进行“一对一”辅导的时长累计可达559.65小时，平均每位教师在培训期内（2个月）累计接受辅导时长为24.76小时，平均每天接受辅导0.41小时，有93.18%的和田参训教师考试成绩有所提高。

五、意义和价值

随着“互联网+教育”“人工智能+教育”等新技术、新手段的发展与应用，北京市教育委员会和首都师范大学为深入贯彻党的十九大精神和习近平总书记关于扶贫工作的重要论述，进一步落实《中共中央国务院关于打赢脱贫攻坚战的决定》《中共中央国务院关于打赢脱贫攻坚战三年行动的指导意见》，按照《中共中央办公厅国务院办公厅关于进一步加强中央单位定点扶贫工作的指导意见》和中央关于定点扶贫工作的总体部署要求，经过探索和试点推进，整合首都优质教育资源实施“首都教育远程互助工程”和田地区教师国家通用语言能力提升培训，实现了从“大水漫灌”到“精准滴灌”的转变，不仅为每位参训教师提供了实时精准的培训服务，同时还建立了远程伴随式专业成长互动模式。“首都教育远程互助工程”和田地区教师国家通用语言能力提升培训项目作为高等院校精准扶贫精准脱贫典型案例，对推进高等院校助力脱贫攻坚及教育援助的转型升级、提质增效，具有重大推广价值和重大借鉴意义。

“首都教育远程互助工程”和田地区教师国家通用语言能力提升培训项目还将被纳入北京、和田两地的“十四五”教育援助规划，接下来将会不断扩大实施规模，探索创新未来人才和未来教师培养模式，真正为我国推广普通话探索出新路径，为助力受援地脱贫攻坚做出新贡献。

（首都师范大学　李佳健）

运用“四精”培训模式 提升教育扶贫培训项目的精准性

——北京教育学院精准扶贫精准脱贫典型项目

北京教育学院是北京市教育扶贫协作项目的重点承接单位。学院始终坚持以习近平新时代中国特色社会主义思想为指导，注重项目实施的精准定位、精准配置、精准服务、精准组织，探索形成了“四精”培训模式，大大提升了培训的精准性，取得了良好培训效果，在北京市教委组织的第三方评估中名列前茅。

一、精准定位，形成“一四四五”设计模型，保障了培训设计的精准性

定位的精准性基于对培训需求调研的精准。学院注重从学员发展需要、培训对象岗位职责分析、区域教育发展需求、国家教育政策要求四个角度，运用问卷调研法、访谈法、文献分析法、岗位分析法等多种方法立体调研、综合分析，聚焦学员培训现实与潜在需求，再根据需求确定培训主题。根据需求与主题，设计培训目标、课程及实施方式，形成“一四四五”集中培训设计模型。

（一）提炼一个培训主题

在科学调研的基础上，提炼培训项目主题。主题要具备针对性（针对主要培训需求）、实践性（解决实践操作问题）、前瞻性（是当前及今后一段时间引领基础教育发展的重要问题）、有解（有关于主题方面的理论与成功经验）与统领性（能够统领整个培训过程）。

如教育扶贫项目“青海玉树藏族自治州乡村小学教师培训项目”中，在进行学员需求调研（问卷与访谈法）、玉树州教育局领导调研（访谈

法）、玉树教育发展情况调研（访谈法与文献调研法）、国家教育发展及国家少数民族教育政策调研（文献调研法）后发现：学员从没有来过北京，他们特别希望感受北京的历史文化与现代文明，希望观摩北京的学校教学情况；而玉树州教育局领导希望学员能够在民族团结中起到示范作用，在教学改革中起到示范作用；在与玉树州教育局领导访谈及对玉树州“十三五”教育改革与发展规划进行文本分析时发现，玉树州在青海省属于教育大州，目前在向教育强州发展，加之州内藏族群众较多，需要教师队伍在先进教育理念、先进教育技术、民族团结等方面起到示范作用；而我国也高度重视民族教育，2015年8月24日，习近平总书记在中央第六次西藏工作座谈会上的讲话中强调：“必须全面正确贯彻党的民族政策和宗教政策，加强民族团结，不断增进各族群众对伟大祖国、中华民族、中华文化、中国共产党、中国特色社会主义的认同。”

在这些调研基础上，根据主题的要求，提炼“青海玉树藏族自治州乡村小学教师培训项目”的主题为“感恩祖国·圆梦北京”，该主题具备针对性、实践性、前瞻性、有解与统领性的特点。

（二）设计四大培训目标

围绕主题与需求，项目组进行培训目标设计：一是加强政策与理论学习，达到“厚基”的目的；二是促进经验学习与交流，达到“广识”的目的；三是提升参训教师主题方面的能力，达到“提能”的目的；四是增进学员之间的情感，加强与北京名校名师名家联系，达到“拓友”的目的。只 是每个班的主题不同、所涉及的具体政策与理论不同、学习的具体经验不同、训练的具体能力不同而已。

（三）设计四类培训课程体系

根据主题、需求与目标，项目组进行四类培训课程设计：政策理论类课程、实践技能类课程、反思建构类课程与团队建设类课程。

政策理论类课程旨在让学员学习主题方面的国家政策要求与方向，学习主题方面的理论知识，提升学员的政策与学术素养。如教育扶贫项目“2018年兴安盟学科骨干教师专业能力培训项目”的培训主题是“高考改革与教学变革”，设计的政策类课程主要是对习近平总书记关于扶贫工作的重要论述和全国高考改革方案的解读，设计的理论课程主要有高考试题变革趋势分析、新高考下教学设计理念与策略、基于新高考的教学变革研究等。

实践技能类课程旨在开阔视野、提升能力，这类课程在教育扶贫培训项目中占主体。如教育扶贫项目“2018年兴安盟学科骨干教师专业能力培训项目”设计的实践技能类课程主要有信息技术与学科教学整合、如何选课走班、生涯规划课程如何开展、如何进行学分管理、如何开展综合素质评价、课堂教学如何变革等。

反思建构类课程旨在指导、促进学员结合学习反思自己的工作，并对工作进行改进，如培训总结反思、教学设计修订、教育案例修订等。

团队建设类课程旨在建设一个学习型班集体，建立一个具有密切友好关系的班集体。主要课程设计有破冰起航与团队建设、学员课前分享、学员引课与结课、论坛交流、文艺展演等活动与任务。

（四）设计五大培训方式

根据课程类型特点，以理论学习与实践学习相结合（强调实践学习为主）、集体学习与小组合作学习相结合、培训和反思构建相结合、培训与技能训练相结合、集中学习与改进追踪指导相结合为原则，形成了五大核心培训方式，分别为专家报告、现场教学、技能训练、团队学习、跟踪指导。

1. 专家报告

专家报告是政策理论类课程实施的重要方式。专家报告能够在短时间内高屋建瓴地引领学员了解政策、把握理论，缺点是容易枯燥、容易脱离一线实际、容易变成单向灌输。

为了规避专家报告培训方式的不足，提升专家报告这种培训方式的有效性与吸引力，在运用专家报告这种方式时，项目组除了注重精选专家外，还特别注意了以下两点。

一是强调教学互动。成人的学习是带着很多经验、知识及困惑的学习，项目组会提前收集关于这个专题学员希望学习的内容与问题，并反馈给专家，从而提升了专家备课的精准性；同时建议专家在教学时多采取互动式、参与式等教学方法，避免单向的灌输。另外，项目组还建议专家预留出20分钟进行对话式教学，就学员关心的问题进行深度交流。

二是对专家报告进行借鉴性点评。要求报告主持人能够对专家报告进行借鉴性点评，对学校在教育教学管理中如何借鉴专家的理论进行指导。因此，其对主持人的要求也很高，需要主持人不仅有相应的学识，还要非常熟悉一线工作。

2. 现场教学

现场教学是“把校长带入实际工作的现场，即中小学学校通过主题报告、听课、参观、小组交流、专家点评等多种具体形式所进行的立体的、对话式的、体验式的案例教学”。

名校访学是一种非常受中小学及幼儿园干部教师欢迎的现场教学方式。走进名校跟岗或观摩，通过课堂观摩、校长讲座、名师座谈、教学研讨等形式深度参与学校教学教研活动，可帮助学员全方位学习名师教学设计与实施、名师成长等方面的经验，让学员找到职业的榜样与努力方向，找到工作的方法与举措，达到增长见识、拓宽视野、转变思路、提升能力、缔结友情的目的。因此，教育扶贫培训项目大量采用名校访学这种现场教学方式。

3. 技能训练

成人学习的一个重要目标就是提升工作能力。因此，从理念更新式培训走向技能训练式培训成为必然要求，也是对培训院校培训专业化的更高要求，更是教育精准扶贫的具体要求。

为此，学院注重围绕培训需求与主题来确定能力提升目标，并进行相应能力训练。

如教育扶贫项目“2018年内蒙古高中英语骨干教师培训班”就根据主题与目标进行了教学设计训练。第一，在招生通知时强调让学员带一份自认为最好的教学设计；第二，在课程设置中会有专家讲如何做教学设计，专家会把学员的教学设计作为案例来分析，这样的报告针对性很强；第三，分组指导学员修订教学设计；第四，举行微格教学，专家对学员微格教学进行点评指导，学员根据专家指导修订教学设计；第五，精选部分老师与北京名师进行同课异构，并要求学员按照专家点评再次修订教学设计；第六，项目组评选优秀教学设计，并颁发证书。通过这些环节的训练与指导，学员的教学设计与实施能力都有了明显提升。

4. 团队学习

团队学习是一个组织的集体性学习，是发展团体成员合作能力与实现共同目标能力的重要学习方式，也是培训管理有效性的重要举措，能够带来组织与个体双赢发展的结果。

来自不同地区、不同学校的干部教师，他们彼此不熟悉乃至不认识，要想在短时间内形成一个有凝聚力的团队，进行团队学习就至关重要。

团队学习特别强调目标一致性与知识的共享性。为此，培训班举行了系列团队学习活动，如破冰起航与团队建设、班旗在我心、经典诵读、课前5分钟分享、引课与结课、反思便利贴、主题党日、文艺展演等活动，迅速把培训班建设成了一个学习、分享的团队与平台。

5. 回访追踪

集中培训只是学员发展与教育教学管理改进工作的集中动员与专业准备活动。集中培训之后，各位学员肩负着阻断贫困代际传递的示范引领作用，因此项目组要精心安排回访追踪，促进成果转化与交流。

首先，在培训期间组建团体，制订计划。将学员按工作的区域划分成小组，配备跟踪指导专家，制订追踪活动方案。

其次，注重远程指导。首席专家组织专家团队通过电子邮件、微信群、京师网等进行咨询、答疑，指导学员完成培训总结交流、示范课、教学设计经验交流等任务。

最后，现场追踪。项目组组织专家到学员单位进行追踪指导，举行学员展示汇报、北京名师示范课、专家微报告等活动。

现场追踪得到了受援方教育局、教研中心的大力支持，每场活动都会有两三百名老师参加，扩大了追踪活动的效果。

二、精细配置，优化培训资源

（一）注重从政策、理论、实践三个层面优选专家资源

围绕主题与课程设计，从政策、理论、实践三个层面优选专家资源。专家一定是本领域有较高造诣的人。如政策解读专家是政策制定的直接参

与者，对政策能够进行深入、系统的解读。同时专家要善于表达。如在“2018年保定贫困县校园长能力提升培训项目”中，其核心专题“学校系统改进与品质提升”就邀请了教育部教师工作司原司长、北京外国语大学党委书记王定华教授对基础教育优质均衡发展、教师队伍建设等进行政策解读。王定华主持或参与过不少文件的起草研制，有很深的政策研究造诣与学术造诣，加之语言幽默风趣，因此在学员课后的无记名满意度测评中，其“很满意度”达100%。

（二）结构化挑选学校，与学校共同设计学习内容与方式

名校访学虽然很受欢迎，但这种现场教学方式也容易出现主题不明确、体验分散、难以把握名校整体魅力、学员个人认识存在局限性等问题。因此，名校访学作用的有效发挥还依赖于项目组与名校的精心设计与精细组织。

首先是结构化挑选学校。北京名校林立，学校发展特色、发展层次也各不相同。首席导师要熟悉北京市中小学及幼儿园的发展情况与学员培训需求，从而能够结构化挑选学校。一是从发展层次上要有梯队地选择学校，挑选接近型（有亲切感，有很多共性经验与困惑，可以交流话题很多）、引领型（看到自己努力的方向）、前瞻型（看到教育改革与发展的趋势）三类学校以供观摩或跟岗学习；二是从区域分布上要考虑不同城区学校，如果学员是来自农村地区的话，还要选择郊区学校；三是从发展特色上要考虑在主题方面做得出色的学校。

其次，首席导师与学校沟通访学安排。一是安排内容既要以主题为主又要能相对全面地观摩名校；二是安排内容要有丰富性，如教学观摩、教研交流、管理学习、文化体验等；三是观摩与反思交流相结合；四是专家点评、引领访学重要环节；五是每天及时了解学员反馈，及时与学校沟通调整安排。

三、精致管理，保障培训实施专业化

（一）精细组织，三级管理体系高效运行

1. 北京市教委、北京教育学院、受援方教育局三方密切合作

北京市教育扶贫协作与支援合作处负责统筹管理教育扶贫培训项目，

精准对接援受双方需求，做好顶层设计。如对玉树教育援建系统的设计：在人才支持上既有北京市优秀干部到玉树挂职，引领当地教育发展，也有对当地干部教师进行培训，提升教育教学水平；在培训主体设计上既有干部教师的培训，也有学生的研学旅行；在培训方式设计上既有送到北京集中学习，也有送教到玉树；在内容设计上既有政治要求，进行民族团结教育、爱国教育、爱党教育等，也有专业内容，提升干部教师的教育教学管理水平。

北京教育学院成立教育扶贫项目领导小组，负责培训资源调配，保障培训食宿、教室、人力资源，对培训进行制度管理与监控。领导小组下设培训管理办公室和相关职能部门，提供业务指导与后勤服务保障。各部门各司其职，全力保障培训顺利开展。北京教育学院党委书记肖韵竹、院长何劲松、副书记卢晖、副院长汤丰林等高度重视，多次组织培训会、研究会、工作协调会，对如何做好教育扶贫项目进行了指导与布置。学院领导还全程关注培训过程，如肖韵竹看望青海省玉树州第三届乡村教师“感恩祖国·圆梦北京”主题教育（2019）学员并出席开班典礼，卢晖看望学员并出席结业典礼。

受援方教育局高度重视培训组织管理。如青海省玉树州是北京市对口援建地区，州教育局坚持“扶贫必扶智。让贫困地区的孩子们接受良好教育，是扶贫开发的重要任务，也是阻断贫困代际传递的重要途径”的重要论述，与北京市教委一起对玉树州教育扶贫进行了系统设计。玉树州教育局非常重视培训，派北京教育学院援青干部，玉树州教育局党组成员、副局长王鸿杰作为领队，代表玉树州教育工委和州教育局出席了开班典礼并全程参与培训。王鸿杰参与方案设计，进行活动指导，关心学员学习与生活，发挥了很强的示范引领作用。

2. 北京教育学院高级研修中心精准设计与规范管理

北京教育学院高级研修中心高度重视教育扶贫项目，在精准扶贫思想指导下、在北京市教委与北京教育学院领导关心下，提炼形成“四精”培训模式，大大提升了教育扶贫项目的精准性。

同时，北京教育学院高级研修中心注重对教育扶贫项目进行整体规范、专业管理，建立了系列管理制度（见表1）。

表1 北京教育学院高级研修中心教育扶贫项目管理制度汇总表

序号	名称
1	北京教育学院高级研修中心教育扶贫项目学员管理规定
2	北京教育学院高级研修中心教育扶贫项目安全管理规定
3	北京教育学院高级研修中心教育扶贫项目就餐管理规定
4	北京教育学院高级研修中心教育扶贫项目住宿管理规定
5	北京教育学院高级研修中心教育扶贫项目教学管理规定
6	北京教育学院高级研修中心教育扶贫项目考评与成果要求管理规定
7	北京教育学院高级研修中心教育扶贫项目突发事件应急预案
8	北京教育学院高级研修中心教育扶贫项目结业与评优管理规定
9	北京教育学院高级研修中心班主任管理流程与标准
10	北京教育学院高级研修中心项目人员角色管理要求
11	北京教育学院高级研修中心教育扶贫项目新闻宣传管理规定
12	北京教育学院高级研修中心教育扶贫项目资料管理规定
13	北京教育学院高级研修中心教育扶贫项目专项资金管理办法

特别强调的是，在制度管理部分，北京教育学院高级研修中心高度重视以下几方面。

（1）安全管理到位

安全是做好培训的基础，为此中心采取购买人身保险、签订安全协议、制定危机预案、进行安全教育等举措确保培训安全。

（2）资金管理规范

教育扶贫项目是利国利民的大事，是实现国家精准扶贫战略的具体举措。北京教育学院高级研修中心严格执行《北京市市级党政机关事业单位培训费管理办法》（京财预〔2017〕1389号附件）、《中央和国家机关培训费管理办法》、《北京教育学院财务管理规定》、《北京教育学院高级研修中心教育扶贫项目培训经费管理办法》，做到专款专用，成本预算精细、经费使用规范透明、支出费用明细一目了然，无遗漏、无增减，无篡改，保证账目规范、清晰。

（3）宣传管理多元

注重撰写新闻稿、简报、美篇等，这些既是培训小结，更是培训经验分享。注重通过北京教育学院官网、《现代教育报》等媒体、“52培训公众”（北京教育学院高级研修中心公众号）、受援方当地教育网等进行传播。

如关于青海省玉树州第三届“感恩祖国·圆梦北京”主题教育（2019）开班典礼的新闻报道在《现代教育报·教师周刊》（2019年5月31日）刊发，《三江源报》于2019年5月28日对其进行了报道等。

（4）建立多元评价体系，以评价引导培训过程

根据《北京教育学院高级研修中心教育扶贫项目考评与成果要求管理规定》，学院建立了多元化评价体系，从评价主体、评价对象、评价方式三方面，采用总结、问卷调查、个体谈话、论坛交流等形式落地实施，获得良好的以评促改的效果。

（5）注重资料管理，形成学习资源与培训管理档案

根据《北京教育学院高级研修中心关于教育扶贫培训项目资料管理规定》，北京教育学院高级研修中心将有关教育扶贫项目的18项资料提交给北京市教委教育扶贫与对口支援处、北京教育学院培训管理办公室并存档。其中课件集、培训总结集、培训简报集、教学设计集（或学校改进三年行动方案集）、培训总结视频短片等被分享到班级QQ群，供学员学习交流。

3. 项目组密切配合，全情投入

北京教育学院高级研修中心组建培训管理团队，建立培训管理流程。根据培训实施中的具体要求，组成教学活动组、生活服务组、宣传报道组、安全保障组等小组，做到责任到位、落实到人，强化了培训管理的统筹性和精准性。项目组每位成员都有大局意识和高度的责任感，都能热情蓬勃地投入班级管理之中，在出色完成各项培训任务的同时，也与学员们建立了密切的关系。在学员无记名满意度测评中，“班级管理与服务”的满意度达到了100%。

（二）班级文化建设形式多样、内容丰富

通过团队学习，进行班级文化建设。形式多样的班级活动是班级文化

建设的重要载体，也是团队学习的重要课程。在培训过程中，学院有计划、有组织地设计多样化的活动，将各项培训目标融合渗透进教学活动中。主要活动有破冰起航、经典诵读、我是分享人、班旗在我心、引课结课、小组文化海报墙、反思便利贴、才艺展演等。

1. 破冰起航——班级建设之基础团队建设

破冰起航活动是班级文化形成的初期准备，也是最关键的奠基活动与团队学习课程。有组织、高水平的破冰活动，能让学员迅速建立起相互合作、相互欣赏、共同创造的融洽班级氛围。

例如，陈丽教授主持的“2018年兴安盟学科骨干教师专业能力提升培训项目”的班级破冰活动是在集体朗诵中拉开序幕的，一首《你是人间四月天》，让初次相聚的老师们沉浸在温馨氛围中。随后，游戏“寻找心目中的Ta”让大家初步相识。紧接着，为了展示集体的智慧，体现班级的文化建设，各小组成员集思广益、畅所欲言，选组长、取组名、定口号、画组徽、唱组歌，大家互相交流，小组排练展示，群情激昂，大家热火朝天，力求体现得更好。紧凑的、有目的性的游戏与学员的热情参与凝聚了众人的智慧，加快了团队的融合，拉近了学员间、学员与项目组间的距离；小组长的就职演说增强了组长的责任感；而陈丽教授将各小组组名、组歌、口号的意义进行汇总提炼，以串烧方式对整体活动进行的总结性评价，更是赢得了学员的阵阵掌声。破冰活动的成功组织成为班级各项活动推进、学员学习效果保证的重要前提和基础。

2. 班旗在我心——树立正确的价值观，坚定学习信念

在培训的环节中，北京教育学院高级研修中心非常注重营造浓厚的班级学习氛围，发动鼓励学员全面参与班级建设与管理。因此，为学员树立团结向上、乐观自信、勇于创新与自我超越的信念至关重要。同时，学院将隐形文化浸润在显性载体表达上，即制作一面班旗。

开班仪式上，强调班旗的意义，举行隆重的授班旗仪式；学习过程中，授课专家与学员均在班旗上签字，并邀请专家与学员以班旗为背景合影留念，同时每位学员均与班旗合影纪念，将彼此分享、精诚合作、团结向上的班级学习气氛推向高潮。学员非常乐意参与班旗签字与合影活动，每个名字、每张照片都成为学员难以忘怀的美好回忆。这也成为学院对后期持续性培训效果跟踪的支撑点。

3. 经典诵读——热爱与示范，让传统文化学习成为习惯

培训中，学院积极响应国家号召，加强文化自信，进行优秀传统文化学习示范。项目组精选优秀传统文化经典，如《论语》节选、《大学》节选、古诗词精选等，每天早上8点10分，学员来到培训教室，班主任或者班委就带领全体教师齐诵经典，在琅琅书声中拉开培训序幕。经典诵读不仅对优秀传统文化教育具有示范作用，也是班级文化建设的一种重要手段，通过让学员参与集体文化活动，在班级中形成积极向上的氛围。

4. 引课与结课——思维与表达、展示与交流成为最好的成长锻炼

交流与分享是团队学习特别强调的方式。学员不仅可参与到各项团队的建设活动中，更有机会可以参与到与专家的面对面活动中。引课环节的设计目的是要突出对学员课堂组织能力的培养，结课环节则突出了对学习内容进行总结提炼加工能力的培养。引课与结课活动受到年轻老师的高度认可，他们积极性很高，认为这不仅是一次站在公开场合的讲话，更是难得的与专家建立联系、与同学加快认识与欣赏的机会，同时对个人的胆量、思维、表达等均产生了重要的促进作用。

5. 小组海报墙——营造积极向上的集体学习氛围

学院利用报告厅的优越条件为学员提供舒适的学习环境，并在班级学习氛围渲染上做了充分的准备工作。学院将破冰中各小组的文化海报张贴在学习会场，并将小组合影、小组学习风采照、专家报告现场照等及时张贴在海报墙上，既充分尊重了各小组文化建设的成果，又积极渲染了团结友爱、交流合作的团队学习气氛。

6. 反思便利贴——课后反思与经验交流的静态展示，有效促进智慧共享

学院重视对学员过程性学习效果进行跟踪、反馈与评价，因此设计反思便利贴作为学习工具，倡导每位学员对每场活动进行“3-2-1模式”的总结，即3点收获、2点反思、1点改进建议，充分调动学员分享学习心得的积极性，达到智慧共享的目的。填写与张贴便利贴发挥了重要学习导向功能。操作中，学院鼓励每一位学员将个人课后反思、心得体会或优秀经验等写在便利贴上，并贴在海报墙上的本组海报中，既达到展示分享的目的，又能与优秀学员评比和优秀小组评比挂钩，成为过程性评价的重要指标。

（三）建立“1+1+1团队合作”班级管理模式，三线交织管理

“1+1+1团队合作”班级管理模式指的是在班级管理中组建三个团队：1个项目团队+1个临时党支部（或党委）团队+1个班委团队。三个团队管理相互交织，共同建立良好班级运行文化。

项目团队主要成员由项目负责人、首席导师与班主任组成。每期教育扶贫项目均由北京教育学院高级研修中心陈丽教授担任项目负责人，统筹协调项目各项工作；配置1名首席导师、2～3名班主任为班级做好各项服务工作；根据班级党员人数成立临时党支部，选举党支部书记、组织委员、宣传委员，进行党的扶贫政策宣传、“不忘初心，牢记使命”主题教育等。每期培训班通过破冰活动组建一个班委团队，由班长、支部书记、学习委员、组织委员、宣传委员等职务构成，班委各司其职，配合项目团队做好各项活动设计、组织、管理、协调等工作，保证学员学习质量，保障了温馨班级文化建设。

三个团队思想上统一，行动上各有侧重，互相补充。项目团队统筹策划各项学习活动，临时党支部（或党委）进行思想与政治教育，班委团队则在整体部署下负责具体实施与创新性调整，优化各项教学活动的设计与实施。三个团队并行，互相配合，发挥各自优势，形成了班级强有力的支撑力量。

四、精心服务，保障后勤支持精细化与温馨化

规范管理与人本化管理一直是学院的追求，为学员提供温馨周到的服务也是培训得以圆满成功的重要保障。为此，项目组在培训管理中力争做到精细化与温馨化。如青海省玉树州第三届“感恩祖国·圆梦北京”主题教育（2019）项目，在学员来到学院的当天，项目组为每位学员精心准备了北京教育学院的文化T恤衫，希望当培训圆满结束，学员回到了家乡，看

到这件带有学院标识的纪念衫时，能够回想起这段在北京学习的美好时光。在京学习期间，正值北京持续高温，项目组为学员准备了遮阳伞、藿香正气水等防暑用品及药品。

在培训中，项目组根据学员的用餐口味、饮食习惯、文化风俗背景等，为学员调整饮食，保证用餐卫生、营养均衡与可口。

学员住宿安排在北京教育学院中轴路校区与黄化门校区，住宿环境卫生，院内24小时值班监控，并安排专门保卫人员，配备专业消防设施，让学员住得放心，安全有保障。

项目组提前了解学员身份证信息，为在学习期间过生日的学员们过集体生日。当学员们共同唱起“祝您生日快乐”时，寿星们个个都很感动！

在培训期间，项目团队密切关注学员生活需求，用温暖笑容、温情言语让学员们感受到家一般的温暖。

有人说，成就等于核心算法乘以大量重复动作的平方。经过多年探索，北京教育学院高级研修中心提炼了成功举办教育扶贫项目的“核心算法”，即“四精”培训模式。

很欣赏美国作家、历史学家和哲学家威尔·杜兰在《哲学小故事》（*The Story of Philosophy*）一书中总结亚里士多德思想时所说的一句话：“我们反复做的事情造就了我们，然后你会发现，优秀不是一种行为，而是一种习惯。”北京教育学院高级研修中心培训团队践行“四精”培训模式，提升了培训专业化水平，取得了良好效果，得到了多方的高度认可。但是，培训是一种专业性很强的事业，学院探索的“四精”培训模式还有很多需要完善的地方。精准助教、精准培训，我们在路上！

（北京教育学院　陈　丽）

“互联网+五大领域教育”双师共育课堂

——吉林财经大学精准扶贫精准脱贫典型项目

一、项目概况

“互联网+五大领域教育”双师共育课堂是基于吉林财经大学骆鑫博士及其科研团队于2013年对国内中小城市、乡镇地区学前教育供给侧结构性改革问题的研究所转化出的精准教育扶贫成果。

“互联网+五大领域教育”双师共育课堂是国内首个针对中小城市、乡镇地区幼儿园普遍存在的专业师资匮乏、小学化教育倾向严重等办学痛点，专门为该地区幼儿园提供“双师共育”在线教学软件平台支持、高层次学前教育专业师资支持、五大领域活动（课程）体系支持以及园所管理配套服务支持的在线教育系统。

二、项目产生背景

幼儿园的教育内容应是全面的、启蒙性的，以为幼儿后继学习和终身发展奠定良好的素质基础为目标，以促进幼儿体、智、德、美各方面的协调发展为核心，从健康、语言、社会、科学、艺术五大领域不同的角度促进儿童情感、态度、能力、知识、技能等方面的发展，实施科学的保育和教育，让幼儿度过快乐而有意义的童年。

但中小城市、乡镇地区大多数幼儿园因长期受制于缺乏专业教师资源，导致在开展教学的过程中，课程设计过于单一地追求对小学一、二年级数学、语文知识的“深度挖掘”，加之由各类二课拼凑成的教学计划、填鸭式的教学方法、粗犷的一日常规管理等，都严重违背了幼儿园的办学宗旨。

“互联网+五大领域教育”双师共育课堂契合国家“互联网+”战略方针，严格按照国务院办公厅、教育部相关文件精神要求，依托“互联网+现代教育技术”，通过自主研发的“专业教师在线主讲+当地幼儿园教师助教”双师共育在线教学平台以及与其配套的五大领域活动（课程）体系等，为中小城市、乡镇地区幼儿园提供高层次专业师资、规范的教育教学体系等必要办学资源。在解决传统在线教育“互动难”技术难点的同时，以生为本，注重个体差异，在玩中教、玩中学的教育过程中，有效地缓解了中小城市、乡镇地区幼儿园普遍存在的专业师资力量匮乏、教学结构简单、小学化教育倾向严重等实际问题。

随着“互联网+五大领域教育”双师共育课堂的教育服务进入中小城市、乡镇地区幼儿园，其教师队伍学历层次从原来的无专业学历、中专、大专学历直接提升到本科学历水平；多数幼儿园在开展合作办学前，班级师资配置为“一教”，通过专职在线教师的介入，幼儿园班级实现了“两教”配比；教学结构也由原来的单一化、小学化教育向专业、科学的五大领域教育方向发展；随着“互联网+五大领域教育”双师共育课堂提供的园所综合管理服务的介入，幼儿园在一日常规、家园共育等方面的管理水平也得到明显提高。

三、精准扶贫定位满足中小城、乡镇地区幼儿园办学需求

（一）中小城市、乡镇地区幼儿园问题凸显，专业师资力量匮乏

中小城市、乡镇地区幼儿园因严重缺乏专业师资，进而衍生出小学化教育倾向严重等一系列问题。同时，由于该地区多数家长受教育程度不高、教育思想落后，导致幼儿园教育小学化得到了长期生存的温床。加之各类诸如速算、快速识字等教育项目为了迎合当地教育市场的畸形需求蜂拥而至，致使中小城市、乡镇地区学龄前儿童长期处在应试教育的学习环境中，这严重违背了《幼儿园教育指导纲要》《3～6岁儿童学习与发展指

南》的要求，并严重影响了该地区学龄前儿童的身心发展。此外，由于幼儿园间没有绝对的竞争优势，导致打学费价格战成为该地区幼儿园间竞争的主要手段，致使该地区的学前教育环境处于长期恶性循环中。家长教育意识落后、幼儿园教育能力低下促使该地区的学前教育差距与相对发达的一、二线城市逐渐加大，甚至衍生出小学教育“非零起点”等连锁负面教育问题的产生。

（二）谁来为中小城市、乡镇地区2800万名3～6岁在园幼儿提供公平而有质量的教育

中小城市、乡镇地区的幼儿园公办、民办比例悬殊。而国家“三支一扶”、特岗教师等人才输送渠道中的学前教师供给量和输出方向有限，远远不能满足中小城市、乡镇地区总体量近15万所的幼儿园对于专业教师的需求。另外，现代青年人更习惯大城市的生活节奏和生活方式，大多不愿长期留在相对落后的中小城市、乡镇地区工作、生活。那么谁来为中小城市、乡镇地区2800万名3～6岁在园儿童提供公平而有质量的教育呢?

2014年，国家启动“宽带中国”战略，光纤网络在全国范围内的普及率超过90%；2015年，国家启动“互联网+”发展战略，并大力倡导通过“互联网+教育”缩小城乡教育差距；2017年，党的十九大指出：“要全面贯彻党的教育方针，落实立德树人根本任务，发展素质教育，推进教育公平，培养德智体美全面发展的社会主义建设者和接班人。推动城乡教育一体化发展，要办好学前教育和网络教育，努力让每个孩子都能享有公平而有质量的教育。”2019年，李克强总理在十三届全国人大二次会议上做政府工作报告时提出，要发展更加公平更有质量的教育，推进教育一体化发展，加快改善乡村学校办学条件，抓紧解决城镇学校“大班额”问题，保障进城务工人员随迁子女教育，发展“互联网+教育”，促进优质资源共享。种种国家宏观政策导向和市场现状表明，城乡教育差距已经不仅仅是“城”与“乡”的差距问题，而是大城市与中小城市、乡镇地区的差距问题。未来的在线教育必将成为加速城乡教育一体化发展，解决中小城市、乡镇地区师资匮乏问题的重要载体。

四、项目的服务形式与内容

“互联网+五大领域教育”双师共育课堂作为一个完整的综合性在线教育系统，其主体结构包括“双师共育”在线教学软件平台、全职专业师资人才库、五大领域教育活动体系以及基于园所管理配套服务研发的管理信息系统四个部分。

（一）“双师共育”在线教学软件平台

通过为幼儿园搭建在线教学软件平台，实现了由城市专业教师直接面向中小城市、乡镇地区幼儿园幼儿授课，有效地解决了该地区幼儿园因缺乏专业师资、教师执业能力差而衍生出的诸如幼儿园教育小学化等一系列问题。为了更清楚地说明“双师共育”在线教学软件平台实施的技术方案，下面结合图1做简要介绍。

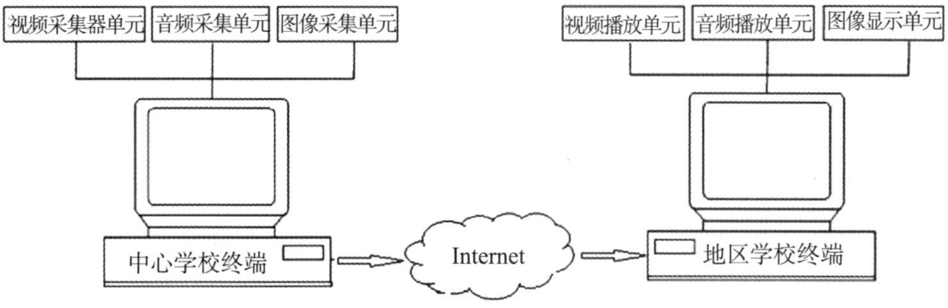

图1 “双师共育”在线教学软件平台

如图1所示，该教学平台为交互式教学系统，由中心学校终端、机房MCU、若干个地区分校（幼儿园）终端及桌面用户所构成。依托在线教学软件，中心学校经由防火墙与机房MCU相连接，地区分校（幼儿园）终端分别经由交换机、通过互联网同时与中心学校终端和机房MCU相连接。

机房MCU、中心学校终端和地区分校（幼儿园）终端均安装有在线教学软件客户端。中心学校终端设有视频采集单元、音频采集单元、图像采集单元。地区分校（幼儿园）终端设有视频播放单元、音频播放单元、图像显示单元。视频采集单元、音频采集单元和图像采集单元采集的视频、音频和图像分别通过互联网传送至相应的视频播放单元、音频播放单元、图像显示单元。

根据地区分校（幼儿园）的班级实际设置情况，教学系统在服务器后台按照1名在线教师分时段为不超过3个平行班级授课的原则构建虚拟教室后，设置在线主讲教师和地区分校（幼儿园）班级登录账号并授权给相关参与方。授课端与听课端按照教学计划安排登录课堂，即可实现同步在线教学。

“双师共育”在线教学软件平台通过增加软硬件设备实现两端教师同时协作教学，同时，突出在线教师的教学职能，增强当地教师的助教管理职能，实现“两教”协同育人的教育目标。专业教师通过在线教学形式介入幼儿园课堂，一方面提升了幼儿园教学的专业化程度，另一方面，专业的育人培养目标、科学的五大领域教学计划、规范的教学方法也随之进入课堂，同时还促进了幼儿园家园共育工作的高效开展，有效地解决了中小城市、乡镇地区幼儿园普遍存在的教学结构单一、小学化教育倾向严重等问题，实现了均衡城乡教育资源的目的。

（二）全职专业师资人才储备库

“互联网+五大领域教育”双师共育课堂创造的在线学前教师工作岗位为全国首创，从事教学工作的在线学前教师均为学前教育专业本科以上学历，具有幼儿园教师资格证、普通话水平等级证书等。在线学前教师工作职能倾向于教学、科研，加之其工作地点地处繁华大城市并且能享受较好的工资待遇，满足了人才对就业、工作、生活的实际需求，进而吸引了众多学前教育人才踊跃加入，为幼儿园提供了稳定的师资保障。

（三）“新起点幼教课堂”五大领域活动体系

根据国家教育部《幼儿园教育指导纲要》《3～6岁儿童学习与发展指南》要求，结合中小城市、乡镇地区学龄前儿童身心发展特征，以陈鹤琴“活教育”思想为核心，专门为该地区幼儿创编了“新起点幼教课堂”五大领域教育活动体系，针对幼儿园小、中、大班年龄段设计了30个月主题、114个周主题、1140个日主题活动。围绕健康、语言、社会、科学、艺术五大领域对其开展系统化的专业教育，系列配套丛书、幼儿操作资源包由北方妇女儿童出版社出版发行。

伴随学期间每周一至周五、每天两节主题活动课程以在线教学的形式在合作办学幼儿园的开展，实现每学年分别向合作办学幼儿园小、中、大班提供38周累计1140节五大领域主题活动课程，在玩中教、玩中学的过程中培养幼儿的健全人格，实现了幼儿综合素质能力发展螺旋式上升的教育目标，逐渐弱化了幼儿园教育小学化，让中小城市、乡镇地区学龄前儿童享受到与大城市儿童同质化的教育。

（四）管理配套服务

1. 园所信息化管理

通过授权幼儿园使用园所管理系统，园所管理者可凭借登录账号、密码对本园实行信息化管理，诸如班级管理、师资管理、生源管理、招生管理、财务管理、幼儿学期发展情况评价、科研信息浏览、教学资源下载、环创资源下载、园所品牌建设资源下载等。

2. 学籍管理

通过授权幼儿园使用学籍管理系统，幼儿园教师可凭借登录账号、密码将幼儿学籍信息录入系统。学籍系统信息添加项与全国中小学生学籍信息管理系统的要求同步，幼儿毕业后，幼儿园教师可通过系统导出表格并直接上传至全国中小学生学籍信息管理系统，实现幼儿园、小学籍录入无缝衔接。

3. 招生管理

大数据信息化时代，网络媒介宣传的作用日益重要。系统为幼儿园定制研发了自媒体推广招生宣传模块。幼儿园管理者只需登录园所管理系统进入活动推广栏目，将能够突出本园办园特色、优势的文字、图片、视频合理编辑到该模块中，即可选择微信群发或发布到微信群、朋友圈、QQ群等。有入园需求的家长在浏览招生信息后，如产生入园意向便可在模块中输入幼儿姓名、联系电话、选择入园班级等信息，园所管理者可随时登录系统后台查看并致电家长进行联络回访。

4. 家园共育

幼儿家长可搜索并关注微信公众号，在公众号的“家长入口”栏处输入园所教师预录入的手机号、验证码进行登录后，便可共享相关教育资源。如查询教师给予幼儿的学期发展评价，访问电子图书馆，查询早教知识，下载健康饮食菜谱等。另外，诸如每日知识点总结延伸、“每周家长会”栏目、月微信家长会、学期在线家长会、家园共育论坛等家园互动活动都将在微信家长群、微信平台或幼儿园班级分阶段推出开展，从而更好地提升幼儿园开展家园共育工作的能力。

5. 一日生活管理

根据各级教育部门要求，为幼儿园编制并配发《幼儿园一日常规综合管理手册》、测温枪等，幼儿园必须按照统一要求，在每日开展出缺勤登记、晨午检、带药服药记录、卫生消毒情况记录等工作并做好登记。同时，针对幼儿突发病症，幼儿园教师可将症状与手册中的常见病症图片及症状说明进行对照，进而做出预判、隔离处置。通过管理配套服务的规定动作，带动幼儿园提高办园管理水平，加强服务意识，提升危机意识。依托精细管理降低安全风险，排除安全隐患。

五、事业发展目标与使命

（一）事业发展目标

（1）改变中小城市、乡镇地区学龄前儿童受教育现状，培养知识、思想、语言、技能、态度、习惯、情感全面发展且具备健全人格的学龄前儿童。

（2）去除幼儿园教育小学化，带领幼儿园向着科学化、专业化、规模化方向发展。

（3）配合各级教育部门用“市场的手”对中小城市、乡镇地区学前教育领域进行资源补充。通过项目教育资源的介入，扶植一批办学规范的幼儿园，形成差异化竞争优势，在当地形成教育集中、生源集中的发展态势，逐渐淘汰办学不规范的幼儿园和顽固的“无证园”。

（二）使命

2013年11月，十八届三中全会中提出的城乡一体化发展战略，表明新一届中央政府不仅将沉积已久的问题当作是自己任内要承担的任务，更是将无法量化的“过程”改为“目标”，把实现中国城乡一体化的战略目标确定为自己的战略责任和目标，并落实在今后将实施的制度创新与社会进步的综合实践中。城乡社会经济一体化必然要求城乡教育一体化，换句话说就是要求城乡教育均衡发展。尤其是对于农村学前教育，要让农村幼儿享有与城市幼儿相同质量和年限的学前教育，实现学前教育城乡一体化。《国家中长期教育改革和发展规划纲要（2010—2020年）》中明确提出，要“建成覆盖城乡的基本公共教育服务体系，逐步实现基本公共教育服务均等化，缩小区域差距”，“重点发展农村学前教育、努力提高农村学前教育普及程度、着力保证留守儿童入园”等。

习近平总书记在十九大报告中再度指出：“要全面贯彻党的教育方针，落实立德树人根本任务，发展素质教育，推进教育公平，培养德智体美全面发展的社会主义建设者和接班人。推动城乡教育一体化发展，高度重视农村义务教育，办好学前教育、特殊教育和网络教育，普及高中阶段教育，努力让每个孩子都能享有公平而有质量的教育。”

我们的使命是：优化中小城市、乡镇地区学龄前儿童受教育环境，提升中小城市、乡镇地区幼儿园办园质量，改变中小城市、乡镇地区幼儿家长普遍存在的固化教育心态，让中小城市、乡镇地区学龄前儿童享受到公平而有质量的教育。

六、项目实施成效及未来发展空间

（一）项目实施进展

扶贫必扶智，“互联网+五大领域教育”双师共育课堂自2015年3月正式上线运行以来，扶贫范围覆盖东北三省、内蒙古自治区80余所幼儿园，10 000余名学龄前儿童接受了科学、全面的五大领域教育，在情感、态度、认知、技能等方面得到了全面发展。同时，带动了近30 000名幼儿家长的教育观念发生了正确转变。

【案例】吉林省松原市某乡镇幼儿园幼儿王某某的奶奶，在吉林财经大学进行幼儿园回访时说道："老师啊，我们农村家长尤其是老一辈人的教育观念错了，从前不懂孩子应该怎么教育，只知道让她在幼儿园把拼音、数学学好了，上小学能跟上就行。现在我才明白，原来她回家不愿意写作业是因为我们的教育方法错了。以后孩子的教育就拜托你们了，我们相信科学，相信专业的教育方法。"

（二）成效及可持续性发展情况

1. 基础教育设施改善情况

已接受项目帮扶的80余所幼儿园全部主动撤掉了原来教室中用于开展小学化教育的黑板。在自筹经费和社会公益力量的帮助下，各班级全部安装了电脑、投影仪，开展了多媒体教学。

2. 教育内容改善情况

已接受项目帮扶的80余所幼儿园全部主动放弃涉及小学化教育的教材及教辅材料，并按照国家教育部相关文件要求，全面开展五大领域教育。

3. 项目未来发展空间

截至2018年年底，全国中小城市、乡镇地区幼儿园总量近15万所，其中只要是符合国家办学标准的农村幼儿园有电、有互联网接入，"互联网+五大领域教育"双师共育课堂的教育帮扶便可介入。

七、近年来科研成果及所获社会荣誉情况

（1）2015年，获得首届中国"互联网+"大学生创新创业大赛吉林省金奖、全国铜奖；

（2）2016年，获得第三届"创青春"青年创新创业大赛吉林省金奖、全国铜奖；

（3）2018年，获得第三届"中国创翼"创新创业大赛吉林省一等奖、国赛"创翼之星"奖；

（4）2015年，项目负责人骆鑫的学术论文《城乡一体化背景下的高校创新创业人才培养路径研究》被第十四届“挑战杯”大学生创新创业国际峰会论文集收录，并受邀参会；

（5）2016年，项目作为吉林省唯一代表受邀参加教育部第九届大学生创新创业峰会；

（6）2016年，获得吉林省科技厅“大学生科技创新实践育人平台”课题立项；

（7）2015年、2016年、2017年、2018年四次获得教育部“大学生创新创业训练计划”课题立项；

（8）2016年，获得共青团吉林省委“工作项目化”课题立项；

（9）《中国教育报》、中国教育网、《吉林日报》、《长春日报》曾先后对项目进行宣传报道。

（吉林财经大学　骆　鑫）

美美与共　助力凉山

——中国美术学院精准扶贫精准脱贫典型项目

中国美术学院以“两个维护”的政治自觉和立德树人的使命担当，按照“聚焦重点、创新方式、讲求实效、提升层次”的工作思路，调配强有力的组织、学术和人才资源，围绕专业与课程建设、人才培养、队伍建设、科学研究和校园文化建设等方面，举全校之力，切实承担对口支援西昌民族幼儿师范高等专科学校的帮扶任务，在国家决战决胜脱贫攻坚战中贡献国美的智慧和力量。

一、对口支援建设背景

西昌民族幼儿师范高等专科学校是一所在国家脱贫攻坚、大力发展民族教育和学前教育事业的大背景下，经四川省政府批复、教育部备案，由凉山彝族自治州人民政府于2018年3月创建的一所公办全日制普通高等专科学校，其致力于为四川乃至西南民族地区培养“下得去、用得上、干得好、留得住、有发展”的幼儿教师、小学教师和专业技术人才。

为帮助西昌民族幼专学子掌握必备的知识能力，提高其职业规划和就业能力，为大凉山父老乡亲和“一村一幼”的基础教育成长和培养继承当地非遗文化的艺术人才做贡献，从根本上阻断大凉山贫困代际传递现象，教育部开展对口支援西昌民族幼儿师范高等专科学校工作。

2019年5月14日，举行教育部对口支援工作协调会，中国美术学院成为精准对口支援西昌民族幼儿师范高等专科学校的高校，承担起教育部、四川省、凉山州、西昌民族幼儿师范高等专科学校赋予的支持地方教育和高校建设的重托。

二、实施进展与主要特色

（一）党委高度重视，充分研讨调研，多支团队多角度全面规划

中国美术学院党委领导班子高度重视对口支援工作，党委副书记、院长高世名十分关注此事，在党委会和院长办公会中多次讨论援建工作并提出具体要求。副院长傅巧玲，副院长兼教务处长曹晓阳，艺术管理与教育学院党总支书记、副院长、美术教育专家李梅，行政管理人员及艺术教育学科研究生等13人一行，作为首批调研和援建专家团队，于2019年7月对西昌民族幼专展开实地调研。在充分了解西昌民族幼专建设实际情况后，拟定“中国美术学院对口支援西昌民族幼儿师范高等专科学校三年建设规划”，挂牌“中国美术学院实践教学基地”。

2019年10月，学校再次选派学科建设与发展规划处、教务处、研究生处、招生办、专业基础教学部等各部门10余人，组建精干学术力量，赴大凉山开展为期20天的调研工作。他们与前期派出的挂职教师高文、支教研究生葛旭艳、学校社会实践师生团队近30人一道，走访考察了凉山州昭觉、会理、会东、冕宁、德昌、米易等6个地县，对西昌民族幼专的整体建设、艺术教育系专业建设、彝族文化保护等进行了深度交流和多角度调研，就艺术人才培养、师资力量提升、校园文化建设、校地合作、非遗保护、学生创新创业等多项具体内容与西昌民族幼专达成高度共识，对口支援计划逐步完善。

（二）聚焦非遗特色，打造乡土学院，依托凉山优质资源高位精准助力学校发展

中国美术学院多批团队在充分调研论证后认为：单一的学科专业支持或师资支持，无法对西昌民族幼专建设形成内在动力，非长久之策；而应围绕当地区域经济状况和彝族民族特色文化，带动学校学科专业建设，形成民族特色人才集群，反哺区域文化和经济建设，从而构建区域经济和高校建设的良性循环链。

为此，中国美术学院提出“西昌民族幼儿师范高等专科学校-中国美术学院‘乡土学院’的十要构想”：创立彝族非遗特色工坊、非遗传习所、深化美育实践基地、思政育人、一村一幼-一生一艺培养、彝族古天文-华夏古天文-现代天文游学基地、双向高研班、社会美育服务与传播、彝族-华夏文化美育高端研究会、乡土学院规划构想及路径。

围绕这“十要”建设内容，学校初步拟订了工作方案，再调研了昭觉、冕宁等六地后完成调研报告，并得到了凉山州政府领导的高度重视。学校围绕大凉山彝族特色和非遗文化，为西昌民族幼专详细制订了美术教育专业和艺术教育专业的人才培养方案、艺术教育系基于非遗工作室制的三教改革方案、非遗工坊教学凉山非遗文化研学方案、创新设计配套系列课程、西昌民族幼专艺术教育系三年规划方案与教学课程进度表（含总课表）等。学校派出挂职的高文老师，受聘担任西昌民族幼儿师范高等专科学校国家级职业教育教师教学创新团队学前手工工作手册式教材开发项目负责人，主持创新教材建设。

（三）注重人才培养，寻求两校共赢，助推师资队伍建设和研创成果产出

自2020年以来，学校通过专家讲座、远程指导或选派教师短期教学等灵活多样的方式，对西昌民族幼专的教学工作给予了支持和指导。李梅教授做了题为“理念与方法的重构——‘课题化’教学与研究”的专题讲座，讲授“时代画卷中国梦”版画拓印互动课，两校师生充分交流互动，相互汲取艺术养分，带领社会实践师生团队举行共绘“情系凉山州”长卷活动，为西昌民族幼专师生和当地百姓带来一场视觉盛宴；学校挂职教师高文受聘担任西昌民族幼专艺术教育系副主任，他举办的“古彝-华夏上古文化漫谈——兼谈西昌民族幼专校园文化”讲座，深入浅出地诠释了古彝文明发展，台下座无虚席；7名不同专业的研究生为西昌民族幼专开设艺术设计及软件操作培训课程，令当地彝族师生惊叹于科技与艺术的力量。学校还为西昌民族幼专教师提供进修、访学、培训等机会，在2020年上半年为西昌民族幼专骨干美术老师提供浙江省级高研培训，帮助其提升业务能

力。学校师生在教学中发现西昌民族幼专缺少现代信息化远程教学设备，便积极帮助策划多媒体教室和智慧教室建设项目。学校师生在调研古夷彝秀非遗扶贫工坊、西昌古城、布拖、美姑、木里等地时，也充分考察了当地的非遗文化和地域风情，共绘长卷“邛海风情”，拓展了艺术视野，增强了对彝族文化的理解。2019年12月，西昌民族幼专教学实践基地被正式列为“浙江省‘十三五’省级大学生校外实践教育基地”。

（四）强化学术交流，开展项目合作，提升两校教研和科研水平

中国美术学院充分发挥自身优势，帮助西昌民族幼专申报课题立项并指导开展后续研究。双方积极开展科研项目合作研究，联合申报国家和地方科研项目，共同主持和完成符合川西地区文化艺术教育发展实际需要的科研项目，联合推广研究成果。截至2020年9月，已完成两校 “美育12时辰·校园文化整体营造对美育的作用研究——以西昌民族幼儿师范高等专科学校为例”课题联合申报，西昌民族幼专大凉山地区彝族幼小基础性教材系列筹建项目申报。基于对西昌民族幼专各类帮扶的基础上，中国美术学院高世名院长主持的课题“以乡土为学院的人才培养模式改革与实践”获得浙江省高等教育“十三五”第二批教学改革项目立项，李梅教授主持的课题“以‘乡土学院’为核心的社会美育实践课程改革与创新模式研究”获得中国美术学院2019年度校级教学改革研究项目立项。

（五）塑造校园美景，内化人文熏养，系统打造西昌民族幼专校园文化

学校派驻教师和学生团队，进校3个月即完成西昌民族幼专校园文化氛围营造概念方案，着力打造“礼乐和合”的整体校园文化，塑造校园美景，以优美山水之境、诗性人文之境、励志活力之境熏养心灵。方案得到学校和凉山州政府的大力支持，已通过审核并立项，西昌民族幼专预算1600万元分3年打造完成，2019年已启动“图腾柱水幕”项目招标，2020年继续推进校园景观等其他项目逐个落地。帮助西昌民族幼专组织策划艺术实践活动，规划设计流动、开放式的校园美术馆和艺术长廊。目前，已

策划实施西昌民族幼专篮球队参加CUBA联赛形象宣传活动，并设计标识和形象宣传系列；设计完成图书馆及艺术长廊概念方案，积极推进美术馆方案；筹备中国美术学院社会实践写生绘本作品展、部分教授个展及联展。大力支持西昌民族幼专图书馆和信息资源建设，现已捐赠艺术类图书资料及相关美术教育类图书2233册，部分已捐往大凉山彝族地区乡村幼教点。

三、成效与经验

（一）发挥双方优势，学术科研水平显著提升

中国美术学院对口支援团队重视科研力量，以教研、科研项目带动教学的全面发展，积极申报省级和国家级课题，指导西昌民族幼专教师开展课题联合立项，助推西昌民族幼专艺术教育总体建设与发展。截至2020年9月，共获批4项省、校级课题立项："以乡土为学院的人才培养模式改革与实践"（高世名）、"以'乡土学院'为核心的社会美育实践课程改革与创新模式研究"（李梅）、西幼和国美联合课题"美育12时辰·校园文化整体营造对美育的作用研究——以西昌民族幼儿师范高等专科学校为例"（高文）、"凉山彝族文化元素在美术教学课程中的应用开发"（葛旭艳）；"中国美术学院-四川西昌民族幼儿师范高等专科学校实践教学基地"获批省级大学生校外实践教学基地立项；协同西昌民族幼专成功申报四川省厅级课题2项："民族高职非遗工坊教学模式的探索与研究""民族地区高校'音乐-舞蹈-美术'整体教学研究"；重高建课题立项1项："乡土育人——中西部振兴人才团队建设（西幼模式）"（李梅）。获省级荣誉2项：获评2019"青春心向党，建功新时代"——浙江省高校暑期社会实践风采大赛"十佳提名团队"奖、"浙江省级暑期社会实践重点团队"。获校级荣誉1项：获评中国美术学院"2019暑期社会美育实践优秀团队"。全国艺术教育核心刊物发表文章1篇：《艺术高校课堂教学与"新乡土"社会美育互动策略研究》（李梅）在《美术教育研究》刊登。

（二）深挖地方文化，教育帮扶模式创新优化

学校注重对实地文化的调研和论证，将对口支援工作落到实处。自2019年暑期至今，学校帮扶团队已与西昌民族幼专的领导、老师开展了数十次联合调研。两校团队结合不同文化专题，陆续考察调研了成都国际非遗节西昌分会场、昭觉县服饰文化、尼地乡民居、会理县古城区、会东县金江文创产业园，与国家级非物质文化遗产项目彝族毕摩绘画传承人吉克伍沙、凉山彝族文化研究专家克惹晓夫进行了深度交流，对文化产业与文化创新创业形势做出研判。

在对凉山州部分地区现状及发展需求进行了充分调研的基础上，学校提出了教育帮扶的视野扩大化，抓牢中国美术学院、西昌民族幼专、地方政府“两校一地”，联动西昌民族幼专非遗工作室、工坊教学实践、非遗传习所研创与产业扶持、高端实践教学基地，以及后续即将建成的非遗文化研究院、非遗文化博物馆等学术平台，大力推进非遗教育普及、非遗文化应用和创新。编创凉山州通识绘本和各县通识绘本，助力非遗课堂教学和研究，打造文创精品，探索“乡土学院”理念下的“学研产”模式，促进大凉山非遗文化与时俱进，致力以文化教育实现大凉山地区的精准脱贫。

四、下一步工作计划

学校对口支援项目团队的每一次研讨和实地调研工作的背后，都经历了前期的严格论证和方案完善。中国美术学院的教育帮扶与援建，不仅取得丰硕成果，也得到教育部的充分肯定。展望未来，学校将持续在专业建设、人才培养、师资队伍、项目推进等方面加强建设力度，优化教育合作，合理利用当地优势资源，持续推进西昌民族幼专发展。

（一）专业与课程建设

不断完善与之相匹配的美术教学体系和相关课程教材建设。充分利用“彝族非遗活化石”标签，结合当地实际，推进民族特色艺术教育。积极利用当地资源，突出人文特色，重点推进“幼儿艺术教育与活动实施”“民族音、舞、美融合课”等精品课程建设和教材建设，着力特色艺术实训工坊的搭建。

（二）人才培养

为西昌民族幼专优秀学生提供赴中国美术学院学习交流的机会；组织师生社会实践服务团队赴大凉山推进社会实践调研，联合开展彝族文化特色课程研究，深入了解民风民俗，“以乡土为学院”，和当地师生一道，共同推进高等艺术教学水平和教学能力的提升，谋求西昌民族幼专教学质量的提高。

（三）基地和师资建设

继续选派1～2名专业教师、艺术教育专业研究生挂职和支教，着力两校和校地的艺术教育实践教学基地建设，重点打造有彝族特色、强调非遗保护、探寻人文智性的“美景校园-特色区域-博物馆群”三位一体的优质高等艺术教育实践基地，持续为西昌民族幼专教师提供进修、访学、培训机会，提升西昌民族幼专骨干美术教师的专业水平和业务能力。

（四）项目持续推进

西昌民族幼专的校园文化建设一期项目正在建设中，并得到了校方和凉山州的高度评价；二期项目将针对校园指示系统、图书馆整体规划、校园文化长廊概念、艺术教育展厅等方案展开重点建设和推进。两校间和校地间基于“凉山彝族民俗艺术文化还原和人文探寻”研究项目，将以宏观视角从古天文气象学、文字学、中医学、考古学、历史学、人类学、教育学、艺术学、法律学等多学科进行“文化-整合-还原”研究，为新时代高校民族艺术课程价值挖掘和教材研发夯实积淀。

中国美术学院找准西昌民族幼专区域特色，充分发挥艺术学科优势，为助力凉山教育、文化与经济发展，在充分挖掘考证帮扶地区凉山古彝族的“文化金矿”后，以民族区域文化和地方特色为切入口，推进西昌民族幼专“学研产”模式建设不断成形和完善，反哺和带动艺术教育和育人培养模式不断进阶升级，打造出对口帮扶高校在新时代践行“乡土学院”社会美育的推广范式，探索出一条有特色、高品质的民族区域教育扶贫之道。

（中国美术学院　唐　珊　李　梅）

服务国家扶贫战略　践行立德树人大学宗旨　组织开展精准扶贫顶岗实习支教“炎刘模式”

——淮南师范学院精准扶贫精准脱贫典型项目

一、项目基本情况

为落实中央和安徽省关于脱贫攻坚的工作要求，在安徽省委教育工委领导下，淮南师范学院负责炎刘学区的教育扶贫工作。接到任务后，学校党委高度重视，认真组织调查研究，有针对性地开展了扶贫帮扶工作。

炎刘镇位于安徽省淮南市寿县东南部，属于国家级贫困地区，基础教育薄弱，师资力量严重缺乏，教师流出现象严重，教师队伍老龄化、学历层次低、教育观念陈旧，留守儿童较多，优质生源流失，学生学习观念淡薄。教师包班上课和复式教学现象普遍，全镇小学中90%的学校缺乏英、音、体、美等课程的专业教师，有相当一部分学校从来没开设过艺术课，学校没有组织过六一儿童节活动，等等。针对这一情况，淮南师范学院决定“扶贫必扶智”，开展教育扶贫，利用师范教育优势，组织选拔优秀师范生开展精准扶贫顶岗支教活动。

2015年6月，学校选派教育、体育、音乐、美术等4个专业的29名优秀师范生开展了扶贫顶岗实习支教，受到了省教育厅、地方政府、教育行政部门、受援学校、学生及学生家长的一致好评。截至2019年，已先后组织开展了8批扶贫支教活动，当地16 300多名学生受益，取得了非常好的效果。

学校认真总结在炎刘镇开展教育扶贫的做法，提炼出了精准扶贫顶岗实习支教的“炎刘模式”，其核心精神为：“心系贫困地区基础教育，主动服务国家战略，在艰苦环境中锻炼成长，践行立德树人大学宗旨。”

学校精准扶贫顶岗实习支教的“炎刘模式”受到各界关注，教育部官方网站将其定格为“教改新举措”，给予了高度评价。

随着“炎刘模式”影响的逐步扩大，2016年，按照淮南市统一部署，学校主动服务地方精准扶贫大局，结对帮扶寿县炎刘镇磨湾村。2016年5月，安徽省委常委、省委组织部长邓向阳同志对学校定点帮扶工作做出批示，对学校帮扶做法给予高度肯定，明确提出“安排以适当方式进行宣传表彰，鼓励支持有关单位学习推广”。

2017年11月2日，中央电视台大型纪录片《中国影像方志》栏目组走进淮南师范学院拍摄记录精准扶贫顶岗实习支教“炎刘模式”素材。

二、实施进展

淮南师范学院扶贫支教的首批对象为炎刘镇的6所小学。2015年6月，副校长带队组织人员赴炎刘镇逐一走访了6所小学，细致了解每所学校的主要问题和需求，精准扶贫顶岗实习支教项目也由此拉开了序幕。返校后，学校立即召开支教推进会，遴选了29名师范生。7月初，校地双方就顶岗实习的具体问题进行对接。为保障顶岗实习支教生能够做好农村基础教育工作，学校精心组织培训，从思想教育到专业能力提升全面覆盖，教学设计、课件制作、模拟上课、板书、班级管理逐一过关；采取导师带队、师生结合方式，组建实习支教小组，选派骨干教师全程管理。经过两个月的岗前培训，学校在开学前将29位新教师送往农村基础教育的第一线。学生带着老师们的谆谆教诲，挑起沉甸甸的社会责任，投身于农村教育工作中。

支教大学生的到来给当地农村带来了新气象，几乎所有扶贫支教点的校风校貌都发生了翻天覆地的变化。很多学校第一次上了音乐课，第一次办了艺术节，第一次开了运动会……项目实施半年来，开创了现代版炎刘扶贫顶岗实习支教的新模式，为乡村教育输入了新鲜的血液，呈现出“三不愿到三愿”的局面：不愿意上学的孩子愿意好好读书，不愿意接受老师教育的孩子愿意回到老师身边，不愿意上课的孩子愿意回到学校上课。据统计，半年来，有40多名辍学的孩子回到了学校。

此后，精准扶贫顶岗实习支教以每半年定期轮换的“志愿+接力”的方式开展。截至2019年，先后选派了8批次教育、音乐、体育、美术、外语、数学、汉语言等专业学生赴淮南、阜阳及新疆和田地区等小学、教学点开展精准扶贫顶岗实习支教（见表1）。

表1　2015秋—2019春共8批扶贫顶岗实习支教工作统计表

时间	派出学院	人数（人）	受援地	受援学校及数量
2015年秋	教育、音乐、体育、美术	29	炎刘	6所村小
2016年春	教育、音乐、体育、美术	34	炎刘	7所村小
2016年秋	教育、音乐、体育、美术、外语	39	炎刘	10所村小
2017年春	教育、音乐、体育、美术、外语、金融	37	炎刘	9所村小
2017年秋	教育、音乐、体育、美术、外语、金融、生物、马院	39	炎刘	10所村小
		61	颍泉区	26所村小
		77	凤台县	21所村小
2018年春	教育、音乐、体育、美术、外语、金融、文学、马院	32	炎刘	10所村小
		61	颍泉区	26所村小
		76	凤台县	28所村小
		7	毛集区	4所村小
2018年秋	教育、音乐、体育、美术、外语、金融、文学、马院、经管、电气	29	炎刘	9所村小
		57	颍泉区	26所村小
		111	凤台县	28所村小
		5	毛集区	2所村小
		35	田家庵区	13所村小
		104	新疆和田	15所民族小学
2019年春	教育、音乐、体育、美术、外语、金融、文学、马院、经管、电气	28	炎刘	9所村小
		25	颍泉区	26所村小
		61	凤台县	28所村小
		37	田家庵区	13所村小
		102	新疆和田	15所民族小学
合计		1086		

三、项目主要特点

（一）坚持精准扶贫与顶岗实习支教相结合

学校积极响应国家战略，充分发挥淮南师范学院教师教育优势，选准了教育扶贫这个着力点，创造性地将扶贫工作与人才培养紧密地结合起来。通过精准扶贫与顶岗实习支教的高度融合，一方面解决了贫困地区学校教师短缺的问题，给贫困地区基础教育带来了新理念、注入了新血液、开阔了新视野、实现了新面貌，另一方面可以让广大学生在艰苦环境中锻炼成长，使其了解省情市情乡情村情，在实践中加强思想政治教育，增进对贫困地区教育的感情，巩固为贫困地区教育服务的思想，提高其思想政治素质、教师技能和实践能力。在顶岗实习支教的同学中，有一部分长期扎根于农村基础教育，有一部分考取研究生继续提高，少数优秀同学获得了留校工作的机会。

（二）坚持重视当下与长远接力相结合

结合国家战略，学校开展精准教育扶贫的力度、学生规模逐年扩大，服务地区逐年扩展，学生的来源也日趋多样化。“炎刘模式”不是昙花一现，而是长远模式。既要保证当前扶贫工作的需要，同时又要保证各个批次的衔接。只要有需要，学校就会继续选派学生参与，将“炎刘模式”打造成一种长效机制。学校于2018年制定了《淮南师范学院大学生顶岗实习支教工作管理办法（试行）》，明确提出“顶岗实习支教每期半年，一年两期”，并就顶岗实习支教长效机制的建立进行了详细规定。

（三）坚持教育扶贫与社会建设相结合

“扶贫必扶智”决定了教育扶贫的基础性地位。教育扶贫的目的是让贫困地区和贫困人口获得自我发展、自主脱贫的能力，是一种内生式的扶贫脱贫方式；教育扶贫能让贫困地区的孩子掌握知识、改变命运、造福家庭，是最有效、最直接的精准扶贫。学校在炎刘地区成立了精准扶贫顶岗实习支教学生党支部，广大学生党员用社会主义核心价值观凝心聚力，时刻表现出党员的先进性和先锋模范作用。他们把所有的时间用在课堂上、把爱用在孩子身上、把温暖带给贫困学生家庭、把心留在工作岗位上，用青春的双手托起贫困地区明天的太阳。他们是文明的使者，他们的言传身教不仅影响着广大学生，也影响着学生家长，深刻改变了农村的生活方式，有力地推进了新农村建设。

四、项目成效经验

通过精准扶贫顶岗实习支教的“炎刘模式”，当地思想、文化落后的现状得到了改变，贫困的代际传递在逐渐消除。对于经济较落后的地区，支教志愿者在做好教学工作的同时还开展了与物质资助相关的志愿活动，做到智力扶贫和经济扶贫两手抓，帮助服务地消除贫困，提升了当地发展水平。该模式同时锻炼了学生，增进了他们与农村基础教育的感情，促使他们在艰苦环境中成长成才，使他们更了解农村基础教育，更愿投身农村基础教育。

“炎刘模式”的理念与方式：（1）真扶贫、扶真贫。推进城乡教育均衡，缩小城乡教育差别，让每一个孩子享受公平教育。（2）践行陶行知“生活教育原理”（生活即教育、社会即学校、教学做合一）。（3）着力教师培养。校地合作共赢，协同卓越育人。

“炎刘模式”的实践与模型（“三入”+“三心”）：支教生融入学校、投入工作、深入农村，政府与学校精心谋划、悉心安排、倾心关爱。

“炎刘模式”的责任与需要：一是落实国家扶贫战略，解决贫困地区农村教师数量上的短缺和结构上的不合理，促进城乡教育均衡发展，推动社会主义新农村建设，助力全面建成小康社会的需要；二是师范院校深化教学改革，加强大学生思想政治工作的需要；三是大学生在实践中接受锻炼、在艰苦的条件下接受历练的需要。

淮南师范学院精准扶贫顶岗实习支教工作得到了社会的广泛关注，支教学生们在实践中得到了锻炼，为学校赢得了荣誉，为贫困乡村教育发展做出了贡献。《人民日报》、《中国青年报》、《安徽日报》、《安徽青年报》、中央电视台音乐频道、教育部官方网站、安徽电视台、安徽高教网、光明网等新闻媒体对扶贫支教工作进行了采访报道。学校精准扶贫顶岗实习支教的“炎刘模式”入选淮南市2017年度优秀志愿服务项目。

五、项目推广实施

随着精准扶贫定岗实习支教“炎刘模式”的成功和影响的扩大，扶贫支教“炎刘模式”得到了广泛推广。从寿县炎刘到阜阳颍泉区、淮南凤台县、田家庵区、潘集区、毛集实验区，学校共选派扶贫顶岗实习支教学生8批共1086人，令近3万名贫困地区学生受益。为积极支持省委省政府援疆工作，学校于2018年起先后组建了两批援疆支教百人团赴新疆和田开展援疆支教工作。学校于2018年秋、2019年春选派2批共206名优秀师生赴新疆和田，在当地15所民族学校开展精准教育扶贫。他们带着党和国家的温暖关怀，凝固起山水难隔的民族亲情，为当地基础教育发展提供支撑和活力，为谱写中华民族伟大复兴“中国梦”的新疆篇章注入强大坚实力量。援疆支教工作受到当地群众和媒体的广泛关注和认可，被《中国青年报》民族版头条报道，并先后被新华网、光明网、新浪网等多家媒体转载报道。学校今后将积极响应省委省政府援疆工作部署，选拔优秀师生，继续分批开展好援疆支教工作。

淮南师范学院“炎刘模式”的推广，有利于解决农村学校师资结构性短缺问题；有利于推进城乡教育均衡，实现教育公平，服务地方教育；有利于落实教育精准扶贫、精准脱贫大格局，将扶贫同扶志、扶智相结合，助力打赢脱贫攻坚战，决胜全面小康；有利于校地合作，以实践为导向，立德树人，培养“下得去、留得住、教得好”的中小学基础教育教师。

（淮南师范学院　郑家重　龚宝成）

做乡村教师专业发展的陪伴者

——南宁师范大学精准扶贫精准脱贫典型项目

一、项目背景与进展概况

乡村教师队伍建设，是乡村教育质量提升的关键性保障。截至2016年年底，广西共有14.6万名乡村教师，占全区48.5万中小学专任教师的30.1%，他们承担着10 790所乡村学校的教学任务，占全区中小学幼儿园总数的51.76%，在促进教育公平和新农村建设中发挥着重要作用。但结构性缺编带来的乡村学校紧缺薄弱学科师资缺乏、乡村教师因工学矛盾难以参加外出培训、乡村学校地处偏远缺乏常态指导等问题都影响着乡村学校教育质量的提升。

为了全面落实国务院《乡村教师支持计划（2015—2020）》，2015年11月起，受广西教育厅委托，南宁师范大学牵头在广西7个地级市（南宁市、百色市、崇左市、北海市、来宾市、钦州市、防城港市）33个非城区县遴选了67所乡村项目学校义务教育阶段的17个学科的乡村教师，整合乡村教师支持服务体系，与市县（区）教育局合作，实施陪伴式乡村教师精准扶贫混合培训。通过实施"双师教学"项目，创新乡村教师全员培训模式，解决传统集中培训模式缺乏持续指导的问题。依托高校技术支持，发挥中心城市优质资源，利用互联网技术，形成具有广西地方特色，覆盖基础教育全学科全学段全区域的新型培训资源，通过线上线下一体化学习，为乡村教师课堂教学改进搭建持续的、互动的、有效的专业发展支持性平台，构建乡村学校校本教研常态化运行机制，形成城乡义务教育同步均衡发展。同时将优质资源引入教师职前教育，缩短新教师岗位适应期，促进师范教育职前职后一体化进程。

二、主要做法

（一）四体合一齐发力，建构优势互补的四级联动乡村教师课堂改进支持体系

基于乡村教师课堂教学能力提升的动态持续原则，南宁师范大学组建了11个学科团队，与南宁市教育局及市辖27所优质中小学、33县区教研团队、南宁市退休老教师团队组建了乡村教师课堂改进支持体系，分别承担了国培计划实施过程中的集中培训（理论培训、访名校、送教下乡）、资源建设、校本研修、常态检测指导等职责。33个县区5788名教师参与了多形式集中培训，18 670名教师参与了线上线下研修工作坊，课堂教学得以持续改进（见表1及表2）。

表1　广西“双师教学”项目乡村教师课堂教学改进支持体系一览表

团队类别	数量	成员构成
高校学科专家团队	17个	一科一团队
城市指导学校	27个	一校一科一团队
指导学校录课教师	150名	含南宁市及各市录课教师(南宁市150人)
乡村项目学校	386所	省内实验学校67所,辐射学校100所,省外9所
乡村学校实验教师	18 670人	其中省内教师1648名,省外乡村教师137名
县级教研团队	434	各县教研员及学科骨干教师
常青义教专家	84名	退休教师,可根据需要扩充
平台注册用户	26 084人次	高校教师+乡村教师+县区教研骨干+高校师范生

表2　南宁师范大学“双师教学”项目学科团队一览表

项目实施单位	试点学科	项目专家
学校分管领导	顶层设计,统筹学校资源	彭宁(副校长)
教师教育学院	统筹协调 统筹项目实施 项目平台建设	李福灼(院长) 王文蓉(副院长) 农民强(网研部主任)
初等教育学院	小学语文 小学数学 小学英语	张巧文(语文组组长) 梁宇(副院长) 钟敏(英语教研室主任)
数学与统计学院	初中数学	李碧荣(数研所所长)
文学院	初中语文	韦美日(教授)
外国语学院	初中英语	李晓(院长)
物电学院	初中物理	赵朝敏(教授)
音乐舞蹈学院	小学音乐	黄妙秋(院长)
美术设计学院	小学美术	徐鸿平(副院长)
化学与材料学院	初中化学	朱汝葵(副院长)
地理科学学院	初中地理	张胜前(副院长)
生命科学学院	初中生物	何英姿(书记)
马克思主义学院	初中道德与法制	温向莉(副教授)
政法学院	初中历史	刘方富(副教授)
教育科学学院	小学心理健康	曾玲娟(教授)
实验中心	小学综合实践活动	欧启忠(教授)

(二)指导中心城市优质学校,建设同步示范的长线程全系列乡村教师学习资源

乡村学校地处偏僻,信息资源闭塞,乡村教师缺乏针对性研修资源支持课堂教学改进。南宁师范大学与南宁市教育局合作遴选了17所中心城市优质学校,以“一校一科一团队”方式开展乡村学校同步教学资源建设,现有小学语文、数学、英语、音乐、美术、心理健康、综合实践,初中语文、数学、英语、物理、化学、地理、道德与法治、历史、生物、美术共

17个学科，按教学进度全程录制常态化教学课例，并将PPT、教案、习题配套教学资源按进度提前上传项目平台，乡村教师下载后根据实际情况选择应用（见表3）。为乡村教师提供“如何教，如何学”的示范，供乡村教师在岗开展研究、模仿、改进、应用。资源可以凭教师实名下载，剪接应用。项目平台也设置了手机学习端，便于乡村教师开展移动学习。

对305位乡村教师的调查问卷结果显示：75.74%的教师表示同步的教学资源帮助教师理顺了“教什么”的问题，88.2%的教师认为帮助教师解决了“怎么教”的问题，56.72%的教师认为提升了教师的班级管理能力。由此可见，教师的基本教学能力可以通过优秀的同步示范资源进行模仿并迁移。

表3　广西“双师教学”模式改革试点项目南宁市录课指导学校及录课教师名单

<table>
<tr><th>序号</th><th>单位</th><th>录课指导学校</th><th>学校项目负责人</th><th>录课学科</th><th>录课年级</th><th>录课时间</th></tr>
<tr><td rowspan="3">1</td><td rowspan="3">市直属</td><td rowspan="3">南宁市第二中学初中部</td><td rowspan="3">李　灼</td><td rowspan="3">部编版初中语文</td><td>七年级上册</td><td>2018年9月—2019年1月</td></tr>
<tr><td>九年级上册</td><td>2018年9月—2019年1月</td></tr>
<tr><td>七年级下册、八年级全册</td><td>2019年3月—2020年7月</td></tr>
<tr><td rowspan="3">2</td><td rowspan="3">市直属</td><td rowspan="3">南宁沛鸿民族中学</td><td rowspan="3">谢朝晓</td><td rowspan="3">初中历史</td><td>七年级上册、七年级下册(部分)</td><td>2019年3月—2020年1月</td></tr>
<tr><td>七年级下册(部分)、八年级全册</td><td>2019年3月—2020年1月</td></tr>
<tr><td>九年级全册</td><td>2019年3月—2020年1月</td></tr>
<tr><td rowspan="2">3</td><td rowspan="2">市直属</td><td>南宁市第十四中学建政校区</td><td>石　鹏</td><td>人教版初中语文</td><td>七年级下册，八至九年级全册</td><td>2016年3月—2019年7月</td></tr>
<tr><td>南宁市第十四中学琅东校区</td><td>陈　忠</td><td>初中化学</td><td>九年级全册</td><td>2017年9月—2018年7月</td></tr>
</table>

续表

序号	单位	录课指导学校	学校项目负责人	录课学科	录课年级	录课时间
4	市直属	南宁市天桃实验学校东葛校区	马志健	初中道德与法治	七至九年级全册	2019年3月—2020年12月
		南宁市天桃实验学校东葛校区	区　潜	初中数学	七年级下册、八年级上册	2016年3月—2017年3月
					七年级上册(部分)	2018年9月—2019年1月
					七年级上册（部分）、八年级下册、九年级上册（部分）、九年级下册	2016年9月—2019年7月
					九年级上册(部分)	2017年9月—2018年1月
		南宁市天桃实验学校天桃校区		人教版小学语文	三年级下册、四年级全册	2016年3月—2017年7月
		南宁市天桃实验学校荣和新城校区		小学数学	四年级全册	2016年9月—2017年7月
		南宁市天桃实验学校银杉校区	莫烘霞	小学心理健康教育	一至六年级全册	2019年3月—2020年7月
5	青秀区	南宁市第五十四中学	陈耀卫	初中物理	八年级下册（部分）、九年级全册（部分）	2017年3月—2017年9月
6	青秀区	南宁市桂雅路小学	陈一璐	小学音乐	五至六年级全册	2019年3月—2020年1月
7	青秀区	南宁市民乐路小学	李若梅	小学音乐	一年级上册	2016年9月—2017年1月

续表

序号	单位	录课指导学校	学校项目负责人	录课学科	录课年级	录课时间
8	青秀区	南宁市民主路小学	谭影华	部编版小学语文	一年级下册、二至三年级全册	2018年3月—2020年3月
8	青秀区	南宁市民主路小学	谭影华	部编版小学语文	三至四年级全册	2019年3月—2020年12月
8	青秀区	南宁市民主路小学	谭影华	部编版小学语文	五年级全册	2019年9月—2020年9月
8	青秀区	南宁市民主路小学	谭影华	部编版小学语文	六年级全册	2019年9月—2020年9月
8	青秀区	南宁市民主路小学	谭影华	部编版小学语文	一年级上册	2019年9月—2020年1月
8	青秀区	南宁市民主路小学	谭影华	人教版小学语文	五年级上册（部分）、五年级下册	2018年3月—2018年9月
8	青秀区	南宁市民主路小学	谭影华	人教版小学语文	六年级全册	2018年9月—2019年3月
8	青秀区	南宁市民主路小学	谭影华	人教版小学语文	五年级上册（部分）	2017年9月—2018年1月
9	青秀区	南宁市滨湖路小学滨湖校区	马步方	小学音乐	四年级全册	2019年3月—2020年1月
9	青秀区	南宁市滨湖路小学山语城校区	詹　锋	小学英语	三年级下册、四年级上册、五年级下册（部分）、六年级全册	2016年3月—2018年7月
10	青秀区	南宁市仙葫学校	彭群岭	初中物理	八年级上册(部分)	2016年9月—2017年1月
10	青秀区	南宁市仙葫学校	韦武平	初中物理	八年级全册（部分）、九年级全册（部分）	2016年9月—2018年7月
11	青秀区	南宁市新民中学	兰海泉	初中美术	八年级全册	2019年3月—2020年1月
11	青秀区	南宁市新民中学	叶弥坚	初中英语	九年级全册	2016年9月—2017年1月
11	青秀区	南宁市新民中学	叶弥坚	初中英语	七至八年级全册	2017年9月—2020年1月
12	青秀区	南宁市玉兰路小学	李　德	小学数学	二年级下册、三年级上册	2019年3月—2020年1月
13	青秀区	南宁市长堽小学	黎有文	小学数学	三年级下册	2016年3月—2016年7月

续表

序号	单位	录课指导学校	学校项目负责人	录课学科	录课年级	录课时间
14	西乡塘区	南宁师范学校附属小学	孙红梅	小学数学	一年级下册	2019年3月—2019年7月
					二年级上册	2019年9月—2020年1月
				小学综合实践	一至六年级下册	2019年3月—2019年7月
15	西乡塘区	南宁市第三十七中学	周万忠	初中地理	七年级上册	2018年9月—2019年1月
					七年级下册	2018年3月—2018年7月
					八年级上册	2018年9月—2019年1月
					八年级下册	2019年3月—2019年7月
				初中生物	七年级全册	2018年9月—2019年7月
					八年级全册	2018年9月—2019年7月
16	西乡塘区	南宁市位子渌小学	路啸宇	小学综合实践	一至六年级全册	2019年3月—2020年1月
17	西乡塘区	南宁市秀厢小学	宁永红	小学美术	四至六年级全册	2019年3月—2020年1月
18	兴宁区	南宁师范大学附属实验学校	苏凤鸾	小学音乐	一年级下册、二至三年级全册	2017年3月—2019年7月
	兴宁区			小学英语	三年级上册、四年级下册、五年级上册、五年级下册(部分)	2016年3月—2019年1月
19	兴宁区	南宁市兴宁区第一初级中学	李　雁	初中美术	七年级全册	2019年3月—2020年1月
20	江南区	南宁市江南小学	曾　毅	小学数学	五至六年级全册	2017年9月—2019年7月
21	江南区	南宁市尚贤湾小学	孔繁佳	小学美术	一至三年级全册	2016年9月—2019年7月

（三）精准扶助，协同实施逐步递进的乡村教师教学能力提升混合培训

南宁师范大学由教师教育学院牵头，自建项目平台供乡村教师选取资源和研讨应用。陆续组建跨学院的小学语文、数学、英语、音乐、美术、心理健康、综合实践活动，初中语文、数学、英语、物理、化学、地理、道德与法治、历史、生物、美术等17个学科教学专家团队，开展基线调研，系统规划乡村教师专业发展及课堂教学提升路径，研发指导工具，就实验教师如何基于项目提供的资源开展自主课堂教学改进、录课教师团队资源学科建设、县区学科指导团队实施后续指导开展系列化分段递进式培训。

依托国培计划，乡村教师专业发展利益共同体协同施训，高校、优质中小学、乡村学校、县区教研团队和退休老教师团队优势互补，培训形式组合优化，突出乡村教师在岗持续实践，线上培训与乡村教师日常教学融为一体（见表4）。

表4　2017—2018年国培计划“双师教学”项目南宁师范大学乡村教师混合研修职能划分概览

<table>
<tr><th>培训形式</th><th>培训主题</th><th>参训学员</th><th>培训执行者</th></tr>
<tr><td rowspan="5">集中研修</td><td>1.同步资源建设与应用
2.教材解读与示范教学</td><td>城市指导学校录课教师团队</td><td rowspan="4">南宁师范大学学科团队</td></tr>
<tr><td>1.教材教法分析实操
2.资源应用实践
3.学生学习方式训练</td><td>乡村学校实验教师</td></tr>
<tr><td>1.资源应用的校本教研
2.学校教学管理
3.资源的下载与使用</td><td>乡村学校校长
乡村学校教研组长
乡村学校信息技术员</td></tr>
<tr><td>1.课堂诊断与指导
2.校本研究与指导
3.双师资源应用指导</td><td>县区教研团队</td></tr>
<tr><td>1.项目计划
2.项目政策支持</td><td>市县教育行政部门</td><td>省教育厅教师工作处和教师培训中心</td></tr>
<tr><td>在岗自主实践网络研修+校本研修</td><td>1.观摩同步资源
2.研究改进应用资源
3.上传生成性资源</td><td>乡村学校学科组
乡村学校实验教师团队（整年）</td><td>录课教师团队
南宁师范大学学科团队
县区教研团队</td></tr>
</table>

培训形式	培训主题	参训学员	培训执行者
乡村访名校	1. 录课教师教学观摩 2. 校本教研观摩 3. 个别指导	乡村学校学科实验教师	录课教师团队 南宁师范大学学科团队
送教下乡	1.研课磨课 2.校本教研指导 3.成果展示	乡村学校学科实验教师	县区教研团队 南宁师范大学学科团队
手机直播培训	1.远程示范 2.互动答疑	实验学校学科团队	南宁师范大学学科团队 录课教师团队
巡回指导	1.入校诊断 2.校本研修指导 3.问题反馈	实验学校学科团队	县区教研团队 退休教师团队

（四）推动乡村教师在岗实践，探索“模仿—创新”的常态化校本研修

以培训进入乡村教师工作场域为原则，精准辅助乡村教师课堂改进。一是乡村教师借助远程项目平台同步学习示范资源，通过自主研磨和教研组研磨，确定资源应用模式，开展在岗自主实践和校本研修。乡村教师可以进行资源再加工，通过直接播放、截取播放、自主设计和翻转课堂等多种形式应用资源并改进课堂。二是乡村教师分段参与以学科课堂教学改进为主题的系列培训，不断提升自身的教学技能。三是乡村教师在岗实践应用后反思自己的教学效果，上传分享自己的教案和草根资源应用案例。为了做好乡村教师课堂改进，项目实验学校校长、学科教研组长都接受了专门的管理培训，为乡村教师课堂改进提供校内政策性支持。实验学校录课技术员则就资源的截取、下载、应用接受了专项培训，从技术上支持乡村教师改进课堂。

长期以来，由于广西偏远乡镇环境恶劣、交通不便、信息闭塞，乡村教师外出学习机会少，加上缺乏有效的指导，他们很少参加各种教学竞赛，获奖者更是寥寥无几。但项目实施两年来，参加网络调研的乡村实验

教师中有将近75%的教师参加了各级教学竞赛或示范课，32.79%的教师获得县级比赛奖，有12.13%的教师获得市级比赛奖，有3.61%的教师获得了自治区级的比赛奖，有0.98%的教师获得国家级比赛奖，乡村实验教师个人成长成效比较显著。

（五）县区团队常送教，退休教师驻入校，指导乡村教师解决课堂教学实践的个性化问题

为解决乡村教师缺乏持续指导的问题，南宁师范大学依托项目：一是对33个项目县推荐的县区教研团队学员进行了7天培训，推动县区团队完成送教下乡培训和常态入校指导；二是先后聘请了84位退休老教师参与巡回驻校指导，重点解决乡村教师课堂教学实践个性化问题。调研数据显示，77.7%的教师认为项目提供的资源为校本教研提供了有针对性的研修资源，55.08%的教师认为促进了校本教研的常态化，超过1/4的受访者认为避免了校内同水平的重复。

三、项目阶段性成效

（一）项目设计与实施着重于精准解决乡村教师课堂教学改进缺乏针对性和指导的持续性需求

广西“双师教学”模式改革试点项目，在广西7个市33个项目县实施，覆盖了广西44.6%的非城区项目县，7个市的15个贫困县全部被纳入其中。先后有17个学科的项目县实验教师、录课教师、县级教研员参加递进式培训，其中集中培训5877人次、参与线上线下研修工作坊18 670人次，参与项目启动培训的市县教育局、录课学校校长、实验学校校长、录课学校教研组长等416人次；学科教师接受国培培训并在岗以团队实践方式推进课堂教学改进，培训主题和资源载体充分支持乡村教师需求。

2018年和2019年，组织学科专家，聘请广西常青义教中心退休教师200人次先后开展了200次巡回指导和驻校指导。目前，义务教育阶段17个学科依托南宁师范大学教师教育学院“广西双师教学项目平台”建设了254

个研修工作坊，有18670名乡村教师在工作坊开展资源应用，“工作即研修”的乡村教师常态化研修机制初步成形。

调研显示，广西“双师教学”模式改革试点项目有效促进了乡村教师课堂教学能力的提升。2018年4月，305位实验教师参与了网络问卷调查，认为项目实施提升了自身的教学设计与实施能力的乡村教师占到了91.48%，认为提升了教研能力的占54.43%，认为提升了班级管理能力的占46.89%，认为提升了信息技术能力的占40.98%，还有38.69%的教师认为自身的普通话表达能力也得到了很好的提升。

（二）资源建设情况着重解决乡村教师在岗实践的持续性陪伴和应用

目前远程机构提供的培训资源虽以海量计，但缺乏系统性、零碎零散，难以查找，且与乡村教师日常教学需求相去甚远，针对性不强。南宁师范大学陆续指导南宁市27所优质学校以“一校一科一团队”模式建设学科教学资源，为乡村教师提供逐日逐节完成的常态化系列化教学资源。截至2020年11月30日，共建设了11个学科资源，总资源数达14 632件（含教学视频、配套教学设计、配套课件、试题），平台注册用户达26 084人次，资源使用总次数达1 081 373次。乡村教师高度认同资源的系列化、全程化和常态化特点，乡村教师的生成性资源也不断上传至平台用于共研。

调研显示，在实施项目之前，80%以上乡村教师的备课资源主要来自教材、教学参考，67.87%的教师表示会通过网站搜索教学资源，而这往往会花费大量时间。项目的实践有效地解决了乡村教师课堂教学资源不足的问题。75.08%的教师认可录课教师的教学示范效果；56.39%的教师认为项目提供的资源同步性强，实现了“陪伴”；47.21%的教师认为资源完整、系统；54.75%的教师认可资源可以免费使用；38.69%的教师认为教学资源匹配度高，方便查找、使用。

（三）依托教师培训与更多乡村学校共享资源，积极反哺教师职前教育

一是创新实验区“整县推进”成效显著。自2018年起，项目采取“整县推进”的方式向创新实验区下沉。其中深度贫困县马山县将“双师教学”项目与本县校本研修“362”模式相融合，实施“三双创新行动计划”。2020年，全县有2980名教师注册平台，通过学科网络研修工作坊开展常态化主题研修，并在线下开展了134场校本研修大操练活动，3824人次参与了活动。崇左市扶绥县利用双师资源支持全县小学都开设了英语课程，并利用本县骨干教师建设了供村小教学点使用的县级资源，丰富了平台资源类型，有力促进了城乡教育均衡发展。武鸣区则为3550名教师注册开通了77个工作坊，并结合本县名师工作坊，启动了“双名工程”。二是南宁师范大学为4737名学生开通了实名账户，支持学生通过平台进行学科教学法学习和教育实习实践技能训练。2020年疫情期间，为师范生建设了14个学科工作坊，支持学生进行线上教学技能训练。

四、典型经验

（1）精准施训，以乡村学校和教师的工作实践为主要场域，持续打好“组合拳”，切实提升课堂教学质量。项目依托互联网呈现教学资源，多种培训补充支持，后续指导陪伴改进，关注培训后效在乡村学校和课堂的落地。

（2）以国培项目为载体，聚合乡村教师专业发展利益共同体，一体化开展资源建设、培训实施和后续指导，提升乡村教师培训的针对性和应用性。

（3）以乡村教师发展为长线战场，反哺教师职前教育，促进教师培训资源的职前应用。

五、推广价值

（1）省市县教育行政部门与高校、县区团队、乡村学校的协同创新有

了项目依托，精准扶贫的递进式培训有了明确的主题和资源载体。

（2）资源常态化和系统化便于应用。依托互联网建设常态化教学资源，实现移动学习，便于乡村教师自主选择使用，便于实现共享和复制应用，不需要重复建设。

（3）乡村教师以自主在岗实践为主体，解决了工学矛盾；城市学校做示范，有助优质资源共享；教师培训以资源应用为主体，有内容和实践载体；训后指导常态化，有利于教师课堂持续改进。

（南宁师范大学　王文蓉）

服务兵团向南发展　扶贫南疆基础教育

——石河子大学精准扶贫精准脱贫典型项目

开展顶岗实习支教项目是石河子大学师范学院贯彻落实教育部《关于大力推进城镇教师支援农村教育工作的意见》精神和新疆维吾尔自治区教学工作会议精神，积极推动服务兵团向南发展战略，缓解新疆三地州农村（含新疆生产建设兵团第三师、第十四师农牧团场）基础教育师资短缺的突出矛盾，促进南疆地区基础教育精准扶贫，提升稳步快速发展的需要。此项目实施13年来，石河子大学师范学院探索了一条扶贫南疆基础教育的特色路径，为实现新疆的社会稳定和长治久安打下了坚实的基础。

一、项目背景

（一）南疆三地州国家通用语言教学师资匮乏

在南疆三地州的乡镇和农牧团场，大部分的少数民族教师不能胜任中小学国家通用语言文字教学。2017年推行中小学国家通用语言文字教育以后，部分少数民族教师赴内地和疆内高校培训国家通用语言，造成乡镇在义务教育阶段出现缺乏顶岗实习支教教师、课程教学开展困难的情况。以皮山农场为例，2017年下半年皮山农场义务教育现有教学班99个，义务教育阶段学生共有4598名，按照教育部师生比要求，需要374名教师才能保证正常教育教学，而农场中学只有184名在编教师，教师缺口非常严重。2018年，皮山农场要正常开展义务教育教学工作，需要申请200个顶岗实习支教人员才能保证工作正常开展。

（二）南疆三地州国家通用语言教学缺乏语言环境

南疆三地州乡镇和农牧团场的学生缺少国家通用语言环境，当时几乎95%的居民都是少数民族，他们在家庭生活和人际交往中基本使用本民族语言，能够学习国家通用语言的环境只有学校。这些地区的很多少数民族双语教师虽然具有较强的国家通用语言听、写能力，但发音不够标准，在课堂上不能完整地表达教学内容或意思表达不准确。很多学生因为老师的引导而语音失准，语言理解能力和表达能力存在问题。2017年开始全面推行国家通用语言教学后，所有教材均为国家通用教材，所有课程都用国家通用语言进行授课，但由于绝大部分学生上课听不懂，造成学生整体成绩非常差。在校园里学生习惯性地讲本民族语言，国家通用语言推进还存在不足。年轻大学生最新的知识储备和良好的语言能力，对于促进当地学校学生的国家通用语言提升有很大促进作用。

（三）推广弘扬中华优秀传统文化不足

文化相通才能人心交融。由于语言、环境因素的影响，南疆三地州义务教育阶段的学生对中华优秀传统文化了解不多，对一些中华传统节日缺少关注。学校师资力量匮乏、教师国家通用语言能力不高导致难以在全校推广中华传统文化课程。只有义务教育阶段增强对中华文化的认同教育，才能在意志和行为上形成统一的中华民族的凝聚力和向心力。顶岗实习支教的大学生普遍接受过通识教育，可以在实习学校开发中华传统文化、写字、音乐、思想品德等课程，通过第一课堂、第二课堂引导少数民族学生广泛学习中华传统文化知识，这对提高少数民族学生对中华文化的认知水平十分重要和必要。

二、实施进展

2006年，为推动南疆基础教育改革与发展，学校启动师范学院高年级学生到基层实习支教的计划。自2007年起，学院先后在阿勒泰地区、喀什地区开展了为期半年的顶岗实习支教项目工作。2008—2020年，共计派出

3827名师范生、46名带队老师赴南疆地区中小学、幼儿园实习支教。其中，赴喀什地区8县1市支教学生2761名，赴兵团第三师10个农牧团场实习支教学生1066名（2014年开始派出）。

2018年，为进一步加大对南疆基础教育的扶贫力度，学院共派出5个专业189名学生赴南疆地区实习支教。具体情况为：派往兵团第三师53团、51团、44团、红旗农场、伽师总场各教学点84名实习支教学生和1名指导教师，第三师各实习支教点全程距离近300公里；派往喀什地区麦盖提县学校9个教学点55名本科学生和1名指导教师；派往第十四师和田农场学校4个教学点50名实习支教学生和1名指导教师。2020年秋冬季，学院派出4个专业179名学生赴南疆顶岗实习支教。其中，派往兵团第十四师皮山农场4个教学点99名实习支教学生和1名指导教师；派往和田地区墨玉县10个教学点43所学校80名本科学生和1名指导教师。顶岗实习支教项目实施13年，石河子大学师范学院探索出了一条服务扶贫南疆基础教育的特色路径，也为新疆的社会稳定和长治久安打下了坚实的基础。

三、主要特点

（一）建立协同育人机制，确保教育扶贫实施

要推动顶岗实习支教工作的顺利开展，健全的机制是保障。学校、地方教育行政部门、基层学校明确各自的义务与责任，为师范生顺利实现从“学生”到“教师”的转换，尽快成为适应南疆基础教育发展需要的专业化教师提供了成长的实践平台。学校成立了实习支教工作领导小组，制定了《石河子大学实习支教工作实施办法（暂行）》《石河子大学赴基层中学实习支教指导教师管理办法（暂行）》《石河子大学赴基层中学实习支教学生管理办法（暂行）》等文件，明确了实习支教工作的组织领导、经费、实习时间、实习内容、指导教师和学生培训等工作，编印了《石河子大学实习支教学生手册》。学院选派责任心强、教学水平高、管理经验丰富的带队教师到喀什地区各县（兵团农牧团场）进行指导，协调解决同学们在工作、生活中出现的问题。地方教育行政部门大力支持，提供教学和环境支

撑，逐步形成了由学校统筹、师范学院主导、地方教育行政部门支持、基层中小学参与的“四位一体”协同育人机制，确保支教扶贫工作顺利开展。

（二）抓好师范技能培养，夯实学生支教素养

让学生更好更快地适应顶岗实习工作，是推动南疆基础教育发展的关键因素。学院在学生在校期间注重对其师范专业技能的训练，突出“两化”“两结合”，即四年连续不间断的训练一体化，教学、团学工作在人才培养过程中的一体化，课堂教学与课外活动相结合、校内学习与校外实践相结合，构建大课堂、开放式的训练方式，将师范生专业技能的训练纳入团学活动统筹安排，根据人才培养方案分学期有重点地开展师范生基本技能的自主练习，如钢笔字、粉笔字练习等。每年定期举办师范文化艺术节，组织普通话演讲、粉笔字书写、钢笔字书写、汉字听书写、多媒体课件、教案撰写及讲课等师范生基本技能比赛，还组织毕业生专业技能汇报、学前专业毕业汇报演出等活动，营造师范教育浓厚氛围，增强学生的职业意识，使学生的专业技能及综合素质逐步提升。

（三）积极主动融入教学，探索创新教学方法

支教学生在校期间学习了专业知识，也学习了教育学、心理学以及教育理论，但没有面对学生登上讲台教书的实践，需要通过自己的学习思考，把理论变成实践。支教学生到岗后积极承担南疆全职教师的教育教学任务，独立承担1～2门课程的教学，每周的工作量多达20个学时，成为学校教学的骨干老师。2018年3月，学院派去皮山农场学校4个教学点的50名支教学生承担了大量的课程教学，最多的周课时量达到24节，最少的周课时量为10节。支教学生还主动担任正班主任、副班主任工作。他们为了把这些可爱的孩子教育成遵守课堂规范的学生，每天花费大量时间和精力，吃饭时都和学生在一起，时时刻刻对其进行思想教育。他们通过网络寻找PPT、下载视频，以提高课堂趣味性。他们探索适合教学对象的教学方法、教学设计、教学细节，进行授课听课分享，提升课堂效果，极大地提高了孩子们的学习兴趣。

（四）传承弘扬兵团精神，铸牢学生理想信念

支教学生坚持石河子大学“以兵团精神育人，为维稳戍边服务”的办学特色，将爱国、爱疆、爱兵团的崇高信念融入支教工作的一言一行中。开展“兵团精神传播工程”，坚持无论节假日，每周开展一次升国旗仪式活动。开设“可爱的兵团”“品德与社会”课程，讲兵团的故事、讲老兵的故事，和沙海老兵交流座谈，组织开展参观沙海老兵纪念馆、爱国主义演讲比赛、每周爱国主义主题班会、红歌教唱、艺术展演等活动。支教学生的言行潜移默化地影响着南疆中小学的孩子们，一系列有趣有意义的活动使孩子们从小就接受爱国主义、胡杨精神、兵团精神、老兵精神的熏陶，帮助他们形成正确的人生观、价值观，增强热爱祖国、热爱新疆和热爱兵团的情结。

（五）实施国家通用语言推广工程，促进各民族交流

为提高南疆中小学师生的国家通用语言水平，支教学生成立了义务帮扶实践团队，分组义务承担起帮助教师补习国家通用语言的重要任务。成立国家通用语言训练营，开办国家通用语言辅导班，开展早读、诗歌朗诵等活动，加强少数民族中小学生的听、说、读、写能力和爱国主义教育，着重提升少数民族中小学生的国家通用语言水平，调动了当地师生学习国家通用语言的积极性，激发了当地师生学习的兴趣和求知欲，推动了国家通用语言文字的普及工作。顶岗实习支教学生对学生有爱心、有耐心，教学方法活泼有趣，无论是担任班主任工作还是顶岗上课，都深受学生的欢迎和喜爱。

（六）实施“三个结合”联动，增强中华文化认同

顶岗实习支教学生从弘扬中华优秀传统文化切入，注重第二课堂、传统节日、业余生活“三个结合”，开展文化推广活动。通过文化角、语言角、音乐角、舞蹈社团等，强化学生对中华文化的运用和理解能力。组织开展拔河比赛、红歌比赛、经典诵读、角色扮演比赛、舞蹈比赛、方阵走步等形式多样的活动，丰富孩子们的文化生活。利用五四青年节、六一儿

童节、清明节、端午节等组织学生开展文娱活动和纪念活动，增加少数民族学生的中华文化仪式感和公民意识。实习支教学生利用课余时间编排舞蹈《中国味道》，指导学校文化墙建设，开展班级日常特色活动“每日记论语”——给学生们每日讲解一句经过认真挑选的论语，让孩子们理解诸如勤学、孝顺、仁义、爱国等传统美德的真谛。

（七）发挥党员先锋模范作用，提升学生综合素养

支教师生党员在南疆成立临时党支部、党小组，开展“一个党员 一面旗帜”党员先锋工程，发挥党员先锋模范作用。他们利用专业优势和自身特长，克服语言不通、气候不适、基础设施较差等困难，为当地少数民族学生义务担任足球教练、军训教官，组织排练舞蹈，创办校园刊物，开设陶艺、电子琴等素质拓展课。在皮山农场中学，顶岗实习支教学生临时党小组还发起并组织开展“情暖童心，书送未来”爱心捐款送书活动，他们捐出自己的生活费为当地孩子们购置课外读物。每天开展第二节课间阳光体育活动，老师学生围圈同跳，欢快和谐。顶岗实习支教师生的到来为当地输入了新鲜的血液，为南疆偏远农村中小学生带去了新的理念信息和文化视野气息，为南疆农村教育增添了生机和活力，极大地鼓舞了孩子们探求外部世界的勇气和欲望，好奇心和创新意识不断增强，综合素质大大提高。

四、取得的成效

（一）促进基础教育均衡发展

顶岗实习支教项目极大地缓解了南疆中小学教师的工作量，解决了南疆师资严重缺乏的问题。以皮山农场为例，2018年，石河子大学师范学院顶岗实习支教学生师资占到中小学师资总量的60%。顶岗实习支教学生吃苦耐劳的奉献精神、扎实的专业能力、严谨的教学态度以及以生为本、因材施教的班级管理理念得到了当地教育部门及受援学校的充分肯定。持续的顶岗实习支教工作，有效地缓解了农村（农牧团场）基层学校双语教师短缺的矛盾，促进了基层学校（教学点）教学水平和办学质量的提高，对

缩小城乡学校差距、加快薄弱学校发展步伐、促进新疆义务教育均衡发展起到了良好的示范作用。

（二）形成良好校风班风学风

支教学生坚守“公平、公正、公开”的教育管理理念，以理服人、以情感人、以规束人，使孩子们意识到自己行为习惯的问题，主动努力改正自己的不足，形成良好正确的学习生活习惯。支教学生所教的孩子班级从十几个不交作业，交上来也有很多是天马行空般的书写，到现在每天基本都能交齐认真书写的作业；从以前从来没有获得过流动红旗，到主动开展班级争夺竞赛；从以前有班主任管理还出现班级混乱的现象，到没有班主任也能始终保持安静有序的纪律——孩子们的精神面貌和校风班风学风发生了可喜的变化。2019年秋季，实习支教不到两个月，2017级汉语言文学专业王娟娟所带的乌尔其乡西开尔库木西小学6年级1班的语文成绩在第一次月考中排名全乡第二，2017级英语专业张子安所带的乌尔其乡小学6年级2班的数学成绩在第一次月考中排名全乡第二，第三师50团三所中学各科目及格率明显提升，形成了积极进取、团结向上的良好氛围。

（三）开启现代创新思维理念

顶岗实习支教地点大多都是偏远的农村薄弱学校或教学点，当地经济条件差，生活艰苦。实习支教师生的到来为当地输入了新鲜的血液，带去了先进的教学理念和教学方法，为南疆农村教育增添了生机和活力，为南疆偏远农村中小学生带去了新的理念信息和文化视野气息，极大地鼓舞了孩子们走出封闭地域、探求外部世界的勇气和欲望。孩子们更多地了解和感受了现代社会的发展，其好奇心和创新意识不断增强。

（四）极大提升国家通用语言水平

顶岗实习支教学生进入学校后，课间常常和所带的学生在班级交流，或在操场一起活动，学生使用国家通用语言进行交流的时长明显增加。皮山农场学校的支教学生开展了“戏曲进校园”活动，他们教孩子们学唱京剧，弘扬国粹艺术，让孩子们在有趣的京剧学唱中学习国家通用语言，同时通过这些京剧名段所蕴含的丰富内涵，帮助孩子们树立了传承中华优秀传统文化的正确价值观。南疆支教点孩子的国家通用语言交流水平发生了质的飞跃，从原来的张不开口到敢说、敢问，从当初的词语颠倒到语句流畅，从羞于表达到进行演讲、戏曲表演，国家通用语言水平有了大幅提高。

（石河子大学　桑　华）

点评：

电子科技大学坚持“扶贫先扶志，扶贫必扶智”方针，瞄准岑巩县教育短板，根据学校教育资源优势，立足电子信息学科特色，创新性地提出“电子信息+教育”扶贫新模式，以加强控辍保学、打造“黔东基础教育高地”为目标，以增强小学教育入口端、提升高考录取出口端为重点，围绕建档立卡贫困小学生、初中生与高中生三类群体分类施策，为岑巩县建设了一支高素质、专业化教师队伍，推进了当地教育管理和教学的信息化建设，促进了岑巩县城乡义务教育的均衡发展，调动了社会力量参与当地教育扶贫，实现全县义务教育入学率达100%，助力岑巩县第一中学高考本科上线率大幅度提升，扶贫成效显著。该教育扶贫模式为中国扶贫事业增添了一笔“绚丽色彩”。

——电子科技大学经济与管理学院教授　邵云飞

石河子大学师范学院13年来每年派大三年级的师范生在条件较为艰苦的新疆南疆地区顶岗实习支教，扶贫南疆基础教育。2018年，我作为精准扶贫精准脱贫典型项目的参与者，也作为顶岗实习支教带队指导教师和学生一起开展工作。支教学生以全职教师的身份，弘扬胡杨精神、兵团精神、老兵精神，克服种种困难，满怀激情地投身于教育教学、中华文化传播、国家通用语言推广、民族团结创建等各项工作，让青春在南疆大地上绽放绚丽之花，不少支教学生在顶岗实习支教后选择到南疆建功立业。今后我们将进一步完善项目团队，带动深化南疆顶岗实习支教工作的拓展，做好顶岗实习支教工作的研究和成果推广，在合作共建学生社会实践，开展学院、师团、基层学校联合科学研究和项目申报，选点助力南疆中小学打造疆内及全国示范校，探索建立支教学生扎根南疆机制上着力，扶智扶贫，为南疆基础教育发展做出新的更大的贡献。

——石河子大学师范学院副教授　洪燕君

产业扶贫篇

各高校发挥学科和人才优势，通过制订产业规划、引入专业力量、促进成果转化、拓展农业多种功能、发展农业新型业态、开展招商引资等一系列举措，有效实现了贫困地区农业产业的品种改良、品质提升、品牌升值，加快推进了农村第一、二、三产业融合发展的新格局，使很多贫困县村集体产业从无到有、从弱到强，产业扶贫的减贫带贫效果持续提升。

紫金普洱：一片叶子富了一方百姓

——浙江大学精准扶贫精准脱贫典型项目

为积极响应党中央决战决胜脱贫攻坚号召，浙江大学充分发挥专业学科和人才技术优势，自2016年以来，在定点帮扶云南省景东彝族自治县（以下简称“景东县”）过程中，持续推进特色农业产业发展，以“紫金普洱”茶项目为抓手，重点扶持具有当地资源优势和特色的普洱茶产业，践行“将绿水青山变成金山银山，让一片叶子致富一方百姓”，取得了明显的扶贫成效和良好的社会影响。

一、项目基本情况

景东县位于云南省普洱市北端，辖区面积4532平方公里，拥有无量山、哀牢山两个国家级自然保护区，产茶历史悠久。唐朝樊绰的《蛮书》记载：“茶出银生城界诸山”（景东古称“银生”）。景东县是云南省37个重点产茶县之一，全县3乡10镇165个村，涉茶农户达4.45万户23.3万人，有茶叶千亩村90个、百亩组506个。茶产业是景东县涉农最多、增加农民收入、培育地方财源、改善生态环境的传统特色优势产业，也是实现产业扶贫的重要依托。

“紫金普洱”茶项目立足景东县古树茶资源优势，在学校领导、国内合作办公室、校友会和浙江大学三位挂职景东县副县长的大力支持下，并在浙江大学茶叶研究所的监制下，授权景东县当地扶贫标杆企业——普洱天泽茶业有限公司负责组织生产。

项目运行4年，累计生产“紫金普洱”茶136 000多饼，通过浙江大学师生校友直接众筹销售1500多万元，加上间接销售、定制，累计销售近

3000万元。截至2020年6月，“紫金普洱”茶项目带动当地626户茶农脱贫，对景东县脱贫摘帽正式退出贫困县序列和促进当地经济发展具有重要意义。

二、项目实施进展

2016年7月，浙江大学校长吴朝晖带队考察景东县，提出在当地打造“紫金普洱”特色茶叶品牌，其中“紫金”取自浙江大学紫金港校区之名，“普洱”则来自景东县无量山普洱茶之意，旨在聚集高校、地方政府和龙头企业三方合力推动当地特色产业发展与脱贫攻坚。著名茶学家、茶界泰斗刘祖生教授亲笔题写了茶名并用于产品包装。“紫金普洱”茶叶原料采自无量山上位于2000～2200米海拔、树龄在100～500年的优质古树茶，采用的是将浙江大学现代茶叶加工技术与当地传统制茶工艺相结合的加工工艺，在茶叶品种保护、茶区规划建设、生产标准制定、生态茶园建设以及产品设计推广等方面都有专家团队进行技术指导和帮扶。

4年来，浙江大学茶叶研究所所长王岳飞教授、景东县茶产业首席专家汤一副教授等专家率领技术团队在景东县开展实地调研和技术指导，对茶农进行技术培训，指导当地茶农、茶企提高茶园管理和制作水平，在茶树养护、采摘保鲜、不落地晾青、手工杀青、石模蒸压和干燥存储等加工环节技术上实现了显著突破，使成品茶的品质大大提升。

2017年浙江大学120周年校庆时，“紫金普洱”首度被作为校庆纪念茶进行推广，当年带动当地300多户茶农脱贫，2018年增加到605户，2019年增加到626户。至2020年，“紫金普洱”累计生产136 000多饼，通过众筹、销售、定制等形式累计销售金额近3000万元。2017年，“紫金普洱”生产17 120饼+6000饼，单价120元/饼，直接众筹销售200多万元；2018年，“紫金普洱”生产18 121饼+12 000饼，单价121元/饼，直接众筹销售300多万元；2019年，紫金普洱生产19 122饼+24 000饼，单价122元/饼，直接众筹销售400多万元；2020年，紫金普洱生产20 123饼+20 123饼，单价123元/饼，直接众筹销售400多万元。《云南日报》、《浙江日报》、教育部网站、景东县政府网站等媒体平台对浙江大学助力景东县茶产业精准扶贫工作进行了宣传报道，获得了良好的社会反响。

三、项目特色

浙江大学充分发挥茶学学科优势和科技优势，以茶为媒，依托无量山独特的茶树资源，利用校友资源，优化茶产业链管控，搭建销售平台，架起招商引资桥梁，科技助力景东县发展，将产业精准扶贫落到实处。通过“紫金普洱”茶品牌的创建与推广，建立了校地企相协同、科技创新与产业发展相融合、品牌建设与场景式推广相促进的高校助力地方精准扶贫新模式。

（一）顺应区域资源优势，以科技创新提升产业发展

景东县是普洱茶的主产区之一，适宜的茶树生长环境、悠久的茶叶加工历史、数百年树龄的古茶树资源等为“紫金普洱”茶项目奠定了坚实的发展基础。依托于浙江大学茶叶研究所扎实的科研基础和师资优势，项目将“紫金普洱”茶叶品质提升和产品安全保证作为实施重点，从标准茶园建设、病虫害绿色防控、清洁化加工等方面实行了一系列严苛措施与改革，用科技和管理的力量确保每个茶饼的品质，为景东县普洱茶的绿色生态之路保驾护航。同时，每年委托国家普洱茶产品质量监督检验中心等权威机构对产品进行严格质量检测，确保质量安全指标符合国家标准。经多年生产，“紫金普洱”形成“条索肥壮匀整，金毫密布，汤色金黄透亮，香气清雅持久，茶汤清润甘甜，叶底肥厚柔嫩鲜”的独特品质，获得了广大茶友的充分认可。

（二）结合浙大校庆契机，助力紫金普洱场景式推广

自2017年开始到2020年，结合浙江大学每年的校庆契机，将“紫金普洱”作为浙江大学校庆纪念茶进行推广。2017年首次推出“紫金普洱120版”定制茶，纪念浙江大学建校120周年校庆。第一批茶17 120饼，众筹价120元/饼，一经推出，一天之内众筹销售完，后又追加6000饼，取得了良好的成效。2018年，推出“紫金普洱121版”，以献礼浙江大学建校121周年。第一批茶18 121饼，众筹价121元/饼，一经推出，5天之内众筹销

售完，后又追加12 000饼。2019年，推出“紫金普洱122版”，以献礼浙江大学建校122周年。第一批茶19 122饼，众筹价122元/饼，一经推出，7天之内众筹销售完，后又追加24 000饼。2020年，推出“紫金普洱123版”，以献礼浙江大学建校123周年，定制20 123饼+20 123饼，众筹价123元/饼，目前已众筹销售约33 000饼。产品定价突出了其高性价比的特色，使茶农和参与众筹的茶友双双获利，为“紫金普洱”打下良好口碑。此后数年，浙江大学将以校庆为契机，每年推出“紫金普洱”纪念茶，并以每年加1元/饼的微小涨幅始终坚持高品质、高性价比的初衷，做好景东茶品牌建设。

（三）创新宣传推广路径，打造新媒体助农直播带货

2020年5月21日是浙江大学123周年校庆日，又恰逢首个“国际茶日”，浙江大学专门组织举办了“紫金普洱·521公益助农直播”，邀请浙江大学发展联络办、校友总会、国内合作办和农业与生物技术学院等相关部门负责人和茶届大咖来到直播间，通过网上直播宣传景东县茶产业，为景东县精准扶贫项目直播带货。直播介绍了“紫金普洱”的来历、与浙江大学的渊源以及浙江大学景东扶贫项目的意义和取得的成果，同时现场连线景东县人民政府副县长许亚洲介绍无量山的天然生态环境和普洱茶生产加工情况。公益助农直播同时在钉钉、腾讯看点和东家三个平台进行，在线收看近2万人，直播现场成交近20万元。

（四）凝聚多方资源合力，校地企联合探索脱贫新路

依托于浙江大学对景东的智力支持、科技支撑、人才培养、产业帮扶等定点帮扶，选派茶叶研究所王岳飞教授、汤一副教授等担任政府茶产业发展顾问和首席茶叶专家，推动景东茶产业发展，加强人才交流培训。在景东县建立大学生社会实践基地，推动双方产学研合作。同时整合多方资源，形成工作合力，为校友企业和浙商企业与景东县的合作牵线搭桥，浙大校友毛立民已与景东县签订“浙茶集团与景东县人民政府茶产业合作意向书”，为景东县茶产业发展提供全方位支持。

四、下一步工作计划

（一）聚焦产品建设，以品牌引领推动产业升级

今后每年5月，浙江大学都将结合校庆契机，向广大校友、茶友推广“紫金普洱”校庆纪念茶，且每年有增长。初步计划：2021年，生产“紫金普洱124版”，40 000饼，单价124元/饼；2022年，生产“紫金普洱125版”，45 000饼，单价125元/饼；2023年，生产“紫金普洱126版”，50 000饼，单价126元/饼；2024年，生产“紫金普洱127版”，55 000饼，单价127元/饼……助力“紫金普洱”作为校庆纪念茶获得市场认可，进一步打响这一品牌，提高景东县茶叶品牌知名度。同时开发“1897”和“521”典藏款，以及古树红茶等景东茶新产品，促进景东茶产业提质增效，真正让景东茶“走出去”。

（二）扶贫扶智相融合，深化茶产业人才队伍建设

秉承“人才兴则产业兴”的理念，依托于浙江大学茶叶研究所扎实的科研基础和师资优势，通过技术指导、实践考察、讲座培训等形式对茶园管理、茶树栽培、茶叶生产、茶叶销售等涉茶人员开展技能培训，提高茶叶不同生产环节从业人员的素质，协助景东县培育一支茶叶创新型人才队伍，推动景东产业升级。

（三）拓展品牌传播，优化茶产业规划与推广

进一步完善产业规划方案，优化宣传手段，增强品牌传播力，实现“紫金普洱”和景东县茶产业品牌化提升。充分利用高校资源优势，将物联网、云计算、大数据等多种信息化技术相结合，鼓励企业与国内外知名的电子交易机构合作，支持有实力企业自主创建电子销售网络，使精准扶贫、产业扶贫迈向消费扶贫，创新开展消费扶贫行动，促进景东县茶农稳定增收。

（四）汇聚多方平台，探索多渠道产业发展路径

积极引入多方资源和相关资本到景东县，深度促进景东县茶产业发展。以“紫金普洱”茶项目为契机，积极发挥景东县的自然资源优势，协助当地政府开展招商引资活动。同时，进一步从加强顶层设计、创新对口扶贫模式、创新产学研合作模式等方面探索多渠道茶产业发展路径，以文化促产业，以产业兴文化。

（浙江大学　王岳飞）

建设扶贫产业园　探索帮扶新模式

——厦门大学精准扶贫精准脱贫典型项目

产业扶贫是脱贫攻坚的根本途径，是稳定脱贫、防止返贫的根本之策。自2015年起，厦门大学通过建设厦门大学康业扶贫产业园，秉持“虚园实建、科技赋能、产销对接、内外联动”的理念，充分发挥学校优势，将产业园打造成为学校开展产业扶贫、科技扶贫、智力扶贫、消费扶贫的重要载体，成为宁夏回族自治区隆德县加速产业聚集发展、促进贫困人口就业创收的重要平台，有力地推动了隆德从“输血式”扶贫到“造血式”扶贫的蝶变，探索出一条高校开展产业扶贫的新路子。

一、厦门大学康业扶贫产业园基本情况

在2015年国家扶贫日之际，学校与校友企业、宁夏康业投资有限公司签署了“隆德县厦门大学康业扶贫创业园建设协议”。宁夏康业投资有限公司为厦大2014级EMBA校友林小辉创办，学校依托该校友企业，在原有隆德县产业园区中小企业（创业）孵化园的基础上，注入厦大品牌、资源和优势，建设隆德县厦门大学康业扶贫产业园。该园位于隆德县六盘山工业园区内，由宁夏康业投资有限公司投资5亿元建设。产业园规划占地1000亩，计划建设标准化厂房72幢共30万平方米。目前已建成四期标准化厂房64幢共25.5万平方米。2019年，产业园生产总值达4.1亿元，占隆德县GDP的近15%；提供就业岗位2200个，其中吸纳本地贫困人口就业1760人，占全园区就业人数的近80%，吸纳建档立卡贫困户劳动力277人，占园区就业人数的13.8%，解决就业困难残疾人就业55人。2018年3月29日的《光明日报》、2018年6月28日的《人民日报》、2019年5月31日的《宁

夏日报》、2019年6月10日的《中国教育报》等先后报道了学校扶贫产业园模式。

二、主要做法

（一）虚园实建

高校作为国家公益二类事业单位，资产主要由国家财政拨款取得。因此，在产业园建设中，高校既不适宜，也没有财力作为产业园投资主体。但高校具有品牌价值以及科技和智力资源密集等优势，只要把这些优势和资源有效地运用到扶贫工作中，就可以产生较大效益。在产业园建设中，厦门大学通过推动科技成果转化、做好公共服务、配合政府招商引资、购买产业园产品等方式，推动产业园健康发展。

学校把产业园建设作为产业扶贫的最重要抓手，精心谋划，高位推动。2015年以来，学校党委书记、校长每年都深入产业园考察调研，实地指导产业园建设发展。学校派驻隆德县的挂职副县长等把产业园作为最重要的联系点，与产业园建立日常沟通渠道，协调解决有关事项。学校选派经济学院、管理学院等专家学者为产业园建设把脉会诊、出谋划策，并开展有针对性的专题培训。学校先后以立项形式为产业园投入300多万元，支持产业园建设发展。目前，已在产业园建成县级电商服务中心、科技研发和质量控制实验室、农业科技研发示范基地等公共服务机构。为产业园举办各类培训10余场，安排产业园5位企业家来学校学习EMBA有关课程。这些实实在在的措施，不仅使产业园具有了厦门大学的品牌价值，更具有了高科技、高质量发展的内涵。

（二）科技赋能

扶贫扶智，科技先行，依靠科学技术推动扶贫攻坚进程是扶贫战略的重要组成部分。对扶贫产业园来说，推进科技创新是提升产业园核心竞争力的必由之路。厦门大学充分发挥自身学科、人才、科技和平台优势，为产业园建设提供强有力的科技支撑。

1. 设立科研课题

学校立足隆德县资源禀赋和重点产业发展方向，设立相关课题，开展科研攻关。

（1）开发马铃薯淀粉。隆德县地处六盘山西麓，其高寒特性使得隆德马铃薯较其他地方马铃薯更具有开发为低血糖指数食物的可能性，但一直缺乏更多的实验数据支撑。学校支持药学院吴彩胜副教授开展隆德县马铃薯淀粉及现有产品的消化特性研究，探索隆德马铃薯适用于糖尿病人食用的主要物质基础，并进行相关机制探索研究，努力开发符合糖尿病人群的低血糖指数食物。

（2）提升肉牛饲料品质。肉牛产业是宁夏、固原市和隆德县重点鼓励发展的产业之一，是宁夏各级政府“1+4”特色优势产业和区域性主导产业。在肉牛养殖中，青贮饲料对于出栏时间和牛肉品质具有决定性作用。学校化学化工学院卢英华教授与隆德企业申报了自治区重点研发计划项目，研究利用复合微生物制剂发酵青贮饲料，以改善饲料品质，提高动物生长速度和饲料利用率，降低动物排泄物，改善养殖环境。

（3）探索隆德中草药有效成分。隆德县是宁夏乃至西北地区中药材的重要产地之一，在发展中药材产业上具有得天独厚的自然环境和资源条件，被誉为“高原绿岛”和“天然药库”。近年来，中药材产业已成为促进隆德县经济发展、农民增收和生态环境建设的特色优势产业。学校科研人员运用QE高分辨质谱和MS/MS等方法，帮助隆德县化验检测党参、黄芪、甘草、柴胡、秦艽等5种中药材的有效成分，并努力研究如何利用隆德道地药材的新成分。

2. 派驻科研人员

学校组建专家服务团、博士服务团等，选派知名专家学者和博士硕士走进产业园企业，走向田间地头，现场帮助产业园企业解决科技问题。生命科学学院田惠桥教授多次走进产业园企业种植基地，利用多倍体技术使中药材提质增量。生命科学学院、环境与生态学院的有关科研团队与产业园企业进行线上线下沟通，指导有关试验的开展。这些科研人员的进驻，改进了产业园企业的生产工艺，提高了产品的科技含量，也为产业园创新发展增加了活力。产业园企业表示：“有了厦大科技的‘撑腰’，我们的产品质量更稳定，市场信誉度也高了一截。”

3. 建设科研平台

学校联合宁夏大学，建立“厦门大学–宁夏大学–隆德县人民政府农业科技研发示范基地”，选派药学院、环境与生态学院专家团队开展马铃薯加工、中药材、药食共用产品等研发工作，并建立了厦门大学、宁夏大学和宁夏黄土地农业食品有限公司（厦大校友企业）质量安全控制实验室。该实验室投入高效液相色谱仪等贵重设备100多万元，主要基于色谱高分辨质谱连用技术和多种质谱数据采集挖掘技术来非靶向识别和鉴定产品成分，提高食品安全。2018年9月21日，中共中央政治局常委、全国政协主席汪洋同志视察了该实验室，并叮嘱厦门大学环境与生态学院陈猛教授建设好实验室，多培养当地科研工作者。

（三）产销对接

产业园生产的产品不仅要产得出、产得好，还得卖出去、卖上好价钱，这样产业园才能真正健康发展。学校紧紧抓住产销对接这个“牛鼻子”，依托厦门大学这个“大市场”，做好消费扶贫这篇“大文章”。

1. 积极采购产业园产品

一是采购产业园产品作为教职工福利。产业园目前主要产品有粉丝、中草药饮片等，学校工会和离退休处分别购买了隆德县的粉丝、党参、黄芪、当归、枸杞等近650万元向教职工发放。二是依托后勤集团饮食服务中心，集中采购产业园产品。2019年和2020年，采购产业园内六盘春清真牛羊肉有限公司的牛肉，总金额超过400万元。

2. 帮助销售产业园产品

一是学校发挥校友资源优势，积极联系校友企业或企业中的校友，帮助销售产业园内的产品。如学校积极联系上海医药集团，帮助产业园销售党参、黄芪等260万元。二是发动师生购买产业园产品。学校利用每年年货节、扶贫日等，在学校人流量大的三家村等地，邀请产业园企业开展展销活动，向师生推介隆德县优质产品。

3. 在校建立直销平台

一是无偿提供校内黄金地段店面并免费装修，建设隆德特色产品营销中心，线上线下展示、销售隆德县优质特色产品。二是在学校窗口紧张的情况下，仍在学校人流量最大、条件最好的勤业餐厅专门开辟了“厦门大学精准扶贫宁夏隆德县特色食品窗口”，制作售卖铁板黑椒牛排骨、牛肉粉丝、牛肉煲、牛腩罐等广受师生好评的特色菜品，将产品直供食堂，实现产销对接。

（四）内外联动

产业园既要建好园区本身，把各种资源要素运用到产业园建设上，使产业园长壮变强，又要积极创造良好的外部条件，着力发挥出产业园的辐射带动作用。产业园统筹园区内与园区外产业协同发展，实现内外有效联动。

1. 来学校举办经贸合作推介会

厦门大学有每年举办校庆的传统，众多校友会在校庆日返校。学校充分利用这一契机，积极向校友和社会各界推介隆德。2017年4月6日，厦门大学96周年校庆大会之后，学校首次举办了“厦门大学-宁夏隆德县对口帮扶暨经贸合作推介会”，120多名校友企业家代表参会。多家校友企业与隆德县人民政府签署了十大项目建设协议，内容涉及农副产品深加工、生物医药、智慧园区建设、服装加工、电商平台等，为产业园招商引资工作提供了良好的资源和平台。

2. 在农村建设扶贫车间

为了解决产业园企业长期招工难和贫困村富余劳动力就业增收创收难的问题，学校出资100多万元在张树村建设扶贫车间，让留守的贫困村民实现了家门口就业。该扶贫车间目前承接园区人造花公司订单，聘有员工43人，占地12亩，设置组装车间等，按计件方式发放工资，人均月收入1500余元，最高工资2200余元，年增收可达80万元。

3. 在网上建立电商平台

隆德县具有发展电子商务的良好条件，但缺乏相关软硬件条件支持。为了更好地开展定点扶贫工作，学校捐赠102台电脑在产业园建立厦门大学隆德县电商服务中心。该服务中心除了提供硬件支持外，还从人员培训、销售渠道拓展、物流优化等方面提供全过程、全方位的服务。第四届中国“互联网+”大学生创新创业大赛金奖项目“我知盘中餐”团队指导教师、信息学院博士生导师多次赴隆德指导电商运营。经济学院和管理学院制订了培训计划，对隆德县电子商务从业者开展了培训。

三、下一步工作的考虑

四年来对产业园建设的探索使我们认识到，高校扶贫必须要抓住产业扶贫这个关键，而“找准点、建好园”是做好产业扶贫的有效形式。只要找准点、建好园，充分运用高校智力、科技、消费、校友等资源，以“虚园实建、科技赋能、产销对接、内外联动”的模式建设高校扶贫产业园，集成运用科技扶贫、智力扶贫、消费扶贫等各种扶贫方式，就能精准发力、综合施策，以点带面、辐射全县。

下一步，学校将继续创新工作思路，坚持“园区所需、厦大所能、增进合作、促进发展”的原则，全力以赴、再接再厉、聚焦重点、密切跟进，推动产业园提档升级，不断提升帮扶成效，使厦门大学康业扶贫产业园的特点更特、亮点更亮。

一是进一步调动学校科研人员积极性，推动科技成果在产业园转化。我们将以产业技术需求为导向，以应用技术转化研究为重点，积极向产业园企业转化创新成果。二是充分利用厦大品牌影响力，做好产业园招商引资工作。我们将按照隆德县产业发展需求，重点组织校友企业到隆德投资置业，进一步提高招商针对性和成功率。三是利用厦大广大海内外校友和联系密切的华人华侨资源，帮助隆德县将其特色产品打入东南沿海地区、台湾地区等国内市场以及东南亚等国外市场，积极做好消费扶贫。

学校将深入学习贯彻习近平新时代中国特色社会主义思想，特别是习近平总书记于2019年3月参加十三届全国人大二次会议福建代表团审议时的讲话精神，进一步提高站位，把建好扶贫产业园、推动隆德经济社会发展作为国家重点大学和东部高校的积极承担，作为学校“双一流”建设的重要内容，在习近平总书记重要讲话精神的指引下，继续发挥自身优势，不断提升服务隆德的精度、延展产业园建设的广度，以扎扎实实的努力，为全面建成小康社会做出新时代的厦大贡献。

（厦门大学　马进龙）

金银花开金银来　校地共谋大产业

——西安电子科技大学精准扶贫精准脱贫典型项目

“产业扶贫是最直接、最有效的办法，也是增强贫困地区造血功能、帮助群众就地就业的长远之计。”西安电子科技大学坚持贯彻落实习近平总书记关于扶贫工作的重要论述，按照国务院扶贫办、教育部党组的安排部署，充分发挥学校特色优势，因地制宜、辨证施治，校地携手共同发展金银花产业，形成了成熟的产业发展经验模式，有效推动了陕西省蒲城县脱贫攻坚进程，取得了明显的经济和社会效益。

一、项目基本情况

蒲城县地处渭北旱塬，俗称“旱腰带”，气候干旱少雨，自然环境极差。尧山镇闫家村是旱塬中的旱塬，土地贫瘠，严重缺水，庄稼“十种九不收”，是典型的“贫困村”“问题村”。2013年与蒲城县建立定点扶贫结对帮扶关系以后，学校接续选派三任驻村第一书记，与闫家村党支部班子一道引入并发展金银花产业，通过党建引领激发群众内生动力，综合施策提升产业发展水平，产销对接巩固脱贫成果，扶贫育人实现校地共建共赢，逐步探索出了一条“高校+地方政府+村党支部+村级股份合作社+贫困户”的“五位一体”精准产业扶贫新路子。

自2013年以来，学校累计投入帮扶资金超过300万元，引进各类帮扶资金500余万元，直接采购及帮助销售金银花茶100余万元，撬动资金投入5000余万元，带动闫家村金银花产业发展迅速。如今，蒲城县金银花产业已成为全县脱贫攻坚三大支柱产业之一，全县共发展金银花5万余亩，2020年全县金银花产值达到1.5亿元，解决农村剩余劳动力10余万人，经济带动效益显著。学校与蒲城县携手打造金银花产业发展的模式得到了陕西省委、省政府的充分肯定，并在全省范围内进行了推广。中央电视台、陕西卫视、《中国教育报》、《陕西日报》等中央和省级媒体多次对此进行了专题报道。

二、项目实施进展

（一）党建引领——党旗飘扬，指引金银花产业发展“大方向”

1. 三任驻村第一书记的金银花情结

学校坚持尽锐出战，先后选派张武军、鞠波、王敬涛三位同志接续担任蒲城县尧山镇闫家村驻村第一书记。密码学博士出身的张武军，摸村情、察民情，因地制宜，和闫家村一起引进带动村民脱贫致富的“法宝”——金银花产业，建设金银花茶厂，绘制万亩金银花规划方案，确立以金银花种植为主，依托五陵景区，打造金银花采摘文化旅游品牌的发展路子。第二任第一书记鞠波紧抓金银花产业提档升级，引进、推广花期短、产量高的新品种“北花一号”，使得村民人均收入显著提升。王敬涛同志接过“接力棒”，依托学校学科优势，打造集种植、深加工、生态旅游为一体的金银花产业链，利用帮扶资金建设扶贫车间，扩大金银花茶厂规模，开发金银花新产品，建设电商培训教室，助力农产品销售。张武军同志被授予“陕西省优秀第一书记”荣誉称号，鞠波同志和王敬涛同志被授予“渭南市优秀第一书记”荣誉称号。《中国青年报》头版头条报道了张武军同志的先进事迹，三任第一书记的扶贫故事被撰写成《三任驻村“第一书记”的金银花情结》被中央和省级媒体广泛报道。

2. 强化基层党组织阵地，激发贫困群众内生动力

“送钱送物不如建一个好支部。”2017年以来，学校持续投入50余万元支持闫家村开展基层党建阵地建设，并积极动员学校专家教授等力量支持闫家村金银花产业的发展。学校三任书记、两任校长亲赴闫家村调研指导金银花产业发展；学校机关党委下辖的31个党支部分别与闫家村78户贫困户实现了精准“联姻”对口帮扶，每年组织机关党员干部捐款助力产业发

展。学校基层党支部赴闫家村联合开展主题党日活动累计50余次，将“不忘初心、牢记使命”主题教育活动开到金银花园区的田间地头，为金银花产业发展出谋划策。针对天气干旱、成活率低的问题，学校为闫家村所有建档立卡贫困户捐赠金银花种苗，修建蓄水池，改善产业配套基础设施，直面解决产业发展中遇到的难题，以持续增收的实效激发贫困群众的内生动力和活力，不断调动闫家村全村80名党员以及贫困户的积极性，把农村党员、致富带头人和贫困户聚集到产业链上，共同脱贫致富奔小康。村民底气更足了，干劲更大了，脱贫致富信心更强了。

（二）发展产业——综合施策，打造金银花全产业链“大格局”

产业发展是脱贫的关键，学校聚焦产业链的各个环节，从资金、智力、人才、科技等方面持续发力，因地制宜，综合施策，确保产业发展稳定、强劲，持续带来收益。

一是瞄准产业发展规划。学校和蒲城县委、县政府结合闫家村生态环境、地理位置，因地制宜，合力构建以市场为导向、以金银花种植为主体，产学研相结合的现代农业产业体系。通过发展农产品深精加工，延长产业链，提高产品附加值，推动产业转型升级，发展农业旅游，盘活土地资源，规划旅游用地，增强非农就业岗位，促进农民增收，最终实现脱贫致富的产业发展路子。

二是紧盯产业发展稳定。学校与闫家村不断调研引进新品种，自主培育金银花种苗，组织开展金银花种植技术培训，建设金银花茶厂，研发金银花新产品，成立裕康金银花合作社，逐步进行“三变”改制，将产业进行公司化运营，实行农村集体产权所有制改革，流转万亩土地进行规模化种植，农民除了收取土地租金外，还可参与种植收益分红和获得在金银花茶厂及扶贫车间工作的工资收益，多渠道激发贫困群众的内生动力，不断促进一、二、三产业融合发展。

三是聚焦产业提档升级。学校成立由8名高级职称专家组成的专家工作站，建立金银花产学研一体化示范基地，为金银花园区安装“米克植物灯”，设计新包装、打造新品牌，建设金银花农产展销研发服务中心。定期组织举办蒲城县村集体经济负责人培训班、新型职业农民培训班、企业管理人员培训班等，培养蒲城县本土优秀人才。设立金银花产业发展专项课题“蒲城县金银花产品包装设计及企业视觉形象提升研究”“蒲城县金银花产业科技赋能项目”等10余项，全面促进产业提质增效。

（三）消费扶贫——统筹资源，做好金银花产销对接“大文章”

学校各级单位通过优先采购、预留采购份额方式，在教职工福利和慰问品方面持续采购金银花及相关产品，并通过举办贫困地区农产品进校园等活动，全面发挥学校内部稳定的消费市场潜力，鼓励、号召全校师生“以购代捐”参与消费扶贫工作，仅2020年端午节，学校采购闫家村金银花60余万元。

另外，学校建立校内扶贫专柜、京东蒲城扶贫馆、“山货帮”等3个展销售平台，借助“扶贫832”、教育系统“e帮扶”、人民优选、中国农业银行App等多个电商平台上架、销售金银花产品；发挥新媒体流量优势，在抖音进行直播带货，举办网络金银花采花节；建设电商培训基地，举办电子商务特色产业扶贫培训班，多渠道帮助销售和宣传蒲城县金银花。

（四）扶贫育人——双向共赢，搭建脱贫攻坚立德树人“大课堂”

学校在金银花产业园区建立劳动教育实践基地以及大学生社会实践基地，通过让大学生参与花开时节采摘金银花以及体验了解基层脱贫攻坚工作，来真正搭建广大青年了解国情省情社情民情的平台，创造广阔天地大有可为的锻炼舞台，让广大青年学生在参与金银花产业的发展过程中开眼界、学知识、长才干。

学校马克思主义学院组织思政课教师赴金银花产业基地进行调研学习，了解脱贫攻坚工作进展，掌握学校扶贫工作动态，搜集扶贫工作中涌现出的正能量事迹，扎根农村广阔天地，立足现实问题开展研究，采集课程思政的一手素材，凝聚扶贫育人的磅礴力量，更好地发挥思政课立德树人、铸魂育人的关键作用。

学校邀请蒲城县脱贫攻坚一线干部来学校为党委理论学习中心组及大学生党员讲党课，展示基层党组织的凝聚力和战斗力，用脱贫攻坚的伟大成就展现国家的政治制度优势，用最真实的案例让广大师生感悟共产党“为中国人民谋幸福，为中华民族谋复兴”的初心和使命。

三、主要成效及特点

截至2020年11月，闫家村拥有金银花产业扶贫示范园1个，占地面积3700亩，金银花产业年收入达到2000万元，加工的金银花茶系列产品年产值1000万元。闫家村村民人均纯收入由2014年的不足4000元增长到2020年年底的21 000元，解决农村剩余劳动力1500余人，并带动周边十几个村的村民就业，吸引待业和外出务工劳动力500余人。全村82户贫困户全部脱贫，生活质量显著提升。闫家村由远近闻名的贫困村发展成为陕西省脱贫致富的典型，校地联手打造发展的金银花产业模式得到广泛复制和推广，金银花产业在全县推广种植5万亩，改变了蒲城县县域产业发展结构，成为蒲城县脱贫攻坚三大支柱产业之一，有效推动了蒲城县脱贫攻坚进程。2019年5月，蒲城县全县实现脱贫摘帽。

金银花产业显著的脱贫减贫效果以及典型的示范带动作用得到了中央电视台新闻频道《新闻直播间》、财经频道《天下财经》，《陕西新闻联播》，《中国教育报》，陕西卫视，《陕西日报》，中国发布网，“学习强国”平台、央广网、人民网等多家主流媒体的宣传报道。其主要特点有以下两点。

（一）坚持因地制宜，探索党建引领产业发展新路子

学校始终与蒲城县产业发展同频共振，积极探索“党建+扶贫”模式，以“抓党建促脱贫”为切入点，激励村党支部班子成员及全村党员干部担当作为，把党员干部、广大贫困群众紧紧凝聚在党组织周围，推进党建与金银花产业融合互促，共同发展。充分发挥闫家村党支部的战斗堡垒作用，用产业发展的实效激励更多的贫困群众参与金银花产业发展和脱贫攻坚工作，持续提升党员干部服务群众和脱贫攻坚的效率和能力。

（二）注重产学研融合，打造“五位一体”精准产业扶贫新模式

学校充分发挥自身优势，在产业规划、产业发展、产业提升等方面综

合施策，注重产学研结合，建设金银花产学研一体化示范基地。发挥专家工作站及科技扶贫专家帮扶团的作用，提供可行的产业发展咨询服务，指导产业链的搭建和提升，根据产业发展进展和蒲城县闫家村的实际情况不断调整帮扶政策和帮扶重点，分层次、分阶段具体施策，聚力打造“高校+地方政府+村党支部+村级股份合作社+贫困户”的“五位一体”精准产业扶贫新模式。

四、下一步推广考虑

金银花产业的发展模式是学校发挥自身智力、人才等多方面优势，助力脱贫攻坚的一种有益尝试。规整的产业发展路径和典型的产业发展模式不仅成功助推了闫家村及蒲城县的脱贫攻坚进程，也为全国贫困地区的产业发展提供了新思路与新借鉴。

（一）持续推动“扶贫成果再扶贫”

校地共同打造的“五位一体”金银花产业发展模式，有效发挥了基层党组织在产业发展中的引领作用，激发了贫困群众的内生动力，提振了产业发展的信心，取得了较大的成效，目前已在国家级深度贫困县安康市白河县得到推广。下一步，在巩固脱贫攻坚成果、推进乡村振兴战略的大背景下，学校将继续总结金银花产业发展典型模式，尽最大努力将金银花产业的成功经验推广到更多区域，为建设美丽乡村提供更多有益的、可复制的经验。

（二）不断探索产业发展与乡村振兴的融合

产业兴旺是乡村振兴战略的重点。金银花产业给闫家村带来的巨大变化，是产业发展助推乡村振兴的真实写照。下一步，学校将继续发挥智力、人才、资源等优势，推动形成金银花产业与餐饮、旅游、文化、健康、养老等产业融合发展的“农业+”特色产业模式，为金银花产业赋能，打造特色品牌，培育金银花产业新的增长点与附加值，提高金银花产业的竞争力和影响力，探索产业发展与乡村振兴的深度融合。

（三）讲好扶贫故事，提升扶贫育人能力

学校注重扶贫实践在立德树人中的重要作用，拓展“三全育人”载体，组织思政课教师以及青年教师赴蒲城开展扶贫实践，将学校扶贫故事纳入思政课程和课程思政素材库，让脱贫攻坚的主战场真正成为立德树人的大课堂。下一步，学校将继续系统梳理总结学校特色帮扶做法和典型经验，深入挖掘宣传学校在脱贫攻坚一线涌现出的典型人物和典型事例，讲好扶贫故事，用最真实的案例与情感鼓励和培育广大师生的家国情怀。

（西安电子科技大学　沈　强　张　鹏）

书写在陇中黄土高原上的“小草大事业”

——兰州大学精准扶贫精准脱贫典型项目

定西市位于甘肃省中部，通称“陇中”，总面积1.69万平方公里，年降水量350～600毫米，属于黄土高原干旱、半干旱丘陵沟壑区，受缺水、土壤养分低等因素影响，豆类、荞类、莜麦、谷子、糜子、胡麻等传统农作物的种植产量低，是以“苦甲天下”“十年九旱”而闻名的“三西”地区。历史上过度的农业垦殖导致森林被破坏、草原面积减少，自然灾害频繁发生，水土流失严重，生态环境恶化，陷入了“越垦越穷，越穷越垦”的恶性循环之境。随着近年来农村劳动力转移加速，土地弃耕撂荒面积逐年增加。结合当地地理环境和种养传统，探索投入少、风险小、见效快的发展路子，是精准帮扶的关键。

针对定西市产业转型的特点，兰州大学充分发挥草学一流学科和院士专家团队优势，精准开展草畜产业咨询服务与技术保障帮扶，形成了“以草带畜、以畜促草、草畜一体”的格局。目前，该模式已在定西市广泛推广，带动了当地贫困群众有效脱贫致富，为占我国国土面积64万平方公里的黄土高原同类地区的生态保护、脱贫攻坚和产业发展探出了新路子。

一、因地制宜，加强整体谋划设计

产业扶贫只有因地制宜，做足前期调研，做好整体设计，加强针对性，才能找准脱贫的路子。兰州大学高度重视脱贫攻坚工作，把脱贫攻坚与办学治校同部署、同要求，校领导多次带领专家团队深入定西贫困村、贫困户调研推进帮扶工作。县域经济发展研究院（乡村振兴战略研究院）通过对定西产业发展、乡村振兴有关样本进行调研和比较分析，发现定西历来有种草养畜的传统。改革开放以来，定西曾有过两次大面积种草的高潮：20世纪80年代曾大力种草种树，但受观念意识所限草产业发展缓慢；21世纪初实施退耕还林还草工程，部分散户开始种植以紫花苜蓿为主的多年生牧草，但未形成产业链，优质饲草资源未能得到有效利用，没有实现其应有的经济效益。结合调研结果和当地实际，最终提出以高品质的生态型农作物为着力点，拓展延伸产业链，提升产业品质，增加产品附加值，从饲草品种选育、规范耕作技术、扩大规模化生产、产品精深加工以及品牌培育营销等方面进行优化，要在良种繁育、圈养舍饲、饲草青贮氨化等方面取得实质性突破的发展路子，得到了当地政府的高度认可与大力支持。

二、“点草成金”，延伸产业链条实现持续稳定增收

兰州大学始终坚持聚焦帮扶重点，充分调动人才、智力、学科等方面的优势，争取土地、资金等方面的配套扶持，培育成熟了一批饲草种植加工、畜牧养殖等企业以及农业合作组织与个体农户。

（一）裹包青贮立核心

生命科学院、草地农业生态系统国家重点实验室郭旭生教授一直致力于研究推动牧草产业发展工作。2012年，他在定西调研时发现，国家实施退耕还草工程种植的大面积紫花苜蓿未能得到有效利用，大片紫花苜蓿自由生长，只有少量在长“老”了以后才送到饲料厂被加工成草粉，白白浪费了紫花苜蓿的高蛋白成分。经过前期干部群众访谈和反复试验研究，他提出了“通过发展商品化裹包青贮饲料产业以有效利用陇中地区大面积紫花苜蓿及其他优质饲草资源”的产业发展模式，并于2013年协助当地政府指导企业建成甘肃省第一条商品化裹包青贮饲料生产线并当年投产，同时在定西市组织牧草种植和青贮技术培训，并通过为贫困户免费发放草种、订单收购商品草、产业扶贫基金折股量化分红等多种形式，引导贫困群众转变传统种植观念，改种低投入高产出的紫花苜蓿、青贮玉米等经济作物，从而逐步形成了“龙头企业+合作社+农户（贫困户）”的草畜产业扶贫模式。

在多方努力之下，定西的饲草加工产业呈现出了井喷式发展，在种植、供应、加工、销售方面实现了全产业链，有效推动了现代草产业和草食家畜业的快速发展，不仅产生了重要的生态效应，而且兼顾经济、社会发展、脱贫攻坚、农业供给侧结构性改革等多重效应。定西市的草产业现已成为陇中地区“生态型”和“民生型”的朝阳产业，开创了陇中黄土高原丘陵沟壑区现代草产业发展的新局面。定西区域产业结构逐渐转型升级，实现了由传统的旱作“耕地农业”向“草地农业”的转变，推动了由以耕地农业为基础的“淀粉经济”向以草畜产业为基础的“蛋白经济”的转型，实现了农业产业的提质增效，成为同类地区生态保护、脱贫攻坚和产业发展的典型模式。

（二）种草养畜添活力

草地农业科技学院沈禹颖教授检测分析了当地土壤构成，并在实验室反复试验的基础上，为当地引进了新品种紫花苜蓿北极熊、前景和雷霆，燕麦品种梦龙、莫妮卡、骏马，饲用甜高粱绿巨人，拉巴豆海沃，鸭茅重圣山和埃莫森红三叶等10个耐旱、高产的牧草品种，共成活率达到85%左右，产量平均为4630公斤/公顷，进一步提高了贫困群众饲草种植产量。2020年，选育的4个转基因紫花苜蓿新材料获批中间试验，标志着转基因紫花苜蓿分子育种取得了阶段性进展。

沈禹颖教授还与农民专业合作社联合研究推进小尾寒羊养殖新模式，在兼顾健康养殖和经济效益的前提下，建立适合当地草地承载力的六区轮牧放牧机制，建设围栏小区18个。经过3个周期的轮牧，羊只日增重在红豆草草地放牧与完全舍饲下分别达到142克/天和105克/天，轮牧羊比舍饲羊增重了35%，屠宰率提高了6%，而羊肉滴水损失降低了2%，对羊肉高效生产具有重要意义。

草地农业科技学院王虎成副教授研发推广了饲用高粱青绿饲草、干草、青贮安全高效育肥肉羊的配套技术及营养调控机理，饲草饲喂模式下功能性羊肉生产技术，青贮组合型TMR安全高效育肥肉牛配套技术，以及农户、合作社及企业不同尺度下牛羊安全养殖技术等。通过项目示范优化了草企业生产模式，引入更新了科学养殖理念，强调饲养过程中“主食”

与“调料”关系的互补性，解决了生长畜生长缓慢、母畜繁殖率低、怀孕畜流产等长期困扰养殖户的疑难问题。

（三）校地合作促发展

2015年，定西市委、市政府组织成立了“定西市牧草产业科技创新战略联盟”，郭旭生教授当选为联盟理事长，受聘为草畜产业高级咨询专家。2017年，学校与定西市人民政府及定西市安定区人民政府分别签署了共建草地农业创新发展研究院和关于加快推进草牧业发展的战略合作协议，成立兰州大学创新创业示范基地。2018年，中国草业科学奠基人、兰州大学草地农业科技学院任继周院士，在定西市安定区成立了草牧业院士专家工作站，由沈禹颖、郭旭生、王虎成等作为驻站专家。该研究团队非常接地气，办公室设在企业厂房，“实验室”就在田间地头。定西多家大型饲草加工企业和市县畜牧管理部门建有兰州大学专家教授工作室和实验室。

（四）国内国外同推广

学校联合有关机构在定西市举办了一系列国内草业界的学术盛会，包括2015年全国第一届青贮及牧草保存学术交流暨产业发展研讨会，2017年定西市加快建设中国“西部草都”、加快草牧业发展推进大会，2018年第五届中国草业大会。通过这些学术盛会，定西草产业的发展模式及效应得到了国内草业界人士的认同，并产生了深远的影响。

“龙头企业+合作社+农户（贫困户）”的草畜产业扶贫模式还走出了国门，并在国际合作和“一带一路”倡议背景下产生了深远影响。自2015年以来，巴基斯坦、尼泊尔、爱尔兰、美国、印度、印度尼西亚等国家的专家学者先后来到定西考察学习黄土高原雨养区草畜产业的发展模式及扶贫经验。

由于在定西市有效推动草畜产业和经济发展这一成功案例，郭旭生教授2018年应邀出席在德国波恩召开的第十八届国际青贮饲料大会并做大会报告，2019年应邀参加了在尼泊尔加德满都召开的第三届全球营养学术研讨会并做大会报告。与会同行对此模式表示了广泛认可，认为其对于发展中国家具有非常重要的借鉴意义，并建议可在非洲国家推广，以促进非洲畜牧业的发展，增加食物供给，提高居民收入。

（五）“扶智扶志”提动力

学校主要领导定期召开定西市安定区精准扶贫精准脱贫干部培训交流推进会，狠抓“扶志扶智”工作，大力发展草畜优势产业，以高度的政治责任感，推动脱贫攻坚帮扶工作取得更大成效。举办定西市安定区脱贫攻坚能力提升专题培训班，进一步提升当地畜牧领域专业技术人员的业务水平和脱贫攻坚能力。举办精准扶贫劳动力培训班，对定西市周边贫困村贫困群众开展了牧草种植技术培训。自2015年以来，学校专家开展种草养畜技术培训活动近百场，发放技术手册千余份，参加培训和受益群众上万人。

三、成效可观，推动产业发展成果惠及广大群众

通过发展草畜产业，促进了地方经济社会发展，增加了群众收入，改善了生态环境，带动了一批贫困户脱贫。

（一）经济效益显著提高

自2015年以来，定西市按照安定区饲草种植加工模式和经验在6县1区建立了商品化裹包青贮饲料生产线，发展饲草加工企业29家，发展适度规模牧草种植户10 044户，已基本形成北部黄土高原半干旱丘陵区以紫花苜蓿、全株玉米、燕麦草和饲用高粱等为主的商品青贮饲草产品生产基地和南部高寒阴湿区以岷山红三叶、岷山猫尾草为主的高端商品草生产基地。组建草牧专业合作社1788家，草产品加工能力达200万吨，拥有大型裹包青贮生产线14条、小型裹包青贮生产线37条，种植各类饲草183.47万亩，鲜草产量1000多万吨，加工各类青贮饲料169.99万吨，销售额达10亿元。建成规模养殖场1000余家，其中省级以上标准化示范场40家，培育养殖专业村775个，注册家庭养殖场7217家，发展规模养殖户10万户，以牛羊为主的草食畜饲养量达400万头（只）。

“龙头企业+合作社+农户（贫困户）”的草畜产业扶贫模式在推广过程中还催生出了一批饲草种植、牛羊养殖、山地机械、草种服务等专业合作社和农村新型经营主体，促进了农业产业结构调整。

（二）脱贫帮扶卓有成效

随着草产业规模的不断壮大，通过将帮扶贫困户与各类新型经营主体以不同方式进行有效对接，把建档立卡贫困户与草畜产业发展有机结合，无偿为贫困户发放草种，订单式加价收购贫困户鲜草，吸纳贫困户在饲草加工企业务工，将产业扶贫基金为贫困户折股量化分红等，基本形成了草业开发“规模化种植、规范化管理、标准化加工、批量化生产”的产业格局，带动贫困户达6.5万户，有效带动了当地贫困群众的增收脱贫。

学校陈兴鹏教授带领贫困县退出验收第三方评估团队开展了政府脱贫攻坚工作绩效考核和贫困人口精准识别精准退出核查工作，在评估产业扶贫成效中发现：贫困群众过去种植农作物小麦约150公斤/亩，0.75元/公斤，每亩收入约120元；玉米（覆膜）收籽粒475～500公斤，0.45元/公斤，每亩收入850～900元；马铃薯每亩收入1000元左右。在种植牧草后，苜蓿2吨/亩，400元/吨，每亩收入800元左右，且一次投入，多年受益；全株玉米4～4.5吨鲜草/亩，300元/吨，每亩收入1200～1350元；燕麦草2.8～3吨/亩，380～400元/吨，每亩收入1000～1200元。贫困群众直接或间接在草牧种植、养殖和务工中人均收入达2300元。通过发展草牧业增收的脱贫户，占全部贫困户的比重达30%以上，贫困户人均可支配收入的1/3来自于草牧业，对定西市脱贫摘帽具有重大现实和深远意义。

（三）生态环境明显改善

由于多年生牧草的持续广泛种植，植被覆盖率大幅提高，生态环境得到快速修复，防风固沙、蓄水保土、涵养水源、净化空气、保护生物多样性的生态功能明显增强，实现了“泥不下山、水不出沟”。另外，销往西藏、青海等地的草产品，有效缓解了三江源头草畜平衡的压力，对三江源头牧区的减畜任务起到了积极作用，显著的生态效益正在逐渐释放。

四、项目特点及推广经验

“龙头企业+合作社+农户（贫困户）”的草畜产业扶贫模式，在助力贫困群众增收脱贫、修复保护生态、调整优化产业结构、助推县域经济发展等方面都发挥了重要作用，并释放出了显著的生态效益，走出了一条生态修复、以草兴牧、农牧结合的脱贫致富之路。

（一）政用产学研融合促进产业转型

定西市和安定区各级党委政府高度重视并积极推动草畜产业发展，把草畜产业定为经济发展的主导产业和脱贫奔小康的首位产业，全力保障政策和资金支持，推动政用产学研深度融合。兰州大学发挥人才和科技优势，注重与企业产学研合作、协同创新，加快科技成果在地方转化，促进传统种养业转型升级，为地方经济社会发展注入新动力与新活力。

（二）脱贫攻坚与生态保护并重

大力发展生态型草牧业，引草入田、寓粮于草、节粮增草、增草增畜，变过去“种草养畜增收”为“种草增收、养畜增收、牧草加工增收”。各类新型经营主体采取订单收购、吸纳务工、折股量化等多种形式与农户紧密结合，有力助推了精准扶贫精准脱贫。依据当地自然气候环境和地理地形条件，大面积的多年生人工草地不仅能确保黄土高原丘陵沟壑区土地的全年植被覆盖，还能起到有效防止水土流失、改善区域生态环境、维持生态多样性与稳定性的作用。种草和养畜、产品安全和生态安全的紧密结合进一步推动了黄土高原生态保护建设和产业发展，践行了“绿化祖国大地”和“青山绿水就是金山银山”的理念。

（三）饲草加工与多元发展同步

将传统的干草粉加工转变为加精细化青贮饲料生产，能最大限度地保留了饲草中的营养物质，提高了饲草的利用度与利用率，推动了陇中地区饲草产业的高质量发展。同时，饲草种植加工产业的规模化、机械化，也进一步催生出了一批饲草种植、牛羊养殖、山地机械、草种服务等专业合作社和农村新型经营主体。

（四）产业结构调整与供给侧改革共行

在国家生态文明建设背景下，根据“藏粮于技、藏粮于地、藏粮于草、藏粮于畜”的思路，实行“人进城（镇）、畜入川、草上山”，推进以“粮经饲”为主的三元种植结构，大力发展草产业和草食畜牧业，加快推进传统秸秆型畜牧业向优质饲草型草食畜牧业的转型升级步伐，强化农牧融合互动共促，发展“满山是林草、遍地是牛羊”的现代畜牧业，进而实现优质、高效的现代化草食畜牧业和草畜一体化发展，同时实行山水林田湖草综合治理，加快实施种草增绿行动和环境修复工程，改善黄土高原丘陵沟壑区土壤结构，保持水土、修复土壤，维持生物环境和生态多样性，构建以产业生态化和生态产业化为主体的生态经济体系。

五、项目大范围推广实施的设想

我国黄土高原包括太行山以西、秦岭以北、青海日月山以东、长城以南的广大地区，跨山西、陕西、甘肃、青海、宁夏、河南、内蒙古7省（自治区），面积约64万平方公里。黄土高原丘陵区属典型的干旱半干旱生态区，年均气温6℃～9℃，年均降雨量200～500毫米。黄土高原丘陵区是黄土高原水土流失最严重的地区，植被稀疏，许多地区土地沙化、盐碱化等土地退化和荒漠化的现象十分普遍，生态环境极为脆弱。该地区的生态问题和民生问题历来是党中央和国务院最关切的问题。以甘肃定西为典型代表的黄土高原丘陵沟壑旱作农业区也是我国贫困程度最为集中的区域之一。在新的时代背景下，该地区的自然地理条件和广袤的丘陵山地和梯田地，以及农业产值低、土地资源成本低、大面积的撂荒地等因素，使得该地区在实施“粮改饲”“粮草兼作”和发展草地农业方面具有得天独厚的优势。因此，定西市草产业发展模式在整个黄土高原雨养区和干旱、半干旱丘陵沟壑区具有很好的推广前景，对我国黄土高原丘陵沟壑区生态保护建设、农业产业结构调整、产业脱贫以及草牧业发展具有重要作用。下一步，建议加大项目支持力度，在甘肃省复制推广“龙头企业+合作社+农户（贫困户）”的草畜产业扶贫模式，建立国家级草牧业经济技术示范区，打造生态保护建设、农业产业结构调整、产业脱贫以及草畜产业发展的样板。

（兰州大学　王　勇　杨艳超）

“阿基米德”撬动赤城县生态文化产业大发展

——河北大学精准扶贫精准脱贫典型项目

一、基本情况

河北省张家口市赤城县位于河北省西北部，与北京山水相依，与冬奥会场隔山相望。这座千年山区古县此前经济长期依赖于丰富的地质文化和矿产资源，在定位为首都水源涵养功能区和生态环境支撑区后，坚持转型走“绿色发展、生态强县”之路，其目标是建设成为北京北蔬菜园、后花园、科技园。2014年年底，全县农业人口占比79%，建档立卡贫困村272个，贫困户29 553户、61 633人。

按照党中央脱贫攻坚决策部署和河北省委、省政府工作安排，河北大学自2016年起对口河北省张家口市赤城县开展精准扶贫精准脱贫工作，先后选派34名党员干部到赤城县龙关镇5个贫困村驻村帮扶。4年多来，学校根据赤城县资源禀赋、目标定位和冬奥机遇，充分发挥智力优势，科学实施“阿基米德”项目，选好筑牢“中国·赤城生态文化研究院”这一智力支点，通过驻村工作队和学校在杠杆两头齐发力，撬动赤城县生态文化产业发展，帮助群众摆脱贫困，指导赤城发展生态文化产业，同时创新高校服务地方发展的产学研新模式，走出一条校地互利共赢的可持续发展之路，助力赤城县2019年年底贫困村全部出列，2020年2月贫困县摘帽。

二、实施进展和成效

2016年，河北大学投身脱贫攻坚赤城战场后，在不断摸索中深刻体会到产业发展是脱贫攻坚的根本途径，是稳定脱贫、防止返贫的根本之策。同时认识到，产业的发展是一项系统工程，既需要高端智力进行科学的规划定位和长期的指导帮助，又需要一线干部的扎实工作促进目标提升发展意愿和承载能力，还需要后盾力量给予全面支持并建立长效机制。在做出这样的研判后，河北大学针对赤城县设计并实施了“阿基米德”项目，通过“选、筑、撬、推”等四个步骤，实现高校智力优势撬动地方特色产业发展、校地合作共赢这一愿景目标。

（一）选

2016年起，学校通过听取驻村工作汇报、研究帮扶需求，对赤城县脱贫工作面临的问题和存在的困难有了初步了解，即赤城县拥有亟待开发的优越自然环境资源和基础条件很差的初级农业。就此，学校领导班子和各学院先后到赤城县实地考察调研200余次，多次邀请清华大学、天津大学等高校的规划设计团队到县到村对接指导工作，最终就从何角度发力帮扶形成了初步设想。2017年6月，河北省引进中科院康乐院士任河北大学校长。学校基于之前的设想，并根据这一重大利好和自身优势对扶贫工作进行了部署：一是确定扶贫方式主要为高端智力帮扶，二是择机尽快建立学校的赤城支点，三是通过支点将帮扶力量集中作用在生态文化产业，四是通过支点拓展扶贫领域、放大扶贫效应。学校旨在通过将自身在生态文化领域中的智力优势资源与赤城县生态资源、农业资源的开发需求相对接，加强顶层设计、基础指导和价值提升，引导整个产业高速高质发展，进而带动县域经济发展和群众脱贫致富。学校帮扶赤城县的思路与古希腊科学家阿基米德的“给我一个支点，我就能撬动地球”的原理相似，因此取名“阿基米德”项目。

（二）筑

2018年，学校党委书记郭健就筑造项目支点的具体事宜不断与赤城县委书记郭新耀沟通联系。经双方共同努力，同年9月25日，由河北大学与赤城县委、县政府共同发起的“中国·赤城生态文化研究院”在河北大学正式揭牌成立，河北大学校长、中科院院士康乐亲任研究院院长，这标志着中国第一个县级生态文化智库落户赤城。研究院作为“阿基米德”项目的重要支点，主要任务是努力汇聚智力优势和各种资源，坚持学术为先，切实发挥好新型智库优势，提供科学的研究报告及发展方向指导，切实把优秀的创意资源与地方经济社会发展的现实需要紧密结合起来，多出务实成果。

学校在人员配置、资金支持、技术转移等方面给予“中国·赤城生态文化研究院”重点支持，将学校生命科学学院、新闻传播学院、艺术学院、管理学院、质量技术监督学院、马克思主义学院、经济学院、护理学院等10个学院的相关学者和几十个学者团队纳入研究院开展工作，以打造赤城生态文化样板示范区，创造体系性的生态文明科研成果为具体手段和短期目标，以期与赤城县共同打造好这个生态文明合作共赢的新平台、新支点。同时，在帮扶村也试点设立了村级生态文化研究站，确保帮扶成效到村到户，共享脱贫成果。

（三）撬

自2018年起，通过“中国·赤城生态文化研究院”这一项目支点，学校高端智力资源顺利进入赤城脱贫攻坚战场。学校用智力武器撬起穷根、撬动生态文化产业发展。

1. 加强顶层设计指导

研究院成立后，汇聚了中国生态领域最顶尖的院士、学者、专家和团队就赤城生态旅游、文化产业等进行了深入研究。2019年，在赤城县海陀小镇举办了中国生态文化发展高峰论坛，以“自然·人类·共生”为主题，邀请全国生态文化领域大咖到场共同探讨、分享人与自然如何共生、生态扶贫开发的理论尝试及实践经验，同时发布《赤城沟域经济调查研究报告》，为赤城指明了生态文化产业发展方向，提出了抢抓冬奥会发展机遇的措施和相关注意事项。

2. 带动区域项目开发

通过研究院，学校联系各学院在赤城县开展了生态文化领域的多个项目对接和帮扶。例如，邀请新闻传播学院杜浩教授团队对赤城县海陀山谷奥伦达小镇、龙关镇北十村艳阳冰雪小镇、椴木沟村美丽乡村整体开发建设等项目进行了现场指导和技术支持，并为赤城县设计了视觉识别系统；

联系生命科学学院设立食用菌研究基地，发展食用菌产业；邀请建筑工程学院为赤城县制订了乡土文化普查方案；联系新闻传播学院团队为赤城县招商引资，拍摄介绍赤城县资源的宣传片，制作相关宣传手册及PPT。

3. 辐射基层贫困群众

通过村级研究站，各驻村工作队借助学校智力资源，促进村庄特色产业蓬勃发展。三个帮扶村借力艺术学院设计指导，联合打造“五花八门”农产品品牌，共同建设农村电商平台，拓宽销售渠道，帮助村民销售农产品获利增收。椴木沟村工作队根据生态专家团队指导，带领村党支部和百姓发展生态红谷子产业，筹措资金68万元建立加工厂，邀请艺术学院为农产品加工厂进行厂区和产品包装设计，联合质量技术监督学院为产品开展地理标识认证工作，提升产品附加值。自2019年年底加工厂投产至今，通过消费扶贫等销售方式，累计销售产品5万余公斤，带动贫困户77户150人，户均每年分红536.69元。大龙王堂村工作队立足红河发源地、娘子山特有的自然环境，持续推动乡村生态旅游产业，着力打造了精品两日游项目，扶持村民建设标准农家院，新建小游园小菜园，建立山货市场。两年来，吸引2000余名京津冀游客来村旅游休闲度假、购买农产品，为村民带来收益近50万元。目前已经和北京宋庄画家村以及“城宿”国内精品民宿运营品牌达成合作意向，计划在大龙王堂村设立画家工作室、展馆以及第一期30套精品民宿，争取2020年内完成改造工作。

（四）推

学校通过组织协调驻村工作队和当地政府，抓好共建帮扶平台、提升管理能力、激发内生动力等工作，提升干部群众发展意愿和承载能力，建立长效帮扶机制，全面推动“阿基米德”项目顺利实施。

一是搭建平台，推动互利共赢。2018年，学校党委书记郭健在赤城县亲自为河北大学大学生社会实践基地揭牌。学校政法学院也在赤城县设立教学科研实习实训基地，助力赤城县依法治县。艺术学院在帮扶村设立了写生基地，马克思主义学院设立了实习基地。通过这些基地，学校每年有500余名大学生到赤城参与社会管理、经济发展和各类项目建设，也帮助学校对学生进行了社会实践教育。例如2019年暑期，经济学院师生团队进行了赤城县贫困村全覆盖模拟第三方入户调查；管理学院师生团队进行了扶贫档案整理和指导工作，指导规范全县的扶贫档案，有力地推动了赤城县扶贫工作的开展。

二是加强培训，推进能力提升。学校选派专家学者和团队到赤城县进行专项培训、宣讲，提升赤城干部为民服务、助力群众脱贫致富的能力。2019年，学校选派段洪波教授为“赤城大讲堂”开了第一讲，就第三方评估工作对全县主要干部和工作队第一书记进行了培训；学校“英雄朗诵团”到赤城县一中进行展演和推广普通话活动，诠释新时代英雄精神的内涵，为一中师生上了一堂思想道德教育课。

三是创新帮扶，推起杠杆末端。自2018年以来，驻村工作队运用自创的“五头+五来”走访法（问计百姓于村头、街头、地头、炕头和心头，并且住下来、走进来、谈开来、记下来、乐起来）和“六位一体”宣传方式，了解村情民意，开展“五扶”工作：一绘“扶秩”图，扶秩以有序，让全村百姓欢心；二绘“扶制”图，扶制以规范，让党员不忘初心；三绘“扶治”图，扶治以明理，让干部群众暖心；四绘“扶志”图，扶志以昂扬，让贫困户致富有信心；五绘“扶智”图，扶智以聪慧，激发学生上进心。由此凝心聚力，激活杠杆末端的向上动力，改善了村庄治理和民风民俗，奠定了2019年孝善养老机制建立和村庄整体开发的基础。

经过校地的共同努力，在“阿基米德”项目带动下，赤城生态文化产业发展和脱贫成效显著。2018年年底，学校对口的5个帮扶村实现高质量脱贫；2020年2月，赤城县脱贫摘帽。长期困扰赤城县生态文化产业发展的缺乏高端智力指导导致野蛮生长这一难题已彻底解决，产业发展规划和附加值提升问题得到很大改善，帮扶村的农副产品加工销售、乡村旅游等产业已经粗具规模，干部队伍培养、群众技能培训等长效脱贫机制开始落地开花。项目实施以来产生的直接经济效益超过400万元，而在高端智力指导下，近两年赤城县的生态旅游、文化小镇、民宿经济、乡村旅游、生态农产品等产业发展带来的收益不可估量，有力地推动了赤城县从“输血式”扶贫到“造血式”扶贫的蝶变，探索出一条高校智力开展产业扶贫的新路子。

三、主要特点和经验

（一）目标科学合理，路径清晰明确

在项目实施之前就厘清了高校智力扶贫与产业扶贫的关系，即智力扶贫为手段、科研机构为载体、产业振兴为目标。根据帮扶县、村的产业资源禀赋、发展短板、发展机遇、学校优势等，科学拟定了“智力指导是主力、基层扶贫为助力、科研机构做支点、协同发力保效果、合作共赢促长久”的具体实现路径。围绕智力扶贫，积极构建各级支点和载体，带领专家学者和广大师生将有限智力通过扶贫杠杆和支点无限放大到赤城的生态文化产业发展中去，同时实现精准扶贫与高等教育的互促共赢，为科学开展智力扶贫、稳步推进产业振兴奠定了坚实基础。

（二）发力精准到位，层次合理清晰

项目在建设了县级、村级智力科研机构的同时，部署学校各学院团队对接赤城县相关部门，安排工作队在村实施“五扶”工作和产业发展前期规划，为随后共同精准发力、确保各级实效奠定了基础。有效改变了过往“剃头挑子一头热”的扶贫模式，提前充分打磨杠杆两端的发力基础，形成一端向下压、一端向上推的合力模式，让帮扶达到预期目标，覆盖各个层级，实现杠杆的放大效应。

（三）方式灵活全面，机制长效共赢

学校根据帮扶目标，瞄准贫困地区发展短板，充分利用自身优势，建立了以党建扶贫为统领、以教育扶贫为基础、以产业扶贫为主导、以文化扶贫为牵引、以消费扶贫为支撑、以社会扶贫为补充的“六位一体”扶贫工作体系，综合运用多种扶贫手段，灵活实施帮扶，实现动态调整、组合发力。同时围绕建立长效扶贫机制和合作共赢模式，根据校地双方实际需求进行了有效尝试，通过合作建设各类实践基地、开展教育帮扶项目、指导农业生产等措施，确保了帮扶工作的效果、连续性及共赢。

四、下一步推广实施的考虑

学校将继续深入贯彻执行党中央、国务院和河北省委、省政府关于精准扶贫的决策部署，深入聚焦赤城县生态文化及其他产业的短板与需求，在此前四年扶贫工作的基础上，瞄准全面巩固提升“两不愁三保障”水平、防止返贫和乡村振兴三大领域，完善支点建设，创新发力模式，拓展帮扶领域，撬出更大利益以惠民强县利国。

（一）引进社会力量，加大撬动力度

充分利用校友资源、合作企业等：一是进一步加大消费扶贫力度，帮助生态文化产业稳步发展，让更多的群众获益；二是引导校友和企业家到赤城实地考察，鼓励他们围绕主导产业在帮扶县、村投资兴业。

（二）发挥宣传优势，打造知名品牌

在指导帮助赤城县设计开发生态文化产业起步后，发挥学校文化传媒学科优势：一是在各类媒体和群体中广泛宣传赤城旅游、文化、生态产品信息；二是帮助打造“消暑度假一百天、冰雪运动一百天”这一赤城旅游品牌，强化产品包装，提升附加价值。

（三）强化能效反馈，谱写合作新篇

充分挖掘各类合作平台潜力，开发产学研新项目，捕捉校地合作共赢点，通过杠杆反馈助力学校师生提高社会实践经验，通过实践指导理论创新，与赤城县共同谱写校地长效共赢的合作新篇章。

（河北大学　高佳树）

“玉鹅种养”生态农业模式产业扶贫报告

——黑龙江八一农垦大学精准扶贫精准脱贫典型项目

一、“玉鹅种养”产业扶贫基本情况介绍

（一）“玉鹅种养”模式的提出与实施

为了探索种植业和养殖业结合的生态农业模式，以期获得更好的经济效益和社会效益，以及提高秸秆利用效率，减少秸秆燃烧，维护生态环境，提高生态效益，黑龙江八一农垦大学动物科技学院“玉鹅种养”模式推广团队通过科技部农业科技成果转化资金项目——“北方寒区低成本生态鹅养殖技术集成与示范”的实施，开展了优质商品肉鹅在玉米地中的放养技术研究，即“玉鹅种养”模式配套技术的集成与示范。

黑龙江八一农垦大学“玉鹅种养”模式推广团队是由黑龙江八一农垦大学动物科技学院教师组成的一支科研团队，拥有玉米种植、植物保护、优质肉鹅培育、饲养管理、疫病防治、饲料营养研究等多方面的技术。自2011年开始，团队利用以东北良种培育的优质商品鹅“狮白鹅”，在大庆市大同区北方种鹅场周边的几十亩玉米地进行了“玉鹅种养”生态农业模式探索，形成了种养结合的生态农业配套技术。

（二）“玉鹅种养”模式的实施效果

自2011年以来，在实施“玉鹅种养”模式的9年里，每年团队通过黑龙江八一农垦大学农业部农产加工品质量监督检验测试中心对实施“玉鹅种养”模式的玉米地的土壤有机质含量、土壤pH值、玉米全株的营养成分含量、玉米产量及肉鹅肉质进行检测，其结果显示：实施“玉鹅种养”模

式的玉米地的有机质含量显著提高，含量高达60克/公斤，其中碱解氮含量超过300毫克/公斤，有机磷含量达到110毫克/公斤，速效钾含量超过350毫克/公斤；养鹅玉米地土壤pH值接近7.5以下，对因施化肥导致的土壤碱化有显著改善；放鹅地的玉米植株粗蛋白含量逐年增加，粗蛋白含量可占植株质量的6%以上。

通过实施“玉鹅种养”模式，不仅提高了玉米地土质、玉米产量和品质，降低了肉鹅饲养成本，而且放鹅期间鹅食玉米老叶和须根，秸秆收割后切碎或进行发酵处理后可喂鹅，减少了秸秆堆积、燃烧，明显增加了秸秆利用效率，取得了良好的经济效益和生态效益。

（三）“玉鹅种养”模式的优质肉鹅品种特点

“玉鹅种养”生态农业模式是在黑龙江八一农垦大学动物科技学院周瑞进教授经过近30年培育出的高产优良商品鹅配套系“狮白鹅”的基础上，开展生态养殖技术研究取得的成果。

与其他鹅品种相比，“狮白鹅”配套系父本肉垂大、头苞突出，生长速度快、胴体品质好，母本头顶簇缨特征明显，繁殖性能高；父母代种鹅抗逆性强，耐粗饲和耐寒性好，适合水、陆繁殖，公母鹅繁殖同步性好；母鹅产蛋性能达到国际一流水平，年产蛋100枚以上，蛋受精率平均90%以上，繁殖性能突出；商品代“狮白鹅”生长速度快，75天体重可达3.75公斤以上，出栏体重达到市场1级水平，胴体品质好，羽绒质量好，其产品受到越来越多的加工企业和消费者的青睐。更重要的是，“狮白鹅”具有食虫性，可以采食玉米地中的虫子，减少玉米虫害，是实施“玉鹅种养”生态农业模式的优选肉鹅品种。

2017年4月，中国鹅业经济实体联合会、全国鹅业技术产品推广会、中国鹅业发展大会以及中国鹅网，即“三会一网”在徐州市联合召开了黑龙江八一农垦大学鹅业研究所“狮白鹅”新闻发布会，《中国畜牧业》杂志记者在会上对“玉鹅种养”模式研究创始人周瑞进教授和杨焕民教授进行了专访，预示着“狮白鹅”必将实现产业化发展。

（四）“玉鹅种养”模式技术扶贫情况

2015年，以国家发布《边远贫困地区、边疆民族地区和革命老区人才支持计划实施方案》及实施“三区人才”计划为契机，黑龙江八一农垦大学“玉鹅种养”模式推广团队成员在调研了大庆市周边玉米种植情况的基础上，开始在大庆市林甸县进行科技兴农、科技扶贫工作，并将“玉鹅种养”生态农业模式引入科技服务工作中，重点在林甸县四季青镇的新民村进行“狮白鹅”的“玉鹅种养”模式示范与推广，普通农户每户饲养50~100只，大户饲养500只以上。团队对养殖户的鹅雏培育、疾病防控、玉米地的放养管理等进行培训和跟踪服务，确保鹅雏的成活率以及成年鹅的达标出栏率。

二、“玉鹅种养”产业扶贫实施进展

（一）“玉鹅种养”模式技术示范推广进展

2013—2015年，“玉鹅种养”模式在黑龙江省其他地区得到了示范推广，取得了良好的经济效益。

表1　“玉鹅种养”模式示范鹅场记录

实施地点	玉米地面积（亩/年）	养鹅数量（万只）	养鹅效益（万元/年）
肇东市安民乡	300	1.5	18
大庆市大同区	200	1	20
虎林854农场	230	1.2	15
虎林东方红林场	320	1.6	30

团队对1700余人进行养殖技术培训，带动200户养鹅，为地方创造了良好的社会效益（见表2）。

表2　“玉鹅种养”模式相关技术培训及效果

培训日期	培训地点	培训人数（人）	培训效果
2013.3	齐齐哈尔种畜场	120	带动12户养鹅
2013.9	北安农技校	260	带动60户养鹅
2014.4	红光农场	210	带动10户养鹅
2014.4	海林农场	270	阳光培训
2015.1.22	东方红	120	阳光培训
2015.1.24	密山市	80	阳光培训
2015.1.28	逊克农场	260	带动50户养鹅
2015.11.23	齐齐哈尔农垦局	150	阳光培训
2015.12.14	黑龙江省农垦九三管理局	320	阳光培训

(二)“玉鹅种养”模式备受媒体关注

“玉鹅种养”模式自开展以来就取得了良好的经济效益和生态效益，受到时任黑龙江省委书记王宪魁和时任黑龙江省农垦总局党委书记王兆力等领导的高度重视，也受到各界科技人员和养殖人员的关注，并逐渐受到养鹅及种玉米农户的青睐。由于该模式是生态农业模式，《大庆日报》、《黑龙江日报》、北大荒网、庆日网、《黑龙江经济报》等地方主流媒体平台，《中国畜牧兽医报》、人民网、吾谷网、中国科技网、东北网等国家主流媒体平台都对其进行了关注和报道，获得了较大的社会影响力（见表3)。

表3 玉米地养鹅技术新闻报道

报道时间	媒体名称	标题	报道形式
2015.9.26	人民网	玉米地养大鹅 黑龙江创新绿色食品生产新模式	通讯图文
2015.9.29	东北网	玉米地养大鹅 八一农大创新绿色食品生产模式	通讯图文
2015.10.28	凤凰网	八一农大“玉鹅种养”模式项目基地见闻	通讯图文
2015.11.1	中国农业新闻网	地肥鹅壮玉米棒	第二版专题
2015.11.3	吾谷网	玉米地里养大鹅 大同唱起丰收歌	图文
2015.12.9	中国科技网	黑龙江八一农垦大学打造玉米地养鹅新模式	科技日报讯
2016.6.5	《中国畜牧兽医报》	地肥鹅壮玉米“棒”	第2版综合
2015.10.28	大同电视台	玉米地养大鹅 好处多多	要闻第二条专题
2016.5.30	《北大荒日报》	八一农大“玉鹅种养”模式成效显著	头版消息
201	北大荒网	安达积极探索“玉鹅种养”新模式	通讯图文
2016.5.27	《黑龙江经济报》	玉米地养大鹅 黑龙江创新绿色食品生产新模式	第5版通讯
2016.5.24	《大庆日报》	玉米地里养大鹅 八一农垦大学创新绿色食品生产新模式	第2版消息
2015.10.22	《大庆日报》	玉米地养大鹅 一举多得	第7版通讯
2015.10.22	庆日网	八一农大探索“玉鹅种养”模式获得成功	通讯图文
2015.10.28	《黑龙江日报》	地肥鹅壮玉米“棒”	头版头条通讯
2016.5.27	《黑龙江日报》	八一农大攻克养鹅发展瓶颈	头版头条通讯

（三）“玉鹅种养”模式产业扶贫进展

截至2017年，“玉鹅种养”生态农业模式带动大庆市林甸县四季青镇新民村农户养殖“狮白鹅”共3万只，雏鹅成活率达99.8%。同年建立了四季青镇新民村“狮白鹅”养殖示范基地。

通过2018年中央引导地方科技发展专项“林甸县新民村‘玉鹅种养’模式扶贫示范”项目，“玉鹅种养”模式推广团队继续在林甸县四季青镇的新民村进行“狮白鹅”“玉鹅种养”产业扶贫模式，进一步提高农民收入，带动贫困户致富脱贫。计划以大户带动和贫困户自养的方式进行产业扶贫，带动5户贫困户分别饲养“狮白鹅”100只，年收入增加2000元，建设50亩“玉鹅种养”示范田，养殖“狮白鹅”1000只。

同时由于新民村过去3年的示范作用，林甸县四季青镇的洪丰村也加入“玉鹅种养”模式产业扶贫的行列，并在2018年养殖“狮白鹅”1万只，建立“玉鹅种养”示范田50亩。

三、“玉鹅种养”模式产业扶贫的主要特点

（一）有利于建设生态农业生产模式

“玉鹅种养”这种“玉米＋大鹅”模式的优势在于以下几点。

（1）鹅采食玉米老叶和杂草，节省了养鹅的饲料成本，增加了玉米地通风，基本消灭了玉米生长后期的杂草和虫害。

（2）鹅吃玉米须根，使玉米根系深入土壤更深，提高了抗倒伏的能力，也使玉米植株能吸收更多营养，从而促进植株生长，籽实更加饱满，增加玉米产量。

（3）鹅在玉米地放养期间排粪20公斤，可增加土地肥力，逐年减少化肥和农药的使用量，经3～5年可改良土壤为绿色或有机地。

（4）鹅在玉米地间行走，玉米地不需要2次中耕，节省了机耕费投入。

（5）玉米和大鹅品质均达到了绿色或有机标准，提高了产品价值。

（6）玉米秸秆收获后，可将其粉碎或发酵后用来喂鹅，可减少秸秆收

割后堆积，减少秸秆燃烧碳排放，降低环境污染，逐渐形成良性循环的生态农业生产模式。

（二）有利于农业提质增效和改善生态环境

“玉鹅种养”模式带来的经济效益和生态效益可以归纳为“三减、两增、一提高”：减少了化肥、农药使用，减少了秸秆燃烧碳排放量，减少了人工费；增加了鹅的收益，增加了玉米产量；提高了玉米、大鹅品质和土壤肥力。该模式既避免了用饲料催肥的工厂化养殖，又化解了农药化肥残留对作物和土地造成的危害，可谓是绿色、生态、环保的种养配套模式，开辟了生态农业发展的新方向。

四、“玉鹅种养”模式产业扶贫的成效

截至2020年，“玉鹅种养”模式在大庆市大同示范基地已经实施了7年，玉米田完全不用化肥和农药，除草剂的用量减少到正常用量的30%，仅每年春天喷洒一次；玉米种植之前人工施已发酵的粪肥，施肥量由原来的10立方米/亩减少到5立方米/亩。土壤得到极大的改善，种植的玉米达到国家绿色食品标准，养殖的商品肉鹅达到绿色禽肉标准。

“玉鹅种养”模式产业扶贫在林甸县四季青镇新民村实施已有3年时间，每亩玉米田通过养鹅可增加收入600~800元，玉米田每年可节约农药、化肥、中耕等支出费用150~200元/亩，提高玉米产量10%以上，增加玉米收入100元/亩；玉米地的放养鹅比圈养鹅的饲养成本明显偏低，每只利润高于本地域近几年20元/只的平均利润。

林甸县四季青镇新民村每年通过“玉鹅种养”模式饲养“狮白鹅”1万只，每年肉鹅出栏可为村民增加20万~30万元的收入，3年来共提高新民村农户收入近100万元，并带动15户贫困户脱贫；同时该模式改良了玉米田，玉米产量和品质都得到了提高。

五、“玉鹅种养”模式产业扶贫的扩大推广

“玉鹅种养”生态模式配套技术形成后，在黑龙江省垦区已经建立了6

个养殖模式示范点，分别为安达畜牧场、齐齐哈尔种畜场、名山农场、八五四农场、红光农场和闫家岗农场，并通过该模式进行产业扶贫，于2018年建立了四季青镇狮白鹅养殖示范基地，于2020年建立了青冈县“狮白鹅”雏培育基地；同时在黑龙江省农垦总局25个农场，虎林市，肇东市，大庆市大同区、肇州县、肇源县、林甸县等30多个地区进行了推广。通过2016年4月在徐州和2017年6月在大庆召开的全国大鹅生产研讨会上的报告，山东省菏泽、烟台等地区，河南省新乡，江苏省徐州和新疆农科院等地也逐步开展对“狮白鹅”“玉鹅种养”模式的推广。

通过2018年中央引导地方科技发展专项“青冈县三排六村‘玉鹅种养’模式扶贫示范”项目，“玉鹅种养”模式推广团队继续在黑龙江省青冈县贫困村进行“狮白鹅”“玉鹅种养”模式推广，以大户和合作社带动贫困户的方式进行产业扶贫，共带动37户贫困户分别饲养“狮白鹅”200只，年收入增加5000余元。至2020年，共建设3个100亩“玉鹅种养”示范田，分别养殖“狮白鹅”3000只。2020年，成立1个养殖合作组织，共通过7个养殖大户带动养殖“狮白鹅”5万只，实现年增收50余万元。

总而言之，以优质商品鹅“狮白鹅”配套实施的“玉鹅种养”生态农业模式，具有简单易行、技术易于掌握、种养结合可操作性强、模式易于推广，且经济效益和生态效益显著等特点，是产业扶贫的好模式，必将得到持续发展和推广。

（黑龙江八一农垦大学　王秋菊　杨焕民）

燕麦产业科技创新　助力内蒙古武川精准脱贫

——上海理工大学精准扶贫精准脱贫典型项目

习近平总书记在2020年3月6日召开的决战决胜脱贫攻坚座谈会上强调，脱贫攻坚战面临的困难和挑战依然艰巨，决不能松劲懈怠，在最后的冲锋阶段，更要打好科技扶贫这张牌，让科技赋予贫困地区经济发展的内生动力。上海理工大学作为上海市市属重点高校和具有理工科显著优势的高校，在上海市教卫工作党委、市教委的统筹领导下，充分发挥学科优势和科技优势，通过产业扶贫，助推贫困地区产业发展升级。其中，学校医疗器械与食品学院管骁教授团队负责的“燕麦产业链提质增效关键技术研究及应用”研究项目作为上海理工大学助力精准扶贫的重大项目，经过多年的艰苦努力，取得了良好的经济和社会效益。

一、项目基本情况

上海理工大学食品学科迄今已有近40年的历史，2018年获一级学科博士点，目前形成了食品质量与安全控制、食品营养与健康、食品冷冻与贮藏、食品加工与装备4个学科交叉显著、应用性和实用性强的研究方向。学院拥有国家级工程中心1个、省部级工程中心、重点学科及重点实验室等平台4个，是上海市食品质量与安全教育高地。

燕麦是国际公认的健康食品。随着人们健康意识的增强，健康谷物食品迎来了新的消费热潮。内蒙古自治区是我国燕麦的最大优势产区，而作为“世界燕麦之乡”的内蒙古武川县却长期是国家级贫困县之一。尽管武川县拥有大量的优质燕麦资源，但由于当地精深加工技术的缺乏，该地区燕麦大部分是作为原料对外销售，附加值极低，种植农户收入微薄，种植积极性越来越差，贫困状态积重难返。本项目以实现燕麦资源的提质增效、高效利用为目标，聚焦于燕麦高附加值产品的关键共性技术攻关，通过“政府–高校–企业–农户”一体化的政产学研合作模式，经过近20年的努力，逐步形成了以燕麦大宗产品加工技术与装备创制、燕麦功能性配料的开发与应用为主线的研究体系，研发了一批具有自主知识产权的技术与装备并在武川县进行产业化实施，以技术升级促进生产消费，带动产业发展，整体推进燕麦产业链的良性循环，让燕麦从田间走向餐桌，从本土走向世界。中国粮油学会专家组一致认为：“该项目聚焦于燕麦产业链的发展，开创了我国燕麦从良种栽培到精深加工的完整产业链体系，对促进燕麦产业进步和健康发展具有重要意义，项目成果具有原创性和自主知识产权，总体技术达到国际先进水平。”本项目成功带动武川县建设了40余万亩的优质燕麦种植基地，建设了大型燕麦综合产业园区，让当地农民大大获益。2019年4月，武川县成功实现了“国家级贫困县”摘帽。

二、项目实施进展

项目积极开展政产学研合作，进行燕麦关键加工技术攻关与产业化开发，近20年来通过科技创新大幅提升燕麦价值，形成了系列具有自主知识产权的加工技术，并积极开展“小微订单农业”“互联网+农业”模式，以技术升级带动消费升级，推动内蒙古燕麦主产区农民的脱贫致富，实现产业精准扶贫。

（一）项目主要创新内容

1.燕麦精深加工技术研发及装备创制

（1）创新研发了燕麦双涡流研碾分层破壁技术与装备，实现了燕麦胚芽米的低能耗、高品质生产，大大提高了经济效益。

（2）创制了挤压膨化预处理结合超声辅助亚临界萃取燕麦油技术。

（3）发明了燕麦β-葡聚糖与燕麦蛋白高效联产制备技术，实现了高品质功能性食品配料的大规模生产。

2. 燕麦重要活性成分的功能挖掘与产品开发

（1）燕麦β-葡聚糖降脂、降糖功能的挖掘与相关产品开发。

（2）燕麦ACE抑制肽分子作用机制研究与产品制备。

（二）项目成绩及进展

本项目获授权国家发明专利8项（包括美国专利1项），发表论文100余篇；7项科技成果经权威第三方科技成果评估达到国际先进或国内领先水平；项目先后荣获2018年内蒙古自治区科技进步一等奖、第46届日内瓦国际发明金奖、上海市科技进步三等奖、2018年中国粮油学会科学技术一等奖等省部级科技奖励7项。

项目积极进行产业化应用与推广，开发的燕麦精深加工系列产品，如燕麦胚芽米、燕麦油、燕麦活性多糖、燕麦肽等新型健康食品先后上市，近三年来实现累计新增产值10亿余元，新增利润2.3亿余元，为实现燕麦主产区的精准脱贫，为全国贫困县武川县的“脱贫摘帽”助了一臂之力，并对提高公众营养健康水平做出了突出贡献。

三、项目主要特点

本项目以燕麦行业的产业升级和效益提升为目标，以技术升级带动产业发展，充分发挥燕麦产区的地理优势，促进当地特色产业的创新发展，科技助力精准扶贫。项目通过系列精深加工技术的研发，对燕麦资源进行了全方位、系统化、多样化的开发利用，开发了新型燕麦产品形式——燕麦胚芽米，从加工副产物燕麦麸皮中提取了高品质燕麦油，并从燕麦粕中提取了燕麦β-葡聚糖和燕麦肽，开发了燕麦益生乳饮料、燕麦代餐粉等高附加值产品，使燕麦被充分地“吃干榨净”，最大限度提高了燕麦附加值。

项目以政产学研合作为核心，探索了一条“政府-高校-企业-农户”的科技扶贫之路。高校将最新技术和设备应用于企业，以科技优势提高加工效率，提升产品品质，增加产品附加值，拓展产业下游；政府为农户提供种植补贴、收割补贴；企业通过上门收购燕麦、签约订单等形式，让农户安心种、放心卖，不愁种得好卖不好。

本项目在把握传统市场（燕麦米、燕麦麸皮）之外，还开拓了燕麦产品的新兴市场：通过一批具有自主知识产权的技术与装备，在燕麦麸皮中提取了四大高附加值产品——燕麦油、燕麦蛋白、燕麦β-葡聚糖、燕麦ACE抑制肽，大大提升了产品附加值，鼓舞了内蒙古燕麦产区农民种植的积极性，提高了农户收入，实现了精准扶贫。现在武川县每年夏季举行的“燕麦文化节”也逐渐成为当地特色。

四、主要成效

本项目的成功实施取得了良好的社会与经济效益。通过本项目的技术升级，燕麦原料的经济效益提高了近12倍；通过“政府–高校–企业–农户”的联动模式，实现了燕麦产量和价格的双丰收，助力农民增收，解决农民的就业问题。项目在内蒙古主产区进行了推广应用，累计应用推广面积365万亩，实现产值5亿余元，新增利润2亿元，燕麦种植农户平均年增收3000元，助力2000多名农民就业。燕麦胚芽米加工关键技术及装备开发于2012年在内蒙古燕谷坊生态农业发展（集团）有限公司实现了产业化，公司先后安装调试了三条燕麦胚芽米生产线，燕麦胚芽米产品近三年累计新增产值4亿余元，新增利润2亿余元；燕麦乳饮料、燕麦代餐粉产品已于2020年年初推上市场，据市场调研显示，产品深受广大消费者欢迎，销售额呈迅速增长态势；燕麦多肽的生产制备技术在江苏荣海生物科技有限公司实现了产业化，实现值8000余万元，新增利润3000余万元；燕麦油生产线目前在燕谷坊内蒙古生产基地竣工，即将投产，预期也会产生良好的经济效益。

本项目带动了燕麦产业的科技创新和消费升级，扩宽了燕麦传统市场，延长了产业链，丰富了产品形式，带动了地区经济发展，对解决我国西北部地区贫瘠旱地和退化草原生态恢复与重建、调整农业产业结构、发展优势特色产业具有重要的意义。项目通过健康产品的开发，对我国健康产业的发展、居民健康意识的提高和国民健康状况的改善起到了积极的推动作用，带来了良好的社会效益。

五、推广应用前景

燕麦作为粮饲兼用的农作物，增值潜力巨大。通过深加工得到的蛋白质、脂肪、淀粉、膳食纤维等，可广泛用于药品、保健品、食品、化妆品、酿造等行业。近年来，随着我国人民生活水平的提高，膳食结构正在发生巨大变化，粗粮杂粮备受青睐。我国消费者对燕麦的营养保健功效的认知度也在不断提高，燕麦生产和燕麦产品的开发利用重新受到关注，燕麦食品消费量也在持续增长。以燕麦为主要原料的膨化食品、休闲食品、方便食品等将是今后重要的发展领域。

燕麦产业在经济、社会、生态方面也具有重要价值，其已成为我国调整农业产业结构、确保粮食安全、提高全民健康水平、促进农业增效的重要产业。发展燕麦产业有以下四点优势。

（1）有利于调整农业产业结构，增加农牧民收入。中国是裸燕麦的发源地，燕麦的营养功能位居八大谷物之首。随着人们对燕麦食品认识的加深和需求的增加，燕麦可望在水稻、小麦之后，发展成为“第三主粮”。燕麦主产区集中在西部经济欠发达地区。由于燕麦能开发出高档食品、饮品、洗涤、美容化妆等高附加值的系列产品，其较高的经济开发价值必将有利于主产区地区经济的发展，增加农牧民的收入。

（2）有利于提高土地的利用率。我国总耕地面积18亿亩，其中旱作耕地面积占总耕地面积的34%，主要分布在北方地区，旱地、丘陵、瘠薄地占较大比重。燕麦具有耐寒、抗旱、耐土地瘠薄、耐适度盐碱等特点，对于荒漠化、中低产田等生态环境比较脆弱的土地有良好的适应性和丰产潜能。在这些地区发展燕麦生产可以有效增加当地粮食供给，有利于减轻国家粮食供给的压力，为中国粮食安全生产提供了一条新途径。

（3）有利于改善生态环境。中国牧区和半农半牧区生态环境十分脆弱，农田吃草原、风沙吃农田，荒漠化已经成为中国农业生态环境恶化的重要原因。燕麦抗旱、抗逆性强，适宜在旱区种植；燕麦为双季栽培，增加了农田植被的覆盖面，减少了扬尘，保护了土壤肥力。种植燕麦，可以增强农田和草地的生态功能，有利于农牧业的可持续发展，对改善生态环境具有重要作用。

（4）有利于人类自身健康。燕麦不但含有蛋白质、脂肪和碳水化合物等基本营养元素，还富含具有保健功能的膳食纤维、不饱和脂肪酸、多种维生素和矿物质微量元素，营养和保健功能兼而有之，对心脑血管疾病、糖尿病、肥胖病等现代人常见疾病具有良好的预防和治疗作用，对提高人类健康水平有着异常重要的价值。

本项目弥补了燕麦多样化产品市场空缺，延伸了产业链环节，形成了集科研、生产、加工、营销于一体的燕麦生产基地和产业链条。本项目的发展模式不仅对于其他燕麦产区具有重要的示范推广效应，而且对于其他杂粮产业的发展也具有重要的借鉴意义，有助于贫困地区发展特色优势产业，实现脱贫致富，助力国家精准扶贫政策和大健康产业发展。

2020年，上海理工大学联合上海光明食品集团、国家粮食和物资储备局科学研究院、中国科学院分子植物科学卓越创新中心等单位，共同筹建国家粮食技术创新中心，聚焦包括藜麦、燕麦等在内的粮食育种、栽培、加工和销售谷物全产业链发展内容开展攻关合作，对接新疆喀什等上海对口精准扶贫地区特色产业，努力为保障人民健康和科技扶贫事业贡献更多智慧和力量。

（上海理工大学　李　森）

“稻渔工程”团队助力革命老区产业扶贫和乡村振兴

——南昌大学精准扶贫精准脱贫典型项目

一直以来，南昌大学的师生始终牢记习近平总书记的殷切嘱托，扎根江西、潜心科研、努力创新，用实际行动践行“科技工作者把论文写在祖国大地上”的誓言。2016年5月，以入选首批国家“卓越农林人才教育培养计划”的水产养殖专业师生为主体的南昌大学“稻渔工程”团队成立。团队通过攻关核心技术，采用“良种+良法”的养殖技术，促进成果转化，并坚持以振兴乡村为使命，以产业扶贫为目标，因地制宜地开发探索出适宜当地的兴农模式，精准对接革命老区产业发展需求，通过“政府+项目团队（公司）+合作企业+专业合作社+贫困户”的运作模式进行产业扶贫，在稻田中实现“一水两用，一田多收”。其探索出来的“稻渔工程”新模式，打通从高校实验室到田间地头再到市场的研产用渠道，闯出一条人才培养、科技创新、服务产业、助力扶贫的综合发展之路。

近年来，团队依托“稻渔工程”项目，取得了良好的经济、生态和社会效益，创办了厉害了我的渔（江西）科技有限公司，项目“稻渔工程——引领产业扶贫新时代”荣获第四届中国大学生“互联网+”创新创业大赛银奖和公益影响力单项奖。团队工作受到江西省委书记刘奇、省长易炼红、中科院桂建芳院士的勉励、点赞，并被江西省水产技术推广总站、彭泽县水产局等业内多家单位发文肯定。团队以“政府+项目团队（公司）+合作企业+专业合作社+贫困户”的运作模式，技术服务落地超10万亩，辐射推广面积高达30万亩，在省内30余家龙头企业实现技术落地，已累积帮助超过5000人实现脱贫。2019年，团队负责人洪一江教授获得国家科技部通报表扬；2020年首席师生团队南昌大学“稻渔工程”团队获得第24届“中国青年五四奖章集体”荣誉；《人民日报》、《光明日报》、《中国青年报》、新华社、中央电视台、中国教育电视台、江西卫视、《江西日报》等主流媒体先后对团队创业事迹进行了报道。

一、青年讲习所传承红色基因

“稻渔工程”团队充分发挥党员先锋带头作用，结合“不忘初心，牢记使命”主题教育实践活动，注重用好红色资源丰富教育形式载体，在潜移默化中把红色基因融入师生血脉，在创新创业中增长智慧才干，在艰苦奋斗中锤炼意志品质。

在井冈山茅坪乡坝上村，同学们深入贫困户家中调研，了解扶贫效果。“稻渔工程”团队的师生们还在“公益中国”平台义卖由团队指导生产的绿色生态产品，筹集了爱心基金6.8万元为井冈山毛泽东红军学校筹建“留守儿童之家”，这是团队的爱心和社会责任感。通过一系列的主题教育活动，“稻渔工程”团队的青年学子在创新创业的路上传承红色基因，感受有温度的红色思政教育，撸起袖子砥砺前行！

为了加强对研究生和大学生卓越人才的培养，南昌大学生命科学学院专门修改了培养方案，加强了实践和创新企事业能力培养。南昌大学“稻渔工程”团队青年学生组建了“新青年讲习所”“富甲（甲鱼）天下”等团队，与学校老师们一起，跟随江西省特种水产产业技术体系、江西科技特派团等的专家深入田间地头考察调研，对当地土壤、气候、水质各方面进行分析，因地制宜地为不同地方推选最适宜的种养产品，设计适宜的生态养殖技术方案，定期为合作企业养殖技术人员、职业农民以及贫困户开展技术培训活动，提高当地农民科技水平，把“养什么、怎么养，种什么、怎么种”的问题说清楚、讲明白。培训结束后，团队及时跟进培训效果，学生和农民吃住在一起一段时间，实地帮助解决种植、养殖过程中存在的困难与问题。青年大学生在这个过程中，既跟着专家把技术知识传授给了农民，又接受了农民艰苦奋斗、真诚朴实精神的教育，达到了“理论与实践相结合、教学与科研相结合、示范与推广相结合”的产教深度融合，充分理解了“从实践中来，到实践中去”的科学方法，实现人才培养、科技创新和社会服务三者并重的实践育人教学目标。参与培训的抚州市场东乡区职业农民陈俊说：“听了南昌大学‘稻渔工程’团队的讲解，技术团队的精心指导让我们可以少走很多弯路，我对‘稻蛙共生’模式更有信心了，有难题找他们都能得到很好的解决。”

自2016年以来，团队积极致力于开展科技知识宣教及推广工作，切实帮助当地农民掌握稻渔综合种养技术，先后主办“鄱阳湖系列产业技术论坛”3次，在田间地头开展技术培训达50多次，每年服务基层时间达180余天，帮助5000余人实现脱贫。团队的辛勤付出得到企业负责人及贫困户的认可和肯定。

二、科研先锋队攻关核心技术

习近平总书记指出，创新是第一动力，核心技术只有靠自力更生。“稻渔工程”团队依托南昌大学生命科学学院、江西省水产动物资源与利用重点实验室等，通过研究、实验，集成、创新，示范和推广了国内领先的“稻虾”“稻蟹”“稻鳖”“稻蛙”“稻鱼”和“稻鳅” 等6类12种典型模式，创新“八字经”种养法，自主选育13个水产养殖新品种，成功获得5项发明专利、4项实用新型专利和10项申请专利，实现亩产百斤鱼、千斤粮、万元钱的同时亩均减少化肥和农药使用量50%以上的重大突破，既提高了产品质量，又维护了生态安全。

2018年，团队的“井冈山绿色生态立体养殖综合技术集成与示范”项目入选科技部重点研发计划蓝色粮仓科技创新专项，其中一个主要目标就是将“稻渔工程”技术应用于井冈山革命老区。目前该项目已带动井冈山市和永新县农户1000余人，其中建档立卡贫困户300余人，受到了当地企业和贫困户的称赞。其中井冈山禾晟农业科技发展有限公司的企业效益在1年内提高了150%，同时带动建档立卡贫困户22人脱贫就业，贫困户人均年收入约8000元。团队负责人俞晟说：“‘稻渔工程’模式在井冈山地区的示范推广成效明显，去年水稻没收割就被人预订了，大米卖到近20元/公斤，小龙虾也被抢购一空，卖到40元/公斤。”

团队近期依托国家贝类产业技术体系的支持，在“稻渔工程”中还采取了“稻-鱼-蚌混合养殖”模式，达到“一水两治，一蚌两用”的效果。目前该成果在江西万年、抚州等地已应用超2万亩。该项目2019年获得江西省科技进步一等奖，并正在申报2020年度国家科技进步奖。

团队通过对这一系列相关技术的研发推广，确保了产品质量安全，推动了技术创新，助力了乡村振兴。在保障水稻不减产的基础上，团队在稻田里开展水产养殖，将水稻与水产、农机与农艺有机结合，构建稻渔生态循环系统。实践证明，“稻渔工程”团队推广的这种稻渔新模式是一项有利于农业增效、农民增收、粮食增产，能够有效改善生态环境，提高农民种粮积极性，实现“农业强、农村美、农民富”美丽“中国梦”的产业扶贫新模式。

三、扶贫排头兵助力乡村振兴

“到2020年，现行标准下的农村贫困人口全部脱贫，是党中央向全国人民做出的郑重承诺。”“稻渔工程”团队积极响应党和国家号召，将扶贫与扶智扶技相结合，助力乡村脱贫。通过多年努力，团队因地制宜地实践探索出4种扶贫模式，即产业升级式造血扶贫、育种联合保障式扶贫、联合生产带动式扶贫和土地流转聘农为工式扶贫。团队通过技术服务使龙头企业的效益提高，企业从而也更有能力帮助贫困户。团队直接技术服务的稻田面积达10万多亩，通过江西省水产业重大技术协同推广项目组辐射推广面积超过30万亩，遍布江西革命老区20多个县（区），帮助30余家省内龙头企业实现经济效益3~5倍的提升，合作企业年产总值超10亿。比如，江西九江凯瑞生态农业开发有限公司在团队技术服务帮助下，两年时间内，亩产值从2100元增长到8600元，扶贫人数从52人增长到2664人，人均增收3630元，扶贫成效显著。该公司贫困户高祥凤说：“我将自家的两亩田租给凯瑞公司，每年租金有1200元，加上我自己又在凯瑞公司打工，每个月有2000块左右，比自己种田强多了。”

团队重视校企合作，积极帮扶企业发展，这些帮扶企业中的一大批已成为行业翘楚。比如，九江凯瑞生态开发有限公司成功申报首批国家级稻渔综合种养示范区；江西神农氏生态农业开发有限公司成立全国首个稻渔综合种养院士工作站，并已成功申报第二批国家级稻渔综合种养示范区；江西添鹏生态农业有限公司成为“江西省南丰县龟甲特色小镇”核心示范区，成为中国甲鱼种苗的最大企业，团队“富甲天下”项目组的同学们正在南丰县为甲鱼种业和“稻（莲）鳖共生”模式的技术研发与推广而奋斗。

大学生是宝贵的人才资源，教育部强调，要让千千万万大学生创新创业的活力竞相迸发、充分释放！“稻渔工程”团队重视对学生进行创新创业教育和培养。2018年，“稻渔工程”项目在第四届中国大学生“互联网+”创新创业大赛中获得比赛银奖和公益影响力单项奖；团队成员（学生）参与研发专利20余项，获得全国大学生生命科学创新创业大赛一等奖、宝钢教育优秀学生特等奖等在内的各类奖励20余项；“稻渔工程”团队的主力军水产养殖专业学生的就业率达100%，约30%学生进入中科院及“双一流”高校继续深造，成效明显。

从“稻渔工程”团队中走出的青年大学生还孵化出“富甲天下”“菌益农”“新青年讲习所”等创新创业团队，各团队与30余家农业龙头企业签订共建基地协议，大力推进产教融合。依托龙头企业资源平台，师生深入田间地头开展调研、实习实训、科研训练、科学研究、创新创业等，帮助龙头企业解决农业生产中的关键技术难题和技术应用问题。特别是在“稻渔综合种养”新模式上，为助力打通科研转化最后一公里，师生勤于钻研、勇于探索，践行“把论文写在祖国大地上”的誓言，其获得的科研成果和产业扶贫成效是对其创新创业的完美诠释。

（南昌大学　洪一江　简少卿）

打造“一村一品”特色兰花产业

——海南大学精准扶贫精准脱贫典型项目

乐妹村坐落于海南省东方市大田镇东南部，东邻那都村、西连新宁坡村、南望大田村、北接保丁村，是一个“十三五”深度贫困村，也是一个黎族聚居的革命老区，是海南大学定点帮扶的村庄之一。全村124户561人，其中贫困户102户467人，贫困率高达83%。海南大学经过5年精准帮扶，尤其是通过带领贫困户成功创办秋石斛兰花特色扶贫产业，让乐妹村这个黎族聚居山寨在2019年实现了整村脱贫，人均纯收入由2015年的2836元增长到2020年的12 569元，取得了“五年翻四番”的好成绩。现在村里贫困户的钱袋变鼓了、动力变足了、思想变富了。

一、基本情况

为了坚决打赢脱贫攻坚战，海南大学成立了精准扶贫工作领导小组，党委书记武耀廷和校长骆清铭担任组长，副校长王崇敏担任副组长。领导小组下设扶贫与乡村振兴办公室，挂靠校长办公室，把定点扶贫工作纳入学校议事日程。校办负责人任扶贫与乡村振兴办公室主任，统筹协调全校资源开展扶贫工作，驻村第一书记王联春负责对接在乐妹村开展的扶贫工作。

海南大学派驻乐妹村的第一书记王联春和海南大学林学院兰花专家宋希强教授，根据秋石斛性喜高温、湿润、阳光充足的环境，一年四季均可开花，具有抗病强、出花多、鲜艳夺目、花期长的特性，经过充分的市场供需调研后，科学选定秋石斛兰花产业，决定利用乐妹村独特的热带气候条件，采用“政府+高校+党支部+合作社+贫困户”模式，通过引进政府扶贫资金、依托海南大学技术支撑、发挥党支部引领作用、利用合作社平台、吸纳贫困户就业等方式发展秋石斛兰花产业。该项目三年投入300多万元，建成20亩兰花大棚，目前共种植约40万株秋石斛、3万株火焰兰。

二、实施进展

秋石斛兰花产业项目于2017年11月开工搭建兰花大棚。在大棚建设过程中，小到一枚缝网针、大到机器设备的扬程和出水量计算，第一书记离联者都要事无巨细地在事前完全弄清楚。他带领村民独立完成挖水池、打水井、立电杆、接电线、建机房、安装机器、铺地布、架苗床、铺设灌溉设施和购买种苗等。在第一书记亲力亲为的带领下，历时3个月，乐妹村10亩兰花大棚顺利完工，既实现了以工代赈，又教会了村民大棚安装技术和喷灌设备安装技术。

秋石斛兰花项目于2018年1月正式投产，由驻村第一书记负责培训和管理，全部由乐妹村贫困户进行生产和经营。在生产过程中，宋希强教授多次带领团队到乐妹村兰花基地面对面地传授兰花栽培和管理技术，手把手地开展操作技能实训。很快，在兰花基地工作的乐妹村的5名贫困户人员学会了通过观察兰花生长来判断其是否缺水、缺肥或有病虫害，根据气象条件择时喷水，依据生长周期和气温科学配比水肥和农药，并摸索出打肥、打药时的行走速度，保证叶面喷水均匀而没有水珠滴下，成为合格的专职生产和管理人员。

鉴于秋石斛兰花产业良好的经济效益，当地政府、海南大学和乐妹村村民对兰花产业的发展前景充满了信心，2018年10月又成功扩建了10亩兰花大棚。

三、主要特点

为了确保兰花产业快速发展，海南大学林学院宋希强教授带领兰花专家团队不定期到乐妹村开展以“热带兰花实用种植技术培训”为主题的培训，在现场结合实际情况，手把手进行传授，深入浅出地讲解了各品种的兰花在生产过程中可能存在的问题及有效的解决方案。为了加强科技扶贫互动，学校鼓励在兰花基地工作的大学生报考海南大学研究生，以进一步提升基层管理人员的科研素质，实现科技助农、振兴乡村的战略目标。

2016年12月，第一书记组织乐妹村16名骨干村民在海南大学接受了为期5天的技能培训，学习和实操花卉栽培靠等技术。2018年7月，第一书记带领兰花产业3名骨干人员到泰国兰花产业园参观并学习兰花种植技术。2019年5月，第一书记带领兰花基地工作人员和村民代表23人到云南农业大学和花卉基地培训5天，学习花艺理论、押花和多肉鲜插课程，为乐妹村培养了一批懂技术、懂文化的新型村民，为兰花产业可持续发展和乡村振兴提供人才支撑。

第一书记还在兰花基地建立了乐妹村党员活动实践基地。在每月的主题党日活动中，无论多忙，60岁以下党员都要到兰花基地义务劳动。每当兰花基地需要紧急用工时，党支部马上组织党员到基地突击加班，在村里的党员都会随叫随到。第一书记、村书记和其他党员经常义务开车送花销售，半夜三更才回到村里，起到了很好的表率作用。

目前这些兰花完全由5名贫困户种植、管理和销售，实现了真正意义上的“造血式”扶贫，打造了一支永不撤退的“工作队”，即便是第一书记撤回去了，兰花产业也照样能为乐妹村的乡村振兴撑起一片天！

为了延长产业链，增加附加值，升级兰花产业，至2020年7月，乐妹村已经建成了一栋300平方米的集展示、加工、培训、观光、体验于一体的兰花展示区。2020年7月，海南大学给乐妹村捐赠2000多株铁皮石斛，还捐赠了5万多元的兰花专用肥料和农药，并指导村民科学施肥和用药，其目的就是为了升级兰花产品，将其由原来的美化观赏型向美食营养型转变，从多方位、多层次满足人们日益增长的需求。

四、成效经验

在海南大学的科技帮扶下，乐妹村仅用3年时间就将兰花产业打造成了资产超过800万的特色产业。现在乐妹村的兰花产品不仅远销广州、北京、上海、福建等地，还销往海南的迎宾馆、酒店、服务中心、饭店、花店和校园等场所。

2018年，乐妹村的兰花销售收入达到110万元，赢利约25万元，给全村每人分红400元，共分红20.96万元。2019年，兰花销售收入突破230万元，赢利50多万元，给全村每人分红800元，比2018年的分红多了一倍。2020年的兰花产业虽然开始受到新冠肺炎疫情的影响，但经过海南大学举全校之力的精准帮扶，兰花产业很快走出了低俗，实现了产销两旺。至2020年11月底，兰花销售收入240万元，盈利约60万元，人均分红1000元。

乐妹村5名贫困户经过跟班学习培养合格后，在兰花基地成为专职工作人员，每人每月工资4000多元，还有加班费和绩效提成，在家门口就解决了稳定就业和脱贫。其他贫困户闲时在兰花基地打零工2000多人次，既能获得丰厚的报酬，又能学到种花技术。经统计，3年时间累计给贫困户发放劳务费110多万元，分红100多万元。

海南大学基层党组织和乐妹村党支部以及全村124户农户构建了“三级联动”帮扶体系，形成了“党员、干部、群众齐心协力共同推进抓党建促脱贫攻坚工作”的良好局面，有力地扶持和促进了兰花产业的发展。海南大学校领导、政管学院党委、文科基础教学部党总支、教辅单位联合第一党总支、机关党委第十一支部、热带农林学院党委等多次到乐妹村兰花基地调研和指导兰花生产，并先后捐赠7万多元肥料和农药，爱心购买兰花10多万元。在学校工会的组织下，2018年年底全校职工一次性消费扶贫兰花超过11万元，2019年年底全校职工一次性消费扶贫兰花超过22万元，2020年年底全校职工一次性消费扶贫兰花超过30万元。2018年11月，海南大学扶贫办在全校发布《海南大学关于开展“以购代捐”订购乐妹村秋石斛兰倡议书》，消费金额达5万多元。

五、下一步计划

为了把兰花产业做大、做强、做精，依托海南大学兰花专家团队的适时指导，充分利用乐妹村建成的300平方米的兰花产品展示区，努力将其打造成海南省中小学生研学旅行实践教育基地，开展无土栽培科普培训活动，把教育扶贫和产业扶贫完美结合起来；利用各种兰花做成微小景观，把“兰花产品”变为“兰花作品”，提高附加值；给游客提供兰花鲜切花，开设插花艺术课堂，开辟一条“农旅结合+实操培训”的新路子，让游客收获满满，打造人人喜欢来度假的东方市人民的“后花园”；组建兰花种苗组培室，培育优质种苗，降低成本；建立高校园艺专业教学实践基地，与科技发展紧密相连；研发兰花产品，制作兰花花茶，开发铁皮石斛食用和保健产品；大力宣传铁皮石斛产品通过泡茶、煲汤、榨汁或生吃，能够增强人体免疫功能、促进消化、护肝利胆、抗风湿和养胃解酒的功效，提高产品的知名度。

（海南大学　于旭东　何宏米）

西藏黑青稞增产增效项目

——西藏农牧学院精准扶贫精准脱贫典型项目

一、基本情况

隆子黑青稞是国家地理标识产品，对西藏黑青稞产业发展具有重要意义。由于隆子黑青稞是地方（农家）品种，长期以来缺乏有效的筛选与提纯复壮，导致品种混杂问题非常严重。隆子县当地特殊的生态地理环境，土壤普遍出现盐碱化问题，严重影响了黑青稞种子的出苗与正常生长。长期以来，隆子县按照西藏各地通用的青稞栽培与水肥管理方法进行黑青稞的栽培，忽视了当地土壤与黑青稞品种的特殊性。这些因素导致黑青稞田间出苗率不足，后期田间倒伏率偏高，隆子黑青稞产量仅3000公斤/公顷。

为解决上述制约产业发展的问题，2018年，西藏自治区教育厅划拨专项基金400万元用于支持“高原种植业增产增效关键技术研究与示范”项目。同时，2017年12月底，西藏农牧学院专家组到山南市进行调研，并与西藏山南市委、市政府及山南市农牧局进行了广泛深入的交流，双方达成共同打造隆子黑青稞产业的共识。由山南市出资，西藏农牧学院提供技术支持，通过多学科的协同攻关，突破了制约黑青稞产量提高的主要因素，成功研发了黑青稞集成种植新技术，为隆子黑青稞产业发展提供了强有力的技术支持。

二、实施进展

2018—2020年，在隆子县隆子镇忙措村、旦巴村和热荣乡袄塘村设置了总共面积为580亩的3个试验区，重点围绕黑青稞栽培过程品种混杂退化严重、机械化程度不高、土壤质地偏碱等制约黑青稞产量提高的关键“瓶颈”问题，开展了以下内容的研究与实践。

（一）丰产专用肥研发

重点围绕黑青稞栽培过程中通常按照常规青稞施肥，未能突出针对黑青稞特点和当地土壤实际，造成施肥不增产甚至减产的问题，研发了黑青稞丰产专用肥料。

（二）盐碱改良技术研究

重点围绕因土壤普遍出现盐碱化问题，严重影响黑青稞种子的出苗与正常生长的问题，通过不同新型土壤调理剂种类与水平的大田比较试验，研发形成适应当地土壤特性的农田盐碱改良技术。

（三）丰产栽培技术模式研究

重点围绕黑青稞栽培方式落后的问题，通过不同新型栽培模式、不同施肥量的大田比较试验，研发形成黑青稞高产栽培技术模式。

（四）新型农业机械研发

重点围绕黑青稞生产过程中农机与农艺不配套的问题，开展与新型栽培技术配套的新型农业机械研发。

三、主要成效

通过3年的协同攻关，在研究上主要获得了以下成果。

（1）突破了隆子黑青稞长期以来由于土壤盐碱和板结导致黑青稞田间出苗率不足、后期田间倒伏率偏高、当地黑青稞产量仅3000公斤/公顷的问题，研发成功隆子黑青稞栽培专用的新型农业机械、新型土壤调理剂、新型肥料和新型技术。利用该集成技术种植的隆子黑青稞的田间出苗率得到明显提高，倒伏率得到明显控制，单产由3000公斤/公顷提高到4500公斤/公顷，每公顷净增产1500公斤，取得了良好的经济效益，有力支持了山南市黑青稞产业的发展。

（2）许多农田灌水无法保障，农业生产主要依靠天然降水，常规青稞产量低而不稳；水浇地需多次大量投入，增加了劳动量和生产成本，直接影响到农民经济收益。针对以上问题，成功研发了既增产15%以上，又能有效蓄积降雨、抑制无效蒸发，大幅提高青稞水分利用效率的水浇地三元配方栽培模式和旱地青稞降解地膜覆土穴播、垄膜带状种植模式等三种较好的种植模式，为当地青稞的增收提供了较好的栽培模式。

（3）突破当前高原作物栽培过程中农机与农艺不配套、播种环节劳动强度大的问题，研发成功了5种配套使用的新型农业机械，实现了高原青稞种植过程中农机与农艺的良好配合，降低播种环节劳动强度60%以上，对助推地区精准扶贫和提高青稞产量提供了技术支持。

（4）依托黑青稞项目，让当地群众全程参与到项目的实施中，有力提高了群众的科技种田水平和文化素质，取得了良好的社会效益。

四、下一步更大范围推广实施的考虑

重点对研发形成的新肥料、新技术、新型土壤调理剂、新型农业机械进行技术集成，计划在西藏黑青稞种植区进行更大范围的推广，为西藏黑青稞产业的发展提供强有力的技术支持。

（西藏农牧学院　王建林）

点评：

浙江大学以“紫金普洱”茶项目为抓手，通过科技的力量促进景东茶产业发展。项目的实施真正取得了“皆大欢喜”的结果：一是助力景东茶农脱贫致富（当地农民高兴）；二是全面提升了景东茶的品牌价值（当地政府高兴）；三是“紫金普洱”已成为浙江大学经典扶贫作品和最受欢迎的校庆纪念品，物美价廉，深受广大校友和茶友喜欢（消费者高兴）；四是在景东建立了浙江大学茶学教学、科研和大学生实习基地，促进茶学科发展，有利于人才培养（学校高兴）；五是项目可持续进行，建立了长效机制，推进了精准扶贫到乡村振兴的有效衔接（大家高兴）。

——浙江大学农学院茶叶研究所所长、教授　王岳飞

作为一名参与“书写在陇中黄土高原上的小草大事业”的科研工作人员，我倍感荣幸，同时也深刻体会到一名高校工作者在国家扶贫攻坚战略中义不容辞的责任和使命，更体会到兰州大学“三个主动”发展战略对于服务地方经济社会发展的重要作用和深远意义。甘肃定西是我国深度贫困区之一，也是我国黄土高原丘陵沟壑区的典型代表，该地区草牧业的发展是新时代背景下遵循自然规律回归自然的正确选择，更是历史发展的必然。黄土高原丘陵区草牧业的发展将对该地区乡村振兴战略的实施以及黄河上游生态保护建设和高质量发展发挥重要作用。

——兰州大学生命科学学院教授　郭旭生

智力扶贫篇

各高校积极发挥思想库、智囊团的作用，围绕城乡规划、行业规划、社会治理、人才队伍建设等领域，通过提供战略咨询、专题研究、技术支持、人才培训、服务实践等形式多样的智力帮扶工作，推动帮扶地区发展的动能不断增强，基层干部和人才的管理水平不断提升、业务素养不断提高。

党建扶贫"1234"模式　培养"一懂两爱"农业队伍

——中国农业大学精准扶贫精准脱贫典型项目

按照教育部定点扶贫滇西工作的整体安排，中国农业大学自2013年定点扶贫云南省临沧市镇康县以来，一直以习近平总书记关于扶贫工作的重要论述为指导，提高认识、上下一心，务实进取、创新举措，做了大量卓有成效的工作。学校协调整合校内外资源，以乡村振兴战略为引领，坚持"党建带扶贫、扶贫促党建"，积极构建"学校党委引导、党员干部教师示范"形式，创新定点扶贫工作模式，高举1面党建扶贫大旗、选择2个乡试点示范、建设3个平台、提升发展4大特色产业，形成了独具特色的党建扶贫"1234"模式，造就了"一支永不走的扶贫工作队"，大大激发了基层党员的内生动力，培养了一大批"懂农业、爱农村、爱农民"的基层党员，带动了区域特色农业产业发展。

一、基本情况

（一）镇康概况

镇康县位于云南省西南部、临沧市西部，地处南汀河下游和怒江下游南北两水之间，西与缅甸掸邦第一特区果敢县相连，县域内中国境线长96.358公里，是云南省25个边境县之一，生态环境良好，自然风光秀美，辖4乡3镇74个行政村（社区），总人口18.4万人。目前，该县仍未建成铁路高速，深受缅北战事影响，全县贫困面大、贫困程度深。

镇康县一共有7个乡镇，其中木场乡和忙丙乡是条件最差的两个贫困乡。木场乡海拔位置较高，属于高海拔冷凉气候，于2014年被列为贫困乡，有7个贫困村（其中5个建档立卡贫困村、2个基础设施薄弱村）；忙丙乡是镇康县截至2018年唯一尚未脱贫的贫困乡，有建档立卡贫困村5个、基础设施薄弱村1个。忙丙乡的马鞍山村有建档立卡贫困户219户810人，截至2017年年底还有100户351人未脱贫。中国农业大学始终重点关注这两个乡的脱贫攻坚工作。

（二）党建扶贫“1234”模式

学校党委高度重视定点扶贫工作，2018年，成立了由校党委书记姜沛民和校长孙其信任组长的“中国农业大学脱贫攻坚领导小组”。

自2016年以来，校党委书记沛民、校长孙其信先后4次带领专家教授103人次赴镇康开展脱贫攻坚专题调研。学校党委副书记张东军在临沧挂职期间，就十余次到镇康县调研。

学校党委书记姜沛民针对脱贫攻坚工作指出：“数代农大人情系乡土，忧患苍生，为实现中国人千百年来的温饱和富庶之梦不遗余力，这种与祖国和人民保持最紧密的血肉联系的传统，在践行‘两学一做’学习教育、助力脱贫攻坚中不断得到继承和升华。”

学校针对镇康县情，发挥自身优势，坚持“党建带扶贫、扶贫促党建”，广泛发动学校党员教师积极参与定点扶贫工作，通过“指导技术生产、帮带基层党员”，建强组织筑牢堡垒，促进党建与精准扶贫深度融合，培养了一大批“懂农业、爱农村、爱农民”的基层党员，发挥了党员示范带动作用，带动区域农业产业发展，全方位推进定点扶贫工作，形成了特色的党建扶贫“1234”模式，即高举1面党建扶贫大旗，选择2个试点示范，建设3个平台，发展4大特色产业。

自党建扶贫“1234”模式实施以来，学校党委发挥挂职干部职责优势，与乡党委、村党支部紧密联系、精准对接，依托学校智力与技术优势，围绕当地支柱产业，开展基层党员培训与农业技术推广示范，通过基层党员的模范带头作用，带动产业发展，让建档立卡贫困户直接受益，确保建档立卡贫困户收入有保障，同时辐射带动周边农户与非建档立卡贫困户。

二、主要做法与进展

（一）高举党建扶贫大旗，切实加强组织保障

（1）精心选派挂职干部。2013年以来，学校共派出6批11名干部人才到前方挂职，分别担任临沧市副市长、市政府副秘书长、镇康县副县长及驻村第一书记等职务。其中局级干部1人、处级干部8人、副教授2人，均为中共党员，具有基层党建或行政管理经验。

（2）广泛发动党员教授。学校党委号召党员教授积极参与国家脱贫攻坚工作，动员教师深入镇康县农业生产一线开展科技培训，研发推广农业新技术和农作物新品种，取得了显著的帮扶成效，也进一步增强了农村基层党组织的凝聚力。据不完全统计，有十几位党员先后到镇康县开展科技扶贫，在蔬菜栽培新技术新品种引进、肉牛养殖新模式和新配方、中草药栽培、甘蔗栽培与病虫害防治、柑橘病虫害防治技术等领域开展了十余场培训会，帮助引进和推广新技术、新品种，推动农业产业发展。

（二）选择重点贫困乡试点示范，敢啃硬骨头

在忙丙乡，党员教授把脉马鞍山村茶叶发展，倡导绿色有机农业生产，有效提高了农产品附加值，增加了农民收入。在木场乡，党员教授建成“科技小院”，推广示范高原特色农业新技术，致力于解决小农户增产增收的问题。

（三）依托三个建设平台，各项工作精准落地

学校先后在镇康县成立了“教授服务团/工作站”“科技小院”“博士服务团”，实现了“职责精准、需求精准、供给精准”，形成了“教授到乡、学生住乡”的局面。

一是职责精准，校、县明确直接参与定点扶贫工作的相关部门，共建平台、明确职责、指定负责人；二是需求精准，共建平台、梳理需求、上报学校，技术需求精准到乡、培训需求精准到村、捐赠需求精准到人；三

是供给精准，根据镇康之所需、学校之所能，制订扶贫项目实施方案，确定扶贫项目负责人，实现供给精准。

（四）捐助党费设立扶贫项目，巩固党建扶贫成效

在学校各个学科党支部发挥自身优势实施行之有效的定点帮扶措施之外，2018年，学校党委研究决定捐献党费200万元，设立党建扶贫项目。集中学校的资金、人才、技术优势，采取“基层党支部+合作社+建档立卡贫困户”的方式，与镇康县委、县政府一起助力忙丙乡和木场乡的建档立卡贫困户实现稳定脱贫，助力镇康县如期脱贫摘帽。

学校两次派出专家教授到忙丙乡和木场乡帮助策划实施党建扶贫项目，并召开党委常委会，专题研究镇康县党建扶贫项目立项实施工作，学校党委书记姜沛民同志亲自带队到镇康考察落实项目的实施情况。

（五）开设田间地头微型党课，同步学习技术时政

学校与乡党委、村党支部精准对接，结合实际需求，坚持现场指导和就近培训原则，深入田间地头，开设微型党课，围绕一个支柱产业、选择一位党员教授、宣讲一项国家时政、推广一批适用技术，打造脱贫攻坚新平台，开拓脱贫攻坚新路径。

在忙丙乡，中共党员、中国有机农业产业发展联盟主席杜教授，针对镇康县茶叶产业附加值不高、农民使用化肥农药过量等问题，现场指导农民采用新的化肥和农药施用技术，进行规模化无公害栽培示范，推广有机茶叶栽培技术。

（六）培育发展四大特色产业

学校党委通过村党支部协调，利用基层党员组织，激励农业合作社吸纳建档立卡贫困户，依托“教授服务团”“科技小院”等平台，在精准梳理镇康需求的基础上，选择重点培育发展马鞍山普洱茶、冬桃、中草药、野山茶等四大特色产业提供产业技术跟踪指导，先培训基层党员农户，再带动普通农户使用新技术，最终产品由合作社统一收购加工销售，形成了“全链条设计、一体化实施”的模式，确保建档立卡贫困户收入有保障。

1. 马鞍山普洱茶产业

（1）学校投入经费10余万元，委托教育部植物营养重点实验室、农业部农产品检测中心、北京市食品及酿酒产品质量监督检验一站（国家级资质单位），对镇康县马鞍山茶叶及其生长环境的土壤、水进行检测，检测指标上百项（次），为提升忙丙乡马鞍山古树普洱茶科学养护与品牌影响力提供科学依据与参考。

（2）学校投入党建经费30万元，支持在马鞍山村建设茶苗圃基地1个，占地6亩，育茶苗40万株，采取“村党支部＋企业+合作社＋建档立卡贫困户”的模式运营，让建档立卡贫困户受益，使10户45人稳定脱贫。同时每年又可增加村集体经济收入3万元以上，扩大扶持6户建档立卡贫困户循环发展产业。

（3）学校投入党建经费40万元，扶持5户建档立卡贫困户建设茶苗圃基地，每户育苗10万株，共育苗50万株，户均每年增加纯收入2万元以上。每户苗圃基地需长期雇用3名建档立卡贫困人口进行管理，确保20户95人实现稳定脱贫。

（4）学校投入党建经费20万元，对马鞍山茶叶初制所进行改造提升，采取“村党支部＋合作社＋建档立卡贫困户”的运营模式，将合作社纯收入的20%归入村集体经济，用于对加入合作社的建档立卡贫困户的扶持，覆盖了马鞍山所有建档立卡贫困户219户。

2. 冬桃产业

学校投入党建经费20万元，推广面积40亩，扶持建档立卡贫困户20户，当年可产生40万元收益，实现建档立卡贫困户每户年均增收2万元。

3. 重楼产业

学校投入党建经费40万元，扶持重楼种植10户。重楼种植需要5年周期，按目前市场价格计算，可产生250万元左右的收益，实现建档立卡贫困户每户年均增收近5万元。

4. 野山茶产业

学校投入党建经费40万元，扶持100户贫困户种植野山茶，进入丰产期后，可实现建档立卡贫困户每户年均增收7000多元。

三、取得成效

学校通过实施党建扶贫“1234”模式，设立党建扶贫项目，优先帮助两个乡镇的建档立卡贫困户，为产业发展提供人才、技术、资金，从党建、技术、人才、资金、项目等方面进行全方位精准扶贫，有效带动了镇康县最贫困的两个乡镇的特色农业产业发展，助力农民增收致富。

马鞍山茶产量与产值逐年增长。2016年马鞍山村茶叶鲜叶产量约为370吨，产值1440万元；2017年鲜叶产量约为451吨，产值1600万元；2018年鲜叶产量约为504吨、晒青毛茶约120吨，产值1920万元。截至2018年，马鞍山村共有茶叶产销合作社4家，茶叶初制所10所。全村入社农户210户，年产销茶叶80多吨，产销总额1300多万元，助农增收560多万元，带动全村119户459人脱贫致富。

木场乡的冬桃产业由于之前管理粗放、缺乏科学施肥，亩产值仅在3100元左右。在“科技小院”的带动下，木场乡加强科技培训，提高管护技术和科学施肥技术，现已实现亩产值5600元。在山茶产业方面，经过科技培训，农户的管护技术得到提高，已实现亩产值7000元以上，较之前提高了3000元以上。

学校以习近平总书记关于扶贫工作的重要论述为指导，在学校党委的领导下，通过与乡党委、村党支部的有效对接，将中国农业大学农业科技资源与镇康高原特色农业相结合，推动了镇康农业的发展，点对点实打实地做好了定点扶贫工作。截至2020年，学校累计投入帮扶资金966万元，引进资金1495.92万元，累计培训基层干部787人次、培训技术人员1558人次。自2013年以来，学校全面完成定点扶贫任务，三次入选“教育部直属高校精准扶贫精准脱贫十大典型项目”，被称为“一支永不走的扶贫工作队”。2017—2019年，学校李小云教授、张福锁院士、杨宁教授先后荣获“全国脱贫攻坚奖创新奖”；2019年，学校农学院荣获“全国脱贫攻坚奖组织创新奖”；2020年，学校荣获“临沧市脱贫攻坚奖先进单位”荣誉称号。

2018年，学校党委书记姜沛民在与镇康县领导干部的座谈会上指出：“在下一步的挂钩帮扶工作中，中国农业大学将在国家精准扶贫的新形势、新任务和新要求下，在原有合作的基础上，充分发挥学校在人才培养、科学技术和学科特色方面的优势，聚焦特色农业发展、精准扶贫项目、人才队伍培养，定方向、定领域、定专家、定项目，真正做到定点扶贫、精准扶贫。”学校将按照“摘帽不摘责任、摘帽不摘政策、摘帽不摘帮扶、摘帽不摘监管”的总体要求，深入贯彻党的十九届五中全会精神，切实推进镇康县巩固并拓展扶贫成果，探索镇康扶贫模式，全面实施乡村振兴战略，加快农业农村现代化建设。

（中国农业大学　卜洪震）

“光明影院”构筑脱贫攻坚道路的“文化盲道”

——中国传媒大学精准扶贫精准脱贫典型项目

一、基本情况

习近平总书记曾在深度贫困地区脱贫攻坚座谈会上指出：“要坚持扶贫同扶智、扶志相结合，注重激发贫困地区和贫困群众脱贫致富的内在活力。”2020年是全面建成小康社会收官之年、实现第一个百年奋斗目标之年，贫困残疾人的脱贫工作尤为重要。自国家实施精准扶贫和精准脱贫政策以来，贫困残疾人的脱贫成果显著，但是新时代扶贫工作不只在物质经济方面，中国传媒大学“光明影院”项目围绕脱贫攻坚开展视听创作与公益推广，从文化角度助力精准扶贫、文化扶贫。

据统计，目前全国共有1700多万视障人士，相当于每80人中就有1位。我国视障群体的文盲率高达43%，而目前中国人的文盲率仅为4%左右，相差近十倍。迈入新时代，如何满足视障人士日益增长的精神文化需求，成为立足国家战略、服务社会公益的重要议题，受到社会各界的广泛关注。为构筑一条彰显人文关怀、传播文化成果的“文化盲道”，中国传媒大学联合北京歌华有线电视网络股份有限公司、东方嘉影电视院线传媒股份公司，共同推出“光明影院”项目，旨在为视障人群讲解优秀影片，并通过覆盖全国的公益推广，让视障人群共享电影这一文化成果，传播新时代的新思想、新气象，为国家公益事业与文化建设贡献力量。

二、实施进展

自2017年年底创立至今，“光明影院”已制作完成200余部无障碍电影，并将持续每年制作104部，这意味着，一年52周，每周视障人士都能够欣赏2部无障碍电影，达到甚至超过普通人的观影频次。

2019年6月，“光明影院”项目开始了面向全国的覆盖推广。以省级行政区为单位，在全国进行基层调研与推广，同时，与各地政府、残联、盲协、盲校等单位展开合作，探索各地特色文化扶贫模式，形成了以33个省级盲协为纽带，以“五进”模式（进社区、进影院、进图书馆、进盲校、进家庭）并行推广的全国覆盖机制。同时开展多场公益放映活动，在全国各地建立起了多个“光明影院”定点放映厅，以公益之心传播文化精品，传播社会正能量，助力文化精准扶贫，受益人群达200多万人。在“光明影院”项目团队的努力践行下，2019年10月15日，在第五届中国“互联网+”大学生创新创业大赛中，“光明影院”项目一举获得“青年红色筑梦之旅”赛道全国金奖，指导教师获得“创新创业优秀导师奖”。

截至2020年11月，“光明影院”项目实现了无障碍电影在31个省（自治区、直辖市）以及澳门特别行政区的放映和推广，对国务院扶贫办划定的11个集中连片特困地区进行点对点覆盖，先后向内蒙古自治区科尔沁右翼前旗、大青山革命老区，四川省凉山彝族自治州、福建省宁德市等贫困地区捐赠无障碍电影，打通文化扶贫“最后一公里”，真正实现扶贫路上视障人士一个都不能少。

三、主要特点

“光明影院”项目以无障碍电影为载体，传播新思想、新理念，满足视障人群的文化需求。项目团队师生学习贯彻习近平总书记在学校思想政治理论课教师座谈会上的重要讲话精神，将视听专业教育与公益情怀教育有机结合，培养学生的爱心、善心、责任心和公益之心。

（一）坚持立德树人，创新育人理念

“光明影院”项目团队教师发挥专业优势，创新文化传播与公益服务教学实践，探索课程思政新路径。借助“光明影院”平台，将公益服务与教学实践相结合，让“立德树人”贯穿活动始终；将育人和育才相统一，摸

索出一套课程思政新模式。将专业教育、素质教育与情怀教育有机融合，在培养学生专业能力的同时，加强对公益精神和家国情怀的培育，实现全员全程全方位育人；在进行无障碍电影创作培训的同时，对志愿者们进行无障碍文化的普及和通用无障碍理念的教育，为我国无障碍事业发展培养知行合一的专业人才，服务国家战略，力行社会担当。

（二）践行课程思政，搭建课程平台

“光明影院”项目给学生心灵埋下真善美的种子，引导学生扣好人生第一粒扣子。学生通过课堂学习、实验室实践，掌握了无障碍传播的基本知识以及写作、配音、融合创作等实务技能；通过围绕党和国家的重大战略开展主题性专业创作，与时代同步，与祖国同行。如在2019年推出了“70年·70部”特别计划，从1949—2019年的电影中精选70部代表性影片，将其制成无障碍版本。2020年是脱贫攻坚收官之年，2021年将迎来中国共产党建党100周年，师生将以无障碍电影助力脱贫攻坚，向党的生日献礼，让视障人士同步感受到凝结在电影中的党和国家的发展变化。

团队深入基层开辟“第二课堂”，在全国各地组织了近200场公益放映，带领学生将无障碍电影送到了内蒙古大青山革命老区、四川凉山彝族自治州、福建宁德、内蒙古科右前旗等贫困地区。通过无障碍电影的推广和传播，实现对视障群体的文化扶贫；从文化传播角度入手，将扶贫与扶志、扶智相结合，借助电影潜移默化的教育功能，提升视障群体的生活品质和文化素养，激发残疾人脱贫攻坚的内生动力，为决胜全面建成小康社会不懈奋斗。

四、成效经验

（一）走进青海省：首次走进少数民族地区进行公益推广

2019年6月15日，“光明影院”项目团队来到青海省西宁市，来自青海8个洲、地、市的120位视障人士走进电影院，欣赏无障碍电影《流浪地球》。项目团队向青海省盲协及各州、地、市盲协代表以及青海省图书馆、

青海省特殊教育学校、青海省残疾人就业服务指导中心赠送了104部无障碍电影，将项目成果惠及青海省全体视障群体。在当天下午举行的座谈研讨会上，多方共同探索出了由青海省盲协、青海省图书馆、“光明影院”项目团队三方合作的“光明影院”全国公益推广的青海模式。

（二）走进山东省：媒体合作助力经济文化强省建设

2019年6月21日，“光明影院”项目团队走进山东济宁。6月21日上午，山东省“聆听光影”无障碍电影观影活动在山东广播电视台正式启动，来自山东省济南市特殊教育中心的80名视障学生走进山东省广播电视台，欣赏了由“光明影院”项目团队制作的无障碍电影《战狼2》。其后，中国传媒大学“光明影院”项目团队向山东广播电视台齐鲁频道授牌，标志着“光明影院”在山东省正式落地，这也是“光明影院”第一次与当地媒体展开合作。山东省作为我国第二人口大省，其视障人士数量高达67.3万，其中6成没有上过学。为进一步推动文化扶贫，“光明影院”将与山东省各主办单位一道，在试点工作的基础上建立公益推广的长效机制，为更多特殊群体做好公益服务，为丰富群众精神文化生活、推动经济文化强省建设助力。

（三）走进内蒙古自治区：打通文化扶贫的“最后一公里”

2019年7月12日，“光明影院”项目团队来到内蒙古自治区。来自内蒙古呼和浩特市的100名视障人士走进内蒙古图书馆放映厅，欣赏由“光明影院”项目团队制作的无障碍电影《西虹市首富》。项目团队与内蒙古盲人协会等单位合作建立了在内蒙古的独特覆盖推广机制。此外，项目团队还走进全国著名革命老区——大青山，把“光明影院”无障碍电影送到视障人士家中。通过深入基层、走访调查，项目团队充分了解了视障朋友的实际需求，从而更好地服务脱贫工作，打通文化扶贫的“最后一公里”。

（四）走进福建省宁德市：构筑特色脱贫攻坚道路的“文化盲道”

2019年8月31日，“光明影院”团队前往福建省宁德市，参加福建省盲人协会举办的“2019年度‘金秋’盲人大学生助学计划启动仪式暨福建省盲协三级联创活动”。活动期间，“光明影院”项目团队向福建省盲协捐赠了30余套装有团队制作的104部无障碍电影的U盘，让全省视障人士能够体验到观影乐趣，享受社会文化的发展成果。作为曾经的全国18个集中连片贫困区之一，如今的福建宁德在国家精准扶贫、精准脱贫方略指引下，已经走出了一条具有地方特色的脱贫攻坚道路。习近平同志在担任福建宁德地委书记时曾提出“弱鸟先飞”理念，倡导“滴水穿石”精神，帮助闽东人民摆脱贫困。此次“光明影院”团队走进福建宁德，就是希望从文化角度助力精准扶贫，在为当地的视障朋友带去无障碍电影的同时，让更多的视障朋友拥有平等享受文化成果的权利，构筑一条属于他们的“文化盲道”。

（五）走进四川省凉山彝族自治州：激发残障人士脱贫致富内生动力

2019年9月25日，“光明影院”项目团队师生志愿者抵达四川省凉山彝族自治州。西昌市上百名视障人士在家人的陪同下，到太平洋影城（西昌店）欣赏了影片《流浪地球》。随后，四川省委统战部、四川省文化和旅游厅、四川省残疾人联合会、峨眉电影集团等单位领导，与“光明影院”项目团队进行了研讨，探索四川模式的落实与推进。在多方的共同探讨下，明确了“光明影院”四川省“一竿子插到底”的覆盖模式。“光明影院”项目团队通过向四川省盲协及8个市（州）残疾人联合会赠送团队制作的104部无障碍电影，传递坚强、传递温暖、传播希望，在文化扶贫的同时激发贫困地区残障群众脱贫致富的内生动力。

（六）全国助残日：举办线上无障碍电影放映，围绕脱贫攻坚精准文化扶贫

在抗击疫情期间，为了丰富视障人士的文化生活，陪伴他们度过这段“特殊”的日子，“光明影院”联合北京市朝阳区新时代文明实践中心、北京歌华有线、东方嘉影共同发起“光明影院”之“云上光明”系列活动，邀请全国视障朋友在线参与活动，共赴云端聚会。

2020年5月17日是第30个全国助残日，“光明影院”首映了扶贫题材

电影《玉秀》，邀请全国视障人士在线欣赏。2020年是全面建成小康社会目标实现之年，是脱贫攻坚收官之年，《玉秀》虽然还未正式上映，但电影发行方为了满足视障人士的观影需求，授权“光明影院”团队制作完成无障碍版本，在全国助残日当天首映并邀请视障人士在线欣赏。该电影讲述了到呼家滩村挂职的第一书记玉秀带领村民种植海红果树、脱贫致富的故事。电影中的人物故事切实践行了“绿水青山就是金山银山”的理念，实践了“幸福是奋斗出来的”道理。人民网、新华网、光明网、央视网、央视频、学习强国、新浪微博等网络媒体对本次活动进行了同步直播，期间吸引了近40万网友参与直播互动。

（七）走进内蒙古自治区科尔沁右翼前旗：助力定点扶贫工作

2020年5月21日，中国传媒大学校领导率相关职能部门、学部院、直属科研机构负责同志14人，赴学校定点帮扶地区内蒙古自治区科尔沁右翼前旗，深入了解当地经济社会发展实际情况，对接帮扶需求，开展了为期3天的系列对接调研工作，并在科右前旗举行了“光明影院”无障碍电影捐赠仪式，捐赠了174部由“光明影院”制作完成的无障碍电影，希望能够丰富视障朋友的精神生活，为视障朋友构筑一条“文化盲道”，真正做到“全面建成小康社会，残疾人一个也不能少”。

五、未来规划与持续推广

（一）深入国家级贫困县，继续做好文化助力精准扶贫工作

在面向全国的覆盖推广过程中，“光明影院”项目团队落实放映机制并且进行了盲人家庭的走访调研，开展了多场公益放映活动，在全国各地建立起了多个“光明影院”定点放映厅，助力文化精准扶贫。未来，“光明影院”项目团队将继续深入少数民族聚居地区，深入刚刚脱贫和还未脱贫的县市，立足国家发展战略，打通无障碍电影传播的最后一公里，将作品赠予盲人家庭，并展开基层调研，深入了解视障人士需求。同时，将积极研创，根据贫困地区的地域特色和条件，进行播放设备的更新与优化。

（二）关注脱贫攻坚题材电影，激发脱贫攻坚的内生动力

项目团队每年完成104部无障碍电影的制作，并紧跟国家发展脚步，在重要的历史时间节点上开展特别计划。如在2019年中华人民共和国成立70周年之际，策划“70年·70部”特别计划。2020年脱贫攻坚的关键之年，“光明影院”为助力脱贫攻坚决战决胜，特别制作了20部扶贫题材的无障碍电影，通过对残障群体的文化扶贫，激发其干事创业的决心和信心，让残障人士积极主动迈向幸福美好的新生活。

此外，2021年、2022年的无障碍电影制作也将分主题、分系列进行。如2021年将围绕中国共产党成立100周年展开，2022年计划围绕冬奥会展开等。

六、结语

作为国家“双一流”建设学科，中国传媒大学的师生创新团队一直在探索如何更好地发挥新闻传播专业优势，服务社会公益，助力脱贫攻坚，推动国家的发展建设。“光明影院”项目，组织学生走进盲校、社区及贫困地区，深入了解视障群体的生存状况，倾听视障人士的精神文化需求，关注还在深度贫困中的地区，怀揣公益之心，勇担社会之责。这既是对学生进行视听专业教育，也是落实立德树人的根本任务，将思想政治教育和公益情怀教育融入教学、植入实践，凭借策划制作有创意、有温度的媒介产品，引领学生牢记历史使命、服务国家战略、参与社会公益，为国家的脱贫攻坚战贡献青春力量。

（中国传媒大学“光明影院”项目团队）

本禹志愿服务队实施“四大工程”助力精准扶贫

——华中农业大学精准扶贫精准脱贫典型项目

湖北省恩施土家族苗族自治州建始县地处集中连片特困地区——武陵山区。华中农业大学2012年11月开始参与定点扶贫建始县，学校积极发挥本禹志愿服务队的重要作用，着力实施“甘露工程”推动当地基础教育发展，着力实施“活泉工程”为当地培养农业科技人才，着力实施“春风工程”助力产业扶贫，着力实施“志·青春工程”促进文化发展与文化产业提升。8年来，逐步探索出具有华农特色的“志愿服务+精准扶贫”模式，有效发挥了志愿服务参与社会扶贫的独特作用，为学校定点扶贫建始县做出了积极贡献。2013年12月5日，中共中央总书记、国家主席、中央军委主席习近平同志给学校本禹志愿服务队回信，勉励青年志愿者“与祖国同行，为人民奉献”。2014年，在中国首届扶贫论坛上，本禹志愿服务队志愿者安玥琦代表全国青年扶贫志愿者做典型发言，本禹志愿服务队被国务院扶贫工作领导小组授予“全国社会扶贫先进集体”称号。

一、工作思路

华中农业大学定点扶贫建始县的总体思路是：教育扶贫夯实乡村振兴根基，产业扶贫促进乡村经济发展，文化扶贫提升乡村品牌价值，构建以教育扶贫为主导、产业扶贫为牵引、文化扶贫为支撑的扶贫工作体系。在这一总体思路的指引下，本禹志愿服务队坚持问题导向，主动作为，找准定位，积极当好志愿者、社会企业和贫困地区的桥梁和纽带，汇集更多爱心力量和社会资源共同帮助建始县脱贫。

（一）坚持项目化推进

本禹志愿服务队瞄准当地贫困对象实际需求，坚持以项目化的形式开展建始扶贫志愿服务，提升志愿服务水平和精准扶贫工作实效，集中力量开展“四大工程”，以稳定的志愿服务队伍、清晰的工作思路和有效的工作机制，不断推进建始扶贫志愿服务走向深入。

（二）坚持专业化支撑

以提升扶贫志愿服务的专业性为目标，充分发挥本禹志愿服务队师生志愿者的智力优势，通过广泛调查，深入了解建始经济、社会现状，根据当地实际需求，组建专业化的志愿服务团队助力精准脱贫。

（三）坚持精准化服务

按照“补短板、强弱项”的要求，聚焦教育、文化、产业等重点领域志愿者可为、能为、善为的扶贫“点”，坚持扶贫与扶智相结合，采取“点对点”“结对+接力”的方式精准施策，服务当地百姓脱贫。

二、主要做法和成效

（一）聚焦教育短板，实施“甘露工程”助力教育扶贫

教育扶贫是最直接的精准扶贫，本禹志愿服务队“甘露工程”项目围绕教育扶贫中乡村教师队伍建设、基础教育设施建设、精准资助体系建立、自主脱贫能力发展等重点领域，积极探索教育扶贫有效模式。

一是实施志愿者扶贫接力计划，研究生支教团助力乡村教育。自2013年起，学校本禹志愿服务队共派遣8批35名研究生志愿者到建始县官店镇摩峰小学接力支教。志愿者扎根山乡，潜心教书育人，创新教育教学方式，注重学生素质教育和全面发展，大力加强第二课堂建设，开展中华优秀传统文化课堂，组织学生开展朗读比赛、文艺会演等校园文化活动，为建始县义务教育发展注入新活力，任教科目多次在全镇、全县调考中取得第一的优异成绩，研究生支教团被《光明日报》、共青团中央评为“镜头中

最美支教团”。2014年6月，湖北省教育厅副厅长欧阳建平专程到建始县官店镇摩峰小学，看望慰问学校研究生支教团志愿者，对志愿者的支教行动表示充分肯定。2015年5月，湖北省委书记李鸿忠给学校建始县支教团志愿者写信，勉励他们坚定理想信念、砥砺高尚品格，脚踏实地、扎根基层，为实现“中国梦”贡献自己的力量。2017年1月，中央电视台推出“身边的网络正能量”系列报道，专题报道志愿者在建始支教过程中的创新举措，让全国电视观众都听到了建始乡村小学的声音。

二是实施“乡村教师来汉培训”项目，提升乡村教师教书育人能力。志愿者每年举办“乡村教师来汉培训”活动，邀请乡村小学骨干教师到武汉开展为期一周的学习培训。2013年以来，已有113名建始县乡村小学优秀骨干教师参加培训。学校邀请华中师范大学郑晓边教授、陈彬教授，武汉崇仁汉滨小学汪飞校长等为参训教师授课，培训内容包括教育理念、教学方法、学校管理等，组织教师参观武汉实验寄宿小学、水果湖二小，让乡村教师在专题培训和考察交流中更新教育理念，开阔视野，以更好地服务地方教育发展。2017年、2018年志愿者募集资金举办了两期小学校长培训班，建始县55名小学校长参加了培训，基本实现乡村小学全覆盖，对提升建始县乡村小学教学管理水平起到了促进作用。

三是搭建“学校+地方+企业”爱心桥，汇聚社会资源精准帮扶基础教育设施改善。志愿者深入开展学生家访，调研实际情况，精准提出项目菜单，同时多渠道联络社会爱心企业进行项目认购，提供经费支持。通过汇聚社会爱心资源，有针对性、项目化改善山区小学办学条件。截至2020年，已为建始县官店镇摩峰小学募集资金182万元，修建了教学楼、宿舍楼、操场、“思源泉”等设施。武钢工程技术集团、上海乐扣、步步高集团、新华书店等企业捐赠太阳能路灯、热水器、电脑、图书等30余万元，优化学生学习环境。

四是实施“留守儿童城市体验行”项目，探索建立“成长型”资助体系。本禹志愿服务队志愿者用所募集的20万元资金成立了“水滴助学金”，用于奖励品学兼优、家庭贫困的学生，选取成绩优异、品德端正、家境困难的学生实施“一对一”帮扶。在此基础上，探索将资助方式从“解决温饱型”转向“关注成长型”，开展留守儿童城市体验行等活动，近几年先后带领山区学生前往北京、上海、武汉、杭州多地参观，开阔学生视野，丰富成长体验。

五是实施“阡陌学堂”在线支教项目，搭建信息化教育扶贫平台。志愿者借力“互联网+”，建设“阡陌学堂”在线课堂，邀请国内外、社会各界知名人士和高校相关专家通过远程视频授课方式参与支教，为山区孩子打开一扇看到外面世界的窗。目前已邀请100余位社会各行业优秀代表在线授课，内容包括社会知识、音乐、心理辅导、食品安全知识等多个方面。2015年，本禹志愿服务队志愿者赵芸逸和摩峰小学10名学生受邀登上CCTV网络春晚舞台，大山深处的网络课堂让千万观众动容。2016年“阡陌学堂”在线支教项目荣获第三届中国青年志愿服务项目大赛金奖。

（二）聚焦人才短板，实施“活泉工程”助力人才扶贫

“问渠那得清如许？为有源头活水来。”人才是扶贫“造血”最亟须的“干细胞”，是长久脱贫的关键。本禹志愿服务队聚焦当地人才短缺的困境，通过请进来、走出去的方式，帮助当地培养能够扎根的人才队伍。

一是发挥农科教平台优势，开展综合培训。学校2015年成立教师志愿服务队，主动整合学校、社会教育资源，依托国家科技特派员创业培训基地、中央农业干部教育培训中心华中农大分院、农业部现代农业技术培训基地等平台，为建始县开设农村致富带头人、涉农企业主等教育培训项目。累计为建始县培训管理干部、技术人员27 881人次。其中，举办专题培训班10期，参训人员11 000人次。培训针对建始县农业发展面临的实际问题，组织实践经验丰富的专家，进行“问诊式”授课，为建始发展提供新思路、新模式、新方案，解答学员工作中遇到的新困难、新疑惑、新问题。通过农业创新与市场经营意识培训，提升干部、产业人才引领产业发展的能力。

二是依托产业扶贫项目，开展专业技能培训。本禹志愿服务队中以硕士、博士研究生和青年教师为主体的志愿者通过在建始适宜地区建立一批特色产业试验示范培训基地，做给农民“看”、带领农民“干”。根据产业发展需求，志愿者走进田间地头、工厂车间，开展集中培训、现场示范讲解，累计开展农技培训142场次，培训特色产业人才、专业合作社带头

人、种养植户11 695人次。为了让老百姓看得懂、学得会，师生志愿者精心编印了《建始猕猴桃实用栽培技术》《山区规模化生态土鸡养殖手册》《景阳鸡饲养管理技术手册》《有机水溶肥料施用方法手册》《枸杞病虫图说》《枸杞整枝图说》等一批实用技术手册，指导企业、农户提升科技务农水平。

（三）聚焦产业短板，实施“春风工程”助力产业扶贫

扶贫攻坚，春风送暖。针对建始县农业产业基础薄弱、农业技术水平较低等现实状况，本禹志愿服务队组建博士服务团、科技服务小分队，定期送科技下乡，助力建始产业脱贫。

一是选派博士服务团，开展科技扶贫志愿服务。自2013年以来，共选派9批25名博士赴建始县接力志愿服务。他们利用专业知识服务地方建设，同时充分发挥桥梁纽带作用，集成学校优质智力资源，对接地方特色农业产业，搭建产学研用对接平台。在志愿服务活动中，涌现出一批饱含深情、俯下身子、真抓实干的优秀博士志愿者。第五批博士服务团志愿者张学振教授在支援建始的1年间，有150天都在农村开展现场服务工作，带领1名博士生、3名硕士生吃住在渔场，开展技术讲座和培训4场，培训人员300人次，推广新技术5项，申报国家发明专利5项，引进科研项目3项、项目资金60万元。考虑到建始县冷水渔业刚起步，面对当地渔民的期望，他主动申请“留级”，成为第六批博士服务团志愿者中的一员，继续留在当地服务渔民。《中国青年报》以《一支不走的博士团》为题专题报道了张学振教授等青年教师志愿者的事迹，学校也被评为湖北省博士服务团先进单位。

二是发动岗位科学家，带领志愿者深入一线。学校充分利用国家现代农业产业技术体系岗位科学家具有指导产业发展的实践经验，结合建始产业发展和产业链特点，组建了10支“与岗位科学家同行”志愿服务团，发动志愿者深入农业生产一线开展科技咨询、产业调研、生产指导和社会观察等工作，重点扶持景阳鸡、玉米、魔芋、猕猴桃、茶叶、高山蔬菜、甜柿、枸杞、冷水鱼、饲料油菜、马铃薯等特色产业发展，探索出了一条“岗位科学家+学生志愿者+产业基地”的产业扶贫新模式。动科动医学院岗

位科学家龚炎长教授依托产业项目，带领研究生志愿者在景阳鸡种鸡群中推广应用“鸡白痢净化技术”，在商品雏鸡生产中推广应用“集中育雏技术”，2项技术的应用使得景阳鸡成活率从不足50%提高到95%以上，再加上“553”生态养殖技术的大范围示范和推广，景阳鸡养殖规模逐年翻番，2017年达50万只，年产值近6000万元。

此外，还有200余名大学生志愿者组成社会实践团队在专业教师带领下，深入建始开展政策宣讲、科技服务、法律宣传、爱心支教等志愿服务活动，全方位服务建始产业发展（见表1）。

表1　2016—2018年大学生志愿者暑期社会实践项目一览表

年份	项目名称	负责人	人数（人）	指导老师
2016	水产学院三里乡扎鱼口村社会实践团	杨利娟	5	蔡徐涵
2016	红杜鹃爱心社暑期支教社会实践团	周　铎	11	张贵礼
2016	园林院定点扶贫成果调研实践团	刘梦锜	8	徐　行
2016	资环院服务新农村建设社会实践团	韩冰洁	7	赵　慧
2017	公管院调研精准扶贫模式社会实践团	智晓琳	5	程华东
2017	食科院关爱留守儿童社会实践团	孟　晓	7	李二虎
2017	公管院易地搬迁社会调研团	陈华析	7	胡小芳
2017	经管院产业扶贫满意度社会调研团	张雨勤	8	夏春萍
2017	经管院富硒菊花茶市场状况社会调研团	罗徐琳	6	王　清
2017	文法院新农合医疗制度实施现状社会调查团	谭蓓珺	6	刘晓丽
2017	文法院农村社区法律服务现状社会调研团	张思庆	7	张　燕
2017	文法院农村贫困妇女脱贫状况调研团	苏琬迤	5	张翠娥
2018	公管院科技扶贫志愿服务实践团	王　琳	12	姜庆志
2018	文法学院科技扶贫志愿服务实践团	陈　洁	9	田北海
2018	文法学院科技扶贫志愿服务实践团	章慧茹	8	崔　磊
2018	植科院科技扶贫志愿服务实践团	黄兆楠	11	刘新伟
2018	动科动医学院科技扶贫志愿服务实践团	刘禹可	13	龚炎长
2018	资环院双寨子村扶贫社会实践团	潘　亭	10	唐仁华

续表

年份	项目名称	负责人	人数（人）	指导老师
2018	公管院花坪镇民族初级中学支教团	刘政松	9	李凤兰
2018	公管院精准扶贫现状社会调查团	陈晔菲	9	李优柱
2018	公管院易地搬迁现状社会调查团	谢　琳	8	胡小芳
2018	经管院水稻种植户低碳减排行为社会调查团	石　婷	12	张　露
2018	文法院服务农产品电子商务发展社会实践团	吕依铭	10	余　霞
2018	文法院乡村小学启迪艺术梦想社会实践团	何超仪	9	李　琳
2018	园林院扎鱼口村精准扶贫现状社会调查团	周　舟	10	徐　行

三是组建学生公益创业团队，助力农产品销售。学校充分发挥本禹志愿服务队志愿者的智力优势，组建了4支公益创业团队，帮助建始挖掘产业资源、服务产品销售。2015级园艺专业学生向义负责的创业团队成立了恩施州依克罗吉生态农业开发有限公司。该公司牵手建始县政府扶贫办公室，与建档立卡贫困户签订扶贫协议，对贫困农户高山特色生态农产品进行统一收购、生产、包装，打通商超对接渠道，搭建线上平台进行互联网销售，结合自媒体平台进行品牌推广。2017—2020年，该公益创业团队还与学校后勤集团合作，举办了4届建始农产品展销会，70余个摊位吸引了近百家企业参展，极大扩大了产品的知名度，实现了产品增值、农民增收，探索出一条具有高校公益创业团队特色的精准扶贫道路。

（四）聚焦文化短板，实施“志·青春工程”助力文化扶贫

文化扶贫是扶贫工作的重要组成部分，是影响扶贫长效机制和效果的关键。本禹志愿服务队志愿者主动发掘建始文化资源，开展农产品品牌建设，举办文化艺术普及活动，在实现文化价值、企业品牌、产业效益、贫困人口收入四个提升的同时，推动了乡村文明建设。

一是推进非遗文化保护与融合。志愿者以“黄四姐”非遗元素为核心，围绕建始业州竹编手工艺、西兰卡普艺术、建始传统小吃桃片糕等开展特色农产品品牌设计与宣传、旅游文创产品设计，同时挖掘当地非遗资源的经济价值，将非遗文化元素融入当地现有科技扶贫产业。

二是开展文化艺术普及服务。志愿者利用假期举办艺术下乡专场演出，开办小学生暑假艺术素质拓展训练营，提升山区学生的艺术素养。开设艺术普及微课堂，通过在线课堂远程教授音乐、美术等课程，录制民乐、曲艺等视频艺术课程，为建始乡村小学生提供丰富的艺术学习素材。

三是提升扶贫产业文化形象。艺术设计专业志愿者为建始猕猴桃、枸杞珍酒、马坡茶、甜柿、冷水鱼、高山蔬菜、景阳鸡等7个扶贫产业进行品牌视觉形象设计，通过包装、logo、宣传页、企业VI、淘宝网店设计等工作，提升产业文化品牌形象，促进产品销售。2019年，学校为关口葡萄提供了包括省地标产品申报、包装设计、品牌建设等服务，使关口葡萄的单价由每盒70元提升到90元，花坪镇关口葡萄收入较2018年增加了2000万元，并在北上广一线城市打开了市场。

四是讲好志愿者青春故事。学校以本禹志愿服务队爱心接力故事为创作源泉，以献身湖北建始支教事业的赵福兵等优秀学生典型为故事原型，创作了公益话剧《牵挂》，以艺术的手法塑造了大学生志愿者的鲜活形象，讲述了志愿者在西部山区义务支教、奉献青春的感人故事，展现了新时代大学生心系农村、心系农民的高尚品格，向社会传递青春正能量。该话剧先后在国家大剧院以及中国人民大学等大专院校演出50余场，时任中共中央政治局委员、国家副主席李源潮等领导同志到现场观看并给予高度评价，时任中共湖北省委书记李鸿忠做出批示：该剧展现了当代大学生高扬理想、脚踏实地、奉献社会、服务他人的良好形象，诠释了“敢于有梦、勇于追梦、勤于圆梦”的价值追求，是青年志愿者“自己演自己”、弘扬志愿精神、践行社会主义核心价值观的精品佳作和艺术载体。希望进一步运用好艺术这个“磁力棒”，用人民艺术讲好“百姓故事”，进一步弘扬“奉献、友爱、互助、进步”的志愿精神，激励青少年践行社会主义核心价值观，引导青少年健康成长成才。该剧荣获全国高校校园文化建设优秀成果特等奖、湖北省精神文明建设“五个一工程”奖，已成为本禹志愿服务队参与社会扶贫工作的靓丽文化名片。

三、工作思考与计划

8年来，本禹志愿服务队志愿者始终和建始人民群众在一起，甘于奉献、不计回报、苦干实干，为扶贫工作注入生机活力，得到社会各界的赞誉和奖励。《人民日报》以长篇通讯报道了学校教师志愿者在建始开展定点扶贫的感人事迹。中央电视台、《中国教育报》、《中国青年报》、《农民日报》等媒体对志愿者参与扶贫工作进行了报道。2018年5月，教育部党组书记、部长陈宝生到恩施州建始县红岩寺镇学校猕猴桃示范基地调研定点扶贫工作，听取了校党委书记高翅的专题汇报，充分肯定了学校师生志愿者在建始县的定点扶贫工作。学校将牢记习近平总书记的嘱托，发扬本禹志愿服务队的光荣传统，进一步弘扬“奉献、友爱、互助、进步”的志愿者精神，围绕脱贫攻坚这个中心，发挥优势，主动作为，为建始精准脱贫贡献青春力量。

（一）“四大工程”扶贫志愿服务给我们的启迪

一是志愿服务能够在脱贫攻坚战中发挥独特作用。随着扶贫重心向微观层面的转变，全局性扶贫新形势需要社会多元主体参与，本禹志愿服务队的实践证明志愿服务组织能够成为政府精准扶贫中不可或缺的助手。

二是结合高校专业特色和优势开展的志愿服务能够更好地展现志愿者的帮扶作用。本禹志愿服务队志愿者正是凭借自身农业科技专业知识，为建始贫困群众提供了有特色、实效强的志愿服务，得到当地各方的充分肯定。

三是以项目化形式开展志愿服务。一方面，能够通过项目化管理推动帮扶举措有效率地落地落实；另一方面，可以更有效地将学校、社会各类资源联系起来，为群众提供多方位帮助，为政府扶贫工作分解工作压力。

（二）下一步工作计划

一是进一步发挥教育扶贫志愿服务的牵引作用，新增1～2个研究生志愿者扶贫接力支教点，加派支教志愿者，更好发挥以点带面的示范效应。将“阡陌学堂”等较为成熟的扶贫志愿服务项目推广到更多山区小学。

二是组织4～6支生态环保志愿服务队赴建始开展生态环境调研，在发展当地产业的同时，做好生态环境保护和污染防治方面的宣传和实践。

三是充分发挥学校艺术设计、园林规划等专业的志愿者的作用，协助当地做好乡村规划和文化建设，把建始农村建成“看得见山、望得见水、记得住乡愁”的地方，成为群众安居乐业的美丽家园。

四是将产业扶贫实施过程中形成的有关农业生产的技术资料、操作手册等进行固化，并推广到更多自然条件适宜的贫困地区。

五是发动更多公益创业团队志愿者参与产业帮扶过程，提供信息服务、品牌提升服务，运用互联网技术带动更多农民脱贫致富。

（华中农业大学　余华俊　张　进）

阿者科计划

——中山大学精准扶贫精准脱贫典型项目

一、案例摘要

2018年1月起，中山大学保继刚教授及其研究团队应云南省元阳县邀请，发挥中大旅游学科优势，编制“阿者科计划”，派研究生驻村技术援助。9月，阿者科旅游公司注册成功并正式挂牌，通过培训的部分村民开始上岗接待游客。10—12月，旅游公司全力配合有关部门修缮传统民居，组织村民整治村内人居环境、修缮村内传统工具与设施。2019年2月3日，阿者科旅游公司开始正式营业，并于3月8日成功举行了第一次旅游发展分红大会。在当地政府的配合下，“阿者科计划”通过技术支援给当地带来了实实在在的村貌改观、真金白银的分红收入、潜移默化的内生动力、逐渐提升的旅游体验，为乡村振兴、传统村落和梯田文化遗产保护，找到一条可持续的旅游发展之路。

二、案例背景

阿者科村地处云南红河哈尼梯田世界文化遗产核心区内，海拔1880米，全村共65户481人，是典型的哈尼族聚居的传统村落。阿者科同时也是第三批国家级传统村落，村落景观独特，尤其是蘑菇房较成规模。但随着现代社会的发展，人口外出务工，村落空心化严重，传统生产生活方式难以为继。阿者科村经济发展缓慢，人均年收入仅3000元，是元阳县典型的贫困村，脱贫任务艰巨。同时游客自由进出村庄，旅游接待散漫无序，村内脏乱差。为决胜脱贫攻坚，解决以上问题，中山大学发挥旅游学科优势，联合当地政府，制订了“阿者科计划”。

三、团体介绍

中山大学旅游学院于2004年11月正式成立。旅游学院是全国首批旅游管理博士学位、旅游管理专业硕士（MTA）学位授予权单位，联合国世界旅游组织旅游教育质量（UNWTO Ted Qual）认证机构，国家旅游局中国旅游研究院旅游影响研究基地，联合国世界旅游组织（UNWTO）旅游可持续发展观测点管理与监测中心依托机构，中国旅游协会旅游教育分会会长单位。目前，学院已经具有了从本科到硕士、博士研究生的完整办学层次，并设有博士后流动站。项目负责人——中山大学保继刚教授为博士生导师，中山大学旅游学院创院院长，兼任国务院学位委员会第七届学科评议组地理学组成员、中国地理学会副理事长等职。保继刚教授团队通过发挥旅游学科优势，在扶贫领域做出了很多专业化、科学化、实效化的业绩。

四、瞄准问题和对象

据中山大学保继刚教授团队调查，由于人均年收入较低，阿者科村还属于贫困型传统村落，且正在“空心化”：全村64户470余人中，有60多人在外打工，约占全村劳动力总数的一半；有的村民将传统民居出租给外地经营者，自己搬出村寨。研究人员在调研报告中写道：“如果不尽快改善该村经济状况，未来发展不容乐观。”很多村民没有实质性参与旅游产业，没有从中获益。一方面，村里有人向游客索要拍照费用和问路费，让游客反感；另一方面，游客对村民生活的干扰和留下的垃圾，让村民产生了抵触情绪。阿者科村急需通过科学统一规划、统一管理、统一实施来实现真正的精准脱贫。

五、具体实践做法和特点

2018年1月，中山大学保继刚教授团队应元阳县政府邀请，到元阳梯田区开展了“元阳哈尼梯田旅游区发展战略研究”的调研与规划工作，团队一行人实地调研5682家农户，调研完成后，团队专门为阿者科村单独编制了“阿者科计划”。

2018年5月，元阳县委书记李维与保继刚教授在昆明会面，商讨“阿者科计划”落地方案。

2018年6月，红河哈尼族彝族自治州州委书记姚国华与保继刚教授及其研究团队在阿者科村实地走访，进一步确认“阿者科计划”方案。

2018年7月，保继刚教授团队派出博士研究生杨兵正式驻村，协同县政府指派的青年干部开始执行“阿者科计划”。

2018年8月，阿者科游客中心筹建完成，并成功召开关于“阿者科计划”的第一次村民大会，全村同意接受公司领导，整治村庄，开发旅游。

2018年9月，阿者科旅游公司注册成功，正式挂牌，同时培训部分村民上岗接待游客。

2018年10月，阿者科村开始国庆试运营。

2018年10月中旬，阿者科村结束试运营，进入整改阶段。公司方面全力配合有关部门修缮传统民居，组织村民整改村内公厕，整治村内人居环境。

2018年11月，公司组织修缮村内传统工具与设施。

2018年12月，深圳互由科技有限公司无偿赞助阿者科村整套价值10万元的网络设备，完成全村无线覆盖。

2018年12月—2019年1月，拍摄阿者科宣传视频，组织线上营销推广。

2019年2月3日，阿者科公司正式营业，接待游客。

2019年3月8日，阿者科村成功在一个月内就举行了第一次旅游发展分红大会。

2019年8月20日，阿者科村成功举行第二次旅游发展分红大会。

2020年1月21日，阿者科村成功举行第三次旅游发展分红大会。

六、主要成效

（一）实实在在的村貌改观

在项目实行之前，游客自由进出村寨，留下大量白色垃圾无人清扫，村里卫生脏乱差。公司成立后一方面雇佣村民常规打扫，另一方面规范游客行为，使村内卫生环境有了很大的改观。此外还顺利完成了公厕改建、水渠疏通、房屋室内宜居化改造等工作，村庄人居环境相比之前得到大幅度改善。

（二）真金白银的分红收入

在驻村团队的指导下，经过22个月的经营，阿者科旅游公司获得总收入近75万元。按照“阿者科计划”分红规则，运营总收入扣除运营成本后，余下收入三七开：三成归村集体旅游公司，七成归村民。归村民的分红再分为4部分，即传统民居分红占40%、梯田分红占30%、居住分红占20%、户籍分红占10%。

目前，阿者科村已经举行了三次分红大会，村民直接分红30万余元。根据村民分红细则，全村有43户获得5440元、1户获得5340元、1户获得4350元、16户获得3260元、3户获得2180元、1户获得2000元。

（三）潜移默化的内生动力

村民分红细则旨在鼓励村民保护蘑菇房传统民居，保有阿者科村旅游核心吸引物；鼓励村民继续种田，保护梯田景观；鼓励村民继续居住在村里，保留阿者科原住民核心人文景观；鼓励村民保留村籍，为村集体事务出钱出力。中山大学“阿者科计划”实施后，村民对游客热情了，越来越积极地参与旅游接待，项目已为村民创造了10个就业岗位，均为建档立卡贫困户。2019年有3户人家选择留在了村里，不再外出打工，34岁的高烟苗就是其中之一。前几年他选择外出打工，如今村里开始发展旅游，高烟苗和妻子都成了元阳县陌上乡村旅游开发有限责任公司的工作人员，夫妻俩每月能有3500元的收入。除此之外，他们家还开起了农家乐。

（四）逐渐提升的旅游体验

项目修缮了织布机、石磨等传统生产工具与设施，既满足了村民日常生产生活需要，又可为游客体验活动设施。公司通过将传统工具设施旅游产品化，实现传统技艺的传承与保护，使传统焕发新生机。通过专业旅游策划，公司开展了一系列主题性体验，主要包括农事体验、织染布艺体验、野菜采摘、哈尼家访等。公司对外实行预约制，带动村民承接精品旅游团，游客在村内开展活动，深度体验哈尼村寨文化。

在公司成立之前，个别村民会跟游客索要拍照费用，甚至有小孩子缠着游客要零钱，令游客感到不愉快。公司成立后进行规范化运作，统一收取参观费用，让村民有了正规收入，村民收费行为明显减少，对游客的态度也发生了改变，由原来的反感转变为现在的热情接待。

“阿者科计划”运行以来，全体村民在本地干部与中山大学保继刚教授团队援助人员的带动下，积极参与文化遗产保护、旅游开发和脱贫攻坚三项事业，村内各项事业发展蒸蒸日上，脱贫攻坚初见成效。

七、传播影响

新华网于2020年11月23日刊发报道《旅游扶贫教育扶智 中山大学学者团队打造“扶贫样本”》。

2020年11月13—14日，在“2020世界旅游联盟·湘湖对话”论坛上，“阿者科计划”入选《世界旅游联盟旅游减贫案例》并作为典型代表进行展示。新闻报道《保继刚：“阿者科计划”将是中国旅游减贫模式的样板工程》被人民日报人民文旅官方账号、中国旅游协会等多家网站转载。

文旅头条网站于2020年4月27日刊发报道《“阿者科计划”的共赢秘密》。

教育部网站于2019年10月15日刊发报道《阿者科计划——全球旅游减贫的一个中国解决方案》。

新华网于2019年4月18日刊发报道《哈尼村寨里的90后“旅游村长”》。

《人民日报》2019年4月13日刊发报道《国家将动员1000万青年下乡？党报：有人又带节奏》。

《中国青年报》于2019年4月18日刊发报道《阿者科计划：百年古村的哈尼梯田保护实验》。

云南省文化和旅游厅官网于2019年4月25日刊发报道《红河：以阿者科计划　延续人文血脉　撬动古村振兴》。

腾讯网于2019年3月31日刊发报道《阿者科计划：美一处景，富一方民》。

中山大学驻村博士研究生杨兵，将驻村帮扶的照片和视频发到自己的抖音号上，获得了极高的点击率，有的甚至达到几百万人次的观看量。不少游客根据视频中的定位来到阿者科村，直接给村民带来了旅游收入。

2019年5月，阿者科村的公众号“阿者科”开通，其在积极宣传阿者科村的民族文化、乡村旅游发展方面发挥了重要作用。

八、主要经验

（一）一个模式

全村实行内源式村集体企业主导的开发模式——公司组织村民整治村庄，经营旅游接待，公司收入归全村所有。公司通过良好的利益机制引导调动村民参与旅游的积极性，强化文化遗产保护的责任意识。

（二）两方参与

中山大学保继刚教授团队派出技术人员（研究生为主），协同县政府指派的青年干部，共同驻村领导村民成立阿者科旅游公司。两方并不涉及任何利益分成，所有收支均由全村监督。“阿者科计划”预计用三年实现，属非营利性公益援助项目。计划前期启动资金由当地政府筹集，不要求村集体公司以后偿还，驻村研究生经费补贴由保继刚教授团队负责。

（三）三个目标

全体村民在本地精英干部与外部技术援助人员的带动下，积极参与文化遗产保护、旅游开发和脱贫攻坚三项事业。驻村团队领导村民参与经营村庄，注重对村民能力与意识的培养，最终实现村民自治。计划前期相关管理规则将通过村规民约的形式来约束全村村民。

（四）四条底线

（1）不租不售不破坏：公司成立后不再允许村民出租、出售或者破坏传统民居，违者视为自动放弃公司分红权。

（2）不引进社会资本：公司不接受任何外来社会资本投入，孵育本地村民自主创业就业。

（3）不放任本村农户无序经营：公司将对村内旅游经营业态实行总体规划与管理，严控商业化，力保村落原真性。

（4）不破坏传统：公司所有旅游产品开发均要以保护传统村落为首要前提，恢复传统生产生活方式，主打预约式精品旅游接待，发展深度体验式旅游。

九、推广价值

中山大学“阿者科计划”是对“绿水青山就是金山银山”发展理念的深度解读，是中山大学作为“双一流”建设高校，积极响应国家脱贫攻坚战斗号召，发挥国内领先的旅游学科优势，科学规划、精准实施、务实推进的实践范例。“阿者科计划”通过将盈利分红机制与村落保护细则相互绑定，鼓励村民保护蘑菇房传统民居，保育阿者科村旅游核心吸引物；鼓励村民继续耕种，保护梯田景观；鼓励村民继续居住村中，保留阿者科原住民核心人文景观；鼓励村民保留村籍，为村集体事务出钱出力。“阿者科计划”让村民们实实在在地看到了保护村落带来的效益，从而促使保护理念与细则内化，进一步激发村民主动保护文化遗产、保护传统村落、保护梯田景观的积极性。该计划以传统村落保护、文化遗产保护为重要抓手，促使文化和旅游产业助推脱贫攻坚与乡村振兴融合发展。

（中山大学　保继刚　杨　兵）

让青春梦想与脱贫攻坚同频共振

——西北农林科技大学精准扶贫精准脱贫典型项目

习近平总书记指出：农村是充满希望的田野，是干事创业的广阔舞台，我国高等农林教育大有可为。近年来，随着研究生的招生规模不断扩大，对于如何用好用活农村这个“广阔舞台”，让研究生深入乡村一线参与脱贫攻坚，把脱贫攻坚主战场变为“立德树人大课堂”，西北农林科技大学进行了积极的探索与实践。通过选派研究生助力团、研究生支教团和组织开展留学生“感知中国·乡村振兴”社会实践与文化体验活动，研究生助力脱贫攻坚的思路进一步清晰、举措进一步得力、体系进一步健全。实践证明，研究生参与脱贫攻坚不但为助力脱贫攻坚做出了积极贡献，而且其自身在实践中也经受了锻炼、增长了才干，在脱贫攻坚主战场谱写了新时代青春之歌，让青春梦想与脱贫攻坚同频共振。

一、主要做法

（一）组建研究生助力团，让青春飞扬在脱贫攻坚的主战场

2018年3月和8月，学校先后向陕西省合阳县、镇巴县分别选派了第一批研究生助力团。助力团成员从在校博、硕士研究生中遴选，被派往乡镇和县有关部门顶岗科技副镇长或涉农部门副职领导，进行六个月的社会实践锻炼，一茬接着一茬干，助力一线脱贫攻坚。为了保证研究生助力团顺利开展工作，学校采取了一系列保障措施。

一是制定和完善《研究生助力团管理办法》。校县双方共同商讨制订《研究生助力团管理办法》，按照“六个一”要求明确助力团及其成员的任

务，共同管理、共同考核研究生助力团及其成员。“六个一”，即助力团每个月举办一次主题活动、每半个月召开一次工作例会，助力团成员每人包联一个贫困户、每个月走访一遍所辖农业园区、每个任期形成一篇调研报告、每人协助管理一块科技示范田。

二是列支专项经费予以支持。学校每年为研究生助力团配套80万元工作经费，并制定经费使用办法；为每人补助1500～2000元的一次性交通补贴。学校和地方共同为助力团成员发放每人每月4000元的生活补助。

三是选聘“校外实践指导教师”。研究生助力团成员实行“双导师制”：研究生院从派驻乡镇和相关部门一把手中为研究生助力团成员选聘“校外实践指导教师”，负责对派驻期间的研究生进行工作指导和思想教育；“校内学术导师”着重提供学业指导和帮助解决研究生扶贫工作中遇到的技术问题。

四是设立研究生助力团科技示范田。依托产学研一体化示范基地设立科技示范田，与地方现代农业示范园区绑定，依托团队专家和研究生助力团的科技和智力优势，助推地方产业发展升级，夯实脱贫基础。

自2018年以来，学校累计向合阳、镇巴两县选派研究生助力团成员136名（合阳5批次76名、镇巴4批次60名），研究生助力团已经成为学校助力脱贫攻坚的一支生力军，成为学校“三团一队”智力扶贫模式的重要组成部分。研究生助力团成员依托学校的科技资源和自身智力优势，在地方产业发展、产销对接、文化推广、校地联络等方面积极作为，在脱贫攻坚主战场上经风雨、见世面、受锻炼、长才干，让青春潇洒飞扬。

（二）选派研究生支教团，用真情书写教育扶贫的生动故事

自2015年以来，学校先后向合阳、澄城选派研究生支教团到农村小学任教，并对支教团支教全过程给予支持和关心。

一是做到优选优派。每期支教团返校后及时召开“一年支教行，一生支教情”主题招募宣讲会，通过微博、微信、校园网等媒体向全校学生宣传志愿者的支教故事，让更多学生了解支教团、加入支教团。志愿者选定后，学校依托校附中师资和设备等条件，对每位志愿者进行2～3周的集中岗前培训和实习，使志愿者做到任前胸有成竹。

二是做好任期关心指导。学校有关领导、部门负责人每年利用六一儿童节、国家扶贫日等节点，深入志愿者中，给他们送去关怀和温暖，为他们的学生带去节日礼物，点亮孩子们的“微心愿”，并积极协调解决和采纳志愿者们所提的问题和建议。

三是发动各部门给予关心支持。博览园与合阳县坊镇中心小学共建科普教育基地，欢迎小朋友们免费参观；工会、团委积极回应支教团成员建议，连续五年开展“点亮微心愿”活动，为农村孩子征集学习用品、生活物资千余份；在扶贫办、团委的支持下，2018年、2019年连续两年组织开展“逐梦西农”研学之旅活动，让贫困家庭孩子提早体验大学生活与文化，激发学习动力。

自2015年以来，学校向合阳、澄城共选派58名研究生支教团成员。他们克服艰难困苦，认真履职尽责，大胆探索创新，每人每学年教学工作量超过800课时。他们认真上好每一堂课，仔细批改每一份作业，同时还积极帮扶建档立卡贫困户学生，利用课余时间开展“爱心家访”“爱心义卖”“彩虹课堂”“逐梦西农”等特色活动，用真心关爱着贫困学生和残障孩童，用真情书写着一个个生动感人的扶贫故事。

（三）开展来华留学生“感知中国·乡村振兴”社会实践与文化体验活动，向世界讲好中国扶贫故事

自2018年年底获批“全国来华留学生社会实践与文化体验基地”以来，以“感知中国·乡村振兴”和助力脱贫攻坚为抓手，发挥地域资源优势，把脱贫攻坚主战场作为培养“知华友华”国际友人的第二课堂，逐步探索出一套来华留学生社会实践与文化体验育人体系。

学校通过组织开展听、观、询、品、谈“五位一体”的社会实践活动，让来华留学生感知中国国情、感受中国脱贫攻坚成就、品味中国乡村文化魅力。

听，就是组织留学生聆听农业经济、农史专家的乡村振兴专题报告，深入了解中国的社会制度、中国共产党的初心和使命。

观，就是组织留学生深入定点包抓扶贫县、农业博览园、现代农业示

范园等场所参观体验，切身感受中国乡村变化和脱贫攻坚成就。

询，就是让留学生参与扶贫调研、“三下乡”社会实践、丝绸之路国际博览会等活动，与农业专家、中小学生、一线农民互动交流，深入了解中国农村改革给人民群众带来的好处。

品，就是让留学生深入猕猴桃、樱桃、苹果、葡萄等种植基地，参加“品味西农——科研成果进社区”系列活动，品尝农业科技新成果，感受中国现代农业与农民脱贫致富的密切关系。

谈，就是通过召开座谈会、撰写感想体会、参加“我与中国的美丽邂逅”征文等形式，畅谈听、观、询、品后的感受，用他们的声音和文字讲述中国扶贫故事，传递中国和谐声音。

自2019年以来，学校已举办“感知中国·乡村振兴”实践活动20余场次，参与活动留学生1000余人次（本校留学生参与800余人次）。通过实践与体验，留学生参与中国扶贫的积极性明显提升，不少留学生主动用自己之所长参与脱贫攻坚，用行动展现“知华友华”情谊。2020年4月，远在万里之外的哈萨克斯坦留学生吴双，得知合阳坊镇中心小学的同学因疫情无法到校上课，主动为五年级学生进行远程英语口语网络授课；5月，巴基斯坦留学生金乐天、中非共和国留学生杜牧同深受《习近平给北京科技大学全体巴基斯坦留学生的回信》精神感召，主动为坊镇中心小学学生做线上励志讲座——“云端带你看世界·丝路大讲堂”；6月，张诺、杜牧同、李振凯、金乐天4位留学生深入陕西省镇巴县农村，利用所学为村民提供科学养羊、生猪疾病防治、马铃薯病虫害防治、茶树茶网蝽防控等技术服务。

此外，学校还利用每年寒暑假，依托全国20个省市建立的300余个实践基地，组织2000余名多学科研究生深入全国800个乡镇开展社会实践调研与技术服务，结合调研与技术服务中发现的问题形成调研报告，为地方决策与乡村规划提供智力支持。

二、工作成效

通过五年多的探索与实践，西北农林科技大学研究生助力脱贫攻坚取得了良好成效，形成了鲜明特色。

（一）发挥专业优势，产业扶贫助推了地方发展提质增效

自2018年以来，研究生助力团发挥专业优势，依托学校资源，设立研究生助力团示范田14个，帮助引进新品种100余个，推广实用技术60余项，帮助地方企业设计农产品包装50多个、设计创意产品30个，搭建农特产品电商、微商平台6个，帮助销售农产品600余万元。

研究生助力团的工作得到了地方政府的肯定，受到了社会各界的广泛关注，被合阳县委、县政府授予“特别服务奖”。合阳研究生助力团参加中央电视台农业频道“农产品寻宝”海选活动获得特色农产品第一名，参加陕西省“我为扶贫出创意活动”获得产品销售赛道第一名，“西北农林电商扶贫助力百万樱桃销售”项目入选“2019陕西网络公益精品项目”，组织开展的“苹果享受大赛”“明星直播带货”等活动，提高了地方农产品知名度，为地方农产品打开销路发挥了良好作用。镇巴研究生助力团帮助改进腊肉、香菇、木耳、核桃油等农产品的包装设计，帮助引进天麻等中药材的加工生产线，帮助联系对接镇巴腊肉追溯体系上线，使镇巴农副产品品牌得到提升，销路得到改善。

（二）发挥智力优势，科普支教激发了中小学生学习兴趣

研究生支教团累计走访了121个行政村、1500余户贫困学生家庭，帮助留守儿童完成“微心愿”900余个；他们每年完成800多课时的教学任务，课余时间组织的“七彩课堂”“研学之旅”等活动，帮助孩子拓宽了视野，开展的“点亮微心愿”“阳光助残”等活动帮助贫困家庭燃起了新希望，组建的“天使合唱团”“自然科普社团”以及录制《歌唱祖国》影像日志等，为农村中小学提升素质教育搭建了平台。

研究生助力团组织开展“科普大讲堂”“科普大篷车”“周末学习室”等活动120余次。来华留学生发挥英语特长，利用国外文化特色，与高中生云端谈梦想，为中小学生进行远程英语口语网络授课、开设“云端带你看世界·丝路大讲堂”，激发了学生对科学的热爱和学习的兴趣，拓展了中小学生的国际视野和跨国文化交流能力。

（三）发挥文化优势，让中国扶贫故事走向世界

学校重视对研究生扶贫事迹的宣传报道，2018年以来每年在各种媒体刊登有关报道100余篇，《扶贫工作简报》每年至少开设1期研究生助力团专刊，新华网、中央电视台、《中国教育报》、《中国青年报》、《人民政协报》、《陕西日报》、陕西电视台等重要媒体对研究生助力扶贫事迹进行全方位报道。中国青年网、《中国青年报》以《郭璋：周末我为班里的娃娃们做坐垫》《乡村里来了西农小老师》为题，先后对研究生支教团成员的感人故事进行了报道。新华社以《从卡拉奇到中国农科城：一位“巴铁”留学生的丝路“农缘”》为题，对巴基斯坦来华留学生金乐天参与脱贫攻坚故事的报道，吸引了100万次的网友点击量。新华社（海外版）还以*Feature：A Pakistani student´s “golden，happy” days in China*为题对其进行了全英文报道。中央电视台新闻频道的《新闻直播间》《朝闻天下》两个栏目以《深山里的“90后”助力团》为题，于2020年8月7—8日先后对研究生助力团事迹进行了3分37秒的长篇报道。

研究生们用言行和事迹将中国扶贫故事传遍中国、传向世界，在青年学生和来华留学生中传播正能量，为更多青年参与脱贫攻坚，为更多来华留学生践行“知华友华”理念、传播中华文化、讲述中国扶贫故事营造了良好氛围。

（四）扶贫育人双赢，研究生助力脱贫攻坚的实践使脱贫攻坚主战场变为“立德树人大课堂”

参与脱贫攻坚的研究生、留学生，秉承学校“经国本、解民生、尚科学”办学理念，为第一个百年奋斗目标贡献了智慧和力量，自身的觉悟和能力也得到了提升，受到了上级领导和地方肯定。研究生助力团得到时任陕西省委书记胡和平、时任省委副书记贺荣等领导的关注和肯定。研究生支教团4次获得所在地政府的突出贡献奖、特别服务奖，13人次被授予“陕西省优秀志愿者”称号。《西北农林科技大学团委志愿扶贫案例》入选团中央《共青团扶贫实践20例》，《留学生与高中生“云端”谈梦想》故事登上了“学习强国”平台，《“感知中国·乡村振兴”社会实践与文化体验

活动探索撷英》特色案例入选《2019年全国来华留学生年度报告》，《西农留学生授业秦巴山区，助力中国乡村振兴》被中央内参刊用，受到国家领导人的关注和肯定。

通过亲身参与脱贫攻坚，研究生经风雨、见世面、受锻炼、长才干，大家对习近平总书记的“一懂两爱”（懂农业、爱农村、爱农民）要求有了更深理解，“知农爱农”“强农兴农”的使命意识进一步增强。已经毕业的50名研究生助力团成员中，有32人选择了到西部和基层工作。研究生助力脱贫攻坚的成功实践，为高校在脱贫攻坚主战场开设“立德树人大课堂”探索出一条人才培养新通道。

西北农林科技大学将进一步扩大研究生支教团选拔范围，壮大支教团队伍；进一步宣传推广研究生助力团成功做法，扩大选派范围；进一步丰富活动内容，吸引更多留学生参与“感知中国·乡村振兴”实践与体验活动；进一步完善相关政策制度，激励更多研究生、留学生参与到脱贫攻坚和乡村振兴的伟大实践中来。

（西北农林科技大学　王家武　叶月丹）

发挥智力优势　探索“三位一体”结对帮扶困难村新模式

——天津师范大学精准扶贫精准脱贫典型项目

天津师范大学在天津市委、市政府的部署和领导下，自2013年8月起连续四年结对帮扶天津蓟州区出头岭镇东官屯村、朱官屯村和裴各庄村。学校党委充分发挥党委统领作用，挖掘人才优势、教育优势和文化优势，精准对接对准困难村发展需求，确定人才、教育、文化“三位一体”精准帮扶模式，累计投入帮扶资金144.34万元，并通过立项帮助困难村获得市财政“一村一策”600万元项目资金以及争取区财政“美丽村庄”专项建设资金等方式，增强困难村党组织凝聚力，统筹发展困难村主导产业，提升村庄基础设施，完善村庄治理，激发困难村的内生动力。截至2017年年底，学校帮扶的3个困难村的村集体收入达到20万元以上，村民人均可支配收入达到2.2万元，达到全市农村收入平均水平，圆满完成帮扶工作各项要求，受到帮扶地政府和人民群众的高度肯定，取得良好成效。

一、充分发挥人才优势，培育食用菌种植拳头产品，实现经济精准帮扶

学校发挥科技人才优势，紧扣天津市农村产业发展规划，结合困难村经济建设需求，实施技术支撑项目，进一步做大做强主导经济产业，助推农民致富。

一是选优配强帮扶干部。学校党委把开展结对帮扶工作和培养年轻干部相结合，先后遴选12名政治素质强、作风过硬、担当尽责的优秀干部担任驻村干部，平均年龄为35.3岁，并选派包括“80后”年轻干部在内的精

兵强将担任工作组组长，挂职困难村第一书记。驻村干部发挥智力优势，积极融入村庄工作，指导和帮助村“两委”班子厘清村庄发展思路，找准经济帮扶项目，扎实推进经济帮扶工作落到实处。

二是探索“智力+项目”撬动精准经济效益的帮扶之路。学校通过大量的土样、水样测试研究，了解到出头岭镇土地非常适合高品位食用菌的栽培。帮扶组决定在出头岭镇传统食用菌种植的基础上，主推食用菌种植成为困难村主导经济产业。引入被联合国开发计划署授予“UNDP项目优秀科技特派员”称号的、学校蕈菌研究所所长郭成金教授的食用菌技术，进一步做大做强，从技术支持入手，传授农民致富真经。在学校驻村工作组的指导下，困难村新建农业合作社2个，通过土地流转，整合耕地100余亩，利用“一村一策”政府项目资金筹建食用菌大棚50个，由农户承包用于食用菌种植。进一步扩大出头岭镇香菇种植规模，年增产香菇近千吨，带动全镇发展出香菇育种、种植、销售和初加工一整套产业链，每年新增劳动力岗位300余个，促进农村劳动力就业，带动村集体年增收近20万元。

三是组织科技专家送技术上门。为激活困难村“造血”功能，学校选派技术团队专家研究分析食用菌生长过程中存在的各种问题，逐一建立了技术档案。印制了香菇种植技术教程《菇事会》，免费发放农户学习，搭建微信授课平台，开通了专家24小时在线跟踪指导服务，实现了线上线下指导食用菌种植技术双通道。四年来，通过开展技术培训，为困难村培养了一批具有农业生产实践技能、示范带动能力的带头人近百人。

四是多渠道拓展农产品销售。开发“互联网+农产品”模式，拓展网上销售途径，联系了“支部生活”党务通微信帮扶通道、《天津老干部》杂志和《今晚报》等媒体和电商平台，帮助困难村销售食用菌产品，积极推动农民和村集体增收。学校膳食处与出头岭镇建立常态化采购干菇合作关系；校工会累计采购干香菇近6000盒慰问教职工，带动困难村近10万公斤鲜香菇的生产销售。

二、充分发挥教育优势，强化第二课堂建设和师资培训，助推教育精准帮扶

学校发挥教育资源优势，从硬件建设、教育培训等方面促进困难村教育事业发展。

一是援助幼儿教育和第二课堂建设。捐建幼儿园1座，开设3个标准教学班，4年来招收学生60人，有效解决了当地就近入园难的问题。捐建师范大学爱心书屋，开展“大手拉小手，书香伴你行”系列活动，为当地中小学、幼儿园捐赠图书5000余册，捐赠玩具、教具、体育用品价值近3万元。发挥二级单位主观能动性，积极推动扶贫工作重心下移。组织学校“五好党支部”与村党支部共建，各基层党委、党总支、党支部结合自身实际和学校年度主题实践活动到困难村开展社会实践和慰问活动。文学院、历史学院、外国语学院、数学学院、化学学院等单位组织大学生志愿者到村开展“暑期夏令营助学活动”，为留守儿童开展第二课堂学习和特色课外活动，使当地200余名学生受益，有效缓解当地基础教育资源短缺的不足，得到当地师生家长的好评。

二是强化当地师资培训。发挥学校在天津基础教育领域的优势，邀请河北区、北辰区中小学教师和学校外国语学院、学前教育学院部分教师通过短期培训、专题讲座、“送教下乡”等活动共培训出头岭镇中小学教师3000余人次。推动市区中小学与景兴春蕾中学、东王官屯村中心小学签署合作协议，建立“点对点”帮扶，提升村镇基础教育教学水平。

三是强化当地干部教育培训。结合“三严三实”专题教育和“两学一做”学习教育活动，以教育学习为切入点开展困难村党员干部培训。邀请全国关心下一代“最美五老”“天津市道德模范”王辅成，全国离退休干部先进个人扬弃等为出头镇全体党员干部开展专题报告，进一步提升村干部的政治素质和服务建设美丽乡村的决心。

三、充分发挥文化优势，加强文明乡村建设，促进文化精准帮扶

天津师大充分发挥文化服务社会功能，以建设“美丽村庄”为抓手，通过加强政治生态建设、文化生态建设和自然生态建设等措施，提升困难村的精神文明建设水平。

一是加强政治生态建设。发挥学校思想政治工作优势，与镇、村干部建立安定稳定联动机制。督促村干部按照市委、市政府的要求推行村级重

大事务“六步决策法”和“四议两公开”工作法，发挥村监委的作用，帮助村“两委”班子实现决策民主化、科学化、制度化，切实加强对村级重大事项的监督管理，建立定期巡回走访机制；设立困难群体台账，慰问困难村民60余户，为特殊困难户翻建房屋1间；确保村务运作规范，减少矛盾纠纷，不断提高村级服务效能。加强村党员干部教育培训，开展村级基层组织建设培训10余次，第一书记讲党课30余次，发放党员学习材料100余套，制定了村党支部组织学习教育制度和党日活动规范。培养了一批政治坚定、实绩突出、作风过硬、群众公认的优秀基层村镇党员干部队伍，提升了村镇治理水平。2016年，学校帮扶的3个困难村党支部均被评为蓟州区“五好党支部”。

二是加强文化建设。加强基础设施建设，重点改善困难村办公条件和村容村貌，改善人民生活生产条件，拓宽主道路1500平方米，安装路灯248盏，硬化道路50 100平方米，改善供水设施和供水泵站3处，种植景观树3000棵。配套完善了党员活动室、图书室和会议室500平方米，改善村级办公环境，使服务群众的功能进一步增强。通过垃圾坑塘治理、硬化土路、安装路灯、改造供水设施、种植景观花树、安装监控设备等，全方位提升困难村基础设施的硬件水平，使困难村达到“平安村庄”“美丽村庄”标准要求。投入专项资金资助困难村开展文化建设，修建健身广场300平方米，改善村容村貌。修建农家书屋和党员活动室，定期开展传统文化学习活动，春节期间组织困难村举办文化春节联欢会，树立良好的民风村风。1个困难村被评为蓟州区文明村。

三是加强自然生态建设。治理垃圾坑2000平方米，实现垃圾无害化处理；使用天然气或无烟煤等清洁能源；修建渗水池1个，改造供水设施3处；植树3000棵，切实提升帮扶村的生态环境。在天津市唯一的飞地村且无农业耕地的裴各庄村，积极推动经济结构转型，大力发展“庭院经济”，推广特色果品种植，完成和在建农家院4个，促进休闲旅游和观光农业发展。

四年来，学校党委按照“统筹规划、分步实施、因地制宜、分类指导、突出重点、整体推进”的原则，抓住关键环节落地，确保工作措施到位，全面实现帮扶任务目标。在帮扶过程中，学校充分发挥了高校的服务社会功能，进行了一次高校与地方发展建设的深度融合，在人才、教育和文化等方面提供服务，发挥智力优势，精准扶贫，同时建立行之有效的“造血”机制，授之以渔，为推动困难村经济发展、改善民生，实现困难村“富美强硬”的总体建设目标贡献了天津师大人的智慧力量，探索出了天津师范大学智力帮扶困难村的解决方案，为2020年全面建成小康社会奋斗目标贡献自己的力量。

（天津师范大学　李　楠）

注力注情驻民心　扶困扶智显真情

——内蒙古医科大学精准扶贫精准脱贫典型项目

内蒙古医科大学2014年开始帮扶乌兰察布市兴和县大库联乡大库联村。大库联村位于兴和县城北50公里，总面积15.8平方公里，耕地14 700亩，林草地700亩，有4个自然村6个村民小组，户籍人口933户2116人，常住人口305户662人，全村贫困户75户146人已全部脱贫。

内蒙古医科大学贯彻落实习近平总书记对于脱贫攻坚工作的指示精神、自治区帮扶工作的有关要求及校党委研究制订的扶贫中长期规划，紧紧围绕“五个一批、六个精准”，以抓党建促脱贫为主线，以健康扶贫、产业扶贫、教育扶贫等为抓手，强化一线帮扶干部驻村理念，心系群众冷暖，真情帮扶济困，注重扶智扶志，全面落实帮扶责任，有序推进工作，使各项工作取得了显著成效。

内蒙古医科大学历届校党委都高度重视扶贫工作，尤其是现任党委书记乌兰同志亲自分管扶贫，多次深入大库联村调研指导扶贫工作，在扶贫资金、帮扶力度等方面予以大力支持和政策倾斜。派驻的工作队始终牢记党组织的重托，沉下心来、扑下身子，驻村驻心、履职尽职，恪守着共产党员的坚定信念，扎实做好各项工作。

一、发挥医疗优势，精准帮扶送实惠

大库联村是大联库乡重点贫困村之一，75户贫困户中多数为因病致贫。因病致贫的困难群众是贫中之贫、困中之困。内医大紧紧依托自身医疗技术优势，以医疗扶贫为切入点，大力支持大库联乡卫生院的运营，逐步建立起专家定期义诊、贫困户疾病转诊、当地医技人员到呼培训等医疗

扶贫长效机制，用健康扶贫托起老百姓满满的幸福。

内医大先后为大库联乡卫生院捐赠了总价值约520万元的B超2台、X光机1台及视力检查设备、电脑、诊疗床、办公桌椅等，有力支持了卫生院的建设和运营。自2015年以来，工作队共组织专家进村义诊7次，发放约3.8万元的药品和宣传品，就诊群众达2700多人次。来村医疗专家在义诊期间同时开展了疾病普查和公共卫生知识宣讲。每次义诊期间，附近村民就像赶集一样早早来到卫生院。村民足不出村就能享受到自治区一流医疗专家的精准治疗，感受党扶贫政策的阳光雨露。

内医大连续两年组织大库联村部分干部群众到内医大附院无偿进行健康体检，开通了建档立卡贫困户到内医大附院就诊的绿色通道：贫困户到附院就诊免挂号费，优先安排做相关检查、诊疗，定额报销往返交通费，免收住院押金、减免部分住院医疗费用，真正解决了贫困户到三甲医院就医难就医贵的实际困难，得到了村民的一致赞誉。2018年4月5日，《内蒙古日报》在头版发稿《大库联村收到“大红包”》，详细报道了为大库联村贫困户开通就医绿色通道的喜讯。

二、抓党建促脱贫，多措并举聚民心

内蒙古医科大学党委高度重视大库联村级党建工作，投入14万元党建专项经费，为村委会购置了办公室桌椅，配备了电脑、打印机，安装了LED屏，制作了党建、脱贫攻坚、扫黑除恶等图版。办公室、多功能活动室宽敞明亮，村委会面貌焕然一新，党支部阵地建设迈上了一个新台阶。

内医大派驻的工作队队长孙利军同志兼任村第一书记，他始终紧密结合“两学一做”学习教育常态化制度化助推脱贫攻坚工作，牢记为民服务宗旨意识，注重党建引领创新，扎实做好制度建设、组织建设、党员学习等方面的具体工作；在学习中为每位党员发放了专用笔记本、资料袋，组织好每月一次的主题党日活动，灵活运用好微信工作群等现代通信手段，多次为各级包扶干部、贫困户和在村党员讲授专题党课，注重发挥好老党员的榜样力量，协同做好村“两委”换届工作，不断提升基层党组织的凝聚力、战斗力。

2018年7月1日，在驻村工作队的组织下，大库联村党支部首次选派部分干部、致富能手、贫困户代表20余人开展了“缅怀先烈、不忘初心、脱贫攻坚、砥砺前行”主题党日活动。活动期间，在集宁战役纪念馆广场前，支部隆重表彰了10名优秀党员、致富能手，组织党员参观了集宁战役纪念馆，与察右中旗阿令朝村第一书记解良进行了座谈交流，到西水泉村参观电子商务、红萝卜交易市场运转情况，学习了察右后旗祥辉合作社等村集体经济的成功实例。这次活动开拓了村民的视野，增长了村民的见识，增强了村民自我发展、自我脱贫的意识。贫困户翟有林激动地说：“这是我这辈子第一次出来学习，让我们这些贫困户增长了见识。党的政策就是好，咱们贫困户自己也要好好刨闹（方言，“努力奋斗”的意思），不能坐在家里等靠要。”

2018年7月18日，大库联村党支部多年来首次举行了升国旗仪式，全体党员重温了入党誓词。当五星红旗像一团烈焰在蔚蓝的天空中高高飘扬，雄壮的《义勇军进行曲》响彻上空时，全场气氛庄严肃穆，深深唤起了党员群众心中的激情。

在国家第五个扶贫日到来之际，支部组织党员观看了视频报告《付华廷书记》，学习分享付华廷书记一心为公、无私奉献、大力发展村集体产业的感人事迹，增强了大家为村集体经济发展奋斗的信心和决心。

2019年新年伊始，在“诚邀乡贤话发展，喜迎新年促脱贫”主题党日活动暨新年茶话会上，邀请了10多名在外发展的有志青年参与大库联村发展规划，同时为大库联村贫困户发放了由销售土豆红利购置的新春礼包，进一步密切了产业发展与村民利益的连接机制。

2019年4月27日，组织党员、贫困户开展“携手共建同心林，乡村振兴助脱贫”主题党日活动，种下1000多棵果树、李子树苗，为大库联村民义务劳动开始良好开端，增强了村民的集体意识、团结意识、奉献意识，大大改善了大库联村的村容村貌，为大库联村新型产业园区的后续整体规划打下了良好的基础，村民用自己的辛勤劳动种下了丰收致富的希望。

这些活动凝聚了人心、汇聚了力量，使大库联村党建工作迈上了新台阶，更为脱贫攻坚奠定了坚实的思想基础和组织基础。

三、真帮实扶强产业，集体经济见成效

驻村工作队把产业布局调整和村级集体经济项目发展有机结合起来，积极落实“点餐式”产业发展，鼓励贫困户发展种养业，为大库联村贫困户统一购进西门塔尔牛，对种养业全程进行指导。2018年，内医大图书馆捐赠了300册价值11 170元的有关农作物种植、家畜疾病防治、电商运营等方面的书籍，驻村工作队随时为村民讲解指导。

积极参与村集体建设2400平方米仓储库、规划新建大库联农机修配市场工作，抢抓京蒙对口帮扶机遇，与北京延庆区、沈家营镇及北京对口帮扶企业进行多次对接，多方筹措资金，助力村集体经济。参与规划内医大总注资37万元援建的村自来水改造项目优化管理工作，协调解决了农畜产品交易市场的用水、排污问题。

争取内医大20万元扶贫资金，将村委会旧址改扩建为农家乐，工作队多次实地测量规划、绘制平面图、撰写项目可行报告，鼓励多名贫困户到工地打工，增加务工收入，确保如期脱贫。目前农家乐已建成营业，年租金5万元。

争取内医大70余万元扶贫资金，建设了1200多平方米的农畜产品交易市场并打造电商平台等，集养殖和观赏于一体的鱼塘、4个绿色蔬菜采摘大棚、绿化美化等配套设施正在加紧建设中，为大库联村做大做强集体经济、助力脱贫攻坚搭建了有效服务平台。

在大库联村向日葵花盛开、果树挂果的时节，远方的客人可以尽情拍美景、赏朝阳花，也可在大棚采摘、鱼塘垂钓，或在农家乐小聚、凉亭娱乐，大库联村集农产品交易、仓储、餐饮、休闲于一体的新型产业园区已粗具规模。

为了构建大扶贫格局，让内医大教职工享受到扶贫优质农产品，本着培育当地农产品品牌、延伸产业链的宗旨，工作队积极推销扶贫爱心土豆。当拉着土豆等农产品的大货车抵达内医大校园时，党委书记乌兰等校领导第一时间带头购买，场面热烈，现场共售出土豆、黄豆、瓜子等约2.5万公斤。驻村工作队多次在冬夜同村民一起装卸土豆，大家风趣地说：“我

们就是大库联土豆的搬运工。”小土豆做出了大文章，拉近了内医大师生和贫困户心与心的距离，增强了与贫困户的深情厚谊，拓展了社会大扶贫的新格局。通过这种社会扶贫的联结机制，学校正筹划建立大规模采购农产品的扶贫长效机制。

四、志智双扶积极引导，真情互动激发内生动力

为激发贫困户内生动力、增强自我发展意识，驻村工作队真情扶智扶志。2018年11月12日，工作队组织召开村党员大会暨脱贫致富典型经验交流会，为25户脱贫户颁发脱贫荣誉证书，发放印有“脱贫光荣”的电水壶作为奖品，对光荣脱贫的贫困户表示祝贺。孙利军做了智志双扶宣讲，组织贫困户学习了《习近平扶贫论述摘编》第七部分“坚持群众主体，激发内生动力”段落，结合中央电视台播报的其他地区致富经验，讨论了村里种植中药材的想法，调动了大家想致富的愿望、能致富的决心。此次会议是大库联抓党建促脱贫攻坚的又一次创新，进一步激发了贫困户脱贫致富的信心与决心，为今后扶贫与扶智扶志有机结合提供了好的经验和做法。兴和县主要领导第一时间在微信工作群转发了此次活动的内容，在全县产生了积极深远的影响。

2019年5月23—24日，工作队组织大库联在村部分党员、贫困户代表、村“两委”成员等20余人到内医大举行“两地牵手抓党建，开阔视野促脱贫”主题党日活动。两地党员座谈交流脱贫思路，参观呼和浩特市脑包村集体经济模式、全国脱贫攻坚模范武汉鼎同志工作室、清水河县老牛坡红色教育基地。这次活动内容丰富、形式多样、创新性强，是校村两地党员践行“不忘初心、牢记使命”的重要实践，是立足扶贫实际、抓党建促脱贫的新举措，使志智双扶工作取得了新实效。活动拓宽了大家的视野，激发了贫困户“自我发展、自我脱贫”的内生动力，实现了贫困户从“要我富”到“我要富”的思想意识转变。村民反响强烈，感触至深，受益匪浅。

内医大始终不忘教育扶贫的重要性。驻村工作队积极牵线搭桥让内医大教职工与大库联中心学校贫困生牵手结对，在已为贫困学生捐资助学5

万余元的基础上，2018年6月，协调内医大图书馆捐赠了价值1万余元的科普、励志书籍。工作队持续对受资助孩子进行跟踪关注，加大教育扶贫的精准度。10月，邀请内医大关工委同志又为大库联中心学校贫困儿童捐助了近万元的书包、文具，由内医大的老校长、老处长为同学们分年级讲授了社会主义核心价值观。工作队持续关注大库联留守儿童，于2019年12月组织大库联部分留守儿童到内医大开展科学实验，参观内蒙古博物院、科技馆，让孩子们开阔视野、放飞心灵。

五、重细节出实效，驻村驻心暖民心

驻村工作队目前由三人组成，内医大处级干部孙利军同志任工作队队长，队员由校本部及二附院的两名老师组成。工作队强化了自身管理，明确了队内职责分工，健全了工作台账，完善了工作日志，坚持记好民情日记，严格执行扶贫工作纪律和考勤制度，做到沉下去、待得住、干得好。

工作队按照“五个一批”和“六个精准”要求，对大库联村的地理环境、区位优势、资源优势等进行深入调研，用“解剖麻雀”的方式进行全面分析，理清发展思路，牵头制订了重点贫困村脱贫出列规划及79户贫困户具体帮扶计划，建立了帮扶工作台账，对贫困户子女收入及赡养老人情况等做了细致调研。平时注重工作的精细化管理，建立健全了大库联村村民信息动态管理数据库，大幅提升了工作实效和服务脱贫攻坚的能力。

自2017年以来，召开各类座谈会70余次，实地走访村民1300余户次，和村民促膝谈心、宣讲解读国家政策，体察民情，倾听民意。在每次动态调整中，力求广开言路，给群众充分的发言权；在严格落实政策的同时，对个别被大家称为“坐在脸前就不走、不达目的不罢休”的争贫户，始终以理解、尊重的态度包容善待他们并耐心细致讲解政策，做到让群众不背包袱、没有怨言，保证了大库联村扶贫工作的有序进行。平时，注重与村级干部深入交流沟通，把他们当成朋友、战友、亲友，交情交心，形成血浓于水的工作生活氛围。

针对个别村民长期以来私接自来水浇菜园，造成多数村民吃水困难的顽症，出台了《大库联村自来水管理公约》，不定时联合突击入户检查，对个别村民给予耐心的劝导，切实帮助其解决存在的实际困难。经过努力，几个违规接水的村民终于受到了感化，当场拆除了私自连接的水管，从而使问题得以妥善解决，也使村风民约更加规范、文明。针对村卫生脏乱差的实际情况，出台了《大库联村卫生管理公约》。全体工作队成员同前头沟村民一道参加义务修路，打通了前头沟村“最后一公里”的泥泞路。多次深入易地搬迁和旧房拆迁现场，督促拆迁，及时化解矛盾。协助村委会做好村常住户房屋普查、土地确权等常规性工作。发挥队员专长，随同乡卫生院为全乡贫困户和65岁及以上老人进行体检。孙利军定时走访所帮扶的贫困户，与老人们交流唠嗑，及时解决实际困难，还用自己的工资为贫困户购买一些生活必需品。村里谁家有困难，都愿意来和孙利军唠唠，他成了所有村民的贴心人，贫困户王文明等给他送来多面表示感谢的锦旗。

81岁的老党员尹勋感慨地说：“内蒙古医科大学驻村工作队是实干家，做了许多大库联村急需、老百姓看得见的实事，这些大家都有目共睹。我们现在的日子越来越好了，要感谢党、感谢习总书记！”

一分耕耘，一分收获。《光明日报》（头版）、《新华每日电讯》（头版）、《内蒙古日报》、内蒙古新闻网、乌兰察布党建网、《乌兰察布市驻村工作简报》等媒体平台对内医大帮扶工作做了相关介绍，工作队员到呼卖土豆的报道上了今日头条。

孙利军在2018年年底作为优秀驻村第一书记代表参加了兴和县脱贫攻坚宣讲团，在全县巡回宣讲7次。因在脱贫攻坚一线表现突出，他还获得了乌兰察布市“优秀共产党员”号。2019年和2020年，他先后两次被内蒙古自治区教育厅推荐为“全国脱贫攻坚候选人”，入选教育部“全国教育扶贫和乡村振兴专家人才库”。2019年3月，《内蒙古扶贫微记录》对孙利军的事迹进行了专题报道。2019年4月，国家社保基金会党组书记王尔乘，自治区党委常委、常务副主席马学军等领导在调研大库联村脱贫攻坚工作时，对工作队坚持驻村驻心、医疗扶贫有实招、扶贫扶志有创新等予以了充分肯定。2020年10月29日，内蒙古自治区党委直属机关工委举办“我的扶贫故事”分享会暨主题党日活动，孙利军同志代表内蒙古医科大学与来自自治区党委组织部等5家单位的驻村队员，讲述了在定点帮扶过程中发生的平凡而又感人的故事，展示了区直机关单位定点帮扶助力脱贫攻坚的丰硕成果，诠释了区直机关广大党员干部践初心、担使命，走在前、做表率的坚定决心。

“不以事艰而不为，不以任重而畏缩。”脱贫攻坚的主战场，正是干部干事作为的大舞台。正是源于战斗在一线的驻村干部这种朴素忘我、大爱于民的扶贫情怀，肯于苦干、勤于钻研、勇于创新的实干精神，内蒙古医科大学才赢得了大库联村父老乡亲深深的信赖，唤起了贫困乡亲脱贫致富的热望和干劲，从而使昔日贫穷落后的大库联村焕发出了今日的勃勃生机！

总之，内蒙古医科大学驻村帮扶大库联村以来，因地制宜，多措并举，注力注情驻民心，扶困扶智显真情，用真情和汗水扎实推进扶贫工作，将解决基层实际困难和可持续发展有效结合起来，在“输血”的同时注重提升“造血”功能，各项责任措施落实过硬，健康扶贫、产业扶贫、教育扶贫举措精准，驻村一线干部作风扎实，扶贫扶智成效显著，多次受到了上级部门的肯定。我们坚信，有各级党委和政府的正确领导，有内蒙古医科大学的倾力倾情，有一线优秀扶贫干部的扎实苦干，凝心聚力谋发展、咬定目标加油干，大库联村百姓一定会如期脱贫，早日走上乡村振兴的富裕路，跟随全县、全国人民步伐，一同奔向小康！

（内蒙古医科大学　孙利军）

双语青年志愿者赴南疆助力脱贫攻坚

——新疆大学精准扶贫精准脱贫典型项目

2020年是中国全面建成小康社会的收官之年，也是脱贫攻坚决战决胜之年。党的十八大以来，习近平总书记站在全面建成小康社会、实现中华民族伟大复兴“中国梦”的战略高度，把脱贫攻坚摆到治国理政的突出位置，推动中国减贫事业取得巨大成就。作为一所世界一流大学建设高校，新疆大学凭借学科优势、人才力量、科技实力和社会资源优势，结合“三进两联一交友”“访民情、惠民生、聚民心”“民族团结一家亲”等重要活动，坚持增强“四个意识”、坚定“四个自信”、做到“两个维护”，牢固树立“五个认同”“三个离不开”等重要思想，聚焦“扶贫先扶志”“扶贫必扶智”“ 精准扶贫”等方略举措，为南疆深度贫困地区摆脱贫困贡献新大力量。

一、基本情况

（一）现实背景

据第六次人口普查统计，新疆维吾尔自治区的国家级贫困县有27个，南疆地区占21个，其中喀什地区的叶城县、疏勒县与阿克苏地区的乌什县均位列其中。新疆远离海洋，深居内陆，气候干燥且年平均降水量仅有150毫米左右。尤其在南疆地区，沙尘暴多发，土地盐碱化程度严重，夏季自然灾害频发，同时当地草场面积放牧承载量已基本达到饱和，过度放牧加速了现有土地的荒漠化，当地的农业与畜牧业经济受制于自然环境。此外，南疆的交通不便、医疗水平落后等问题直接导致当地妇女儿童发病率高，村民由于大多不懂国家通用语言文字，文化教育水平普遍落后，“等靠要”思想根深蒂固，就业技能欠缺，进而直接导致该地产生“难脱贫”和“脱贫难”等一系列制约发展的重要问题。

（二）时代要求

在以习近平同志为核心的党中央的坚强领导下，全疆各级党委和政府深入贯彻党中央治疆方略，贯彻落实习近平总书记关于扶贫工作的重要论述，聚焦社会稳定和长治久安总目标，坚决扛起脱贫攻坚政治责任，围绕“两不愁、三保障”，落实“六个精准”，推进“七个一批”，做到“三个加大力度”，不断增强打赢脱贫攻坚战的责任感、紧迫感和使命感。作为国家“211工程”重点建设高校和“双一流”大学建设高校，新疆大学充分调动校内各方面优势资源，切实保障脱贫摘帽这一重要目标任务在新疆地区的顺利实现，每年派出双语青年志愿者赴南疆农村地区助力脱贫攻坚，这既是教育赋予的神圣使命，也是时代给予的重要要求。

（三）项目内容

围绕助力叶城县、疏勒县、乌什县全面脱贫的重要任务，新疆大学坚持利用各方优势资源，凝聚全校师资力量，每年派出220余名双语青年志愿者赴南疆地区开展“助力南疆脱贫攻坚”的社会实践活动，从产业扶贫、教育扶贫、文化扶贫等方面，多层次、多角度、多领域推动国家精准扶贫攻坚战的安排部署和战略实施，从而牢牢把握正确方向，坚决打赢精准脱贫攻坚战，促进南疆社会经济的快速发展。

二、实施进展

2017年以来，新疆大学先后有20余位校领导、400余位教师及220余名研究生、450余名本科生赴南疆叶城、疏勒和乌什地区协助“访惠聚”驻村工作队、脱贫工作队和当地中小学开展社会实践服务活动。帮扶千余户贫困人口脱贫摘帽，举办“青年红色筑梦之旅”5次，支援幼儿园中小学50余所。在2019年年底的志愿服务考评中，120余位同学荣获“优秀志愿者”称号。新疆大学聚焦南疆脱贫攻坚，授业于田野之间，树人于实践之中，双语志愿服务者助力南疆地州脱贫攻坚，不仅得到了当地“访惠聚”驻村工作队和中小学的高度认可，而且充分发挥了高校学生的青春力量，为南疆地区的脱贫工作做出了巨大贡献。

一直以来，新疆大学都积极宣传、推广和报道扶贫工作的成果和先进事迹，通过抖音、微信、微博及主流官方大众媒体讲述“新大故事”。2019年以来，新华网、西部网等各大媒体网站广泛宣传双语志愿者在基层的工作成效与创新成果。2020年6月5日，《新华日报》报道了南疆扶贫一线大学生的典型事迹，同时新疆大学还通过红湖青年公众号、新疆大学共青团等校内媒体平台报道了一系列在疫情期间，双语志愿者奔赴一线与当地工作人员一同攻坚克难的光荣事迹，奏响了一曲以青春为主旋律的赞美之歌。

三、主要特点

（一）深入基层，走家入户，融入脱贫攻坚主战场

深入居民日常生活，了解群众所求所需。为深入贯彻落实“真扶贫、扶真贫、真脱贫”的精神，新疆大学双语志愿者深入南疆贫困地区一线，与当地“访惠聚”驻村工作队和居民同吃同住同劳动，切实了解当地群众收入情况，同时利用双语优势克服交流障碍，真正了解当地居民的农业种植、牧业养殖及家庭实际情况，协助“访惠聚”驻村工作队切实了解居民信息，想居民之所想，帮居民之所需，完成扶贫建档立卡工作，为切实保障脱贫攻坚、精准扶贫提供帮助与支持。

（二）双语协同，教学结合，提升沟通交流和就业能力

结合双语优势，针对当地居民受教育程度低且思想保守这一现象，学校双语青年志愿者与“访惠聚”驻村工作队密切合作，利用汉语、维吾尔语双语技能推动国家政策在当地的普及与推广。为进一步提高当地居民的国家通用语言水平，学校与当地基层工作队携手举办双语培训夜校，帮助群众解决语言沟通障碍，同时不断向居民讲述近年来我国的发展变化，开

展国情区情教育，充分利用高校学生所学的知识，为南疆贫困县群众讲好中国脱贫故事。

（三）扶贫扶智，帮教结合，扎实推进“富口袋”与“富脑袋”见成效

“授人以鱼，不如授人以渔。”解决当地群众的“等靠要”思想不仅在于要给予“坎土曼”（当地的一种铁制农具），同时还要给予“耕种方法”。学校双语青年志愿者结合现代大众传媒与互联网等技术帮助当地居民增产增收，不断解放群众思想，在基层各地区和中小学讲授中华优秀传统文化。至2020年6月，新疆大学充分发挥“互联网+”与大众传媒技术，举办农业生产技术讲座20余场，利用网络电商帮助当地实现木耳、核桃等农产品的网上销售。此外，学校双语青年志愿者还成为当地中小学语文教师，帮助孩子们学习汉字、了解中华传统文化、熟知中华传统美德，受到当地居民和学生的广泛喜爱，为促进当地经济与文化的可持续发展埋下希望的种子。

（四）语言实践，基层锻炼，学生的双语应用和实际工作能力得到提升

学校双语青年志愿者利用近一年时间与当地居民共同学习、共同生活、共同劳动，在此过程中，不仅有效提升了学生少数民族语言的口语表达能力，而且深刻了解到其背后的语言文化现象，对于理解少数民族语言自身的独特魅力与其背后的社会心理有了更深刻的认识，学生的双语应用能力得到显著提高。此外，在实际的扶贫工作中，学生的组织协调能力、人际交往能力、自主学习能力、业务执行能力也得到综合提升。通过参与志愿服务，很多学生更加积极地向党组织靠拢，表示在志愿服务期间得到了很好的锻炼，参与脱贫攻坚工作是他们一生的宝贵财富。“尽管只是实习，但一年的时间里我们很高兴能够参与到亚贝希村脱贫致富的工作中，这段经历也让我受益颇丰。” 在阿克苏地区乌什县前进镇亚贝希村实习的学生田恬说。

四、成效经验

紧紧围绕新疆工作总目标，坚持“扶贫”与“扶智”相结合，让高校学生“走下去”，用自己的专业知识推动当地经济、文化和教育事业的不断发展，持续增强社会各界对南疆地区脱贫攻坚的关注与重视，激活当地经济发展新活力。

（1）学校学生的实习实践活动对于推动当地经济发展，不断构成可持续产业链产生了促进作用。2019年，叶城县核桃与乌什县木耳在当地基本已形成产业链，基本做到“生产—加工—出售”一条龙，为当地提供了较充足的就业岗位。

（2）结合当前互联网电商优势，形成“云订购”“云销售”加工生产模式。2019年，新疆大学双语青年志愿者在学校的支持与帮助下，成功申报了网络电商培训“互联网+”创业项目，受到学校与自治区的高度重视，此外学生还通过朋友圈、微店、淘宝等平台帮助当地居民销售农产品。至2020年6月，当地居民已深深感受到了“云订购”“云销售”模式的创新性与便利性。互联网与当地优势资源的结合，有效促进了当地农民的增收。作为奔赴扶贫一线的新时代高校大学生，他们不仅帮助当地经济不断增长，同时也带来了新的生产销售理念，获得了当地干部、村民的一致好评。

（3）集结校园各方力量，开展“扶贫+扶智”帮扶活动。结合校园优势，每年由学校老师与双语青年志愿者共赴叶城、疏勒与乌什第一线，充分开展调研了解当地情况，切实为当地提供教育文化支持。截至2020年4月，学校双语青年志愿者在校园共组织开展3次“捐冬衣”活动，为当地居民送去温暖，同时60余位同学成为当地夜校的国家通用语言授课教师。学校充分发挥带头辐射作用，为其他各地区的脱贫工作提供借鉴与方案，将高校学生社会实践、专业课程学习与产业扶贫这一重要任务充分结合，让理论与实践相互检验，不仅进一步提高了新疆大学双语人才培养的质量，同时为社会培养出更多德、智、体、美、劳全面发展的新时代青年。

（4）加大媒体宣传力度，持续增强社会影响力。在社会媒体与网络自媒体的不断宣传下，新疆大学双语志愿者奋战在一线的故事逐渐传开。他们与村民一起下地摘核桃、割小麦，在生产加工线装木耳，在宽阔而美丽的广场和村民一起载歌载舞，在充满书声的课堂里与孩子们一起遨游在知识的海洋……这些故事不仅展现了新时代青年的风采，同时也使当地的脱贫故事受到了社会各界的广泛好评。自新冠肺炎疫情暴发以来，中央共青团、新华社的报道进一步展现了双语志愿者奋战一线的身姿与青年活力，引起了社会对南疆地区的更多关注。

五、今后规划

加强南疆地区经济教育文化事业的发展“功在当代，利在千秋”。为坚持可持续发展战略与人才强国战略，我们要用愚公移山的精神去不断解决前进道路上的困难，要树立长期的发展眼光与战略，让社会把更多关注的目光投向当地脱贫事业。目前新疆大学双语志愿者仍然奋战在一线，持续推动当地文化扶贫的开展，为当地的民生事业贡献出新大学子的一份青春力量。

下一步，学校将继续开展此类志愿服务活动。一是继续加强对当地经济文化发展的支援力度，不断让更多优秀的双语志愿者前往扶贫一线为当地发展提供智力支持；二是利用互联网激发当地经济发展的新活力，不断拓宽农牧业产品销售市场，延长当地产品产业链，创造更多的就业岗位，深度解决当地就业问题；三是持续加大宣传力度与示范作用，结合当地驻村工作队把握正确舆论导向，提高当地居民对国家政策帮扶及双语志愿者的认识与了解，积极开展夜校教学，加深少数民族群众对中华文化的认知与了解，让理论知识与社会实践相结合，使语言学习与解放思想共同开展，促进当地脱贫工作自觉、持续、稳定的发展。

（新疆大学　杨洪建）

点评：

“阿者科计划”是中山大学团队运用20余年的旅游学术成果解决中国贫困问题的一次尝试，依靠的是地方政府的支持、山区人民的信任、社会各界人士的相助以及研究团队的齐心合力。近3年以来，团队已持续派出4批硕士、博士研究生驻村，最长一任驻了14个月。他们用自己的学识帮助村民发展旅游，在基层摔打中得到历练和成长，村民的各项能力也得到系统性提升。当地政府在政策、启动资金、人力等方面为项目提供了大力支持，彰显了党和国家积极领导人民脱贫攻坚的初心和决心。各界人士也通过旅游访问、图书捐赠、义工服务等方式共同参与旅游减贫项目，体现了扶贫济困的社会担当和澎湃力量。未来，“阿者科计划”将继续保护文化遗产，助推文旅融合，继续深化乡村旅游，巩固脱贫成果，提升村民能力，以人的素质提升助推乡村振兴。

——中山大学旅游学院教授　保继刚

作为一名在校研究生，我有幸以“西北农林科技大学第一批研究生助力团成员”的身份参与脱贫攻坚，对此我深感自豪。虽然只有短短6个月的挂职经历，却带给了我很大、很深的影响。研究生助力团的经历，塑造了我科学的社会认知新体系，培养了我全面的系统思维新能力。6个月的挂职锻炼，使我成了一名“能文能武”的综合型人才。在研究生助力团的半年“旅程”，就是一堂正确认识自我、矫正自己发展方向、提前步入社会的“人生试验课”。

生逢其时，重任在肩。脱贫攻坚已近尾声，乡村振兴将成为我们实战的新舞台。作为西北农林科技大学研究生助力团的“第一人”，我将始终秉承“诚、朴、勇、毅”的西农校训，永远践行“甘于吃苦，追求卓越”的西农精神，以强农兴农为己任，紧跟时代步伐，发挥专业特长，为实施乡村振兴战略，为实现社会主义现代化贡献青春和力量。

——西北农林科技大学派驻合阳县第一批研究生助力团团长
2018级博士生　张智超

健康扶贫篇

相关高校发挥医学学科专业及附属医院等独特资源优势，深入开展医生和设备支援、医护人员培训、巡回医疗、远程诊疗和卫生知识宣传教育等工作，很大程度缓解了贫困县医疗资源匮乏、医疗服务能力偏低、公共卫生意识薄弱等问题，提高了当地医疗服务能力和水平，使得一大批贫困县历史上第一次有了三级医院。

建立系统长效机制　深入推进健康扶贫

——复旦大学精准扶贫精准脱贫典型项目

一、基本情况

云南省大理州永平县全县辖4乡3镇、72个村委会和1个社区居委会，总人口18.59万人，其中农业人口13.68万人，占73.6%；拥有22个民族，少数民族人口占43%；有2个贫困乡镇、21个贫困村、180个贫困村民小组，有建档立卡贫困户5608户19 575人，占农业人口的14.3%，属国家滇西边境山区连片特困地区。

贫困人口致贫原因各不相同，有的读不起书，有的看不起病，有的住危房，有的没有劳动能力，有的缺乏启动资金。习近平总书记在中央扶贫开发工作会议上明确指示，“要推进健康扶贫，减少因病致贫返贫”。

复旦大学是教育部与国务院扶贫办最早确定的16所定点扶贫滇西边境山区国家扶贫开发重点县的高校之一。近年来，学校切实落实党中央和国务院关于全面实施精准扶贫、精准脱贫方略和健康扶贫要求，充分发挥上海医学院及16家附属医院（其中5家筹建）强大的医学教育和医疗卫生资源，让优质医疗资源辐射到永平，提升永平县医疗服务能力，为永平人民减少因病致贫、因病返贫创造医疗条件，为国家打赢脱贫攻坚战积极贡献力量。

学校针对永平县实际情况，坚持“顶层设计、系统谋划、分步实施”原则，扎实推进健康扶贫工作，已启动实施五大计划，分别为医院帮扶计划、医生培养计划、乡村义诊计划、远程医疗计划、设备更新计划，探索出一套系统长效的健康扶贫机制。

二、实施进展及成效

（一）医院帮扶计划

自2012年起，学校就在积极探索由学校附属医院与永平县人民医院建立全面、长期的帮扶关系。我校附属华山医院、儿科医院、金山医院一直参与永平县的定点扶贫工作。2015年，《中共中央国务院关于打赢脱贫攻坚战的决定》，提出“建立全国三级医院（含军队和武警部队医院）与连片特困地区县和国家扶贫开发工作重点县县级医院稳定持续的一对一帮扶关系”。学校认真贯彻落实中央精神，积极与上级主管部门沟通，努力争取将永平县人民医院纳入国家卫生计生委三级医院对口帮扶贫困县县级医院名单。2016年2月，国家卫生计生委等5部门出台《关于印发加强三级医院对口帮扶贫困县县级医院工作方案的通知》，明确学校附属金山医院（三级综合性医院）和大理州人民医院共同支援永平县人民医院，为教育系统（高校）和卫生系统（医院）在永平协力扶贫攻坚奠定了坚实的基础。

2016年4月，复旦大学附属金山医院与永平县人民政府、永平县人民医院签署了“三级医院对口帮扶贫困县县级医院责任书”，金山医院将通过派驻专家，建立远程会诊系统，开展医务人员培训、管理人员培训，捐赠医疗设备等形式，开展健康扶贫工作。2016年5月，金山医院精心选拔的第一批援滇医疗队赴永平县开启了为期5年的医疗对口帮扶工作。2016年6月，金山医院又派出劳模专家团赴永平县开展医疗咨询、查房以及学术讲座，以多种形式开展帮扶工作。截至2016年9月，金山医院派驻专家已在永平县人民医院共接诊门急诊病人358人次，开展手术57例次，开展疑难病例讨论及会诊31次，义诊328人，开展学术讲座10次，培训90人次，教学查房13次，手术示教12次，并捐赠医疗仪器及药品合计13 630.5元。

（二）医生培养计划

扶贫扶贫，关键是一个“扶”字，只有恢复贫困地区的“造血”功能，才能断掉穷根、开掘富源。对于健康扶贫工作而言，提高当地医务人员能力，提升医疗卫生水平才是关键所在。自2012年起，在充分调研当地需求的基础上，学校启动了永平县骨干医生和医管人员培养计划。几年来，学校先后接收来自永平县医院、县中医院、县妇幼保健院及各乡镇卫生院的74名医管人员、护士和学科带头人到学校附属医院进行了为期1～6个月的进修学习，并组织各附属医院专家定期到永平县开展专题讲座、临床教学和学术交流活动，累计培训医务人员4000多人次，教学查房12次。

值得一提的是，学校附属中山医院陈灏珠院士多年来一直身体力行支持国家战略，关心贫困地区医学人才培养，并于2014年设立医学人才培养基金，基金下设“生命之花”医学人才培养项目。项目自2015年10月启动以来，得到了包括上海市人民政府合作交流办公室、云南省卫生和计划生育委员会、云南省扶贫办、上海市心血管病研究所等单位的大力支持。2016年7月，“2016年沪滇心血管内科新进展培训班”在上海举办，由学校附属中山医院陈灏珠院士、葛均波院士领衔的20余位心内科、心血管病专家团队，从心血管内科理论知识、临床应用及实践、新进展及前沿课题、病房观摩等方面，精心呈现了25堂内容翔实、精彩纷呈的课程，为50名来自云南省从事心血管临床工作的医务人员（其中2名来自永平县）带去了充实的两周学习生活。该项目还将为云南心内临床医生开设长期的医疗技术培训项目，更高层次地服务国家精准扶贫战略。

（三）乡村义诊计划

精准扶贫就是要让贫困群众真正得到实惠，确保各项政策落实到扶贫对象身上。对于健康扶贫工作而言，就是要为贫困群众解除病痛，减少因病致贫、因病返贫等情况的发生。永平县地处滇西集中连片特困地区，看病难问题一直困扰着当地贫困群众。自2012年起，学校精心组织由各附属医院专家组成的医学专家团以及复旦大学博士生医疗服务团等团队定期到永平县，深入乡村面向贫困群众开展义诊和健康咨询服务，已累计服务1000多名贫困群众。

多年来，学校在永平县开展的乡村义诊计划已经在当地老百姓中树立起良好的口碑。2016年6月，学校附属金山医院组织了包括3名全国劳模和1名上海市劳模在内的医疗专家团前往永平县，开展专家义诊活动，受到了前所未有的欢迎，永平县及周边县市的群众慕名而来，求医问药。在永平县人民医院义诊的当天，专家团共接待病人720人次，创下了永平县人民医院单天最大的门急诊人次数。

与此同时，学校探索依托当地乡镇卫生院将乡村义诊计划进行长效化开展。为此，2014年10月17日，在我国首个扶贫日之际，学校举办“扶贫你我同担当——云南乡镇卫生院长走进上海社区中心”活动，组织了来自永平县的6位乡镇卫生院长参访闵行区江川社区卫生服务中心，并就村医一体化管理、健康管理理念、疾病防治等工作进行了深入交流。

（四）远程医疗计划

中央扶贫开发工作会议明确指出，要推进健康扶贫，开展远程医疗、巡回医疗，不断提高贫困地区医疗服务能力。远程医疗可以低成本、便利地覆盖到贫困人口，让贫困地区老百姓就近享受到高水平的医疗诊断。

学校在上海市拥有16家附属医院（其中5家筹建），通过远程医疗的方式，能够让永平县的贫困人口享受到先进的医疗诊治技术，及时准确地进行病情诊断并制订科学合理的治疗方案，减少患者及家属来回奔波的痛苦，降低群众医疗支出。为此，学校积极为当地医院建设远程会诊、远程病理等远程医疗系统，以期实现方便、可靠的新型就诊方式。

远程医疗系统建设正在稳步推进，建成后将有力地带动当地医疗水平提升，促进传统治疗方式的改革和进步。远程医疗系统建成并对接到学校各相关附属医院后，上海的医疗专家们将能够实时地为永平县的老百姓看病，有助于做出及时准确的诊断，减少看病时间，降低治疗费用，真正做到精准地服务于当地人民群众的健康扶贫目标。

（五）设备更新计划

针对永平县卫生基础设施陈旧、基本医疗设备短缺、农民就医看病不便等实际难题，学校积极搭建平台，充分调动医院资源，广泛发动校友及校友的社会资源，寻求社会爱心企业，向永平县捐赠CT、核磁共振、病理设备等大型医疗仪器设备，让当地百姓能够便捷、快速地接受各种检查，实现足不出县就能看上病、看好病。

其中，学校附属金山医院向永平县医院捐赠了一套完整的病理设施设备，帮助当地建起了病理学科。复旦医院管理公司和复旦教育发展基金会则为当地募集到了64排CT和1.5T核磁共振等大型医疗仪器，改变了永平县仅有一台2排CT和无核磁共振的尴尬现状。

截至2016年9月，学校已通过各种渠道向永平县捐赠了价值累计超过1000万元的全新医疗设备，设备更新计划得到稳步推进，为永平县医疗水平的提高提供了硬件支撑。与此同时，学校附属金山医院联合设备厂商共同开展设备使用培训，使先进的设备能够在当地医院技术人员手中运转起来，发挥出应有的作用。

三、主要特色及经验

（一）坚持需求导向

学校在开展定点扶贫工作的过程中，始终坚持需求导向原则，尊重扶贫对象的主体地位，力求使各类扶贫项目和扶贫活动都紧紧围绕贫困群众的需求来进行。

自定点扶贫工作启动以来，学校冯晓源副校长、许征副校长、刘承功副书记、张志勇副校长先后带队赴永平县考察，深入基层调研当地人民群众对于扶贫工作的实际需求。2013年、2015年，杨玉良校长、许宁生校长分别率团访问云南，与云南省扶贫办、大理州人民政府商讨定点扶贫工作。2012年以来，双边互访达30多批次，学校80多名领导、专家教授、管理干部赴永平考察调研，永平县委、县政府领导带队到学校汇报、对接帮扶工作4次。

通过调研，学校发现，当地医疗卫生专业人才紧缺和医疗设备落后等问题严重制约了永平县卫生事业的发展，因病致贫、因病返贫仍然是扶贫工作中的一大难题。

因此，学校认为将健康扶贫作为扶贫永平县的重点项目之一，既符合当地实际需求，又能很好地发挥学校上海医学院及附属医院强大的医学教育和医疗卫生资源，能够实现较好的扶贫效果，也符合中央对于精准扶贫工作的总体要求。

（二）注重顶层设计

扶贫工作是一项系统工程，学校在充分调研永平县情况，了解实际需求的基础上，注重对扶贫项目的顶层设计，着眼长远，强调定点扶贫工作的系统性，避免搞突击式扶贫。

针对健康扶贫项目，学校多次召开专题会议，邀请相关职能部门负责人和专家学者共同商讨工作方案。经过研究，学校确定了人才培养、管理提升、设备更新三大工作重点，并决定采取分步走的策略逐步推进实施。

在此顶层设计下，学校于2012年先行启动了面向永平县医生、护士以及医管人员的培养工作。为了做好人才培养工作，学校下发了《关于做好教育部定点扶贫滇西边境山区工作的通知》，明确了“接收医院免除进修费用”等支持政策。

进修学员经过培训，将先进的理念带回到当地，逐渐改变了永平县相关医院的工作氛围，为适时启动管理提升计划打下了坚实的基础。2016年4月，复旦大学附属金山医院与永平县人民政府、永平县人民医院签署了“三级医院对口帮扶贫困县县级医院责任书”，正式启动了规划中对当地医院进行全面管理提升的帮扶项目。

与此同时，学校启动了设备更新计划，捐赠了64排CT和1.5T核磁共振等大型医疗仪器，并着手建设远程医疗系统。经过前期的人才培养和管理提升计划，永平县的医疗人员已经初步具备了操作先进医疗设备的能力，加之有学校附属金山医院的专家驻院支援，可以手把手地教，从而确保了设备使用的效果，避免了资源闲置浪费。

（三）凝聚多方力量

健康扶贫是学校定点扶贫工作中的重点项目之一，学校对此高度重视，调动校内外各方力量推动实施，形成了校内各部门通力合作、校外资源集聚整合的良性互动局面。

校内相关职能部门充分发挥团队协作精神，克服困难共同推进和落实健康扶贫任务，对于工作推进过程中出现的新情况、新问题，及时召开专题协调会予以解决，绝不拖延。比如对于永平县来沪进修人员的住宿问题，学校予以优先保障，将极其紧张的住宿资源提供给他们，并免除了所有住宿费用。学校还主动为住校进修人员办理了校园一卡通，并给予一定的伙食补贴。

与此同时，学校通过校友会等渠道加强宣传，提升永平县的知名度，讲好永平故事，为定点扶贫工作集聚社会力量，带动永平发展。复旦大学广大海内外校友和众多具有社会责任感的企业积极响应党中央号召，自觉投入脱贫攻坚的重大任务中，为永平县先进医疗设备捐赠等方面做出了重要贡献。

四、下一步工作思路和计划

（一）输血造血并举，内力外力并重

学校将继续通过“请进来”与“走出去”相结合的方式，发挥学校在人才培养方面的优势，持续提升永平县医疗、医务人员水平，激发内生发展的动力，由“输血”模式逐渐转变为“造血”模式。此外，在挖掘校内潜力的基础上，继续借好外力，积极争取上级主管部门、所在地政府部门以及社会机构的支持，为定点扶贫工作提供更多资源。

（二）提前谋划项目，深化精准扶贫

根据当地对健康扶贫工作的需求，力争每年为永平县人民医院“解决一项医疗急需，突破一个薄弱环节，带出一支技术团队，新增一个服务项目”，做好帮扶项目的谋划，扎实推进。将陆续启动儿科、普外科、妇产科、中医科、放射科等科室的帮扶建设，精心选派相关学科专家前往受援医院开展工作，促进上述科室加速发展。

（三）加强工作研究，推广成功模式

学校将在实践中加强工作研究，在医院管理建设项目中，特设“新时

期高校医疗扶贫工作模式研究——以复旦大学为例”项目，专门用于梳理全国高校医疗扶贫情况，总结和凝练学校开展健康扶贫工作的特点以及创新医疗扶贫模式等方面的工作，力争为全国高校开展医疗扶贫工作提供参考和借鉴。

（复旦大学　邵　田　何　珂）

搭建医疗扶贫彩虹桥　救助儿童先心病患者

——四川大学精准扶贫精准脱贫典型项目

打赢脱贫攻坚战，到2020年中国实现贫困人口全部脱贫，这是以习近平同志为核心的党中央做出的重大决策部署，是全面建成小康社会必须打赢打好的硬仗，也是党中央向全世界做出的庄严承诺。2020年4月16日，习近平总书记在重庆主持召开解决“两不愁三保障”突出问题座谈会，再次吹响了脱贫攻坚决战的号角。四川大学于2012年9月接受了中央和四川省的定点扶贫任务：中央任务是定点扶贫凉山州甘洛县，四川省的任务是定点帮扶广安市岳池县。当前，脱贫攻坚战进入决胜的关键阶段，按照中央关于脱贫攻坚工作部署要求，学校切实履职尽责，聚焦“两不愁三保障”，发挥学校四个附属医院的优势，在基本医疗有保障方面精准发力，以自身优质医疗资源为核心，联合社会公益力量，对贫困地区儿童进行免费普查，对疑似先天性心脏病（简称“先心病”）患儿开辟绿色通道。团队累计帮扶救治先心病患儿25 000余人，在西部贫困地区扶植及培训了7支先心病介入手术团队，逐步构建了全新的先心病筛查网络，最终实现对贫困地区儿童先心病精准扶贫救治的全新模式。

一、西部贫困地区儿童先天性心脏病救治现状

近年来，因遗传、环境污染、高龄生育等因素影响，我国每年约有15万先心病患儿出生，居出生缺陷的首位。先心病并非不治之症，若治疗及时，90%以上的患儿可以完全治愈。然而，令人震惊的是，在患有先天性心脏病的儿童中，有1/3的孩子得不到及时救治，如未经治疗，约1/3的患儿在一岁以内死亡。

各种先心病介入治疗技术的进步使先心病的治疗和愈后正在发生重大的转变。房间隔缺损、室间隔缺损和动脉导管未闭封堵术的成功率均高达99%以上，并发症发生率低。

儿童期先心病多集中在医疗资源落后的农村贫困地区。现在的医学技术通过筛查能够早期识别先心病，使患儿能够在最佳时期接受介入及手术治疗，从而显著降低婴儿及5岁以下儿童死亡率。然而对于贫困家庭而言，少则几千、多则十几万的手术费成了先心病患儿一道迈不过去的坎儿。据了解，四川省每年接受介入、外科治疗的先心病病例约2500例，据此估算，每年有3500～5000例新增患者不能得到治疗。

二、打造四川大学华西第二医院先心病扶贫救助模式

四川大学华西第二医院儿童先心病筛查治疗团队起步于20世纪70年代，是国内最早成立的儿科心血管亚专业之一，也是国内最早开展儿童先心病介入诊治的专科团队。团队诊疗水平位列全国前三名，保持着“心脏介入手术体重最轻、年龄最小的中国纪录”。团队在职职工47人，高级职称11人、中级职称12人，其中四川省学术与技术带头人2人、四川省卫生厅学术与技术带头人2人。团队先后被授予四川省妇联“妇联优秀巾帼志愿服务组织”称号（2016年）、“四川省三八红旗集体”（2017年），全国妇联“全国三八红旗集体”称号（2018年）等。

（一）培养7支先心病介入手术团队

自2005年始，四川大学华西第二医院先心病筛查治疗团队凭借自身优势，常年奔赴川内的川东、川北革命老区以及凉山、阿坝、甘孜等边远少数民族聚居贫困地区进行儿童先心病防控知识宣讲、基层医师培训、患者筛查以及救治工作。团队通过各方面优势资源的整合，采取“授之以渔”的方式，创立并构建“儿童先心病精准扶贫”新模式，将国家级重点学科技术传授到各地，通过主动“输血”方式，激发我国基层医疗机构和人员的内生力量，为西部地区培养了7支先心病介入手术团队，使西部先心病救治水平与发达地区保持同步。

目前先心病的介入手术治疗技术仅有为数不多的医院和医生所掌握，技术普及率差。在贫困地区，很多基层医生及家庭健康、医疗保健知识匮乏，“重治轻防”意识根深蒂固，对儿童先心病的特征及危害认识不足，缺乏相应的筛查技术和手段。因此，积极引导医疗专家与学者成为医疗卫生科普创作的主力军，积极开展全民普医热潮，加强健康教育体系建设，完善医疗卫生知识普及体系，营造医学科普发展的良好氛围具有重要的意义。

（二）赴贫困地区免费筛查救治

转变既往“等待患者上门就医”的传统模式为“主动寻找患者救助”的服务模式，对先心病儿童“从救治到预防，从预防到管理”，开创了“儿童先心病精准扶贫”的全新理念。

团队奔赴新疆、西藏、川东、川北以及凉山、阿坝、甘孜等老少边穷地区进行先心病防治宣讲及筛查救治工作。15年来，从疆北边陲到海拔4700米的那曲，行程超过30万公里，挽救了数以千计的患儿，创造了高海拔地区手术成功率100%、零死亡的医疗奇迹。

在四川省贫困地区以及西部老少边穷地区，与中国青少年基金会、四川省青少年基金会联合启动“共青希望新心·儿童心脏病基金”慈善救助项目，对疑似先天性心脏病的患儿进行免费普查，为已接受先天性心脏病手术的儿童进行免费复诊，为当地儿童开展免费先心病义诊筛查，对符合资助条件的患儿开辟入院绿色通道，使得家庭经济困难、病情复杂的儿童得到及时救治。截至2019年，已开展了6次大面积筛查，覆盖了20个贫困县20 000余名儿童，发现百余例先心病患儿并及时进行了治疗。

在西藏自治区，与西藏自治区人民医院联合启动先心病“爱心工程”救助计划，利用节假日先后16次赴西藏高海拔地区进行义务先心病筛查、义诊及手术治疗，截至2019年共完成了300余例藏族儿童先心病手术，创造了高海拔地区手术成功率100%的骄人成绩。

（三）通过慈善机构及爱心企业筹集资金，搭建慈善救助彩虹桥

积极动员社会各界力量，共同促进儿童先心病救助事业发展。联合国

内外多家慈善机构、爱心团体及个人，如爱佑华夏慈善基金会、宋庆龄基金会、神华基金、三生爱心“1+1”基金、扶轮社、平安集团、置信实业等，共募集救助资金3000余万元，免费救助了先心病患儿1200余人。

阳阳是一个5岁的小女孩，来自大凉山，自幼发现患有先天性心脏病。母亲得知孩子的病症后离开了他们，父亲是个老实巴交的农民，只会种几亩地，一家人的生活紧紧巴巴。看着孩子的病情越来越重，悲伤的父亲咬牙带着孩子揣着几年来积攒下的几千元钱，辗转两天来到四川大学华西第二医院。科主任华益民教授带领团队为她做了详细的检查，诊断为先天性室间隔缺损，可以通过介入治疗。这个结果对于这个满怀希望的父亲来讲无疑是一个喜讯，可当得知手术费需要几万时，他脸上的笑容瞬间尴尬起来，最后无奈地说等把唯一的房子卖掉凑足了钱再来。了解到阳阳家里的情况后，每个队员都痛心了，一个如花的生命难道仅因为经济原因就要凋谢吗？作为一个医生能为患者做的就只有治病吗？强烈的使命感驱使队员们多方奔走，经过无数次的努力及沟通，募集资金，阳阳终于成为第一个接受慈善救助的孩子。她的手术很成功，出院那天，孩子灿烂的笑容、憨厚父亲不断的感谢，让每一个队员内心都充满了满足感和成就感。

（四）构建网络绿色救助通道

中国移动乐乐医是由几十位四川大学华西医学博士自主研发的集健康咨询、诊后随访、慢病管理和双向转诊等功能为一体的患者院外管理平台。该项目充分整合了四川移动大数据资源和四川大学华西医学中心的医疗专家资源，在首届中国“互联网+”大学生创新创业大赛斩获金奖，成为医疗行业内备受关注的在线诊疗平台。

2016年1月，中国移动乐乐医联合四川大学华西第二医院及国内多家慈善机构与爱心团体率先开启“四川移动乐乐医精准扶贫项目——孤贫先天性心脏病患儿康复行动”项目。此项目率先在甘孜、阿坝、凉山地区展开，为孤贫先天性心脏病患儿及家庭开辟了一条慈善救助的线上申请绿色通道，使申请慈善救助基金的方式更为便捷，让患儿能够及时得到四川大学华西第二医院先心病专家的治疗。

团队通过乐乐医平台迅速找到小珍并制订紧急救助方案。工作人员在盐源找到小珍及家人，并协助患儿家人完成先心病申请救助资料填写、上传等工作。3天后审核通过，小珍及家人坐汽车、火车辗转一天一夜来到了成都，迅速在四川大学华西第二医院进行了会诊检查，并办理了住院手续。入院第二天小珍就顺利进行了手术，第四天即康复出院，至今通过乐乐医平台继续与主治医生保持联系。

截至2019年，乐乐医平台在线用户已逾600万，200余名先心病患儿得到及时救助，大量边远贫困地区的儿童患者足不出户便能得到最专业的医学专家指导。

三、远景规划

（一）构建西部儿童先心病筛查治疗网络

依托于医院的“医联体建设”及现有的医疗保健网络资源，借助中国移动乐乐医等互联网平台，联合基层医院，建立以乡镇和社区为基础的筛查网络。充分调动和发挥基层社区卫生服务中心的积极性，建立先心病筛查、转诊网络。在常规的儿童保健服务和管理中增加先心病筛查、转诊的内容，即将先心病筛查、转诊贯穿于常规新儿访视、儿童定期健康检查中。同时，对基层儿科医生做定期和不定期培训，在培训中增加先心病筛查的内容，培养先心病筛查、转诊网络构建中所需要的大批筛查人员。彻底改变既往“被动等待患者上门就医”的传统医疗模式，逐步转变为“主动寻找患者救助”的全新医疗服务模式，将团队的优质医疗服务范围不断向外扩展，从而提升医疗服务效能。

（二）扶植及培养扎根于当地的儿童先心病医疗人才队伍

一是对具有一定基础和规模的基层医疗团队进行先心病介入诊疗技术培训，协助地方完善学科建设，提升基层医疗机构学科能力，使其能够在当地开展先心病的筛查和介入诊疗工作；二是点对点、手把手地实地对口帮扶，实地帮助培训贫困地区的人才，培养能够留得住、稳下来、深扎根的乡土人才，更好地为本地群众提供健康服务，建立当地“永不离开的先心病介入治疗团队”，在中共中央“坚持精准扶贫、精准脱贫”的工作要求指导下，真正实现优质医疗资源下沉及医疗同质化发展。

（三）争取政府支持，动员社会力量，共同帮扶救助先心病儿童

婴儿及5岁以下儿童死亡率是衡量一个国家社会经济发展的重要指标。针对先心病这一主要死因，向政府呼吁开展贫困地区儿童先心病的筛查和治疗工作，并逐渐建立完善的管理和救助体系。同时，不断动员社会各界力量，与公益组织以及社会爱心人士沟通与合作，促进儿童先心病爱心慈善救助事业发展。

同时，在已经建立的先心病筛查及治疗工作基础上，进一步建立长效机制，定期进行老少边穷地区先心病患儿筛查及治疗，构建切实有效的“儿童先心病精准扶贫”新模式并在西部地区甚至全国进行推广。

（四川大学华西第二医院　华益民　李　莉）

“擎灯”前行守护群众健康　创新托管助力医院发展

——河北医科大学精准扶贫精准脱贫典型项目

河北医科大学是河北省重点骨干大学，历经120余年，已成为集教学、科研、医疗为一体的综合性医科大学。作为河北省的医学教育龙头，河北医科大学高度重视健康扶贫工作，在引领全省医疗卫生领域向高端发展的同时，始终坚持服务基层医疗卫生事业的办学方向，承担应尽的社会责任。2016年，学校党委书记翟海魂、党委副书记倪铁军、教授王亚利等赴河北阜平县医院等地调研医疗卫生状况，就帮扶阜平县医疗卫生事业发展等问题与当地卫生部门负责人进行了充分的交流与沟通。2017年4月，根据阜平县委、县政府要求，经河北医科大学党委批准，河北医科大学第二医院与阜平县人民政府签署“阜平县医院帮扶协议”，以全面托管的形式帮扶阜平县医院。

河北医科大学第二医院是河北省最大的一所集医疗、教学、科研、保健、康复、急救为一体的综合性三级甲等医院。医院始终坚持以人民群众为中心的发展思想，高度重视精准健康扶贫工作。

自签署帮扶协议以来，在河北医大党委指导下，河北医科大学第二医院立足阜平县医院发展实际以及县域人民群众卫生健康水平，实施了一系列精准帮扶举措，促进优质医疗资源下沉，努力提升基层服务能力和贫困群众健康水平，推动建立合理有序分级诊疗模式，不断满足群众健康需求。

一、帮扶工作进展情况

阜平县位于燕山—太行山集中连片特殊困难地区，辖13个乡镇、209个行政村，总人口22.8万，具有革命老区、山区、贫困地区“三区合一”

的特点，是脱贫攻坚任务最艰巨的地方之一。长期以来，县域医疗机构医疗服务能力不足一直是制约老区人民健康水平提高和经济水平提升的关键因素，阻断因病致贫、因病返贫的任务非常艰巨。

河北医科大学第二医院在阜平县采取了一系列“托管+创新”举措，助力阜平县医院“提档升级”，让老区百姓的就医获得感大大提升。

（一）组建团队，明确工作任务

经过前期细致调研，2017年4月起，医院先后派驻由医疗、护理、药事、财务、信息、综合管理等团队以及心血管内科、神经内科、呼吸内科、消化内科、普通外科、神经外科、妇科、产科、儿科、麻醉科、急诊科等11个专业的临床医疗团队共20余人组建了阜平医院工作组，长期留驻阜平县医院全面开展帮扶工作。

工作组与阜平县人民政府及县卫健局进行充分沟通后，制订了《河北医科大学第二医院帮扶阜平县医院实施方案》，明确了3项工作任务：

（1）发挥优势，提升阜平县医院医疗服务能力；

（2）精准扶贫，建设省、县、乡、村四级医联体绿色通道；

（3）依托阜平县医院，构建大数据与大健康中心。

工作组力求有效解决贫困县人民群众看病就医问题，为农村贫困人口脱贫提供健康保障，用实际行动打赢健康扶贫攻坚战。

（二）多措并举，提升医疗服务能力

1. 提升常见病、多发病诊疗水平

派驻专家以呼吸系统、消化系统、心血管系统等方面的常见病、多发病为切入点，通过专家查房、病例讨论、技术指导、手术示教及多学科会诊等方式，提升了慢阻肺、支气管哮喘、消化性溃疡、心肌梗死、心力衰竭、脑卒中等常见病、多发病、慢性病的规范化诊疗水平。

2. 以危急重症为重点，提高急诊救治能力

工作组对县医院的急诊科进行了重新规划布局，设立急诊抢救区、密切观察区、留观区、输液区等功能分区；建立急诊患者就诊流程，规范急性心梗、急性呼吸衰竭等重点病种抢救流程8个，制定急诊绿色通道、转

院管理等相关制度和流程47个；开展心肺复苏、气管插管和呼吸机使用培训。工作组通过上述措施，提高了县医院的急诊救治能力，实现了急诊规范化建设的目标。

工作组还整合了县医院的医疗资源，完善了县医院的危急重症抢救体系。工作组为此成立了由临床科室骨干医师组成的危急重症抢救小组，定期为县医院医护人员开展理论知识和技能实践的培训与考核，不断提升其危重症救治能力。当地的重症医学科也在积极筹备中。

（三）开通双向转诊，畅通绿色通道

工作组为阜平县医院建立了转诊患者管理制度及流程，明确常了见病种出入院标准和双向转诊标准及程序，做到分工协作、有序转诊；建立溶栓绿色通道，使急性心梗、急性脑卒中患者能够得到规范化治疗。2018年，阜平县医院先后双向转诊50余例心血管病、慢阻肺、动脉瘤等危重患者，既让患者得到了及时有效的救治，也减轻了患者的负担。

工作组组建了阜平县医院脑卒中急救绿色通道，以及时开展急性缺血性脑卒中静脉溶栓治疗及护理工作。2018年，阜平县医院申报成为中国卒中中心联盟成员单位，进一步推进脑卒中规范化诊治和二级预防。

为进一步通过多学科合作，为胸痛患者提供快速而准确的诊治，阜平县医院于2018年10月起，启动中国胸痛中心（基础版）建设，并于2020年9月顺利通过国家胸痛中心验收，成为首家通过认证的县级医院。

（四）实施健康服务普及计划

为了让贫困地区群众在家门口就能享受到省级优质医疗服务，工作组制订了惠及全县13个乡镇的健康服务普及计划。工作组通过下乡义诊的方式进行宣传，开展了送医送药、健康知识宣教、基层医师培训、健康查体、数据采集等工作。截至2019年年底，累计服务群众2000人次，免费发放药品20余万元，在缓解群众就医需求的同时，也促进了乡村医疗技术水平的提高。

二、帮扶工作主要特点

（一）加强党建，实现“双促进、双发展”

为全面贯彻党的十九大精神，切实加强党的基层组织建设，发挥党组织的政治核心和战斗堡垒作用以及党员的先锋模范作用，更好地开展托管帮扶工作，依据《中国共产党章程》相关规定，河北医科大学第二医院阜平医院临时党支部于2018年5月正式成立。

临时党支部成立以来，在上级党组织的领导下认真落实“三会一课”制度、民主生活制度，同阜平县医院党总支协作开展了一系列教育实践活动，使帮扶团队的政治素质、思想素质以及理论素质得以全面提高，使党群关系、干群关系更加密切，为医院托管工作奠定了扎实的思想基础和政治基础。

（二）开展远程医疗，打通服务患者“最后一公里”

河北医科大学第二医院作为河北省远程医疗中心，负责河北省远程医疗服务的组织、协调、指导、培训及省级平台系统维护工作，并推动全省远程医疗服务体系不断健全完善。

阜平县医院积极推进远程医学建设，于2019年在全省率先开展县级医院“五中心”（远程影像诊断中心、心电诊断中心、超声诊断中心、远程会诊中心和检验质控中心）、乡镇卫生院“五室”〔远程会诊室、放射检查室（DR，数字化X射线摄影；CR，计算机X线摄影）、心电图室、超声室、检验室〕、村卫生室“一门诊”（远程门诊）标准化远程医疗中心建设，逐步构建省、县、乡、村一体化远程医疗服务网络。

目前，阜平县医院已在相应科室开通了远程诊室，向上连接河北医科大学第二医院相应科室，向下已先行连接王林口乡卫生院、吴王口乡卫生院及所辖村卫生室，开通了远程门诊、远程会诊及远程心电等医疗服务，其余乡镇的远程诊室正在陆续建设中，为最终实现“大病不出县、小病不出村”，落实分级诊疗奠定了坚实基础。

（三）创新“互联网+”公共卫生服务

阜平县医院工作组利用便携式健康信息采集设备，采集人口健康数据，实现健康信息动态管理，一人一卡，使病人能及时受到健康干预或治疗。

针对慢性病患者，医院计划开展县域远程血压监测。阜平县目前高血压患者达4万人之多，公卫医生和医疗机构与慢性病患者之间缺乏有效连接。建设县域远程血压监测平台，可为患者提供可持续的健康管理，形成动态电子健康档案，及时对病患实施监测、评估、个性干预、随访跟踪，使高血压慢性病患者得到有效防治。

同时，医院将加快医联体信息一体化建设，同阜平县委、县政府有关部门协同推进构建基于电子健康档案的区域医联体的卫生健康信息平台，整合业务流程，实现信息共享，使医疗服务与健康管理相衔接，预防、治疗与管理相结合，服务模式从“以治病为中心”向“以健康为中心”转变，减少因病致贫、因病返贫等情况的发生。

三、帮扶工作成效

（一）进一步完善人才培养机制

托管以来，派驻专家积极发挥“传帮带”作用，手把手教本领，心对心解疑惑，每周进行全院业务培训，定期指导开展科内培训，托管以来已累计培训医、护、技人员达2000余人次。

建立河北医大二院同阜平县医院科室间的长期沟通协作机制，河北医大二院专家受聘为阜平县医院大外科主任，在业务和管理上给予支持和指导，知名专家受聘定期到阜平指导工作，同时累计接收40余名阜平县医院骨干医师到河北医大二院免费进修学习。工作组通过“请进来，走出去”的模式，不断提升阜平县医院人员业务水平。

（二）完善科目设置，细化专业分组

根据患者诊疗需求，工作组对县医院急诊科进行了重组，补齐人力资

源配置，划分功能分区，规范重点病种救治流程，大大提升了县医院急诊救治能力。同时，设立康复医学科，重症医学科也在积极筹备中。

根据病种分布情况，工作组结合河北医大二院派驻专家专业，将内科划分为呼吸内科、消化内科、神经内科、心血管内科4个专业分组，外科划分为普通外科、泌尿外科、神经外科3个专业分组，同时逐步引导县医院按专业分组收治患者，在派驻专家的指导下不断提升各专业医师的业务水平。

（三）新项目新技术持续开展

针对县域疾病谱和医院实际，工作组在当地积极推进适宜技术，逐渐开展无痛胃肠镜、急性缺血性脑卒中静脉溶栓等新技术、新项目40余项，累计开展各项检查新技术、新项目2000余例次。

（四）收治病种数量显著增加，难度逐步上升

阜平县医院收治病种数量由2017年的233个，增长至2019年的781个，增长率为235%；同时，收治病种难度不断提升，三、四级高难度手术占比不断提升。

（五）病人外转率不断下降

托管以来，受益于阜平县医院医疗服务能力的不断提升，医院病人外转率从2016年的11.2%降至2019年的6.85%，效果明显。

（六）社会各界一致认可

自河北医大二院帮扶阜平县医院以来，国家卫健委规划发展与信息化司副司长刘文先、医管中心质量评价处处长翟晓辉、河北省卫健委副主任江建明等有关领导相继到阜平县医院视察指导工作，并对取得的成绩给予了高度的评价。同时，河北医大二院的帮扶工作也得到了国务院扶贫办的支持和认可。帮扶期间，河北医科大学第二医院阜平医院工作组先后荣获阜平县“2017—2018年度精准扶贫精准脱贫先进集体”“2017—2018年度健康扶贫工作示范单位”和“2018年度河北省工人先锋号”等荣誉称号。新华社《半月谈》、河北电视台、《河北工人报》等媒体相继报道阜平县医院托管工作和典型人物事迹，工作组得到了政府、群众的广泛赞誉。

四、下一步可推广实施的工作方向

（一）加强医联体建设，建立分工协作机制

以河北医科大学第二医院为主体单位，选派院长1名，带领管理和医疗团队进驻阜平县医院开展帮扶工作，并联合乡镇医疗卫生机构，打造“省、县、乡、村”一体化管理，构建四级联动的医疗服务体系；组建由政府和各级医疗机构组成的阜平县医院管理委员会，对医联体建设中的重大事项实行决策和监督，制定工作规程，明晰各级职责，建立各级医疗机构间分工协作机制，为医联体建设提供组织保障和制度保障。

（二）持续提升阜平县医院医疗服务能力

1. 提升专科服务能力

根据县域居民诊疗需求和县域外转诊率排名等因素，加强县医院重症医学科、康复医学科等学科建设。通过改善硬件条件、派驻专业技术人才，补齐薄弱专科能力短板，同时提高县医院对重大疾病患者的长期管理能力。

2. 加强临床及其支撑学科建设

重点加强病理科、影像科、医学检验科等学科建设，提升县医院对疑难、危急重症疾病的诊断、治疗能力。

3. 加强人才队伍建设

加大对重点领域、紧缺专业、关键岗位的专业技术人才培养，按照专业发展方向进行人才储备。

培养学科带头人，按照送出去培养、本地带教、能力评估、技术准入的流程重点培养妇科、普通外科、神经外科、泌尿外科、心血管内科、神经内科、呼吸内科、消化内科等临床科室团队，培养麻醉团队、病理团队及影像团队，结合远程会诊系统形成本地医疗团队。

（三）落实健康扶贫要求，找准致病因素，实施分类救治

摸清贫困人口情况，在所对口帮扶的9所乡镇卫生院进行患病人群调

查，关注大病、重病、慢性病人口详细信息，从因病返贫、因病致贫家庭调查中收集信息，做好针对性扶贫规划。根据阜平县医院服务水平，重点解决县域内重点人群、重点疾病诊治需求问题。

（四）完善远程医疗服务体系，积极探索“互联网+”服务模式

进一步完善远程医疗服务体系，充分整合区域内的医疗资源，实现电子健康档案和电子病历的连续记录和信息共享，搭建阜平县医疗卫生信息云平台。将医疗服务、健康管理服务、分级诊疗服务、精准扶贫服务、公共卫生服务有效融合，通过平台进行数据的统一采集和标准化处理，开展医疗协同和分级诊疗服务。

（五）研究建立县级医疗机构带教实习的新机制

在河北医科大学党委的指导下，依托全面托管优势，逐步将阜平县医院打造成具有学校见习、实习特色的实践教学基地。研究建立县级医疗机构带教实习的新机制，增强学生对基层群众的感情，提高学生解决基层医疗问题的能力，为其毕业后服务基层做好准备，进而为基层医疗卫生事业提供不竭的人才来源。

在下一阶段的工作中，河北医大二院将在党的十九大“健康中国”战略的指引下，按照党中央、国务院关于进一步深化医疗卫生体制改革以及健康扶贫有关工作的部署，不忘初心，发扬“擎灯”精神，用实际行动践行工作要求，不断取得新的更大成效，让人民群众享受到更高质量的医疗服务。

（河北医科大学　瞿长宝）

发挥学科专业优势　精准施策
助力西藏那曲地区打好健康扶贫攻坚战

——大连医科大学精准扶贫精准脱贫典型项目

健康扶贫是脱贫攻坚战中的一场重要战役，事关群众切身利益，事关脱贫攻坚大局。大连医科大学积极响应以习近平同志为核心的党中央关注西藏和谐发展、心系西藏健康福祉做出的重要决策部署，尤其是在“十三五”期间，学校发挥学科专业优势以及附属医院资源优势，着力在满足健康需求、提升诊疗水平、助力公共卫生上精准施策、积极作为，努力为改善藏北群众生存质量，提高藏北群众健康水平，推动那曲地区医疗卫生事业进步贡献智慧与力量。

一、基本情况

学校自2001年积极参与援藏工作，特别是进入“十三五”以来，在此前工作基础上总结经验，进一步发挥学校及附属医院学科专业优势特色，精准施策、持续发力，使医疗人才“组团式”援藏工作扎实推进、有序开展。学校以支持、帮助那曲地区创建三甲医院为抓手，以创新医院管理体制机制、深化医院内部改革为动力，加大人员培训力度，提升医院服务能力和管理水平，取得了较大的成效。2015年以来，学校牵头选派了全省干部医疗人才99名赴那曲精准帮扶。其中，学校选派干部人才43名（包括4位院长、28名医疗人才、11名柔性引进专家），占全省43%。援藏专家大力弘扬践行“大爱无疆”的援藏精神，建成了世界上海拔最高的三甲医院，用“大爱无疆”的援藏精神铸就了藏北群众的健康之路，将医者仁心仁术铺满了羌塘草原，让藏北群众最大限度享受到了医疗人才“组团式”援藏的成果，源源不断地为当地人民健康事业发展注入强大动力。

二、主要做法及实施进展

（一）加强前台后台联动，完善对口支援模式，形成强大工作合力

一是强化组织保障。2017年开始，学校进一步创新扶贫办法，成立了援建那曲市人民医院工作领导小组，明确了领导小组的人员构成与工作职责。领导小组组长由校党委书记担任，主要领导亲自抓、亲自管，确保责任层层落实；副组长为学校领导班子成员，各负其责、齐抓共管。两所附属医院分别成立援藏工作领导小组和办公室，安排专人对接负责。

二是创新工作机制。学校建立了前后方联动机制，定期听取前方医院汇报，精心指导落实援助工作，形成援助工作合力；学校建立了与主管部门和那曲地区的对接沟通机制，党委书记负责与上级主管部门和那曲市委、市政府对接，分管校领导负责具体协调和业务开展，领导小组成员单位分别负责与那曲组织部和上级职能部门的对接与落实，有效保证各项工作顺利实施。

三是完善合作共建机制。2017年年初，学校与那曲市人民医院正式签署对口支援合作协议。2017年12月，学校将那曲市人民医院确定为大连医科大学附属医院，对其进行长期援助。

（二）加强统筹协调，强化精准指导，高质量谋划发展

一是召开专题会议部署研究。围绕精准扶贫，学校主要领导亲自抓部署、抓落实、抓协调，坚持围绕目标、聚焦问题，抓紧抓实医疗人才“组团式”援藏各项工作。学校先后召开7次党委常委会，专题研究部署推进落实援藏工作；召开5次医疗人才“组团式”援藏干部人才座谈会，听取工作进展汇报，提出工作要求。

二是深入调研精准指导。为确保精准健康扶贫，学校主要领导及分管

领导先后多次带队赴西藏调研。在充分调研基础上，提出以医院基础设施建设、医疗管理、医疗质量、人员培训、学科建设等为抓手，以帮助那曲市人民医院创三甲为目标，提升受援医院医疗服务能力。

（三）创新体制机制，抓重点带全盘，全面提升医院综合水平

为确保扶贫工作落到实处，学校对扶贫工作实行精细化管理，对扶贫资源实行精确化配置，对扶贫对象实行精准化扶持。在做好健康扶贫的同时，学校也充分发挥高校思想库的作用，依托学校学科专业优势特色，围绕医院规划与管理等领域，提供形式多样的智力帮扶。学校为援助工作采取了以下措施。

一是加强科学规划，提升管理质效。学校围绕区域医疗卫生“两降一升”“三不出”和“四覆盖”的战略目标，以问题为导向抓重点、以结果为导向出实效，促进医院服务水平与能力整体提升。学校制订并出台了《大连医科大学医疗人才“组团式”支援工作方案》，确立了“理念援藏、管理援藏、技术援藏”的工作思路，保障医疗人才“组团式”支援工作有序推进。结合受援医院实际，学校指导、参与制订了《那曲市人民医院医疗人才“组团式”援藏暨“十三五”规划纲要》《那曲市人民医院绩效考核分配方案（试行）》等，着力提升受援医院管理质效。

二是精准援建施策，筑牢“以院包科”根基。学校调研受援医院需求，沟通省内对口支援医院，做好“以院包科”的对接工作，抓实抓好基础设施、重点科室、团队建设等各环节工作，实现专科发展有特点、本地专家有特长、医疗团队有骨干、技术队伍有层次，医院发展优势互补、整体提升的目标任务。

三是发挥管理优势，大力推进创建工作。学校为帮助受援医院实现创三甲的目标，组建了创三甲办公室，制订了《那曲地区人民医院创建三级甲等医院工作实施和任务分解方案》，明确了创建工作的路线图和任务表，推进创三甲工作纵深发展。

（四）加大人员培训力度，提高自身“造血功能”

一是建立了“传帮带教”机制。通过采取“团队带团队”“专家带骨

干”“师傅带徒弟”等形式，援藏专家与受援医院医护人员结对帮扶，在援藏专家指导下，医护人员开展新技术、新项目培训，不断提升医务人员医疗能力。

二是开展了人才培养培训。学校附属医院建立了那曲地区医疗人才培养基地，接收那曲地区医疗卫生人员进修学习；借助学校临床技能教学优势，建立那曲市临床技能培训基地，开展医护人员培训，夯实那曲本地医护人才培训体系；“组团式”援藏专家在派出医院支持下，选派人员赴外地学习交流，拓宽医务人员视野。

三是加了大人才引进力度。学校通过引进、招聘、考录等方式，加大人才引进力度；组织开展柔性引进医疗人才进藏进行短期医疗服务，充分发挥人才在医院发展中的支撑与引领作用。

三、主要特点及经验成效

自学校开展医疗人才“组团式”援藏以来，与受援方密切配合，援藏干部人才带去的新理念、新思想、新技术，让优质医疗资源辐射到那曲地区，有效提升了医院的管理水平与医疗服务能力，对推动区域医疗卫生事业发展、保障群众身体健康起到了积极作用。

（一）藏北群众健康就医观念逐步转变

学校援藏专家积极开展义诊等社会公益活动，普及健康教育知识，帮助群众树立公共卫生意识，倡导健康生活方式，因此受益的群众达18 307人次。学校的工作得到了各族群众的广泛赞誉，藏北人民就医观念得到较大程度转变，就医获得感明显提升。

（二）医务人员培养培训成效凸显

一是“传帮带教”成效显著。学校培养了一批当地技术管理骨干，累计培训116人次，部分学员已经可以独立开展1～2种新手术。2019年那曲市人民医院医生索朗次仁作为代表在中组部、国家卫健委组织召开的医疗人才“组团式”援藏工作推进会上做经验介绍。

二是人才培训体系初步构建。近年来，学校那曲地区医疗人才培养基地先后接收3批次（20人）的那曲地区医疗卫生人员进修学习；学校建立的那曲市临床技能培训基地培训500余人次；派遣7批92人前往辽宁等地进修学习，5名县（科）级医院领导干部到辽宁三甲医院挂职。2018年，那曲市人民医院承担了11个县医院院长管理培训，辽宁医疗组团援藏的作用辐射延伸至那曲基层医疗。

三是人才引进工作成果颇丰。2015年以来，那曲市人民医院卫生技术人员增加199人，增长53%；柔性引进医疗人才19人，进藏开展短期医疗服务。

（三）硬件设施全面改善

一是医院基本建设取得新成效。规划总投资3.5亿元的医院改扩建工程于2018年建设完成，极大地改善了就医环境；建成独立体检中心，满足当地群众体检需求；提出“中医药+”理念，建立中医康复中心开展医疗服务。目前，当地正在建设急危重症孕产妇救治中心，计划建设医院远程会诊中心。

二是设施设备取得新进展。当地一次性投入4000余万元的健康扶贫资金用于购置各类先进医疗设备。从建院之初仅有X光机发展到目前普遍使用MRI、DR、CT等设备，医院设备不断更新迭代；建成新冠病毒核酸检测实验室，为那曲地区抗疫工作提供有力保障。

三是信息化建设取得新突破。学校发挥高校智囊团作用，支持医院加强信息化建设，指导医院制订了“那曲地区人民医院信息化发展规划”。HIS（医院信息系统）系统现已上线，开通了电子病例系统、城乡居民医保刷卡系统、远程会诊系统、智能OA（办公自动化）办公、排队叫号系统等，满足了医院管理服务及临床一线信息化建设需求。

（四）医院管理逐步规范

一是医院管理体制进一步理顺。医院严格执行党委领导下的院长负责制，援藏专家以全国医药卫生及公立医院改革为指导，以等级医院评审为契机，对标现代医院管理体制，帮助医院全面盘点梳理规章制度，建立健全各项规章制度800余项。

二是医院安全管控体系不断健全。医院进一步规范临床诊疗行为，建立院、科、小组三级质控体系，优化再造相关流程100余项；实行患者安全目标管理，规范院感管理，编印应急预案，加强培训演练，完善应急管理体系；深入推进公立医院改革，加强临床路径管理，取消药品耗材加成，完善合理用药。

三是医院运行效率显著提高。学校帮助医院推进绩效管理体制改革，指导医院修订了绩效考核体系，建立多劳多得、优劳优酬的绩效管理体系；在自治区率先开展医学装备整体外包服务，作为先进经验在自治区进行交流。

（五）医疗服务水平显著增强

一是医疗技术难关不断攻克。学校医疗人才“组团式”援建以来，共开展新技术新项目220余项。其中，纤维支气管镜治疗、经脐单孔腹腔镜手术等一系列新技术新项目填补了藏北地区多项医疗技术空白。

二是危急重症救治取得重大突破。学校帮助当地建成了世界上海拔最高的重症医学科；重组了病理科，建立了西藏自治区首个分子病理实验室，提高了癌症等大中病诊治能力；护理方面落实精细化管理，促进了医护质量不断提升，获第七届全国医院品管圈大赛一等奖。

三是医疗平台作用发挥明显。由学校附属医院牵头对接，开通了远程心电、远程影像、远程病理，实现了心电图5分钟、影像和术中冰冻30分钟内出具远程会诊报告，确保大中病诊断能力与内地三甲医院同步，使那曲市人民医院成功跻身西藏自治区少数几个可远程医疗的医院行列，现已开展远程诊疗1500余人次。2018年大连医科大学高原病研究院、影像诊断中心正式挂牌建立，进一步推动了那曲市医疗技术水平和服务水平再上新台阶。

（六）重点学科建设成效明显

一是“以院包科”推进有力。结合当地疾病谱和群众就医需求，援藏工作组确定了辽宁省内6家医院以“以院包科”的形式承担了8个重点科室的建设，其中大连医科大学承担4个重点科室（重症医学科、妇产科、病理科、急诊科）建设任务，进一步补齐了那曲市人民医院科室建设短板。

二是重视临床科研，提升学术素养。学校针对那曲高原区域特点、聚焦临床问题，召开了首届“羌塘医疗学术论坛”；建立了那曲市高原医学研究院，与中科院合作建立了临床质谱检测实验室，获得了中央引导地方重大科研项目，建立了科技转化平台。2016年以来，援藏团队获批西藏自然科学基金课题8项，发表论文10余篇，其中第3批援藏专家李青栋发表的论文实现了西藏那曲地区人民医院SCI论文零的突破，第4批援藏专家肖祯发表的SCI论文影响因子为6.12，在中华医学会会议上交流发言，反响强烈。

（七）医院等级评审工作顺利完成

学校作为援藏牵头单位，精准指导创建工作，科学解决创三甲中存在的问题。2018年8月，那曲市人民医院顺利通过三甲预评审；9月，在评审专家对医院进行了综合性、全方位的现场评价考核后，医院顺利通过评审。

四、下一步工作打算

（一）树立长期作战的思想

学校将那曲市人民医院作为学校的附属医院长期援建，进一步发挥学科专业优势，以教学医院的标准培育特色专科、培养专业人才，将高原疾病研究所、医学影像诊断中心、远程会诊平台、介入中心等项目抓实，利用“互联网+”平台，采取技术支持、人员培训、管理指导等多种方式，共享管理理念，提升业务能力，加强柔性帮扶，帮助医院综合实力再上新台阶。

（二）巩固“创三甲”成果，向“强三甲”迈进

进一步强化对三甲医院评审专家提出的意见和建议的整改落实，巩固

"创三甲"成果，向"强三甲"迈进。重点打造品牌科室，提升学科建设水平，深化"以院包科"，不断提高医院服务能力。

（三）选派优秀干部人才，助力那曲市人民医院建设

2020年年底，第4批"组团式"援藏医疗人才即将完成援藏工作任务，学校将提前谋划，早部署、早安排、早落实，选优配强第5批"组团式"援藏医疗人才，为那曲市人民医院建设和发展提供人才保障和智力支撑，不断提升区域医疗卫生健康水平，助力"健康中国"建设。

（大连医科大学　杨　阳　刘恭辉）

以“心”佑健康中国　用“心”助脱贫攻坚

——南京医科大学精准扶贫精准脱贫典型项目

“没有全民健康，就没有全面小康。”实现全民健康，打赢脱贫攻坚战，是党和国家对亿万人民的庄严承诺。在决战决胜脱贫攻坚进程中，南京医科大学及其附属医院充分发挥自身优势，创新扶贫思路，拓展扶贫路径，在“精”上出实招，在“准”上求实效。自2014年以来，学校持续组织开展“心佑工程”精准扶贫、健康扶贫活动，为贫困家庭先天性心脏病（简称“先心病”）儿童进行专项免费救治。7年来，“心佑工程”健康扶贫范围已经辐射新疆、青海、西藏、陕西、贵州、安徽、江苏等7个省（自治区）的100多个市县，筛查4万多名先心病患儿，免费救助398名患儿，减轻了患儿家庭的经济负担，增强了受助群众对美好生活的憧憬，加深了其对党和国家的热爱，同时持续对口帮助贫困地区提升医疗服务能力，为精准扶贫、精准脱贫贡献南京医科大学力量。

一、基本情况

先天性心脏病是新生儿先天畸形中最常见的一类病，发病率为7‰~8‰。先天性心脏病由于发病率高、发病初期症状隐匿、治疗难度大、治疗费用高，长期以来威胁着广大少年儿童的健康。

为响应党对全面建成小康社会的号召，造福儿童，防止家庭因病致贫、因病返贫，使更多的家庭在小康路上不掉队，南京医科大学及其附属医院体现出医者仁心和高度的政治担当，从2014年起，发起针对贫困家庭先天性心脏病儿童的专项免费救治项目——“心佑工程”，佑护儿童身心、拥护党心民心。“心佑工程”实施以来，已成功开展“心佑工程·新疆行”

"心佑工程·苏北行""心佑工程·青海行""心佑工程·陕西行""心佑工程·安徽行""心佑工程·贵州行""心佑工程·西藏行"等医疗专家小组筛查救助活动，共筛查4万多名儿童，救治救助确诊患儿398名。"心佑工程"先后被中央电视台《新闻联播》《人口》,《人民日报》，新华网，"学习强国"等媒体多次广泛报道，并入选《人民日报》联合中国扶贫基金会发起的"大国攻坚，决胜2018精准扶贫项目"，获得良好社会赞誉。

二、实施进展

（一）落实援疆战略，启动健康扶贫"自选动作"

2014年7月，南京医科大学通过其援疆医疗队得知，新疆当地儿童先天性心脏病的发病率特别高，因医疗条件所限，孕妇很难接受相关检查，患儿出生后也得不到及时的诊断和救治。为了帮助他们解决病患，在新疆克州人民医院和江苏省援疆指挥部的共同支持下，南京医科大学及其附属医院正式开启"心佑工程"系列公益行动。2014年10月，首批新疆克州患儿来到南京接受免费手术。截至2018年，"心佑工程·新疆行"共免费救治新疆克州4批12名贫困家庭患儿。

（二）强化医者仁心，传播健康扶贫"星星之火"

2015年7月，南京医科大学启动"心佑工程·苏北行"，第二附属医院心血管中心定期组织医疗团队前往苏北沭阳、泗阳、泗洪、宿城、宿豫、灌云、灌南、滨海、响水、阜宁、建湖、东台、射阳等10多个贫困县的100余个乡镇开展义诊筛查活动，筛查人数超过4万人，免费救助儿童219人。

2017年3月，为了进一步增进民族团结，造福少数民族人民群众，更加深入地了解青海医疗现状，更加精准地为青海先心病儿童进行筛查和治疗，南京医科大学第二附属医院和附属儿童医院共同在青海开展"心佑工程"。截至2019年7月，"心佑工程·青海行"共筛查了200余名儿童，免费救治54名贫困患儿。

2019年6月，南京医科大学"心佑工程"团队前往贵州省桐梓县开展

“心佑工程·贵州行”公益活动，救助先天性心脏病患儿1名。同年2月，团队在安徽省凤阳县人民医院开展“心佑工程·安徽行”公益活动，累计筛查先天性心脏病患儿50名，免费救助贫困先天性心脏病患儿25名。

（三）开展对口支援，实施健康扶贫“定点救助”

陕西省榆林市绥德县医院是南京医科大学第二附属医院对口帮扶医院，也是苏陕医疗帮扶的定点地区。2019年2月，“心佑工程·陕西绥德行”第一期免费筛查活动在陕西省绥德县人民医院进行，共筛查先心病患儿12名，为3名患儿免费进行了手术治疗。应当地需求，2020年7月起，“心佑工程·陕西行”第二期筛查活动在陕西省榆林市其他6个县举行，持续造福当地贫困先心病患儿。

2019年7月，“心佑工程”团队主动对接西藏自治区红十字会开展“心佑工程·西藏行”，前往西藏自治区那曲地区为当地儿童开展免费筛查活动，筛查患儿10名，对2名患儿进行手术治疗。2020年6月，南京医科大学组织开展第二期“心佑工程·西藏行”，筛查30名患儿，确定10名患儿需要手术治疗，后续正陆续安排来南京医科大学附属医院接受免费手术治疗。

三、主要特点和成效

（一）授之以渔，提升贫困地区医疗水平

在“心佑工程”推进过程中，南京医科大学将扶贫与扶智相结合，在帮助当地贫困患者解除病痛的同时，更是将精准健康扶贫放在突出位置，将先进的健康理念、诊疗技术、管理方式等带到当地医院，传授给医护人员，提升了当地基层医院服务人民健康的水平。南京医科大学“心佑工程”团队多次前往新疆克州人民医院开展医疗帮扶，为当地培养了一批专家，带动了当地医疗技术的整体提升。在陕西绥德，“心佑工程”团队带去援助物资的同时，开通了南京医科大学第二附属医院与陕西绥德医院的远程会诊系统，让当地的疑难病例能够得到更快更好的解决，也促进了当地医务人员医疗水平的提升。“心佑工程·苏北行”坚持从源头解决基层的

"医疗贫困"问题。南京医科大学第二附属医院副院长李庆国带领心脏超声医疗专家小组，在苏北贫困县区开展"心脏超声医生免费培训计划"。2017—2019年，专家小组为苏北贫困县免费培训了近60名心脏超声医生，使得整个苏北地区基层心脏超声医生水平得到较大提升，让当地群众不用走出乡镇就能得到高质量的心超检查，让先心病患者能够得到及时诊治。

"心佑工程"团队还集中医院多个学科的力量为苏北贫困地区老百姓进行大型义诊，定期在县级医院举办科普讲座，传播先心病等疾病的诊治知识。截至2019年12月，团队累计组织多学科大型义诊6场，开展先心病专题讲座200余场，培训基层医务人员5000多人次，极大地提升了当地老百姓的健康保健意识和医务人员的诊疗水平，取得了良好的社会效应。

（二）五真五实，搭建跨地区群众情感交融桥梁

在南京医科大学及其附属医院的共同努力下，"心佑工程"团队以"真情实感、真心实意、真才实学、真抓实干、真绩实效"救治了一批人，感动了很多人，团结了各民族群众。贵州的张广怀在江苏泗阳打工，有次晕倒后被送到南京医科大学第二附属医院抢救。经诊断，张广怀患有严重且复杂的先天性心脏病，陪张广怀就诊的妈妈只带了5000元，并且全部是借来的。本着生命至上的理念，医院党委决定立即为张广怀进行手术。在医院医护人员的共同努力下，张广怀顺利康复，医疗总花费6万余元，除了通过慈善途径募集的3万余元，张广怀出院时还欠款3万元。因为张广怀是外地人，既不能医保报销，家庭条件又非常困难。医院与其约定，有钱时再还。出乎意料的事发生了，仅相隔一年，张广怀就从老家贷了3万元的免息扶贫贷款，他既没有拿这笔钱去修缮漏水的屋顶，也没有用来改善艰难的生活，而是千里迢迢来南京还钱。当他出现在医院时，团队成员都惊呆了。守信如此，张广怀感恩给予其第二次生命的医务人员，使见证了无数生死的"天使"们为之动容。为此，南京医科大学第二附属医院给张广怀颁发了医院历史上第一张"诚信患者"的荣誉证书。

新疆11岁的维吾尔族小姑娘阿丽娜的病情比较重，因家庭经济困难，她错过了最佳治疗期，心脏长期处于高负荷状态。她的健康状况不允许其长途奔波，"心佑工程"团队在学校和医院的支持下，带着必要的手术设备

奔赴新疆克州。团队成员针对阿丽娜的实际情况，考虑最佳的手术方案，最终决定采用手术难度较大的右腋下小切口修补术，来替代惯常选择的正中切口开胸手术。他们不仅想要治愈阿丽娜眼下的病情，还照顾到了患儿长大后对美丽和自信的追求。阿丽娜的手术十分顺利，团队医护人员为阿丽娜送上了生日蛋糕，大家称这一日为阿丽娜的重生日，阿丽娜的故事也引起了巨大的社会反响。

2019年，“心佑工程”团队被评为南京医科大学第六届“感动南医”人物（集体）。

（三）公益“底色”，凸显医疗服务惠民“本色”。

习近平总书记指出，没有全民健康，就没有全面小康。经济要发展，健康要上去，人民的获得感、幸福感、安全感都离不开健康。“心佑工程”是一项心连心的工程，自始至终体现公益本色，从初始救治新疆地区患儿就给予免费治疗，并复制到其他地区，同时从2018年开始，南京医科大学“心佑工程”团队进行了一系列的“心佑校园行”行动。团队成员利用周末时间，以苏北小学为单位，对连云港市灌云县、灌南县所有的乡镇小学，宿迁市宿豫区、湖滨新区的小学，宿迁市泗阳县、沭阳县所有的乡镇小学的在校学生开展免费先心病筛查。平均一次筛查每位医师要听诊3000多次，筛查期间由于长时间佩戴听诊器甚至导致医生耳郭红肿、破溃。研究生陈志远在宿迁某乡镇小学筛查时，一人负责一个年级，一个年级有600多名学生，他戴着听诊器进行筛查，一天下来耳朵都磨出了血。但经过他的耐心筛查，在他负责的这个年级查出了6名学生心脏听诊有杂音异常，并确诊为先心病。

南京医科大学始终围绕“健康中国”战略，在对先心病儿童进行精准健康扶贫、积极落实医疗惠民政策、完善基层医疗服务体系等方面体现了医科大学的责任担当。

四、下一步推广实施考虑

南京医科大学及其附属医院将持续推进“心佑工程”，努力将“心佑工程”打造成推进精准扶贫、增进人民健康、促进民族融合的民心工程。

（一）加强组织实施，打造服务品牌

“心佑工程”一路前行，先心病救治之路任重而道远。今后，“心佑工程”将与省内多县区深度合作，在乡镇筛查、基层医生培训、心脏彩超医师培养、福利院患儿救助、先心病校园筛查等方面贡献南京医科大学力量，为更多的先心病儿童送去福祉，打造先心病防治的“江苏方案”“南医方案”。

（二）凝聚社会力量，参与医疗扶贫

社会力量是扶贫开发的生力军，在医疗健康扶贫事业中发挥着重要作用。众多医疗协会、学会等社会组织，以及具有医疗救治专业优势的人才是医疗健康扶贫的重要力量来源。南京医科大学将充分利用自身优势，调动社会力量在健康扶贫中发挥积极作用，引导和动员更多企业、社会组织和个人参与到医疗健康扶贫当中。

（三）实施多措并举，强化妇幼健康

学校发挥南京医科大学妇幼学科建设体系优势，高度关注儿童健康，在学校临床提升战略的引领下，以学科建设为抓手，促进医、教、研共同发展，通过“传帮带”方式，全面提高临床教学水平和医疗服务质量。

健康是享受幸福生活的前提，儿童是家庭和祖国的未来，更是一个国家开创美好未来的希望。“心佑工程”让贫困家庭的孩子不输在健康起跑线上，战胜病魔，拔掉穷根，重新站在新生活、新奋斗的起点。“孩子，别怕，有我们。用我的心，滋润你的心；用我们的心，护佑你们的心；用南京医科大学人的心，燃起服务健康中国的心！”

“心佑工程”医疗精准扶贫项目将初心不改，砥砺前行，以永不懈怠的精神和一往无前的奋斗姿态坚定地走下去，为先天性心脏病患儿开辟一片“心”天地。南京医科大学及其附属医院也将凝聚全体南医人的力量，推动医学专业和医疗资源优势下沉基层，补上贫困地区医疗服务短板，推进“大卫生”“大健康”政策的落实，致力国家和地区全面脱贫，在铺设“健康中国”之路上再立新功！

（南京医科大学　暴　玥　陈　昊）

“专家教授故乡行” 铺就健康扶贫温暖路

——郑州大学精准扶贫精准脱贫典型项目

实施健康扶贫工程是党中央、国务院关于打赢脱贫攻坚战的重大决策部署。郑州大学作为国家“双一流”建设高校，现有医学院系11个、附属医院9个、国家级临床重点专科36个，其中临床医学入选国家“双一流”学科建设名单。学校充分发挥“双一流”医学学科优势，积极促进优质医疗资源下沉。郑州大学第一附属医院（简称“郑大一附院”）作为河南省医疗行业的领军龙头，近年来持续开展“专家教授故乡行”扶贫项目活动，进一步促进新医改分级诊疗，进一步减少群众因病致贫、因病返贫现象，在“健康中国”建设中主动作为，在医疗扶贫事业中率先行动。

一、项目背景：让群众在“家门口”看得上病、看得起病

河南省作为全国户籍人口第一大省和农业大省，经济水平和个人支付能力较沿海地区低，整体医疗保障能力与群众需求还存在一定差距。伴随中原经济区建设的加快，城乡居民对多元化、多层次医疗卫生服务的需求不断增长，医疗卫生服务供给能力和需求增长之间的矛盾，特别是优质资源短缺、结构布局不合理的矛盾更加突出。

近年来，河南省医疗卫生体制改革取得重大突破，但卫生资源的缺乏和配置的不合理导致地区卫生事业发展不平衡，一些贫困地区的医疗水平与省级优质医疗资源水平还存在较大差距。这在一定程度上阻碍了河南省卫生事业的发展和人民健康水平的提高，对打赢脱贫攻坚战产生不利影响。郑大一附院开展的“专家教授故乡行”扶贫项目，着眼于解决贫困地区居民卫生服务水平与卫生资源配置的公平性问题，以“医疗扶贫”“健康

扶贫”为着力点，让群众在“家门口”看得上病、看得起病，为打造“健康中原”做出积极努力。

二、项目概况：搭建省级医院和基层医疗卫生机构的新型稳定合作关系

从2017年10月起，为进一步落实新医改分级诊疗要求，深化帮扶协作贫困县医院，解决好基层群众健康保健问题，进一步减少因病致贫、因病返贫现象，郑大一附院以“医疗扶贫”“健康扶贫”为着力点，每周持续开展“专家教授故乡行”活动。

“专家教授故乡行”活动以县域籍贯为基点、以家乡情感为纽带、以“故乡行”活动为载体，通过名誉挂职、学科对接、巡回诊疗等形式，深化落实学科培育、人才培养、医联互通、科研助力、远程协同等多项措施，搭建医院和基层医疗卫生机构的新型稳定合作关系。通过活动，一是密切专家教授与父老乡亲的关系、联系，为家乡医疗卫生事业办实事、办好事；二是充分发挥医院人才、技术、管理、教学、科研等综合优势，促使优质医疗资源下沉，提升基层医疗卫生机构诊疗水平，把病人留在基层，实现小病不出乡、大病不出县，减轻基层群众外出就医负担，进而实现基层首诊、双向转诊、急慢分治、上下联动的分级诊疗格局；三是以人民健康为中心，优化健康服务供给模式，精准对接人民群众日益增长的多样化高水平健康服务需求，提供全方位、全周期健康服务。

三、主要特点：“六位一体”为提高基层医疗服务水平“生肌造血”

（一）家乡情感为纽带

俗话说：“美不美家乡水，亲不亲故乡人。”家乡是割不断的情感纽带。郑大一附院80%以上的医务人员来自于河南省的各个县域，眷恋桑梓、回报家乡是所有在外工作“老乡”的共同心愿。“专家教授故乡行”活动为郑大一附院和医务人员故乡医院搭建起沟通桥梁，为郑大一附院的“老乡们”提供了回馈家乡、报答乡亲的平台。专家们借助“故乡行”活动

经常“回家看看”，把先进的医疗理念、诊疗技术带回故乡，尽己所能为家乡医疗卫生事业增砖添瓦，以实际行动给父老乡亲们做好保健服务。“故乡行”活动期间，郑大一附院主动公布故乡籍专家的专业特长、联系方式等信息，家乡群众有任何健康需求可直接电话联系对应的专业医务人员，第一时间得到最直接、有效的健康咨询信息，减少患者重复就医次数，提高患者的就诊体验和满意度。

（二）县域籍贯做基点

该项活动以县域籍贯为基点，每个县选择一家公立医疗机构进行对接，医院集中组织该县域故乡籍专家统一时间“重回故里”开展巡回诊疗启动活动，并拉开“故乡行”系列活动序幕。根据分级诊疗医联体建设需求，将“故乡行”受援医院纳入郑州大学第一附属医院协作医院名单，通过协议签署、名誉挂职等方式建立起郑大一附院和“故乡行”受援医院之间的长期合作关系，深化落实学科培育、人才培养、医联互通、科研助力、远程协同等多项措施，实现优质医疗资源的下沉。

（三）名誉挂职添动力

该项活动从故乡籍专家中挑选一位具有一定组织能力的医师作为“故乡行”受援医院的名誉院长或牵头人，故乡籍专家按专业受聘为“故乡行”受援医院的名誉科室主任，“一对一”建立紧密对接关系。通过名誉挂职，一是赋予牵头人一定的组织协调能力，根据“故乡行”受援医院需求积极组织郑大一附院专家定期开展巡回诊疗活动；二是授予名誉主任，建立科室对接，畅通沟通机制，实现患者从入院初诊、确诊到治疗的连续指导机制，让患者及时得到规范的诊疗。

（四）能力提升促发展

该项活动的主要举措，是以学科扶持和技术带动为基础，以新技术、新业务开展为目的，促进基层医院医疗技术水平和服务能力的提升。

在人才培养上，采取“等额对调式”对口支援贫困县政策，常年派驻5~7名医师到贫困县受援医院开展工作，受援医院也选送等额相应的专业人员来院进修培养，做到基层医疗人才数量不减、患者看病不受影响。进修及短期培训期间，实行骨干医师“一对一”带教和培训，强化基础理论知识，传授适宜新技术，提高管理能力，并给予进修/培训医师免收进修费、适度提供生活补助等优惠政策。

在医疗技术上，依托设在郑大一附院的国家远程医疗中心，实现乡镇远程医疗全覆盖，和“故乡行”受援医院实现远程医疗互联，利用远程病理诊断会诊系统、远程影像诊断系统、远程心电系统、远程医学教育系统开展远程疑难危重病例会诊、病理诊断及会诊、远程手术指导、远程医学影像会诊、远程心电会诊等业务，以及远程医学教育、新技术新业务推广普及等专业学术讲座。同时在科研课题设计、课题申报、学术论文发表等方面对“故乡行”受援医院进行培训，与对方联合开展论文撰写、科研项目研发、常见病和流行病学调查研究等，免费向“故乡行”受援医院医务人员开放本院数字图书馆、河南省重点开放实验室等资源。

在物资扶持上，通过捐献的方式为“故乡行”受援医院提供必要的医疗物资和装备。尤其对于对口支援贫困县医院，每年投入资金50万元作为医院专科设备购置、人才培养专项经费，助力贫困县医院学科建设和诊疗服务能力提升。

（五）无缝对接助沟通

进一步加强急诊重症转运体系建设，逐步完善与“故乡行”受援医院的双向转诊机制。目前郑大一附院配备14辆重症转运专用车辆，设置专职转运医师和转运护士，对于切实需要转到本院的重症患者，免费提供转运服务，结合紧急救援直升机进行立体转运，24小时待命为全省“故乡行”受援医院的重症患者服务。对需要转诊的患者开通绿色通道，经“故乡行”受援医院推荐转诊至郑大一附院的患者，无须经历门诊挂号、排队、诊察等环节，由双向转诊办公室根据患者病情直接办理住院。

（六）系列活动树长效

“专家教授故乡行”作为郑大一附院健康扶贫的品牌项目，着力建立长效机制，产生长久影响，切实促进基层特别是贫困地区医疗水平的提升。

在集中组织故乡籍专家、教授开展启动活动后，郑大一附院迅速和当地医院建立对接机制，并结合当地群众医疗需求，定期组织巡回诊疗活动。根据要求，名誉院长或牵头人每月组织故乡籍专家“常回家看看”，以门诊坐诊、病房查房、病例会诊、手术演示、专业讲座等形式，给家乡父老服务，解决实际医疗困难。每季度组织相关管理、临床、医技、护理等医务人员赴“故乡行”受援医院开展大型巡回诊疗暨现场调研活动，帮助建立科室管理、质量控制及诊疗规范体系，实现管理与医疗的协同发展。

四、项目成效：提升基层医疗水平，让群众看得上病、看得起病

郑大一附院以“专家教授故乡行”为切入点，探索落实分级诊疗的新模式，实现了优质医疗资源的下沉共享，促进了全省优质医疗资源的均衡发展，为实现贫困地区医疗服务质量达到其他地区水平，解决贫困群众的看病难、看病贵问题采取了切实的行动。

一是进一步建立起省级医院和贫困地区基层医院的新型紧密合作机制。“专家教授故乡行”活动自启动以来，郑大一附医每周利用周末时间选择一个县域进行活动启动仪式，通过签署协议、揭牌仪式、名誉院长或主任聘用等形式，在技术支持、人才培养、学科建设、教学科研等方面与当地医疗机构展开全方位合作，搭建起省级医院和贫困地区基层医疗机构的新型稳定合作关系。

二是进一步为基层群众提供优质医疗服务。“专家教授故乡行”活动同时开展门诊坐诊、病房查房、疑难病例会诊、手术演示、学术讲座等巡回诊疗活动。自2017年10月起，郑大一附院利用周末时间，每周启动1～2个县域开展“故乡行”活动。截至2019年年底，已经成功启动111次活动，实现全省县域的全覆盖，累计派出专家3078人次、免费服务父老乡亲86 000余人次，开展学术交流238次、手术示教267台、查房会诊患者14 000余名、行驶里程数达到48 180公里，取得了良好的效果，受到当地政府、医院和群众的热烈欢迎。

三是进一步提升了优质医疗资源的辐射力。目前郑大一附院与省内130

余家县级医疗机构建立了远程医疗教学协作关系，涵盖所有的“故乡行”受援医院。据统计，年开展远程综合会诊达2万余例，远程病理、心电等专科诊断达6万例，远程医学继续教育培训320余次，培训人次40余万人次，有效提升了全省医疗机构诊断、治疗水平，较大程度节约了群众医疗费用、基层培训费用，降低了当地患者的外出就诊率。

四是进一步提升了重症救治能力。2017年以来，为充分做好“故乡行”系列活动，郑大一附院加强基础设施建设，购置先进设备（包括7辆转运车辆），完善人才队伍（分别配置6名转运医师和6名转运护士），弹性调配医院床位，为急危重症患者提供住院“一条龙”服务。2017年1月—2020年11月，转运救治危重症患者13 580人次，极大地保障了患者的生命安全。

五、下一步推广实施措施

（一）扩大项目范围，实现河南省全覆盖

一是利用3～5年时间，以河南省18个地市的108个县域为主要对象，以对口支援贫困县为重点，系统、全面推进郑大一附院专家教授“故乡行”工作，实现河南所有县域的全覆盖；二是完善部门职能，规范设置分级诊疗办公室，全面负责专家教授“故乡行”系列活动，明确责任分工，规范落实重症患者转运、双向转诊绿色通道等具体工作；三是进一步完善“专家教授故乡行”活动实施方案，建立、健全名誉院长或牵头人组织“故乡行”系列活动机制以及全院医务人员参与“故乡行”系列活动的考核、激励机制，出台系列政策鼓励、支持专家教授“多回家看看”，为家乡的医疗卫生事业发展添砖加瓦。

（二）学科建设和人才培养两手抓

学科建设是医院的一项根本性、基础性和战略性建设，是临床、科研、教学、工作的有机结合，是医院发展的关键。建立一支具有医学技能、科研实力的专业人才队伍是学科建设的基础，二者相辅相成。2018

年，郑大一附院的20个国家临床重点专科建设项目科室负责对“故乡行”受援医院对应科室进行帮扶工作。通过规划学科发展定位、师徒带教、新技术传授、管理同步等方式，建设和发展临床特色，利用3年时间，争取“故乡行”受援医院有两三个学科形成明显的优势学科群。

（三）逐步打造区域内资源信息共享

试行“故乡行”受援医院内符合规定的病人“一站式打包收费”机制，打通“故乡行”受援医院上下HIS、LIS（实验室信息管理系统）、PACS（影像归档和通信系统）、EMRS（电子病历系统）信息连接，实现病人信息共享，落实检查结果互认制度，推行“疑难复杂病种病人住院检查在基层医院、诊断治疗手术在上级医院、续贯治疗和康复再转回基层医院”的一体化医疗模式，使“基层首诊、双向转诊、急慢分治、上下联动”的分级诊疗制度落地生根，切实降低病人医疗费用，避免因病致贫、因病返贫，让“故乡行”受援医院惠及区域内人民群众。

（四）以“故乡行”为载体，多种医联体结合推进分级诊疗

一是将“故乡行”系列活动和专业、专科、专病医联体结合，以“故乡行”活动促进专科联盟定期下基层，以学科建设为抓手促进资源、技术和信息向下延伸，带动基层医疗卫生机构水平提升。二是强化远程医疗手段，丰富远程会诊、病理诊断、手术表演、远程教育等形式，探索从远程门诊、远程会诊、远程手术指导到远程培训、健康管理、资源共享等全方位的帮扶机制，更好地服务基层患者。

（郑州大学党委组织部）

深化医联体建设　做实健康扶贫

——重庆医科大学精准扶贫精准脱贫典型项目

一、主要做法

自2013年5月以来，重庆医科大学附属第二医院（简称“重医附二院”）大力推进医疗联合体（简称“医联体”）建设，先后与位于渝东北、渝东南偏远地区“看病难”问题非常突出的全国贫困县、三峡库区移民县奉节、巫山、石柱、巫溪、彭水和革命老区秀山县的6家县医院和1家民营医院（黔江民族医院）签订医联体合作协议，至今已建成“1+7”医联体集团，覆盖重庆主城区社区卫生服务中心19家、区县乡镇卫生院204家、康复及护理机构6家。

重医附二院医联体建设均通过当地县委、县政府引导，医院党委领导高度重视，把此项工作纳入医院年度工作计划中。重医附二院以“资产归属不变、独立法人不变、医院性质和功能不变、财政拨款渠道和标准不变、职工身份及待遇不变”为前提，与当地医院签订医联体合作协议，保留医院原有名称不变，同时挂牌“重医附二院××分院”，重医附二院在经营管理（软件建设）方面提供帮扶指导。各成员医院每年提供3~5个科室帮扶需求清单，重医附二院根据需求并结合自身实际情况派出“1+3”医疗团队；派遣1名中级及以上职称专家挂职担任业务副院长，为期1年；派遣3名左右学科骨干作为常驻专家，为期3~6个月。驻点专家与院本部同步作息，实行每周五天、法定节假日休息工作制。各成员医院根据专家专长进行职务任命，让其挂职担任院长助理、科室主任、护士长及职能部门负责人，发挥带头作用。重医附二院以“输出管理、输出理念、输出技术、输出人才”为切入点，着重加强医联体各成员医院内涵建设，全面提高综合服务能力，实现医联体同质化管理。

二、主要成效

（一）全方位精准发力，帮助提升各成员医院综合服务能力

1. 根本转变职工观念，齐心协力谋发展

重医附二院医联体各成员医院均地处重庆市偏远地区，经济社会发展相对落后，医院工作氛围不浓，缺乏科学管理、学科发展和竞争意识。通过组织集中学习、专题讲座、座谈讨论、宣传动员等多种形式，重医附二院对当地医院干部职工及医务人员从职业道德、理想信念、危机意识等方面进行全方位的宣传教育，使其思维模式和服务理念发生根本性转变，增强了其事业心、责任感和凝聚力；同时下派专家团队身体力行、率先垂范，通过开展“青年医师讲坛”、“奉医大讲堂”、“医学人才提升计划”研究生班、医联体内联合双选会等活动，激发竞争活力与团队协作能力，全面提升医务人员的综合素养，使得各成员医院整体工作氛围及职工面貌发生了根本性改变。

2. 加强内涵建设，医院管理逐步规范化，医疗质量管理实现同质化

按照国家卫健委《三级综合医院评审标准》，重医附二院通过全面植入重医附二院的管理文化、绩效管理和医疗质量与安全管理体系，在成员医院基本建立起院科两级质控小组，完善了医疗制度和流程，规范了诊疗标准。通过开展医疗、医技、护理和管理人员的全员培训，使现代医院质量管理体系逐步得以落实，信息化管理水平得到显著提升。

3. 提升核心技术，实现从“输血”到“造血”的转变

针对各成员医院医疗基础薄弱，新技术、新项目处于相对空白的现状，重医附二院通过制定学科整体帮扶策略，充分发挥国家级重点学科、国家临床重点专科、国家级培训基地、市级医疗质量控制中心及医学中心等的引领作用，大力推进专科联盟及区域医疗中心建设，至今已成立包括呼吸内科、眼科、肝胆外科、妇产科、感染与肝病等17个专科联盟，覆盖

基层社区医院、县级医院和三甲医院三级医疗网络。同时，以胸痛中心、房颤中心、高血压中心、卒中中心、创伤中心、危重孕产妇救治中心等急危重症救治中心的建设为抓手，推动建立多学科诊疗模式，进一步提升疾病早期诊断和医疗救治水平，促进医疗资源共享，为各成员医院发展注入了强大动力。如派驻巫山县人民医院蹲点指导的胸心外科专家致力于提升该院胸心外科专业组技术水平，完成的手术种类涵盖了食管癌、肺癌、纵隔肿瘤、脓胸，联合胸外伤等普通外科、胸外科的几乎所有疾病类别，且90%为巫山县首次开展的新技术、新项目。2013年5月—2020年11月，重医附二院派驻专家蹲点指导共343人次，短期指导326人次，开展和指导住院手术9200余台次，参与会诊1万余人次，教学查房5100余次，疑难、死亡病例讨论5300余次，举办学术讲座2900余场，专家门诊坐诊8500余天，免费接收固定期限进修人员690人，短期参观学习2000余人；帮助各成员医院新建临床专科46个，获批市级重点专科40个，获批市级特色专科17个，新开展适宜技术246个，帮助开展新技术、新项目552个，新增科研课题218项，发表科研论文1473篇，承办或协办区域性学术会议或培训560余场次。

4. 建立科研项目共享机制，使各成员医院享受到三甲医院科研平台带来的实惠

重医附二院出台了科研扶持计划，将适合基层卫生事业发展的项目与成员医院共享，利用科研优势，派出专门人员对成员医院课题、标书等的申报和撰写进行指导培训，并且与各成员医院联合申报课题、发表学术论文。同时，利用国家科技部重大专项资金、智慧医院建设支持资金及院内自筹经费等多种方式加快推进医联体内部信息化平台建设。如由重医附二院的首席专家牵头的国家科技部重点研发计划项目“基于区域医联体模式的国产创新诊疗设备应用示范项目”的子课题“基于危重症的国产影像设备应用示范课题”，将各成员医院纳入该项目的应用示范点，通过国产创新诊疗设备在基层的应用试点，在医联体内建设远程超声、远程心电会诊平台，进而实现远程会诊、远程查房、远程教学、手术转播等。

（二）等级医院建设取得实效，各成员医院综合管理及服务技术水平显著提升

经过两轮为期6年的帮扶指导，各成员医院在医院管理、医疗技术、学科建设、人才队伍、信息化建设等方面得到了提升。各成员医院均先后创建成为二甲医院或通过二甲医院复评，门诊总诊疗人次数、住院患者人次数、总手术量逐年稳步上升，床位使用处于满负荷状态，真正做到了当地政府、医院、百姓“三满意”。

重医附二院医联体建设，不仅为提升县级医院能力建设做出了贡献，还为派驻医务人员提供了展示自我和锻炼自我的平台，使其精神也得到了洗礼和升华。这一双赢的举措，不仅是重医附二院党委做实健康扶贫，努力探索如何解决偏远地区“看病难”“看病贵”问题的重要体现，同时也对实施“小病不出村、大病不出县”的分级诊疗制度具有重要的现实意义。

（重庆医科大学　吴佳玲　王　蔚）

点评：

“敬佑生命、救死扶伤、甘于奉献、大爱无疆”。14年来，从遥远的北疆边陲到海拔4700米的那曲，我们在广袤西部大地上的行程超过30万公里，覆盖了20个贫困县的20000余名儿童，用募集到的3000余万善款，免费救助了1200多例先心病患儿的生命。

慈善似阳光，总给人带来希望与温暖。在那些足以让生命感动的点滴中，我看到的不是被疾病困扰的痛苦和无助，而是患者颤抖的双手、含泪的笑脸和信任的目光。在这条艰辛漫长的道路上，我想自己收获的是一名医务工作者的无冕之冠。

怀有仁爱之心谓之慈，广行济困之举谓之善。我希望通过我们的努力，让每一笔善款都能够发挥出最大的能量，让每一份爱心都能抵达最需要的孩子身边，让越来越多的人真正理解慈善的意义之所在。

——四川大学华西第二医院教授　华益民

为了响应习近平总书记关于要把人民健康放在优先发展的战略地位的号召，郑州大学第一附属医院以“健康中原”战略和分级诊疗政策为指导，助推优质医疗资源下沉。我积极响应号召，被选派到我的家乡担任舞钢市人民医院名誉院长。帮扶期间，我们着力提高基层医疗水平，多次同舞钢市人民医院的医生一道深入乡镇村送医送药，针对群众就医的痛点、难点展开工作，切实解决基层群众就医难问题。同时，以学科建设、教学科研、医疗信息化等方面为重点，依托医院国家远程医疗中心，设立舞钢站远程分中心，逐步实现省、市、县、乡、村互联互通，远程医疗全覆盖，让舞钢边远地区群众不出家门就能享受到省级医疗服务资源。

个人的成长离不开家乡的浸润，这次活动让我有机会发挥个人所长，为家乡舞钢的建设添砖加瓦，更践行了作为一名党员为人民服务的初心。

——郑州大学第一附属医院教授　孙荣青

科技扶贫篇

各高校积极动员专家教授走进扶贫一线，开展联合科研攻关、科技成果转化、信息服务、创新平台搭建等工作，建设了一批科技小院、产学研一体化示范基地、专家工作站等，不断增强了贫困地区的内生动力和自我增长能力，走出了一条把论文写在祖国大地上的高校科技扶贫路径。

发挥学科优势特色　扎实有效推进扶贫工作

——北京交通大学精准扶贫精准脱贫典型项目

2012年11月，国家启动了新一轮定点扶贫结对工作，确定北京交通大学定点帮扶内蒙古自治区通辽市科尔沁左翼后旗（简称“科左后旗”）。承担帮扶工作以来，学校高度重视、加强领导、科学谋划，按照教育部统一部署，明确扶贫工作思路，建立健全组织管理，扎实推进定点扶贫工作。在学校开展的多项扶贫项目中，学校立足自身学科优势和科左后旗当地资源优势，帮助科左后旗制订的交通、旅游、物流三大规划项目颇具特色，探索出了一条因地制宜、双优匹配的“造血式”科学扶贫之路。

一、精准扶贫情况

（一）摸清家底，探寻扶贫之路

科左后旗位于科尔沁沙地的边陲，除东部为辽河冲积平原外，其余皆是坨甸相间交错、沙丘连绵起伏、洼地纵横分布的地貌。蒙古族人口约占全旗总人口的74%，从事农牧生产的人口占全旗总人口的70%以上。由于当地生态环境脆弱，资源缺乏，又受农牧区交通不畅、基础设施薄弱等因素影响，农牧区经济发展缓慢，农民收入较低，全旗有140个贫困嘎查村，3万户、8万人口处于贫困线以下，贫困面广，贫困程度深。

北京交通大学的学科优势主要是在交通运输、经济管理、通信信号等领域，面对科左后旗对农牧专业的迫切需求，专业对口性的偏差让学校在一开始接到帮扶任务时觉得一筹莫展。为了打开突破口，学校一面与科左后旗政府和扶贫办对接，了解当地情况，一面组织相关部处负责人和有关领域专家教授组成调研团赴科左后旗深入开展调研工作，力求找到学校优势特色学科与当地资源优势及实际需求的结合点。经过细致深入的调研，学校在充分了解科左后旗经济社会发展概况和现实发展需求的基础上，研究掌握了科左后旗在学校优势特色学科相关行业的发展瓶颈，其主要有三个方面：

一是交通区位优势明显，但交通发展落后，严重制约经济发展；二是旅游资源较丰富，但旅游业仍处在产业形成初期，规模较小，吸引力不强；三是货运系统已形成一定规模，但缺乏科学指导和规划。

针对这些情况，学校精准把“脉”、对症下药，决定依托交通运输、经济管理等优势特色学科，通过设立专项科研基金和学科带头人牵头领任务的方式，重点为科左后旗做好交通、旅游、物流发展三项规划，实现学校学科优势与地方资源优势的“双优”匹配。

（二）“双优”匹配，做到精准扶贫

学校与科左后旗旗委、旗政府组成了定点扶贫工作联合领导小组，确定了齐抓共管的工作格局，明确了具体工作要求和时间进度要求。2013年年底，学校通过了科左后旗交通规划、旅游规划、物流规划三项规划科研立项。2014年年初，学校三个教授团队圆满完成了三项规划，并将相关成果交予地方政府指导实际工作。

1. 合理规划交通发展，强化交通区位优势

科左后旗位于通辽、沈阳、长春、赤峰之间的交汇地带，交通区位条件优越，但缺乏合理的综合交通规划和明确的交通发展战略，交通基础设施严重不足，各交通子系统的组织与管理手段落后，内外交通可达性较差，严重制约了当地社会经济发展。“要想富，先修路。”针对这一现状，学校交通运输学院教授团队先后4次赴科左后旗调研，在充分了解当地情况的基础上，运用科学的方法，从区域综合交通系统出发，制订了切实科学的综合交通发展战略和各项子系统规划，具体包括：区域主干交通系统规划、中心区道路网系统规划、中心区公共交通系统规划、中心区停车与慢行系统规划、对外交通系统规划、货运系统规划和交通管理系统规划。通过合理规划，实现科左后旗的综合交通网络的全面发展，强化科左后旗

的交通区位优势，从而助推地方社会经济发展，实现脱贫致富。

2. 科学统筹旅游规划，打造特色旅游产业

针对科左后旗旅游业发展需要，学校经济管理学院旅游规划教授团队先后三次赴科左后旗对当地旅游资源和发展现状进行调研分析，指出科左后旗虽然有较好的旅游资源，但整体旅游产业发展基础差，配套设施欠缺，旅游企业发展水平低，对旅游业内在规律认识不足。针对这些问题，教授团队从发展战略、空间布局、产品谱系、目的地体系、市场营销、保障体系以及行动计划等方面为科左后旗制订了详细的旅游规划，指导科左后旗构建以文化旅游为机头、生态旅游为机身、运动旅游和民俗旅游为两翼的旅游产品体系，发展生态度假游、文化体验游、户外运动游、民俗体验游四大特色旅游品牌，建设“一心两带三区”的旅游空间格局，塑造“原真科尔沁，生态左后旗”的目的地形象，从而充分发挥了当地旅游资源优势，利用旅游业的拉动作用重构旗域经济的产业链，优化产业结构，把旅游业发展成为科左后旗经济跨越式发展的重要增长极。

3. 权威专家把关，指导物流规划制订

在物流规划方面，由于在帮扶结对之前，科左后旗已委托国内一家研究机构制订过物流业发展规划，经协商，决定由学校经济管理学院物流领域教授团队作为咨询专家，对规划报告提出修改建议，把关规划质量。为做好咨询工作，物流规划教授团队先后两次赴科左后旗调研，其中一次为期两周。在对科左后旗情况充分了解的基础上，团队提出了进一步完善产业定位、加强专业物流发展规划、增加物流通道规划、改进物流园区空间布局等建议。所提建议都得到了科左后旗相关领导和规划制订单位的一致认可。此外，在交通规划中，学校还结合《科左后旗物流业发展规划（2014—2020）》，对物流节点和物流通道进行规划，为科左后旗物流业发展提供有力支撑。

（三）持续跟进，确保帮扶到位

规划方案交付地方实施后，学校持续跟踪三项规划在科左后旗的实施情况，及时根据反馈修改，并根据地方发展需要随时补充完善。2014年，根据科左后旗发展需要，在原旅游规划框架下，学校旅游规划教授团队又对科左后旗闲趣山庄景区进行了单项规划，打造了科左后旗乃至通辽市的新型农庄式休闲旅游业态；学校建筑艺术教授团队为乌旦塔拉五角枫公园设计了景区大门及相关配套设施。2015年年初，旅游规划教授团队又单独立项完成了科左后旗大青沟旅游景区规划，推动科左后旗旅游业实现从景点景区向现代旅游休闲度假基地、从散点经营向全局整体发展、从乡村旅游向城镇化发展的三大转变，旨在将科左后旗打造成通辽地区创新发展旅游基地。

此外，为提高科左后旗地区干部素质，丰富其知识眼界，开拓其管理思维，强化交通、旅游、物流三项规划的落实效果，增强地方“自我造血”能力，2015年11月，学校组织专家教授六人专门赴科左后旗开展了为期四天的培训，培训内容涵盖了战略规划、产业发展、管理技能等多方面，科左后旗全旗科级干部91人参加了此次培训。

二、精准脱贫成效

经过多年坚持不懈的努力，北京交通大学克服资金不足、专业不对口等诸多困难，充分发挥自身学科专业优势，结合科左后旗当地资源优势，因地制宜、突出重点、“双优”匹配，探索出了一条高校参与定点扶贫的有效途径。随着三项规划在科左后旗社会经济发展中的具体实施，规划工作对社会经济发展的引导和调控作用逐渐凸显。

规划工作对社会经济发展的作用具有综合性和间接性，其产生的经济效益难以直接统计。目前，在交通规划指导下，科左后旗交通条件不断改善，区域交通优势得到强化，当地对区域人流、物流的吸引力逐渐增强；在旅游规划指导下，科左后旗旅游目的地形象逐渐树立，旅游服务水平和吸引力大幅提升；在物流规划指导下，新兴的物流产业快速健康发展。交通发展促进了产业的发展，产业的合理规划加速了产业繁荣，产业繁荣创造了新的就业机会，产生了大量经济效益。学校承担的闲趣山庄旅游规划项目已获评“内蒙古自治区四星级旅游接待户”称号，并获得自治区旅游规划专项资金支持；乌旦塔拉五角枫公园也被列入“通辽市十大郊野公园”。截至2015年年末，科左后旗地区40个嘎查村、1.5万人口实现稳定脱贫，为地方社会经济发展和国家脱贫攻坚任务做出了积极的贡献。

在完成好扶贫工作的同时，学校定点扶贫工作人员还十分注意总结工作经验，将工作感悟上升到理论水平。2015年12月7日，学校在科左后旗甘旗卡镇新胜屯村党支部挂职第一书记的高健同志在实地扶贫工作经验基础上，撰写的《“智慧扶贫”增强“造血”机能》在《人民日报》刊发。2016年6月16日，学校定点扶贫领导小组办公室副主任信心同志总结学校专业扶贫、帮扶科左后旗的文章《北交大的新使命》也在《中国扶贫》杂志第12期刊发。

三、精准扶贫困难

（一）专业不太对口，帮扶难度较大

根据科左后旗以农牧业为主的经济特点和贫困人口主要集中在农牧区的基本情况，其迫切需要农牧业相关专业指导，但北京交通大学人才智力优势主要集中在交通运输、经济管理、通信信号等专业领域，没有任何农牧相关专业，帮扶的专业对口性不强，学校的科技优势还没有对接到地方对科技的强烈需求。

（二）资金比较缺乏，帮扶力度有限

产业开发、医疗救助、对无劳动能力贫困人口提供持续资金帮扶等扶贫工作都需要大量资金支持，但北京交通大学作为高校，并非营利性机构，本身不具备较大盈余财力直接用于扶贫。为了支持定点扶贫工作的展开，学校虽然每年都会划拨一些专项资金支持扶贫工作，但是能投入的资金并不多，可支配资金非常有限。

（三）理想现实矛盾，预期差距较大

作为高校，北京交通大学希望能够充分利用教育、人才等智力优势，帮助贫困地区实现“自我造血”，从长远角度改善贫困状况，使农民走上稳定致富的道路，但这需要较长时间。而处于贫困现状的农民希望立刻能够解决目前面临的各种贫困问题，如日常温饱、经济收入匮乏、家庭教育和

医疗经费等问题，最好一步到位，双方对扶贫工作的目标预期存在很大的距离。

四、精准扶贫经验

（一）立足高校优势，精神帮扶为主

“授人以鱼，不如授人以渔。”先进科学技术是高校的核心竞争力，也是高校参与精准扶贫的最大优势所在。高校应始终坚持把教育、科技、人才、智力、专业、信息六个方面作为参与定点扶贫的切入路径，满足帮扶地区的现实和长远需求，从而推动社会经济的全面进步。例如，在北京交通大学的帮扶工作中，学校发挥专业优势，为科左后旗做好交通、旅游、物流三项规划，用交通和旅游、物流产业发展带动地方经济，并利用教育培训资源优势，提升基层干部带动群众脱贫的能力，打造一批本地专业人才队伍。

（二）加强调查研究，做到因地制宜

精准扶贫涉及个体的情况不同，必须因地制宜，对症下药。首先，要通过翔实的调查研究，掌握贫困地区、贫困户的实情，分析“病情”，找出致贫原因；其次，在准确掌握致贫原因的基础上，结合高校自身人才智力优势，组织相关专业和学科力量，针对具体情况，量身定制脱贫方案，宜农则农、宜工则工、宜商则商、宜游则游，着眼长远制订帮扶规划和实施方案。例如，学校通过调研发现科左后旗交通区位优势明显，但交通发展落后，有发展旅游、物流产业潜力，但缺乏系统规划指导，于是学校决定帮助其制订交通、旅游、物流发展规划。

（三）结合自身优势，构建长效机制

高校精准扶贫应该与高校自身的特色和专长紧密结合，与高校的教学科研工作乃至日常工作相结合，构建帮扶长效机制。比如，学校以交通、信息、管理为优势特色，因此，在帮扶中就不能像农业高校一样在发展农

业产业方面开展工作，或是像医科高校一样在提高困难群众身体健康和区域医疗水平上下功夫，而是围绕学校的交通、管理特色和专长，发挥学校专业优势，从交通发展规划，旅游、物流产业改造与升级方面入手，开展帮扶工作，并同时持续跟进项目实施情况，根据地方反馈意见，及时修改并随时补充完善。

（四）开通多种渠道，形成帮扶合力

高校精准扶贫应不局限于校内资源，还要放宽视野，打通各条路径，形成协同合作、立体交叉的帮扶网络。一所高校的自身力量是有限的：一方面，一所高校的自身专业种类有限，不能满足帮扶地区的需求；另一方面，许多项目需要资金和政策支持，只有借助多方力量才能实现。高校可以以自身作为媒介积极谋求和争取社会上的各方资助，调动社会上的力量共同参与扶贫。比如，联系兄弟高校，借助其专业特长；发挥校友力量，为企业牵线搭桥；争取政府部门支持，出台优惠政策；等等。北京交通大学也曾就科左后旗关心的黄牛养殖发展问题，帮助其联系了中国农业大学。

未来，北京交通大学将继续充分发挥自身特点和资源优势，从科左后旗实际出发，因地制宜地开展帮扶工作，并联系校外资源开展协同扶贫，推进科左后旗地区经济、社会、文化、生态全面发展，提高贫困地区和贫困人口的“自我造血”能力，帮助其实现稳定脱贫。

（北京交通大学　宋　阳）

打造太行山农业创新驿站　扎实推进科技扶贫工作

——河北农业大学精准扶贫精准脱贫典型项目

20世纪七八十年代，河北农业大学坚持服务地方经济发展，走出了一条以科技支农、科技兴农、科技扶贫为主要内容的“太行山道路”，形成了以乐于奉献、艰苦奋斗、勇于实践、开拓创新为核心的“太行山精神”。40多年来，一代又一代河北农大人探索、奉献、坚守、创新，使“太行山道路”一直保持旺盛的生命力。特别是当发展进入新时代，保定市委、市政府又与河北农业大学合作推进“太行山道路”升级版——太行山农业创新驿站的建设，培育了一批脱贫致富的产业，带领群众摆脱贫困，使扶贫由“输血型”向“造血型”转变，为保定市农业发展和脱贫攻坚注入强劲动力，使保定市脱贫工作取得了显著成效。

一、突出科技引领，打造太行山农业创新驿站

党的十九大提出了实施乡村振兴战略，河北农业大学站在新起点，踏上新征程，不断赋予“太行山道路”新的时代内涵，使其充满生机活力。2017年7月，河北农业大学与保定市人民政府签订农业科技创新战略合作协议，按照“六个一”模式统筹推进太行山农业创新驿站工作，即每个县（市、区）确定一个具有优势特色并能带动全县的主导产业，拿出一笔专项经费，明确一个企业或园区作为产业承接平台，河北农大组建一支基于产业链需求的专家团队，在当地建成一个科技研发推广中心，培养一批青年教师、学生和当地的专业人才。

（一）完善制度，健全太行山农业创新驿站政策保障

河北农业大学对太行山农业创新驿站建设高度重视，将驿站创建列为

学校重点工作。河北农大党委书记、校长挂帅，作为驿站建设工作的总负责人，成立驿站工作领导小组，逐一论证建站方案。根据驿站建设产业属性和生产生态条件实施“量身定制”，出台驿站建设的实施意见和管理办法，实现了全学科参与。明确驿站、团队、挂职人员的责、权、利，细化了资金使用细则，完善了考评指标。明确规定参加驿站建设等同于参加省级科研课题，驿站负责人等同于省现代农业产业体系岗位专家，每个驿站有处级干部参与管理，还给予参加驿站建设的教师在职称评聘和岗位考核时减免工作量的特殊政策倾斜，激发了科研人员的积极性、主动性、创造性。实行学校和保定市政府联合考核制度，奖优促建，确保驿站建设顺利开展。

（二）明确目标，发挥太行山农业创新驿站扶贫功能

阜平县嘉鑫创新驿站主导产业为食用菌，河北农业大学李明教授专家团队为其提供技术支持。当地建有标准化香菇大棚217个（其中10个专家大棚作为科研示范基地），结合产业特色，公司完成高标准棚室建设，以每个3000元价格倒包给农户，每户最多承包2个；对分包户实行“六统一分”的经营管理模式，即统一装袋加工、统一提供原辅材料、统一提供技术指导、统一质量标准、统一收购、统一销售，分户管理。目前，该驿站辐射带动周边6个乡镇、15个园区、1327个大棚、1089户农户，每户平均纯效益2.5万元，实现了稳定脱贫。

涞源县六旺川农业创新驿站位于希望工程发源地东团堡乡桃木疙瘩村。依托河北农业大学臧素敏教授专家团队，该驿站以推进蛋鸡产业的科技创新为重点，培育了首个河北省通过国家畜禽遗传资源委员会鉴定的地方鸡品牌，叫响了“桃木疙瘩”系列品牌的名头。同时，通过饲养管理、投放营养饲料、疫病防控、产品深加工、市场营销等各方面专家的通力合作，实现了蛋鸡生产的全产业链覆盖。吃水不忘挖井人，企业为所在地区贫困户每年免费发放50只“太行鸡”，由贫困户自养或企业代养。自养鸡每只每年可使贫困户获利50元左右，由企业代养的，贫困户年底可收到不低于最低保障金的利润。41户贫困户因“太行鸡”产业带来的年人均收益

2500元，实现了稳定的产业脱贫。驿站以此为方法，辐射带动周边9个村818户贫困户增收。

太行山农业创新驿站的建设，得到了各级领导的关心和指导，农业农村部部长韩长赋、国务院扶贫办主任刘永福、河北省委书记王东峰、河北省人大常委会副主任聂瑞平、河北省政协副主席沈小平等先后到驿站指导工作。保定市政府将强化驿站功能写入2019年政府工作报告，河北省政府也将其列入2019年政府推进现代农业发展的重要抓手，太行山创新驿站定将为脱贫攻坚发挥更大的作用。

（三）科技先行，推进太行山农村创新驿站高质量发展

截至2020年，共分两批建设了50个太行山农业创新驿站，涉及19个县（市、区），规划建设面积32.5万亩，建成面积14.2万亩，包含4家省级农业产业化龙头企业、39个市级以上现代农业园区、4家农业合作社、3家工商企业，涵盖蔬菜、果品、粮食作物、食用菌、畜禽、中药材、苗木、盆景、食品加工、文创等十大类35个特色农业产业。太行山农业创新驿站取得了以下成果。

1. 研发成果多

驿站作为现代农业科技研发成果示范窗口，紧密结合当地产业现状，发挥着不可替代的重要作用。顺平县太行山道路“第壹驿站”作为太行山农业创新驿站的发源地，致力于产业技术重构以及完成3种技术系统的示范园区打造，具有极强的可复制性和推广前景，其产业扶贫创新机制已经在其他驿站乃至全国做出示范。曲阳西旦沟驿站建立苹果“三优一体”标准化栽培示范园，应用自主研发的6项技术成果，大大提高了园区发展的科技水平。望都御香坊驿站开展了辣椒新品种选育、农药减施技术研究、辣椒产品精深加工及工艺改进等工作，研发成果丰硕。顺平县盘古庄园驿站启动了2个省级项目的科研攻关，建立了核桃、柿子、杂粮3个综合开发试验田和核心示范区，开展了种猪提高繁殖性能综合技术研究与示范工作。

2. 示范作用大

驿站同时肩负着示范任务，对激发农村改革创新、发挥主观能动作用具有重要作用。代表着智能化苹果种植管理模式的“第壹驿站”接待了大

量国内外同行参观学习；水润佳禾等企业推行节水灌溉技术、现代园艺设备研发与利用，已成为职业农民、基层农技人员培训的定点基地；其余各驿站也都以自己的新成果展示着不同产业的现代发展水平和方向。希望与驿站进行产业合作，并为其提供技术指导、专业培训的各类经营主体也越来越多。

3. 引领效益高

一批传统优势产业在驿站科技引领带动下，重新焕发了生机与活力，品牌影响力、市场竞争力及占有率都在逐步提升。清苑雨农驿站引进西甜瓜新品种7个，试验成功了西甜瓜简约无土栽培技术。定兴华农驿站制定了河北省设施蔬菜膜下滴灌水肥一体化技术规范、河北省蔬菜无土栽培基质规范。涞水县华益菇业驿站高标准打造食用菌创新产业园区，建立216个温室大棚，实现了年产香菇250万公斤，年出口美国和韩国菌棒150万棒，销售收入达2000万元。

4. 融合前景好

各驿站融合了食品包装、仓储物流、电子商务、休闲农业、市场营销多方面专业人才，延长产业链，推动三产业融合发展。唐县丹凤山驿站以“生物工程”和“大健康理念”为战略方向，打造当地最大的苹果深加工工业园区，生产高端品质的苹果酒、苹果饮料、苹果脆片等，完善鲜果生产、精深加工、休闲旅游产业链条，辐射并带动周边相关果品产业蓬勃发展，为当地提供1000余个固定就业岗位。高碑店驿站召开“发展战略研讨会”“智能型农产品批发市场研讨会”，从现代农业发展趋势、农产品流通规律、创新农产品电商发展等方面促进驿站建设，并谋划以高碑店驿站为基础、联合各县驿站建立“产、供、展、销”为一体的紧密结合的利益联合体。

5. 品牌效益显

河北农业大学设计的太行山农业创新驿站统一标识已树立在各驿站显著位置，在驿站建设过程中，涌现出了一批叫得响、效益显的优质品牌。保定市人民政府和中国果品流通协会以顺平“第壹驿站”为依托，共同推出了“保定苹果”区域公共品牌；定兴华农驿站对番茄等蔬菜进行了绿色认证，注册商标，并申请外观设计专利；“桃木疙瘩”“冰花”“老香菇”等一批驿站品牌已占领省内外市场。“革命老区的柴鸡蛋生态自然，不用化妆”，这是农业农村部部长韩长赋对“桃木疙瘩”柴鸡蛋的评价。

6. 培养人才专

太行山农业创新驿站还是培养懂农业、爱农业人才的重要阵地。驿站在建设过程中，通过集中培训、专家讲学、现场指导、线上辅导等多元化的手段，培养了一大批现代化职业农民，不少农户已成为远近闻名的技术能手，农民自己的科技队伍正在逐步建立。青年教师通过到驿站服务，拓宽了工作视野、丰富了实践知识、提高了专业技能，在自身业务水平提高的同时增强了课堂教学的有效性与吸引力。顺平“第壹驿站”、清苑水润佳禾驿站等已成为学校重要的教学实习平台，本科生、研究生在驿站开展教学实习的同时，不断增强热爱农业、学习农业的意识，以及投身农业的信心和决心。通过驿站平台培养出的研究生，得到了社会各界的广泛认可。

截至2020年，创新驿站累计培训各类农民近万人次，近150名40岁以下的青年教师加入驿站建设，3600余名本科生、180余名研究生到驿站开展教学实习、毕业设计，驿站接待国内外同行交流考察400余人次。

（四）构筑平台，拓展太行山农业创新驿站复合功能

太行山农业创新驿站以企业为主体、以市场为导向、以产业为支撑、以科技为动力，整合了多方优势资源，有效推动了产业扶贫，实现了政府、高校、企业和农民共赢。

1. 驿站是推动实施乡村振兴战略的务实之策

乡村振兴，首先是产业振兴，而产业振兴离不开农业科技的支撑。学校通过驿站这种载体，把农业科技力量部署到农业产业的第一线，让科技支撑永续开展，既展示了河北农大人的责任担当，又体现了学校在实施乡村振兴战略中脚踏实地的务实作风。

2. 驿站是利用高校资源的明智之举

驿站把高校智力资源更多地转化为推动农业农村创新发展、绿色发挥、高质量发展的助力。驿站在提供教学科研、创新实践平台的同时，也为学生和其他农业科技人员服务农业、献身“三农”搭建了桥梁。

3. 驿站是破解农业科技落地难的有效之道

“水土不服”往往是影响农业科技成果转化推广的不利因素之一。驿站的就地研发、就地转化、就地推广，可有效克服这种不利因素，为科技落地找到了抓手，为加速推进农业科技成果的推广应用提供了保障。

4. 驿站是探索政府、企业、高校与农民利益联结的有益之途

驿站在建设过程中还承担着产业扶贫的任务，通过创新农民利益共享机制，带动农民持续稳定增收。阜平县、涞源县和平山县出台了一系列优惠政策，率先拨付驿站建设经费，指定专人负责对接，为科研团队和承接企业牵线搭桥，做好服务工作。企业按要求高标准完成各项配套设施建设和技术规范，为驿站的正常运转和长远发展提供了坚实基础和重要保障。专家团队通过河北省产业技术体系、科研课题等技术支持驿站发展。这样的模式形成了政府搭台、企业唱戏、专家做主角、带动农民稳定脱贫的良好局面。

二、不断探索前行，在服务乡村振兴中磨炼成长

太行山农业创新驿站是新时代河北农业大学推进学校深化和拓展“太行山道路”“六个度”（结合度、引领度、融合度、转化度、认同度、保障度）统筹发展的具体体现，更是落实省委、省政府“四个农业”要求，加快发展科技农业、科技扶贫的有力举措。从“太行山道路”到太行山农业创新驿站，河北农业大学走出了一条紧密结合乡村振兴战略，科技扶贫、精准扶贫的创新之路。驿站在进一步强化功能定位、典型示范、成果应用的同时，充分发挥其在脱贫攻坚中的示范带动作用，为打好打赢脱贫攻坚战提供坚实的组织支撑、产业支撑、技术支撑、服务支撑。

（一）完善机制，政策制度扶贫

驿站建设的目标之一是辐射带动当地农民增收致富，逐步改变大农业、小农户的被动局面。特别是在当前脱贫攻坚已进入攻城拔寨的关键阶段，大力推进驿站建设，不仅是为贫困地区人民脱贫攻坚建造桥头堡，还为区域致富树立引路灯塔。河北农业大学将进一步深入研究产业新模式，

探索制度扶持政策，创新工作方法，创新利益联结机制，使贫困户实实在在受益。

（二）明确目标，内生动力扶贫

驿站要进一步明确目标，找准发展定位。农业也需要科技含量，在种植项目选择上，驿站注重高端、高科技，选择国际或者国内领先品种、适合本地的品种，加快从传统农业向现代农业的转化，同时在合作模式和技术应用等方面都做了超前定位以适应市场需求，保持驿站发展的内生动力。

（三）加大培训，人才智力扶贫

构建以基层农技推广人员为基础、学校专家团队为支撑、农业社会化服务组织广泛参与的新型农技推广体系，通过开展新型职业农民培训、农技推广人员培训、专家教授讲座等，不断加强对接、联系，多层次、多渠道、多形式开展农业科技培训，建立自己的科技队伍，不断加强科技成果推广应用能力。

作为一直奋战在脱贫攻坚一线的农业高校，河北农业大学将继续深化拓展“太行山道路”，培养懂专业、擅经营、会管理的现代农业人才；同时继续挖掘地区产业发展优势，扎实推进科技扶贫工作，使农业增效、农民增收、农村稳定，为建设新时代经济强省美丽河北贡献更大力量！

（河北农业大学　纪朋涛）

“养殖场管家”助力农民养牛羊

——吉林大学精准扶贫精准脱贫典型项目

“授人以鱼，不如授人以渔。脱贫攻坚的‘渔’是什么？科技助力，创新驱动，帮当地百姓拔掉穷根，无疑是答案之一。”这是2018年7月12日《人民日报》对高校典型优秀扶贫项目的报道，文章以《助力脱贫攻坚的“高校样本”》为题，对吉林大学“养殖场管家”等10个科技精准扶贫项目进行了报道，文章指出，“将科研成果直接应用到生产中去，既解决了科研同生产相脱节的问题，将论文写在大地上，也为当地百姓的致富插上科技的翅膀”。

一、科技帮扶：“养殖场管家”落地通榆

2019年10月的一天，位于科尔沁草原东部的吉林省白城市通榆县双岗镇林海村，空气中带着一丝凉意。村民赵贵起床时，听说隔壁村子丢了9头牛，吓得他一骨碌下床，奔向自家合作社看羊有没有遭殃。

推开大门，看到成群的羔羊在圈舍里悠然吃着饲料，养殖场智能热释电防盗系统红灯正常闪烁，他长松了一口气。

通榆县是吉林大学定点帮扶地区，林海村由通信工程学院包保帮扶。当地处于重度盐碱地区，粮食作物产量低，但草场资源比较充足，绝大多数村民靠养牛羊维持生计。

于银辉，吉林大学通信工程学院通信工程系的教授、党支部书记，她和她的团队主要从事物联网系统的开发和应用。2016年，于银辉第一次前往林海村时，路上被颠吐了几次，下车后狂风裹挟着黄沙扑面而来，再加

上常年养殖牛羊，合作社弥漫着牲畜粪便的味道。于银辉说：“从养殖场出来，感觉连头发丝里都有臭味了。”

“牛羊就是村民的命根子。”那天于银辉亲眼看见，一只受伤的牛四脚离地卡在墙豁子里乱蹬，村民为了救牛扑上去，手都被踢破了，鲜血直流。也有村民丢羊后直掉眼泪。

通榆县地处科尔沁草原东陲，严重的盐碱土壤使得农作物常年歉收，粮食作物产量低，但是草场资源比较充足，光照时间长，草原占地比例位于吉林省首位。于银辉和她的团队走访时发现，林海村羊养殖合作社的养殖方式既原始又落后，农民们需要晚上轮流起夜，每隔一两个小时就要去查看羊圈。即便如此，由于羊圈的不牢固，辛辛苦苦喂养的羊，还是常被偷走，这使得当地的一些百姓不愿意养也不敢养羊了。2017年，于银辉带着她的团队，从实验室走到了乡村养殖场，走上了科技兴农、精准扶贫的道路。

初次调研后回到学校，一个梦想在于银辉脑海中诞生：她要利用自己的专业知识，用科技改变当地传统落后的养殖方式，让村民更科学地培育牛羊，不再为牛羊丢失而提心吊胆。

两个月后，于银辉和搭档魏迎春副教授带着专门设计的智慧农业物联网系统再次回到林海村，却发现做出的样机被现实狠狠“打败”。在低温与风沙天的恶劣环境中，样机传感器很快失灵了。于银辉和团队成员不气馁，回到实验室反复钻研，不到一个月，又带着升级版的仪器回到村里。

这次试验成功了。养殖场周边安装了无线热释电防盗系统，12 000平方米的羊圈牛舍得到了24小时的安全防护，村民们再也不用担心盗贼半夜偷牛羊了。随后，团队又为村民设计了一款可以监控养殖场温湿度、氨气、甲烷、二氧化碳、硫化氢等数值的“养殖场管家”系统，只需登录手机“养殖宝”App，就能实时获取数据和现场画面。当数值超过阈值报警时，“养殖场管家”系统可以自动完成控制开窗、通风等一系列操作，有效避免因圈舍潮湿而引发的羊群患传染性皮肤病和其他疾病等问题。系统还实时监控羊倌清理、巡查圈舍，做到超标报警，云端上传，科学养殖管理。

在养殖场里，每一群羊的头羊脖子上都戴着一款类似手环的电子仪器，通过它可以对羊群进行实时定位，也能进行牛羊运动轨迹的实时监控和轨迹回放。科技让羊群过上了“大数据”生活。

村民们被这些高科技彻底“征服”了。“于老师经常来村里，为我们做的东西实用，好学，上手快。”村民苗恕说。

育养方式科学了，牛羊长得膘肥体壮，一只羊出栏时从过去的平均65公斤增加到现在的75公斤。抓住了防、控、育、肥4个环节，科学的环境监控和管理在林海村已经初见成效，实现了肉羊的迅速增肥，解决了母羊的断崖式断奶问题，减少了羊群布病和皮肤病的患病率，实现了零丢失率。自2016年以来，合作社平均每年增收170万元，为全镇747户贫困户分红，助力了他们实现脱贫。

农民腰包鼓了，2017—2018年，村里养殖合作社增收165.7万元。更重要的是，村里的人气也旺了。过去留在村里养牛羊的几乎都是老人，随着收入提高，开始有年轻人不再外出打工，而是回到家乡当起了“羊倌”。

“今夕不同以往，我们也是有技术含量的‘羊倌’了。”不再外出打工的赵贵每天用手机App养羊、放羊，有空还浏览于银辉团队建设的“养联网”网站，学习科学养殖技术。

“物有甘苦，尝之者识；道有险夷，履之者知。”科学的环境监控和管理在林海村已经初见成效，但是这份成果着实来之不易。

“我想将这里打造成完全智能化的养殖场，再逐渐推广到全省，甚至全国。”岁月静好，牛壮羊肥，于银辉的梦想正逐渐实现。

二、教书育人：最接地气的“思政课”

东北初冬就会飘起雪花，到了深冬时节更是滴水成冰。即使在这样的环境下，于银辉带着她的团队也要频繁地往返在700公里的扶贫路上。于银辉不时地启发学生，要学以致用，深入中国农村，不能只坐在实验室里，要牢记习近平总书记对青年学子的谆谆教诲，扎根中国大地了解国情民情，在创新创业中增长智慧才干，在艰苦奋斗中锤炼意志品质，把激昂的青春梦融入伟大的“中国梦”。就这样，于银辉带着他们一次次地采集数据、做研究、研发设备，增强了团队每个成员在科技精准扶贫道路上的信心。自2016年以来，她带领团队师生为农民做科学养殖、医学防护等科普知识讲座8场，自制科普宣传手册8种4000册，包含科学养猪、养羊、养牛、种菜、种人参、种木耳、羊布病防疫防治等。

脚下沾有多少泥土，心中就沉淀多少真情。多少次在羊圈中，在田间地头，在零下20多摄氏度的雪地上，他们都能克服困难，熬过每一个不眠之夜。自2016年以来，于银辉带领团队经历了研发遇阻的焦急、对接成功的喜悦、对农民增产增收的期盼、下乡时交通阻断的不易，收获了越来越多的坚定与成熟。当他们研发的“养殖场管家”系统受到村民的认可，为养殖场带来增产增收的效益时，学生们也更多地理解了老师的坚持，体会到吉大人的执着，上了一堂最接地气的“思政课”。

于银辉和她团队的扶贫之路从未停止。今天，他们正在致力于“养联网”平台的开发，并期将之从通榆推广到全国。从养羊、看羊到卖羊，“养联网”平台要用科技助力所有养殖户搭上智慧农业物联网的智能化快车。

每当有人称赞于银辉时，她总是笑笑：“这不是我一个人在扶贫，我的背后有吉大以及通榆县各级领导的大力支持，还有我校各交叉学科精英教师团队的指导，更有我们团队成员的坚定信念。”也正是因为有了很多像于银辉教授这样的吉大人，通榆科技扶贫之路才越走越顺畅，越走越宽广。

通榆县长刘振兴感慨：“吉林大学对通榆县的帮扶有资金、有项目，最重要的是有真情！”

三、结对帮扶：党支部“点对点”

“要把扶贫开发同基层组织建设有机结合起来”，“真正把基层党组织建设成带领群众脱贫致富的坚强战斗堡垒”。

为落实习近平总书记的重要指示，进一步加强基层党组织主体责任，压实扶贫工作任务，学校明确了15个基层单位、学院和4个临床医院共19个先进党支部与通榆县19个村支部结成对子，帮党建、帮扶贫。

如今，通榆县双岗镇林海村村支部坐落在一个二层小楼，在二楼有个能容纳30多人的会议室。现在，这里已成为村里开展活动、举办讲座的指定场所。宣传墙上“不忘初心、牢记使命”“三会一课制度”《中国共产党廉洁自律准则》的红色背景，书柜里摆放整齐的图书和印有“吉林大学援建”的白色椅套，让这个小会议室显得庄严而有品位。它是2018年由吉林大学投资援建、由通信工程学院教师于银辉所在的党支部帮助完成建设的。2019年年底，中央第八巡视组回头看工作中，在通榆县抽查了9个自然村，其中就有林海村。巡视组入户38户贫困户，走访结果是“零问题”。于银辉科研团队以学科优势扶贫扶智，通过智能养殖系统为全镇贫困户分红，惠及700余户村民，助力他们脱贫致富，并带动13名青壮年农民回乡就业。这个项目成为通榆县唯一获吉林省科技厅立项的课题。用于银辉的话说就是，“是科技给脱贫攻坚加了分、添了彩”。

2020年4月11日，通榆县被批准退出贫困县行列，实现了“户退出、村出列、县摘帽”的目标。4月12日，国务院扶贫开发领导小组通报2019年中央单位定点扶贫工作的考核结果，吉林大学获得“好”的最高评价等级。

捷报频传，喜上加喜。是精准扶贫把“吉林大学”与“通榆”两个名字巧做安排，紧密联系在了一起。当吉林大学签订中央定点单位扶贫责任书时，通榆县这片土地便成为学校的“责任田”。如今，用责任与担当写就的这篇扶贫“论文”中，每个吉大人都是执笔者。

7年中，学校帮助通榆县90个贫困村28 650户54 407人成功脱贫，贫困发生率由2015年的21.8%降为2019年的0.075%，累计投入2320余万元。扶贫路上，吉林大学从上到下都是参与者，没有局外人。

（吉林大学　汤文庭　张　刚）

发挥高校科技优势　助力特色产业发展

——上海交通大学精准扶贫精准脱贫典型项目

根据《中共中央、国务院关于打赢脱贫攻坚战的决定》明确要求，实施好“五个一批”工程，即发展生产脱贫一批、易地搬迁脱贫一批、生态补偿脱贫一批、发展教育脱贫一批、社会保障兜底一批。而产业扶贫，是其中的重头戏。上海交通大学自2013年起，定点扶贫云南省洱源县。在国务院扶贫办、教育部的指导下，上海交大充分发挥自身的科技优势、智力优势和人才优势，设立“恒基金”科技专项帮扶基金，聚焦重点特色产业发展，精准对接对口地区资源禀赋和国内外市场需求，探索出了一条经验可复制、内容接地气的产业扶贫之路。

承担定点扶贫任务以来，上海交大在云南建设了2个科技协同创新平台，汇聚了6个特色研究中心，选派了6名专业技术人才长期挂职，实施科技扶贫项目11项，引入经济作物新品种74种，引进产业发展资金近千万元，辐射带动洱源县高原农业、乳畜业等传统优势产业转型升级，特色食品精深加工、新型药物制剂提炼等新兴产业发展壮大。上海交大将院士工作站、专家工作站落户到洱源县生产企业，选派农技科技专家“送教上门”、大学生实践团进村开展科技服务，有效解决了农业科技服务的“最后一公里”问题，为产业扶贫提供了强大的技术、人才支撑，为洱源县提升“造血”能力、实现脱贫致富贡献力量。

一、基本情况

洱源县资源丰富，有丰富的特色优质农产品，素有“梅果之乡”“乳牛之乡”等美誉，大蒜、梅子的产量居全省前列，养殖业、乳畜业也是传统优势行业，养殖历史悠久。然而，有资源但缺技术，与市场对接不畅，简单初级产品难以变为群众的收入。经济发展水平上不去，资源禀赋再好也是“富饶的贫困”。这些都是扶贫开发过程中面临的现实障碍，也是造成贫困发生和延续的软肋。

上海交大针对产业发展的瓶颈问题，精心选派果树专家张才喜、农业生物专家袁聪俐、食品工程专家邓云、环境工程专家王欣泽和水果专家许文平等一批接地气的海归学者和教授，到洱源县挂职，深入工厂车间、果园菜地，把各自的专业知识应用到车厘子种植的推广、小公牛综合利用率的提升、黑蒜精深加工、洱海保护治理和高原特色苹果种植等工作中，有力推进了相关产业的发展。在他们的带动下，更多上海交大的专家志愿到滇西服务。如园艺专家王世平，他将获得国家科学技术进步二等奖的“葡萄根域限制栽培技术”应用到大理宾川；民族医药专家李晓波采用大理青梅，开展发酵型青梅酒产品的研制等，将枝头的果实，转化为高附加值的商品。

上海交大不仅为受援地区增送新品种、推广新技术、开发新产品、开拓新市场，让行业和企业面临的一系列困难迎刃而解，将学校的科技优势转化为产业发展的直接动力，还在合作方式设计上，注重维护贫困户切身利益，鼓励龙头企业、合作社与贫困户建立紧密的利益联结机制，形成利益共同体，确保商品能够进一步转化为贫困户实实在在的收入。用科技促进产业发展，提升“造血”能力，用产业发展帮助建档立卡贫困户实现增收，成为补强贫困软肋的良方。

二、实施进展

上海交大党政领导多次赴云南，就科技成果转化、学科发展、人才培养、创新平台建设等多个领域的合作项目开展交流，并深入中船七五〇试验场、大理州罗时江湿地工程等科研基地和重点合作企业进行专题调研，鼓励上海交大在滇服务师生“发挥专业优势、面向科技前沿，为云南和大理的发展做出积极贡献”。

（一）破难题，让企业从“被动淘汰”走向“主动出击”

在缺技术、缺设备、缺资金的情况下，建立一个符合国家标准的实验室，是洱源县邓川锦洋生物制品有限公司多年来无解的难题。因此，公司的主要产品之一牛血清制品只能由客户试用来评价。这种“被动淘汰”的方式，导致了销售滞后、产品积压、次品率高等一系列问题。上海交大挂职干部、农业与生物学院研究员袁聪俐积极发挥自己专业所长，从实验室规划、仪器购买、专技人员培训、检测流程SOP（标准操作程序）制定等方面全面支持，帮助企业建立自己的检测实验室，且全部必检指标符合国家标准。

破解了这一难题，企业不仅每年可以节省50多万元送外地检测的费用，减少积压库存，而且可以第一时间获得产品质量数据，实现“主动出击”，降低血清质量批次误差，稳步提高产品合格率，效益明显提升。

（二）巧设计，让农户从“丰收即贱卖”到“增产又增收”

传统种植业中，丰收往往意味着大量初级农产品集中在本地上市，售价下跌，农户不得不忍痛贱卖，这极大损伤了劳动积极性，农户的生活也无法改善，个别农户不免产生“靠着墙根晒太阳，等着别人送小康”的心理。如何让贫困群众心热起来、身动起来，靠劳动真正实现致富，是上海交大挂职干部、农业与生物学院教授张才喜在心中思考了很久的问题。

在对洱源县气象条件、土壤、前期试种栽培表现的综合技术分析基础上，结合自己留学日本和美国10余年中在高附加值的经济果林领域的研究成果，张才喜精巧地设计出一个高效益、低污染、可持续发展的农业产业——车厘子错季种植，并绘制出了洱源车厘子的“上市窗口”，恰好避开了我国北方主产区与国外主产国的上市期（见表1），具有极佳的产业效益和广阔的发展前景。在州县领导的支持下，大理州设立车厘子产业发展资金130万元，在洱源县三营镇印象经济林果合作社建立了上海交大洱源车厘子实验基地，张才喜也将所获得的10万元项目奖励用于为种植农户引进新品种苗木。

表1　世界车厘子主产区果实上市时期比较

主产区/月	1	2	3	4	5	6	7	8	9	10	11	12
智利、澳大利亚等	■	■										■
美国、加拿大等					■	■	■	■				
云南洱源县				▒	▒	▒						
中国北方主产区						■	■					

（三）换思路，让产业从“穷业”升级到“富业”

废弃的公牛可以用于制造新型尖端药物、泡一泡就喝的青梅酒可以发酵成“大健康”产业的新品，这些“跳跃式思维”让洱源县的产业发展找到了转型升级的方向。上海交大结合洱源县现有产业实际，积极探索开发新产品、新用途，寻找脱贫增收的新途径、新模式。

在传统奶牛养殖产业中，公牛几乎没有市场价值，只能做废弃处理。为了提升小公牛综合利用率，袁聪俐带领团队启动“小牛肺表面活性剂”的研发项目，从1只小公牛肺中提炼的肺表面活性剂，可以制成6支针剂，是医治新生儿呼吸窘迫综合征的关键药，每支针剂价值2000~3000元，“变废为宝”的全新产业已经显现。

在“梅果之乡”的洱源县，青梅酒历来是泡一泡就喝的。然而，上海交大滇西民族医药协同创新中心的领衔专家李晓波教授发现了产业的弊端：小作坊生产、工艺技术含量低、卫生及安全存在隐患等。为了提升品质、对接市场需求，李晓波带领科研团队，从采收、发酵、工艺改进，到确定最终产品等全流程参与，进行发酵青梅酒的产品开发。经特殊酵母发酵后得到的低酒精度的高品质饮用酒，不仅符合“大健康”产业发展规划，还成为大理州地理标志产品中的一颗明珠。

（四）拓市场，让产品从“国内”走向“国际”

产品品质决定了产品的市场拓展空间。如何让一颗黑蒜的营养成分得到国际市场的认可，上海交大农生学院副教授、食品工程专家邓云在位于洱源县邓川镇的大理品宏高原农业科技公司的生产车间里为此忙了一年。

经过持续努力，邓云改善和优化黑蒜发酵工艺，使黑蒜的水分、脂肪等比白蒜有显著的降低，而蛋白质、糖分、维生素等则为白蒜的2倍以上，氨酸的含量比鲜白蒜增加了5～6倍。而正是氨酸指标的突出表现，让大理的黑蒜逐渐走俏欧美和日韩市场，售价也增加了9倍。

在此基础上，邓云帮助企业进行新产品开发，研制出黑蒜面包、黑蒜酒、黑蒜醋等深受国际市场欢迎的产品。洱源县正逐步形成一个包括大蒜种植、黑蒜精深加工和大蒜副产物的生态化利用的大蒜产业链，在企业发展的同时带动了蒜农的致富。

三、主要特点

（一）平台建设，协同发展

为了让科技成果更快更好地服务于产业发展，上海交大建立云南（大理）研究院，使其成为融技术研发、技术转移、人才培训、产业化管理、项目引进为一体的平台。此外，上海交大云南（大理）研究院还设立了民族医药发展研究中心、民族文化研究中心等专项技术研究中心，为特色优势产业的转型发展提供相关基础研究，探索区域化布局和差异化发展的模式，以带动民族医药、民族文化等特色产业，形成当地的独特魅力和核心竞争力。

（二）农商对接，集成推广

为增强对农户的带动能力，上海交大积极推动农商对接，通过企业推广洱源特色农产品，并在上海交大校园内设立“洱源县地方优质特色产品”专窗，同时探索解决农产品受区域限制的困境，积极带动洱源特色产品走出大理、走进上海、走向全国，增加贫困山区群众收入，带动地方特色产业发展，实现长效产业扶贫，让更多贫困群众直接受益。

四、成效与经验

在科技和人才投入的支持下，洱源县高原农业、乳畜业、食品加工业等产业迅速发展，转型升级的方向逐渐清晰。通过采取“党支部+高校+龙头企业+贫困户”的“政产学金互促”模式，真正带动建档立卡贫困户实现增收。目前，洱源县已组建105个产业互助社，覆盖2702户建档立卡贫困户。2013—2020年，洱源县减贫动态管理的结果显示，全县建档立卡贫困人口全部脱贫。洱源县已于2018年9月成为云南省首批脱贫摘帽县之一。

在精准扶贫、精准脱贫的方略下，为了确保贫困户能脱贫，上海交大探索出了一条“科研服务于产业发展，产业发展带动贫困户增收，农户参与、技术进一步推广”的“闭环式”发展路径（见图1），环环相扣，精准对接。产品不同，模式各异，但目标却只有一个：最大限度带动贫困群众脱贫致富。

图1 “闭环式”发展路径

（一）科研服务于产业发展

为了更好地服务于经济林果种植技术的推广，上海交大农业与生物学院的王世平教授团队申报了2015年农业部科技专项“滇西边境山区亚热带水果错季生产技术示范和推广”，项目经费1250万元，王世平将其全部用于环境友好、节水节肥的新型经济林果栽培技术的改进和推广，助力滇西高原特色农业产业技术“二次革命”。该项技术已辐射带动当地近20万亩经济林果种植生产，相关种植区逐渐成为云南省节水示范基地、农业高新技术展示窗口和绿色生态发展的典型项目。上海交大在滇科技专家承担的其他各类科技扶贫项目10项，全部应用于滇西特色产业发展。

（二）产业发展带动贫困户增收

通过制定有效的合作和利益共享机制，能够形成共建共享、多方共赢的扶贫模式，有效带动当地群众脱贫致富。以滇西葡萄种植示范基地、华侨庄园农业专业合作社为例，当地集中流转土地200亩，由上海交大提供种植品种和技术服务，由当地企业提供管理和市场销售，全村所有贫困户加入合作社。基地采用了“阳光玫瑰”优质品种和根域限制栽培技术，同时套种姜蒜等特色蔬菜，合作社每年产生500万元纯利润，其中100万元作为基地还贷资金，剩余的400万元中的60%用于贫困户分红，保障了141户贫困户实现增收并脱贫。

随着企业产品市场的拓展，季节性用工的增强带动了贫困户增收。在大理品宏有限公司，随着黑蒜远销日韩和欧美市场，企业的用工需求也直线上涨。每年公司在3—6月的季节性用工为300～400人，全部为洱源县邓川镇周边农户，每人每天工资在120～200元，其中建档立卡户占40%。也就是说，品宏公司每年仅季节性用工这一项，就为周边贫困户带来200万元收入。

（三）农户参与、技术进一步推广

在上海交大“恒基金”对口帮扶专项基金支持下，一批批上海交大专家赴洱源开展调研指导，开展各类农技科技专题讲座，培训管理干部、技术人员、农村劳动力和致富带头人近3900人次，有力促进了果林建设、畜牧养殖技术、作物新品种试验、种植技术的推广及应用等。2016年，上海交大农业与生物学院与大理州签署专项合作协议，进一步实现制约大理州农业及相关产业发展的“问题库”与上海交大农业与生物学院专家“课题研究素材库”无缝对接。

上海交大立足洱源县特色资源禀赋和传统优势产业，汇聚科技和人才，深入洱源县的产业发展一线，以高校的科技优势、人才优势，培育区域特色优势产业，扶持了一批符合产业发展实际的专业合作组织和龙头企业，培训了一批扎根洱源的新型技术人员和致富带头人，建立产业扶贫科技服务体系，深度整合产业链、技术链和人才链，着力破解产业发展关键技术难题，推广应用高附加值的科技成果，为推动对口地区重点特色产业发展做出了积极贡献。

（上海交通大学　张　鹏　陶　伟）

科技创新培育特色产业　绿水青山就是金山银山

——华中科技大学精准扶贫精准脱贫典型项目

习近平总书记指出："发展产业是实现脱贫的根本之策。要因地制宜，把培育产业作为推动脱贫攻坚的根本出路。"根据中央统一部署，华中科技大学对云南省临沧市临翔区进行定点扶贫。学校通过深入调研临翔区特色资源和独有生态环境，利用学校科技优势，积极发挥高校社会服务功能，建立以当地特色资源为依托、以现实需求为导向、以精准脱贫为目标的"科技+产业"帮扶模式，育成"纯造普洱"和"叫雨山仙草"金线莲两大特色科技产业。目前，两大科技产业已取得突破性进展，将有效帮助农民脱贫致富，为临翔区脱贫攻坚提供强有力的支撑。

一、聚焦特色资源，科学精准施策

临翔区是国家级贫困区，该地区有贫困乡4个、贫困村56个，农村贫困户数10 745户、贫困人口42 414人，贫困形势严峻，且资金、技术短缺，内生动力不足是其主要致贫原因之一。创新科技，培育特色产业，是实施精准扶贫的关键举措。

临翔区资源丰富，环境优美，如何将当地特色资源变成优势资源，将绿水青山变成金山银山，带领人民脱贫致富，是临翔区政府最亟待解决的问题。华中科技大学党委高度重视扶贫工作，党委书记、校长等领导多次带领专家团队赴临翔区深入一线调研，临翔区政府积极配合，多次互访。双方领导和专家团队在深度调研临翔区自然资源和环境资源特色基础上，一致认为，茶产业科技创新不够、加工技术落后、生产标准化程度低，致使茶产品的品质差异大且不稳定，是导致当地特色茶资源没有发挥原料品质优势的根本原因，严重影响了茶农收入和从事茶产业的积极性；同时，林下经济产业匮乏，且不知道选择何种林下经济作物，以及如何实现该作物的高产种植和显著经济效益，是当地特色环境资源未能发挥生态优势的根本原因。因此，经调研论证，学校确定建立以当地优质茶叶资源和林下生态优势为依托、以需求为导向、以脱贫为目标的“科技+产业”帮扶模式，聚焦茶产业提质增效和林下种植金线莲产业发展，以期育成两大特色产业，实现当地农民脱贫。

专家团队对临翔区茶产业和林下经济情况进行了深入调查研究和认真分析，得出以下结论。

（1）茶产业落后，特色茶资源没有发挥品质优势。调研发现，临沧市是云南省四大普洱茶产地（保山市，临沧市，普洱市，西双版纳傣族自治州）之一，仅临翔区就有优质茶园23万多亩，古树茶园4.5万亩，有机认证茶园0.3万亩，雨林联盟认证茶园0.1万亩，是闻名遐迩的昔归茶原产地，好山好水产好茶，有“天下茶尊”之称。全国普洱茶原料中约一半来自临沧，临沧是中国主要的普洱茶原料基地，年产超过1.5万吨，是山区和半山区农民主要经济收入来源之一。但是，如此优越的茶资源和产量，却由于茶产业滞后，主要以原料销售为主，茶农人均茶叶毛收入仅为2842元，临沧茶产业长期处于高产量低产值的局面。而且，据海关统计，2016年普洱茶出口量为2937吨，仅占茶叶出口总量（32.93吨）的0.9%，严重制约了茶产业发展，这与云南普洱茶尤其是普洱熟茶生产标准化程度较低，品质差异大、不稳定，不能满足国外对茶叶品质和标准的要求密切相关。因此，通过科技创新普洱茶加工技术，提升加工品质和标准，扩大茶加工生产规模，是促进普洱茶全球市场推广和当地农民增收不可替代的紧迫扶贫任务。

（2）林下经济产业匮乏，特色环境资源没有发挥生态优势。调研发现，临翔区靠近北回归线，属亚热带山地季风气候，森林覆盖率76.2%，有“国家森林城市”之称，四季如春，年平均气温16.8℃～17.9℃，光照充足，雨量充沛，具有优越的气候和土壤环境。但是，因资金、技术缺乏导致林下经济产业匮乏是当地农民贫困的重要原因之一。因此，有效利用临翔区的天然气候和生态优势，发展高价值的特色林下经济产业，是实现农民脱贫致富的有效途径。

（3）金线莲是兰科开唇兰属多年生草本植物，含金线莲苷、多糖类、酚类、黄酮类等有效成分，具有清热凉血、祛风利湿、强心利尿、平肝、解毒等功效，被称为“药中之王”。野生金线莲仅在我国台湾、福建、云南、贵州等地有零星分布，且其自然繁殖系数低，生长周期长，过度采挖已导致资源稀缺，市场价值很高，前景巨大。因此，可大力发展金线莲仿野生栽培技术，扩大金线莲种植规模。但由于金线莲生长条件苛刻，扩大种植规模十分困难，目前仅在我国台湾、福建等地有一定量的人工栽培，且因仿野生条件不足，田间栽培成活率仅20%左右，严重制约该产业发展。而临翔区特色气候条件和生态环境很有可能满足金线莲的种植要求，值得深入研究种植推广技术，但仍面临种苗繁殖效率低、成活率低、品质低等瓶颈问题。学校前期通过系统深入的研究，已建立金线莲种苗快繁和田间移栽技术体系，在此基础上，通过进一步科技创新，学校将全面解决金线莲在临翔区种植推广面临的瓶颈问题。建立优化金线莲种苗快繁、大棚培育到田间栽培的高产种植技术体系，培育金线莲林下经济产业，是促进当地林下经济发展和农民增收的有效扶贫举措。

二、聚力科技创新，培育特色品牌

发挥科技优势，实施产业扶贫，已成为学校脱贫帮扶最突出的亮点。华中科技大学在临翔区建成首个学校与地方政府共建的综合服务型云南省院士（专家）工作站。该站作为帮扶的综合性平台，已成为脱贫攻坚的桥头堡。针对临翔区的需求，学校组建科研团队，重点发力，已投入700余万元开展科技扶贫项目研发，为临翔区产业扶贫注入了新的动力。

（1）创新普洱熟茶加工技术，育成“纯造普洱”品牌。为了突破普洱茶加工生产标准化程度低，品质差异大、不稳定等瓶颈问题，提升普洱茶品质和标准，促使临翔区普洱茶特色资源发挥更大效益，学校派出以余龙江教授为首的普洱茶研发团队，针对普洱熟茶生产长期存在的上述瓶颈问题，开展颠覆性的技术创新。研发团队接到任务，迅速投入工作，广泛深入研究文献资料和生产实际，明确了科技攻关的重点和难点，制订了详细研究方案，夜以继日，重点攻关，突破难点，迅速取得实验室成果。团队在继续优化实验室小试成果的同时，齐头并进，深入临翔区对口企业，驻扎厂区，同步开展生产性试验，以期获得优化的生产工艺参数。期间，为了研制独特的普洱熟茶纯净发酵装置，苦于没有现成的可参考对象，整个设计方案被反复讨论修改不下20次，试制阶段仍在不断修订完善，克服了很多配件在现场甚至昆明都无法买到等诸多困难。这种求真务实、艰苦奋斗、无私奉献的科学精神赢得了当地政府和企业员工的高度赞扬。经过夜以继日的忘我努力，团队研发了高品质纯造普洱熟茶纯净可控发酵新技术，建立了独特的高品质纯造普洱生产新工艺，研制了具有自主知识产权的规模化纯净制造普洱熟茶的发酵装置，并率先在临翔区政府选定的云南裕元祥茶文化传播有限公司建立了高洁净度的普洱熟茶纯净发酵生产厂房和车间，实现了高品质普洱熟茶的稳定可控发酵生产。新产品中的重要成分茶多酚和茶褐素含量等关键指标均优于存放3年的传统普洱熟茶产品，远高于普洱茶国家标准，且新产品中均未检出黄曲霉毒素B_1、伏马毒素B_1、伏马毒素B_2、伏马毒素B_3、赭曲霉毒素A、呕吐毒素等有害物成分。新产品质量稳定可控，十分有利于出口和国际市场推广。云南省茶叶协会相关负责人对新产品的品质也给予了充分肯定，称赞这是普洱茶产业了不起的科技进步。

目前，采用创新技术及工艺生产的普洱熟茶产品已注册“纯造普洱”商标，可通过“TM”（指可以正式公开销售）的形式逐步实施销售。同时，该产品已获得以免税馆为基础的阿拉山口国际茶叶交易中心的授权，可进行国际推广。

（2）创建金线莲林下经济产业，育成“叫雨山仙草”品牌。为了突破金线莲种苗繁殖效率低、成活率低、品质低等瓶颈问题，在临翔区建立优化金线莲种苗快繁、大棚培育到田间栽培的高产种植技术体系，培育金线莲林下经济产业。学校组织金线莲研发团队深入现场，迎难而上，逐一突破上述瓶颈问题。经过深入调研分析，研发团队选定在临翔区的泛华林业建设金线莲种苗繁殖及种质保存中心，并在半个月内设计出建设方案，并指导施工方在3个月内完成基础设施建设。在种苗快繁方面，通过近1年的优化试验，将繁殖系数由1：2.5提高到了1：4，大幅降低了种苗生产成本。在大棚及林下种植方面，团队对临翔区小道河林场5.4万亩山林的土壤、气候、立地条件等进行综合分析，确定在叫雨山海拔2000米左右的阔叶林下进行种植试验。在试种植阶段，研发团队驻扎在林区，针对金线莲苗龄选择及种苗预处理、栽培土壤深度、种植后浇水施肥情况、常见病虫害防治等问题开展试验，并从理论和技术上给予当地企业人员详细指导，不仅授之以鱼，还授之以渔。经过一年半的艰苦奋斗和试种植过程的长期监测，团队在临翔区建成了金线莲种源保存技术体系、种苗低成本高效繁殖技术体系、大棚及林下高成活率高品质种植技术体系，获得了有关种植基地选择、种植和采收的最佳时节等技术参数，指导建成金线莲种苗繁殖中心，培养了一批从事金线莲种苗繁殖、大棚栽培、林下种植的农村实用人才和新型职业农民。研发团队成员深入浅出、通俗易懂的讲解，细致耐心的手把手指导，毫无保留、不求回报的奉献精神，赢得了当地领导和所有培训员工的尊敬和认可。通过在临翔区叫雨山的不同海拔和覆阴度的多块林地进行种植试验，取得了令人振奋的结果：金线莲种植成活率高达98%（远远高于人工栽培技术最成熟的福建地区），经检测分析发现，其有效成分的积累量也大大超过了福建仿野生种植的金线莲。目前，企业已将该原料加工的产品注册了“叫雨山仙草”商标，育成了金线莲林下经济产业。

三、做强特色产业，加速脱贫攻坚

通过当地政府、华中科技大学、企业共同发力，构建“原料—产品—商品—消费品”的完整链条，实施全链推动。临翔区政府把做大做强普洱茶和金线莲产业确立为主导产业和农民脱贫致富的支柱产业，同时重视龙头企业的巨大带动作用，并通过流转土地、规模经营、公司化运作、品牌推广等手段，推进全区普洱茶和金线莲产业向规模化、集约化、品牌化的现代农业发展，使原料种植面积不断扩大，产业不断发展壮大，促进农民脱贫致富。

（一）支持龙头企业，做强茶叶产业

临翔区拥有好山好水，能产好茶，却因加工技术落后，缺少销售渠

道，导致茶产业长期处于高产量低产值的局面。华中科技大学决定与临翔区政府联合做好茶产业“这篇文章”，通过技术、资金和人脉等优势挖掘茶产业的增收潜力。

（1）学校产业集团及其下属六家公司联合，捐赠360万元定点帮扶蚂蚁堆乡贫困村发展茶产业，在该乡蚂蚁堆村全额捐建集初制、精制、体验制作于一体的年产100吨规模的综合性茶叶加工厂，建成“纯造普洱”全自动智能化生产线，扩大高品质“纯造普洱”熟茶产量。2019年，蚂蚁堆村集体经济收入28万元，240户贫困户户均获得奖励820元，实现增收1600元。茶企辐射全乡14个行政村4.1万亩茶叶基地的茶农，带动全乡447户1803人的建档立卡贫困人口稳定增收，促进整乡脱贫致富。而且，该项目易于复制推广，能根据市场需求不断扩大产能。

（2）学校充分发挥40万校友的人脉资源优势支持临翔茶产业发展，先后两次发起茶叶认购活动倡议。倡议发起后，各地校友们积极认购，随后又以“朋友圈”等方式进行推介，认购面不断扩大。目前，已销售产品34 500饼，实现销售金额近590万元，为临翔区筹集扶贫资金近104万元。

（3）引进云南裕元祥茶文化传播有限公司和临沧天下茶都茶业集团有限公司，公司在临翔区政府和华中科技大学的联合支持下，通过生产和营销高品质“纯造普洱”品牌产品获得显著经济效益，不断发展壮大，并通过采取“公司+建档立卡贫困户+产业基地”的运营模式，实现社会效益和农户、公司的经济效益的多赢，回馈社会，带动贫困户脱贫。该公司收购全区10个乡（镇、街道）（重点是南美乡和邦东乡）建档立卡贫困户的原料进行加工。其中，南美乡共有建档立卡贫困户281户，种植茶叶2060余亩，产茶约103吨；邦东乡共有建档立卡贫困户1291户，种植茶叶14 200余亩，产茶约450吨。公司为这些贫困的茶农提供了种植和采摘茶叶的经济保障，即使是茶叶采收旺季，也均按50元/公斤鲜品的合理保底价全部收购，大大提高了茶农增收信心和种植积极性。公司自参与扶贫以来，共生产扶贫专号普洱茶4.67吨，共13 093片。该项目的扶贫茶原料全部来源于全区10个乡（镇、街道）建档立卡贫困户，农户通过毛茶销售实现收入162.3万元。

（4）临翔区政府积极促成龙头企业与云南白药、云南龙润集团等著名企业合作，共同开发生产以“纯造普洱”为原料的高端系列保健茶产品，延伸产业链，拓宽普洱茶的销售渠道，增加临翔区茶产业和茶农收入，不断提升临沧“纯造普洱”品牌效应。

（5）龙头企业积极响应国家“一带一路”倡议，不断加强在“一带一路”沿线国家的市场推广，加速临沧好茶走出国门。目前，企业已在阿拉山口市签订了出口蒙古国茶叶意向合同1000吨（2016年整个云南省普洱茶出口量仅为2937吨），该合同将显著提高云南普洱茶出口量，预计产值折合人民币5亿~10亿元。临翔区和华中科技大学心手相牵，共同谱写茶产业发展篇章，龙头企业和茶产业发展势头十分喜人。

（二）创新运作模式，做大金线莲产业

（1）金线莲林下试种成功后，学校进一步以科技为支撑，不断夯实金线莲林下产业发展的“政府+高校+企业”平台，建立了“政府+高校+企业+基地+农户”的运作模式：做到政府“帮”，即党委政府给予资金、项目、政策的扶持，推动企业发展；高校“助”，即派出专家团队实地培训人员、指导种苗繁殖和林下种植推广，并不断优化技术；企业“做”，即建设种苗繁殖室、大棚栽培基地，积极进行示范和种植推广；基地“实”，即建成种苗繁殖室2800平方米，炼苗棚2个共400平方米，种植大棚3200平方米；农户“惠”，即在取得林下种植成功的基础上，带动更多贫困群众发展金线莲种植，使农户得到更多实惠。临翔区建立了两个规模化金线莲组培厂，并从当地村民中选拔培养了一批熟练掌握金线莲组培技术的工人，使一批农村青年通过培训走上技术岗位，从穿蓝大褂的普通工人变成了穿上白大褂的技术工人，增强了他们依靠技术脱贫致富的信心和决心，切实贯彻了习近平总书记指出的“要坚持扶贫同扶智、扶志相结合，注重激发贫困地区和贫困群众脱贫致富的内在动力，注重提高贫困地区和贫困群众的自我发展能力”。目前，通过发展金线莲林下经济产业已带动100多人就业，人均增收3000元/月以上。

（2）成功实现金线莲林下种植推广，2017年收获310公斤金线莲干品，按照市值价格不低于8000元/公斤计算，产值超过248万元。以上成效

极大坚定了临翔区政府和企业发展金线莲产业的信心和决心。临翔区博尚镇叫雨山金线莲种植基地负责人陈永华笃定地说："不说别的，单是帮我检测出临翔种植的金线莲有效成分，比目前市场上流通的最好的金线莲都高，就足够振奋人心了。"目前，临翔区政府和金线莲企业新融资建成了年生产金线莲组培苗5000万株的生产线，可供近300亩的林下种植用苗，按98%的移栽成活率计算，经过3年左右的林下种植推广，将可实现种植面积达1000亩，带动至少1000农户增收。随着后续迅速扩大种植规模，可逐步实现推广种植1万亩，带动至少5000农户增收，且户均增收5000元以上。目前，金线莲产业项目的扶贫模式已在全区20个贫困村中开始全面推广，成为贫困村集体创收的典型项目，预计可带动全区1.7万贫困人口实现脱贫。

（3）临翔区政府积极谋划，在华中科技大学强有力的科技支持下，进一步延伸金线莲产业链，增加附加值，促使金线莲种植企业与临沧融锦生物科技有限公司等加工企业合作，开展金线莲精加工及系列高端产品研发与规模化生产销售。目前，金线莲精深加工车间即将投产，此举将进一步带动临翔区林下金线莲种植不断推广，全面促进贫困户脱贫。

项目成效显著，获得广泛认可。学校利用科技优势支持临翔区发展特色产业，实施精准扶贫，促进乡村产业发展，培训培育农村实用人才和新型职业农民，带动当地农民就业，帮助农民脱贫致富，为临翔区如期脱贫摘帽提供强有力的科技和产业支撑，让临翔区有了与全省全国同步全面建成小康社会的信心和决心，扶贫成效得到了社会广泛认可。临翔区获"2017年度中国茶业扶贫示范县"称号，中央电视台新闻频道和财经频道、云南卫视《云南新闻联播》、新华网、人民网、《云南日报》等主流媒体，对华中科技大学与临翔区联合进行特色产业培育和产业扶贫给予了多方位报道，尤其对"纯造普洱"和"叫雨山仙草"金线莲两大特色品牌产业发展进行了报道，高度认可高校聚焦自然资源和生态环境特色、聚力科技创新、培育特色产业、加速农民脱贫致富的产业扶贫模式，以为其很好地诠释了"绿水青山就是金山银山"。华中科技大学生命科学与技术学院被评为2020年脱贫攻坚先进单位。

目前，科技创新"纯造普洱"品牌落地临翔区蚂蚁堆乡的茶厂扶贫模式已入选农业农村部系列培训案例、中国电子商务协会国家电子商务进农村综合示范项目，也得到了中共中央组织部、农业农村部组织的农村实用人才带头人培训班上专家的高度赞扬和肯定。

临翔区是云南省产茶大市临沧市的核心区，生物资源和生态环境特色鲜明，孕育了“纯造普洱”与“叫雨山仙草”金线莲两颗明珠。展望未来，华中科技大学将与临翔区心手相牵，勇于担当，发挥好云南省在国家对外发展的桥头堡和生态文明建设的排头兵的作用，将两类特色产品在“一带一路”沿线国家全面推广，使两颗明珠大放异彩，产生显著经济效益和社会效益，带动农民脱贫致富和乡村经济振兴，促进临翔区经济社会可持续发展。

（华中科技大学　余龙江）

铸成打赢脱贫攻坚战的“科技堡垒”

——安徽农业大学精准扶贫精准脱贫典型项目

长期以来，安徽农业大学坚持以科技兴农、科技兴皖为己任，从1985年“科技开发大别山”到精准扶贫，紧紧围绕脱贫攻坚的时代使命，走出了一条享誉全国的“大别山道路”，为江淮大地老百姓的脱贫致富做出了突出贡献。特别是近年来，学校以“一站一盟一中心”的校县共建机制和“四体融合”的新型农业科技推广服务为平台，铸成打赢脱贫攻坚战的“科技堡垒”。

一、“科技堡垒”建在贫困最前沿

为了能够给贫困地区提供持续、有效和驻地的平台支撑，2013年以来，学校累计投入资金超过1.3亿元，分别在金寨县、临泉县、颍上县、定远县、埇桥区等国家级和省级扶贫开发重点县（市、区）建立了“大别山综合试验站”“皖西北综合试验站”“皖北综合试验站”“江淮分水岭综合试验站”和“农区草牧业特色试验站”，搭建了一个个集技术创新、人才培养、科技推广和创业孵化功能于一体，“政产学研推”紧密结合的永久的、驻地的产业扶贫和农技推广支撑平台。通过在扶贫开发重点县投入大量的创新资源，构建以“一站一盟一中心”为重点的校县共建模式和以“四体融合”为主线的新型农业推广服务模式，为贫困地区提供了有力的人才技术支撑。学校专家教授带领地方专家和农技人员，开展对新型农业经营主体的技术服务，在产业扶贫、农业转型升级、农村生活污水治理、乡土人才培养等方面取得了显著成效，为扶贫开发重点县区搭建了永久、驻地工作的科技服务平台。

二、综合试验站“先遣队”安营扎寨

“哪里有贫困的影子，哪里就是安农人的主战场。”近年来，安徽农业大学把服务脱贫攻坚作为育人报国的“大擂台”，集聚优势资源和人才，向安徽贫困一线发起“总攻”，既打造了一支“能征善战的队伍”，也擘画了乡村振兴的美好图景。

学校每年8000多人次专家奔波于脱贫攻坚一线，安徽省60%以上县域主导产业由学校作为技术依托单位，安徽17个国家级农业园区中有14个由学校负责规划，为地方打造了100多个特色产业……

综合试验站就像一个个“科技堡垒”建在田间地头，把学校的根扎在农业生产一线。产学研联盟像个中枢，实现学校科研成果与农业技术需求的无缝对接。

2016年4月，学校江淮分水岭综合试验站建成，动物科技学院教授张子军成为首任站长“驻扎”定远县，组建了水稻、小麦、猪禽等九大产业联盟。九大产业联盟的专家跑遍了全县22个乡镇，为每个乡镇量身定做了主导产业发展规划。“每个联盟的首席专家，要为当地产业发展提供保姆式服务，从年初制订工作计划，到每个月至少一次实地指导产业发展，从指导具体的生产环节，到提供全产业链服务。”张子军说，“以前我们提供技术指导就行了，现在要跟当地的农技人才捆在一起，把产业兴起来。”张子军同时担任草牧业产业联盟首席专家，他联合地方农技团队，成功在100多亩江淮分水岭低产田上种植出牧草，并进行杜泊羊和湖羊的杂交选育科研工作，推广农区草牧业标准化生产体系，形成“种养加销”结合的现代农业模式。

建站以来，试验站共为定远县引进农业新品种376个，应用农业新技术92项，服务农业企业100多家。定远县已形成草、菌、虾、猪、鹅五大特色产业，成为农民脱贫致富的重要途径。2019年4月，定远县退出贫困县行列。

随着2020年4月安徽农业大学新农村发展研究院皖西南综合试验站的签约，覆盖全省的主导农业产业的格局已形成，为推动安徽现代农业农村发展和乡村振兴提供强有力的人才与技术支撑。

一个个综合试验站就像学校驻扎在农业一线的“先遣队”，构建起一个个地方农业转型升级的引擎，也激荡起农民脱贫致富的希望。

三、产业联盟专家“攻坚队”拔除穷根

一个专家，可以挽救一个濒临绝境的产业；一个团队，就能打造一个富民强农的产业。

学校对口帮扶的金寨县大畈村位于大别山区，之前是典型的深度贫困村，村民用电和自来水都不正常，集体经济几乎是空白。学校派驻扶贫工作队，帮助制定三年脱贫帮扶措施，每年列出专项经费支持产业发展，组织知名专家作为产业顾问常年奔波在学校和村子间。

让老百姓脱贫，关键是要找到能致富的产业。学校专家为大畈村产业发展“把脉问诊”。根据大畈村水土贫瘠，但有高海拔的环境优势，专家团队决定为其打造高山有机农业。在专家手把手指导下，农户叶乃军一季下来赚了不少钱。“专家的话管用！”三年时间，他把茭白种植面积增加到20多亩，纯收益增加了十几万元，成了村里的种植大户。

几年的时间，学校帮助大畈村打造了高山茶叶、高山有机香稻、高山蔬菜、生态养殖、中药材和蚕桑等特色产业。2017年，大畈村由原先的深度贫困村顺利脱贫出列，2019年成为安徽省第一批美丽乡村重点示范村。

距离大畈村160公里外的颍上县吴寨村，是学校对口帮扶的另一个村，其贫困发生率高达14.6%。帮扶工作开始后，专家团队为该村确定设施蔬果大棚种植和畜禽养殖两个重点突破方向，平均每周有一个专家到村里进行技术指导。短短几年的时间，吴寨村从没有设施农业，到新品种、新技术陆续落地生根，再到蔬果大棚种植130余亩；从无成规模的养殖业，到生猪年出栏2万头，肉羊年出栏300只，肉牛年出栏100余头，禽类常年存栏10余万只。

四、“整村推进”夯实稳固脱贫内在根基

为了扩大产业扶贫成果，学校在总结大畈村产业扶贫整村推进工作经

验的基础上，推出了产业扶贫整村推进计划，将金寨县迎河村、宋河村、东高村、竹根河村和石台县杏溪村等重点贫困村列为产业扶贫整村推进试点村，取得了明显成效。在产业扶贫整村推进工作中，制定“规划引领、项目支撑、跟踪服务、团队作战”原则，依托产业联盟专家团队，整合多方资源，与驻村扶贫工作队、有关村镇合力推进，共同帮助试点村制订了产业扶贫实施方案，选择了2～3项适宜发展的脱贫产业，专门选派专家到村入户，开展产前、产中、产后技术跟踪服务，为试点村发展特色产业、户脱贫、村出列提供高效、及时的技术指导，所有试点村均已出列，产业基础牢固，取得了预期成果。

几年前，宋河村的茶园还是“鸡肋”，产量不高、质量不行，卖不上好价钱。学校专家团队提出以重振优质茶叶生产为重点，以稳定山核桃种植与黑毛猪等畜禽养殖为补充的特色产业多种经营发展路径。几年的时间，经过改造提升，全村优质茶园面积达5000余亩。产业发展起来，也带动了贫困户脱贫。贫困户老杨一到采茶季，就在茶园帮忙，一天能有150元的收入，一季采茶收入就能有3000多元。

五、“团队作战”贡献精准扶贫集体智慧

在精准扶贫工作中，学校围绕贫困地区主导产业，在全省范围内组建了75个县域农业产业联盟，每个产业联盟由学校1名专家出任首席专家，配备8～10人的专家团队，建成了一支稳定、活跃的产业扶贫服务队伍。这支队伍常年有350多位专家奔波在农业生产第一线，他们联合攻关，精细作业，深入田间地头，为贫困地区送技术、扶产业。

六、“选准产业”打通稳固脱贫首要路径

在精准扶贫工作中，学校紧紧牵住产业这个“牛鼻子”，送技术下乡，让产业扎根。学校与全省50多个县（市、区）签订了产学研合作战略协议，与全省900多家省级以上农业企业、1200多家农业小微企业、60多个省级现代农业示范区建立了稳定的合作关系。2019年，学校携手省内外上

市公司、龙头企业、校友企业等175家单位发起成立了安徽农业大学乡村振兴合作企业战略联盟，搭建起“学校扶产业，产业聚企业，企业联大户，大户带贫户”的桥梁和纽带，共同谱写脱贫攻坚和新时代乡村全面振兴新篇章。学校和企业围绕贫困地区产业技术需求，通过引进新品种、示范新技术、开展技术培训、转化专利、制定标准与规程等举措，使得贫困户有了更加明确的发展方向，有效促进了贫困户的产业发展动力，形成了“村有当家产业、户有致富门路、人有一技之长”的稳定脱贫基础。

（安徽农业大学　许成林　王华君）

“博士村长”以世界一流学科为引领 全面助推贵州省高质量脱贫攻坚

——贵州大学精准扶贫精准脱贫典型项目

一、基本情况

“贵州是贫困面最大、贫困程度最深的省份。贫困和落后是贵州的主要矛盾，加快发展是贵州的主要任务。”农业技术进步是推动农村产业革命、提升土地生产率和劳动生产率的根本途径，是解决贫困的根本之道。

植物保护学科是贵州大学的世界一流建设学科，相关领域的专业人才把科技扶贫扛在肩上，按照贵州省委、省政府提出的“来一场振兴农村经济的深刻的产业革命”“推进农业供给侧结构性改革”的要求，牢牢把握农村产业革命“八要素”，充分发挥学科优势、人才优势和平台优势，通过科技副职、科技特派员、农业辅导员等方式，坚定地“把科研论文写在贵州大地上”，聚焦贵州省特色优势产业，全面助推贵州省高质量打赢脱贫攻坚战。

为加大科技扶贫力度，2017年，植物保护学科茶产业团队博士生齐普应、杨林林深入安顺市普定县绿源茶叶园，利用自己的专业知识，通过以虫治虫、以菌治虫等方式，解决了困扰当地的茶毛虫防控问题，取得显著效果，获得2018年度贵州大学“校长特别嘉奖”。在此基础上，贵州大学启动了“博士村长”计划，汇聚千万贵大学子，组建了茶产业、精品水果、蔬菜等12个产业团队，组织了300余支“博士村长”队伍，“带技术、带人才、带项目”服务于贵州省榕江、纳雍、紫云、贞丰、赫章等46县

（市、区）的300多个贫困乡镇，极大地促进了贫困农村产业可持续发展。据不完全统计，至今已有9600余名博士、硕士研究生以及本科生奔赴全省脱贫攻坚一线，用所学的知识和技能助力脱贫攻坚，为贵州省全面打赢脱贫攻坚战贡献了贵大力量。2018年，贵州大学“博士村长”计划得到贵州省委书记孙志刚的点赞，得到《人民日报》、新华社、《贵州日报》等媒体的多次报道，获得贵州省教育厅重大农业科学研究软科项目立项支持，被评选为2019年“贵州省普通高等学校优秀学生工作案例”，已然成为贵州高校青年学子助力脱贫攻坚的“贵大样板”。

二、实施进展

贵州大学植物保护世界一流建设学科依托学科优势，积极推动科技成果转化，促进扶贫工作进入良性循环，大力开展绿色产业扶贫。学科汇聚了一支由爱农村、懂农业、爱农民的农业技术专家和乡村振兴专家组成的决策咨询队伍，制订出专家教授带学生的“博士村长”计划，通过技术攻关、示范推广、技术培训和定点帮扶等方式，为贵州特色产业健康发展提供技术支撑。

（一）全力发挥智力优势，纵深推进农村产业革命

为解决贵州农村产业革命对科技的巨大需求与一流专家团队资源有限性的矛盾，贵州大学充分发挥高层次人才培养的优势，积极动员并组织广大研究生助力脱贫攻坚伟大事业。植护一流学科团队成员金林红教授带领博士研究生齐普应、张建、杨林林、韦春乐，硕士研究生李莹莹、欧利娜、谢连城、张丘丘等，深入榕江、正安、普定、紫云等县开展田间技术服务，有效解决了茶园病虫害防控难题。团队发展成为全国首创的贵州大学第一支“博士村长”队伍，提升了贵州大学科技扶贫的广度和深度。在此基础上，学校出台了一系列的激励办法，不断推动“博士村长”计划的持续发展，2018年12月12日，省委书记孙志刚到贵州大学为高校师生做脱贫攻坚形势政策报告时点赞“博士村长”计划：“这个计划很好，要多支持博士到农村去。希望你们结合自身的专业，到广阔的天地中去，把论文写

在贵州大地上，写到老百姓的脱贫攻坚收益中去。”“种干净黔茶，铺致富金路”，团队的相关工作获得第五届中国“互联网+”大学生创新创业大赛银奖，获得“全国教育系统先进集体”称号和第十九届“贵州青年五四奖章”集体荣誉。2020年12支产业团队先后组织300余支“博士村长”队伍，同心共战疫情、助力脱贫攻坚，在榕江、纳雍、沿河、七星关、平塘、赫章、德江等46县（市、区）的300多个贫困乡镇，就地开展产业服务，产生了显著的社会经济效益。植保学科张建同学等一批研究生受到贵州大学“书记校长特别嘉奖”。2020年，贵州大学“博士村长”项目获得第六届中国国际“互联网+”大学生创新创业大赛金奖。

（二）发挥学科优势和专长，开展科技扶贫

一方面，“博士村长”团队发挥植物保护世界一流学科优势和人才优势，“带技术、带人才、带项目”服务于贵州省各地，先后在平塘县、紫云县、开阳县、盘县、普定县等地农村进行实地走访调研，因地制宜制订相应的工作方案。另一方面，“博士村长”团队运用专业知识，发挥专长，对农户在养殖、农业种植、品牌建立、销售过程中提供技术保障。其中，团队为赫章县核桃和葡萄种植，三穗县养殖产业技术，望谟县油茶产业，平塘小龙虾养殖、莲花白种植，盘县火腿产业进行产业调研，协助解决农户从生产到销售部分问题。另外，“博士村长”团队以“集中培训+实地演习”的方式，在威宁、修文、织金、清镇、乌当、福泉、平塘、麻江、开阳、紫云等地农村，针对病虫害防治，畜禽、水产养殖，果树种植等方面开展课程培训与技术指导。

（三）依托产业专家团队和科研项目，开展产业扶贫

一方面，“博士村长”团队根据生态畜禽业、生态渔业、精品水果产业等12个不同产业，把“博士村长”选配在12个产业团队上，协助各产业专家团队定期或长期驻村驻地开展产业扶贫工作，深入产业基地，成为专家和产业基地、农户间沟通的桥梁，协助做好产业指导、产业培训等工作。另一方面，“博士村长”团队不断创新工作方法，因地制宜，在面临疫情防控和脱贫攻坚两场战争时，在产业专家的带领和指导下，动员全校青年学

子，“就地就近”开展春耕帮扶，出现了典型的“沿河模式”“威宁模式”。2020年3—5月，“博士村长”团队与12个产业专家团队扶贫工作地点匹配，深入贵州省各地，参与春耕帮扶工作。其中，沿河籍100余名贵州大学学生临时成立“博士村长”沿河作战队，连续一周就地开展辣椒、红薯种植与蜜蜂养殖等技术指导和培训，培训人数达5080人次，发放助农明白卡601套，“辣椒种植技术要点”1740份；威宁籍65名贵州大学学生临时成立“博士村长”威宁作战队，完成了威宁双龙镇高山村、梁山村和高坡村1.1万亩蔬菜标准化基地建设。

（四）紧扣脱贫根本，开展教育扶贫

扶贫先扶“智”和“志”。“博士村长”团队重点依托短期的社会实践项目，聚焦教育扶贫，组建教育、医疗卫生、法治宣讲等实践分队，通过支教、夏令营、宣讲、论坛等形式，建立帮扶县、乡的研究生宣讲团，在实践地开展十九大精神专题宣讲、法治宣讲、医疗志愿服务等实践活动。如，“博士村长”实践团队赴贞丰县沙坪镇进行教育扶志活动，举办教育物资捐赠仪式，为1000余人开展教育宣讲；为平塘县大塘中学26名优秀贫困学子开办主题为“大塘学子贵大行，八一建军强国梦”的暑期夏令营。

三、主要成效

（一）茶树病虫害绿色防控为贵州茶产业全面提质增效

病虫害绿色防控是农产品提质增效、保障食品安全的关键。在大扶贫战略中，贵州大学植物保护世界一流学科团队通过茶树害虫生物防控技术，实现化学农药减量100%，建设了贵州省第一个天敌工厂；通过以草治草和生态调控技术，使除草成本从每亩600多元降至150元以内；通过免疫诱导提质增效技术，使茶叶产量提高20%以上，化学农药减量达100%，亩增产值1500元以上；通过农药高效利用技术，实现节水65%～67%，减药100%，农药利用率提高20%以上；通过茶叶农药多残留检测和茶园土壤重金属检测技术，为贵州茶产业发展定位奠定基础，还制定了20种农药在茶

叶、谷物、水果、蔬菜等作物中129项残留限量的国家标准(GB2763-2016)。

学校以宋宝安院士为组长，集合贵州大学、农科院和政府部门专家成立省级专家团队、市县级专家团队，制订实施方案，统一推广措施，明确绩效指标，一级带着一级干，一级做给一级看，强化政校结合、校农结合、研产结合，形成了完善的推广体系，在贵州43个重点产茶县全域推广绿色防控集成技术，实现全省范围全覆盖。学校以参与式、启发式、互动式、成人非正规教育式等模式，在全省重点产茶县建设43个实训基地，开办“茶树病虫害全程绿色防控技术农民田间学校”43间，通过采用室内讨论、田间观察和调查、技术实际操作等方式，加强茶农的自信心，强化茶农的生态意识、标准化生产意识和团队协作精神，提高茶农的自主生产、科学决策和自主创新能力，培养有文化、懂技术、会经营、善管理的新型农民，先后开展技田间现场指导48 300余人次，组织技术培训18 500人次，发放技术资料56 800余份。线上编制“茶树冻害预防与修复技术”“茶园杂草防除技术”“短穗扦插苗圃病虫害防控措施及注意事项”“茶园全程绿色生态健康管理技术模式图”等系列资料，通过新闻媒体等进行推送，线上点击率20余万次。建立或加入“贵州茶叶病虫害绿色防控技术示范”“黔西南州茶产业群”“安顺茶叶工作平台”“水城县茶叶管护暨绿色防控交流群”等微信群，实时在线解决茶农、茶企业在生产上遇到的问题，有力地提高了技术服务的能力和效率。团队建设的茶病虫害绿色防控集成技术示范区，直接带动农民13 300户、贫困人口12 000多人，辐射带动10多万农民脱贫增收，为贵州750万亩干净茶的健康发展提供了重要的技术支撑。

（二）猕猴桃一体化集成技术助力脱贫攻坚成效

植物保护世界一流学科充分把握贵州猕猴桃资源，形成以龙华友教授为核心的猕猴桃科研团队。团队在修文开展科技服务，到2019年年底，该县猕猴桃产业发展到16.7万亩，产值达22亿元，带动2万余人脱贫致富；转战到息烽县石硐镇帮助农民发展猕猴桃产业，帮助企业解决猕猴桃产业发展中的技术难题，带动企业发展猕猴桃基地4800亩，辐射带动周边农户发展猕猴桃种植地10 000亩；再战水城县，从猕猴桃高效栽培、病虫害绿色防控到猕猴桃品牌营销，开展了全产业链服务，助推2019年水城县成功脱贫。在学科的帮助下，贵州猕猴桃产业发展到50多万亩，已成为贵州老百姓脱贫致富的支柱产业。

（三）稻田稻蛙技术加快贵州500亩坝区产业结构调整

贵州作为全国唯一没有平原支撑的省份，500亩坝区无疑是贵州农村产业革命和农业产业结构调整的核心。植保学科陈卓教授带领学科研究生，在贵州集成创新稻田生态工程和稻蛙绿色生态种养技术，在播州区、石阡县、天柱县、思南县、三穗县、安顺市、黎平县等地进行示范与应用推广，稻田综合产值达17 388元/亩，稻田全程杜绝杀虫剂、除草剂和化肥的施用，稻米无农残超标，相关技术成为西南山地稻区农药化肥减施的典型示范技术和贵州500亩坝区产业结构调整的主推技术。该技术在贵州省7市、31县推广应用，累计面积600万亩，新增经济效益9.03亿元，荣获2019年贵州省科技进步一等奖和教育部科技进步二等奖，团队人员入选国家中青年科技创新领军人才。

（四）选育新型品种与栽培技术丰富乡村产业结构

植保学科黄剑教授挂职榕江县副县长，牵头组织完成榕江县百香果产业调研报告，支持榕江成立百香果研究院，帮助榕江编制“百香果深加工产业建设可行性研究报告”，培训百香果产业技术骨干30余人次，支持榕江县10 185亩百香果产业发展，使当地百香果产值达4580多万元，覆盖带动贫困户3395户13 870人，贫困户总受益300多万元，户均增收900元；牵头发展榕江县西门塔尔肉牛产业，完成了12 900多平方米的项目规划设计，目前养殖西门塔尔肉牛165头，项目达产后，产值可望达到450多万元，利润达200多万元，纯利润100万元，项目服务共覆盖贫困户300多户1253人，年户均纯收入增加1000元。

在全力支撑脱贫攻坚的同时，植保学科教师也获得了国家和贵州省的多次表彰。例如，龙友华教授获全国“五一劳动奖章”和贵州省“五一劳动奖章”，郅军锐教授获全国“三八红旗手”，金林红教授获“创新争先·科技榜样”称号。一大批专家教授正践行着“将论文写在贵州大地上”的生动实践。

（五）贵州大学科技扶贫成功经验助力国际扶贫

贵州大学植物保护世界一流建设学科在科技扶贫过程中，形成了一大批农村产业新技术，规范了科技扶贫技术标准，制定了指导性技术推广文件，探索出人才链、知识链转化为扶贫产业链的扶贫模式。学科获批国家高效低风险农药学科创新引智基地以及科技部国际科技合作基地，以国际会议、合作出版专著、学生联合培养以及人才柔性引进等方式，与国外植保学科领域的百余名国际知名专家建立了十分紧密的合作关系，与国际知名刊物《农业食品化学杂志》（*Journal of Agricultural and Food Chemistry*）、《害虫管理科学》（*Pest Management Science*）共同创办了绿色植保技术创新国际高端论坛，在国际上产生了重大影响。2008年以来，学校承办、协办了12届“中国–东盟教育交流周”系列活动，举办茶文化论坛，与东南亚国家通过澜湄合作专项基金项目，为“一带一路”背景下探索我国茶产业国际化发展路径发挥了重要作用，成为国际文化教育科技交流重要平台。同时，团队还把科技扶贫实践形成的贵大智慧输送到冈比亚、埃及和东南亚国家，在“一带一路”沿线国家，为当地农技人员做科技扶贫与农业现代化、作物病虫害绿色防控技术与应用等内容的讲座，扩大了贵州大学校植保学科的国际影响力，引起了强烈的国际反响。

四、主要经验

（一）充分发挥植物保护世界一流学科优势和制度激励机制

贵州大学悠久的发展历史，积淀了植物保护的学科优势、人才优势和平台优势，具备推动贵州农村产业科技第一生产力的禀赋条件。同时贵州大学出台了一系列政策措施大力支持专家团队、博士生、硕士生、本科生投身脱贫攻坚一线，出台《贵州大学一流学科特区人才引进及培养管理办法》，拿出专项资金，鼓励支持学科人才聚焦“大地论文工程”，通过激励机制鼓励专家“将论文写在贵州大地上”。

（二）采用“专家+基地+博士村长+产业”的科技扶贫工作模式

为有效用好科技扶贫资源，贵州大学植物保护世界一流学科“立足贵州建一流”，把“论文写在贵州大地上”，形成了“专家+基地+博士村长+产业”的科技扶贫工作模式，衍生开展了典型的“榕江模式”“沿河模式”“威宁模式”。该模式以专家技术开发为核心，通过专家挂牌作战的形式，以基地技术转化为要点，以“博士村长”持续执行为基础，使创新链和产业链融为一体，实现以产业兴旺为目标的科技扶贫模式。

（三）建立植物保护世界一流学科科技扶贫会商制度

贫困乡村科技扶贫需求的多样性、空间分散性加大了脱贫攻坚难度。为克服这一困难，贵州大学专门成立脱贫攻坚办公室，定期召开科技扶贫工作会议，与榕江、纳雍、赫章、印江、余庆等县（市、区）签订了产业扶贫战略合作协议，全面对接各县重点农业产业，将科技扶贫工作推向纵深发展，会商乡村产业发展中的科技需求，有效用好科技扶贫资源，会商乡村产业发展中的科技难题，磨砺科技攻关本领，提升科技服务水平。

五、未来打算

（一）继续发挥学校人才与科研优势

继续抓好植物保护世界一流学科建设，加大科技成果转化与推广，创新驱动农村产业革命。注重扶贫与扶智相结合，与贫困地区企业建立长期有效的合作，加速贫困地区经济的快速发展，积极将科研成果转化为现实经济效益，自觉与贫困地区实现科技转化，提高贫困地区的自我发展能力，实现可持续发展。

（二）贯彻理论与实践相结合的理念

脱贫攻坚与乡村振兴关乎民生保障、国家利益。贵州大学植物保护世界一流学科团队必须践行“格物致知”的理念，积极投身贵州的扶贫事业和乡村振兴，做到知成一体。充分发挥“博士村长”力量，深入宣讲乡村振兴战略重大机遇与科技创新贡献，用当地群众听得懂、记得住、可复述的语言开展宣传，让群众充分了解党的各项好政策和科技应用，增强内生动力，聚力脱贫攻坚、乡村振兴。

（三）协同多学科全方位服务乡村振兴

乡村振兴是一项综合的事业，涉及产业兴旺、生态宜居、治理有效、乡风文明、生活富裕等5个方面。2020年打赢脱贫攻坚战后，贵州大学植物保护一流学科必将继续发挥科技优势，做好科技扶贫与乡村振兴的有效衔接，积极投身到乡村振兴的伟大事业中，同时发挥贵州大学综合性学科优势，整合学校优势资源，围绕农业高质量发展和绿色发展，全面融合乡村振兴，主动承担贵州大学服务经济社会发展的责任。

（贵州大学　刘　颖　　陈　卓）

以“绿色烤房技术”助力产业精准扶贫

——云南大学精准扶贫精准脱贫典型项目

实现产业精准扶贫，将“输血式”扶贫变成激发贫困户形成产业的“造血式”扶贫是扶贫工作中的重要着眼点和难点。云南大学低碳与节能技术研究所（简称“云大节能所”）对此做了有益的探索。

云大节能所利用自有的“绿色烤房技术”，在云南大学对口帮扶的凤庆县鲁史镇河边村，将2座传统密集烤房改造为绿色烤房，使当地村民的烤烟质量明显提升，烘烤成本显著下降50%以上，综合效益从每亩烟地的平均3500元左右上升到7000元左右，显著地增加了村民收入。结合云大节能所在其他贫困地区参与改造的40余座绿色烤房的情况来看，该技术使用清洁电能和全自动控制，实现了清洁能源对传统燃煤的替代，不仅节能又环保，还有效解决了贫困地区烟叶烘烤技术力量不足、产出烟叶质量低的问题，能够显著增加村民的种烟收入。该技术在贫困地区的推广，可以吸引烟草企业加大对当地农、田、水、路、电等基础设施的投入，并形成良性的产业循环，对云南省的科技扶贫事业发挥了积极的推动促进作用和良好的示范辐射作用。

一、基本情况

2012年12月30日，习近平总书记在河北省阜平县考察扶贫开发工作时指出：“贫困地区发展要靠内生动力，如果凭空救济出一个新村，简单改变村容村貌，内在活力不行，劳动力不能回流，没有经济上的持续来源，这个地方下一步发展还是有问题。”

云南大学将如何以科学技术助力内生动力的发生、发展，进而实现贫困地区的脱贫作为一个重要的工作来研究和推动。

经过综合分析，学校结合云南的实际情况分析了产业扶贫的痛点：

（1）产业推动和市场需求往往有一段时间的不匹配，如何选择和发展合适的产业经济是一个难题。

（2）贫困地区群众往往市场意识也比较淡漠，缺乏市场信息和对相关产业的关注。

（3）农村种养殖行业对市场的适应能力比较弱，相关领域也非学校长项。

经过反复研究、调研，学校发现了一个比较重要的信息：云南烟草行业一直是云南省的支柱产业，然而传统云烟之乡的老烟区由于成本因素，现在烟农种烟的积极性已经大不如前，而新的烟区由于种植技术、烘烤技术的不足，种烟的收入不够理想，影响了烟农种烟的积极性。“老的不想种，新的不会种”已成为云南烟草下一步发展的隐患。

以学校对口帮扶的凤庆县为例，烟草现在已经成为当地老百姓收入的主要来源，凤庆县的烟草种植面积、产值在临沧市都是最大的。但是，烟草业并非凤庆的传统产业，凤庆本地人不熟悉烟叶的种植和烘烤技术，这种状况极大地影响了烟农种烟的收入。在土地、环境和整体种植资源基本一致的情况下，每亩单产从3000元到10 000元不等，凤庆全县平均单产目前是3800元，而每亩综合成本大约是3000元。种烟的利润低导致其对从业者的吸引力明显不足。

经过实地调研和仔细分析后，云大节能所意识到：通过改善种植和烘烤技术，保守估计，凤庆县烟草完全可以达到每亩平均6000元的产值水平。如果利用烟叶行业成熟的市场环境增加了烟农的收益，将会有更多的村民增加烟叶的种植面积，进而吸引烟草企业对当地农田水利和基础设施的进一步投入，进一步形成具有内生动力的良性循环，实现产业帮扶的新局面。

以凤庆县河边村为例，若种植面积增加5倍，单产效益达到每亩6000元，则全村的种烟产值可以从现在的56万元增加到480万元，户均收入提高6500元。

云大节能所研发的“绿色烤房技术”是一项具有自主知识产权的实用技术。该技术经云南省烟草公司鉴定为“国内领先，具有大规模推广应用的条件”。其原理是利用清洁的电力作为能源，使用高效节能的热泵机组和余热利用技术对烤房实施改造，具有无污染、无排放的特点，烘烤工艺自动化控制程度高，烤烟成品率高（一般超过85%），并且烤烟品质明显提升，能够较好地完成学校对产业扶贫的要求。

2017年，在临沧市烟草公司的支持下，云大节能所对凤庆县鲁史镇5座烤房实施了绿色烤房改造，当年投入运行。其与原有的烤房相比，具有十分显著的优越性，主要表现在：（1）烘烤成本明显下降，原有烤房烘烤成本为4.5元/公斤干烟叶，而绿色烤房为2元/公斤干烟叶；（2）烘烤质量明显提升，成品率由原烤房的50%左右提高到85%以上；（3）烘烤自动化程度高，整个烘烤过程中可以实现无人值守，无须添加燃料，可节约大量的人工成本。“绿色烤房技术”的优势可以总结为：烘烤成本下降，群众收入明显增加；烘烤工艺自动，烟叶质量稳定，较人工控制烘烤质量明显提高；污染物排放大量减少，环境得到有效保护。

2018年，学校拨出专款对对口扶贫点河边村的2座烤房实施绿色化改造，当年投入使用。使用绿色烤房烘烤的烟叶质量明显提升，一等率达到80%，折算烟地亩产实现收入7000元，增加近一倍，在效率明显提升的同时实现了节能减排，获得了巨大的环境、经济和社会效益。

二、项目的进展情况

云大节能所长期从事烘烤节能和绿色烤房建设的研发工作，先后形成专利技术15项。

2010年，在云南省烟草公司支持下立项开展研究。

2012年，采用自主研发的低温换热技术进行烤房节能改造，并通过云南省节能监察中心检验，节能率为21.6%。

2013年，对景谷县永平镇和宁洱县勐先镇的104座气流下降式烤房进行了节能改造，经规模化实烤验证，项目所选择技术工艺成熟，综合节能率达到20%，节能效果明显，具备开展大规模推广使用的条件。

2014年，在曲靖对4座气流上升式烤房进行了节能改造并取得成功。

2015—2017年，在宁洱、景谷、镇源、景东、墨江、临祥、凤庆等区、县先后建设了30座以电力为动力的绿色烤房，进一步完善了技术方案，积累了成熟的建设经验。

2018年，为学校对口援建的凤庆县鲁史镇河边村进行了2座烤房的绿色化改造，当年投入运行，至今已经完成近40次烘烤，节约燃料及人工成本5.6万元，烟叶种植增收14万元。从整体效益看，已经实现建设后2年收回投资的目标，具有较好的商业价值。

三、项目的特点以及可扩展性

（一）项目的特点

（1）与优势产业的结合度高。项目与云南成熟的烟草行业结合，充分利用了该行业市场成熟稳定、吸纳能力强的特点。

（2）与国家的产业政策相符性好。利用新技术对传统产业实施能效提升、环保改造，符合国家的产业政策和环保要求，为云南省建设生态文明和全国同步实现小康的有机统一提供了一种解决方案。

（3）提高农户的收益显著。项目通过提高烘烤质量进而提高烟农收益，吸引更多农民扩大种植规模，减轻烟草原料不足的隐患，具有促进贫困地区农民利用内生动力实现脱贫的潜在优势。

（4）增加产业扶贫的积极性。增加烟叶种植面积，能吸引烟草企业对当地农田水利等基础设施的进一步投入，形成农户、烟草企业的良性互动，巩固产业扶贫效果。

（5）项目具有可复制性。该项目可以在云南的烟区推广复制，从而提高烟农的收入，提高云南烟草的质量，还能有效利用云南丰富的水电资源，保护生态环境。

（二）当前制约项目的主要因素

根据多年的实践情况，制约本项目的主要因素有两点。

（1）项目的前期投入较大。平均每座烤房改造需要投资50 000元左右，每年的烤季为1～2个月，每年能烘烤5～7次。如果不计算烟叶质量提升带来的增加值，仅以烘烤的下降成本来计算，需要5年左右才能收回投资。

（2）如果将燃煤烤房改造为以电力为主的绿色烤房，需要电力设施的配套改造，这部分的投资并没有计算在烤房改造的投资上。

因此，如何促进本项目的有效推广及应用仍然需要探索适合的市场机制。

项目组经过多年的研发，技术上已经有多种选项，改造成本也已得到较大的降低。不同绿色烤房的相关技术特点及经济要求归纳见表1。

表1　主要的“绿色烤房技术”比较

主要燃料品种	初期投资（万元/座）	自动化程度	烘烤质量	技术成熟度	备注
电力	4.5	高	好	高	需电力基础设施支持，建成后无须考虑能源供给、运输问题。
生物质能	0.9	中	好	高	燃料价格随市场波动较大，建成后需要考虑燃料供给、运输问题
天然气（LNG或CNG）	1.5	高	好	较高	需要关注燃料供应条件及持续供给问题，需要关注安全及运输条件

四、成效与经验

通过多年的工作实践，项目组认为，依托烟草行业，通过提升贫困地区的烤烟基础设施建设，提高村民种烟的积极性，帮助他们做好烟叶品种筛选、烟叶种植技术提高、烘烤质量提升一系列工作后，可以有效地增加农民的收入。

以临沧市为例，作为新烟区，烟叶的种植、烘烤等方面的技术与曲靖市、玉溪市等老烟区相比有较大的差距，产值方面的差距也很明显。临沧市每亩烟地种烟的平均收入为3800元，而玉溪等地可以达到10 000元及以上，这其中引起差距的因素比较多，但是烘烤技术是最关键环节之一。因此，把降低烘烤成本、提升烘烤质量作为抓手，以增加烟农收益为目标的产业帮扶模式是可行的，这种模式具有潜在的推广应用价值，是当前开展产业扶贫的有效办法。

提高烘烤质量，核心问题是解决烘烤的技术控制问题，对现有烤房实施绿色智能化改造是必由之路。技术路线上，可以因地制宜选取电烤房、生物质烤房、天然气烤房等技术改造路线，配以物联网、远程控制等新技术，形成新烟区的后发优势，提高烘烤质量，提升烟叶等级，较大幅度地提高烟农的收入和种烟的积极性。

在商业模式上，应当发挥政府的引导作用，协调对口帮扶单位和当地烟草合作社，开展技术培训和帮扶，聚集资源，进行烟草基础设施的改造和建设工作，引入市场要素，充分发挥当地烟草合作社的作用，积极争取烟草企业的支持和扶持，最大限度地让利给烟农，形成多方合作共赢的良性循环，巩固产业扶贫成果，帮助贫困地区脱贫致富。

五、下一步实施计划

为了进一步发挥该项目的扶贫效益，项目组将从以下三个方面开展下一步的工作。

（一）技术方面进一步完善和优化

进一步完善“绿色烤房技术”，使该种技术因地制宜，有效应用。

开发烤房闲时烘烤其他农产品，如核桃、水果、药材、茶叶等，提高烤房的利用率。

利用物联网技术，增强烤房的自动化程度和远程控制能力，增强对贫困地区的技术支撑力度。

对对口帮扶地区开展技术培训。

（二）探索新的商业模式

在各级扶贫机构、烟草公司的支持下，探索“帮扶单位+当地农户+烟草合作社+技术提供方”四位一体合作开展以提高农户种烟收益为目标的新型商业模式。

逐步探索能源投资企业、金融企业参与的扶贫投融资机制，扩大项目的影响和效益。

（三）积极开展推广示范工作

（1）力争在各级扶贫机构的帮助下，2年内实现20座以上规模烤房的绿色化改造，带动千户村民增收致富。

（2）形成示范效应，带动更多机构和地区开展绿色化改造，或新建绿色烤房超过100座以上。

（3）烤房闲时综合应用技术和物联网技术成熟可靠，具备推广应用条件，可进行推广示范。

（云南大学　崔茂乔　张　俊）

发挥科技优势　为脱贫攻坚扶智造血

——青海大学精准扶贫精准脱贫典型项目

脱贫攻坚是全面建成小康社会的重要战略，也是实现全面建成小康社会目标的最艰巨、最根本的任务之一，科技扶贫是其中最有效、最具持续性的扶贫措施。青海大学紧紧围绕青海省贫困地区的短板和难点，按照“科研+项目+基地”的模式积极培育和发展地方特色优势产业，助力青海省产业扶贫。

一、提高政治站位，肩负扶贫责任

青海大学党委深入学习贯彻落实习近平总书记关于扶贫工作的重要论述和讲话精神，认真贯彻落实教育部和青海省委、省政府重大决策部署，坚守青海的历史责任，始终坚持把扶贫攻坚列为学校年度重点工作，与其他工作同部署、同安排，将脱贫攻坚作为党委的重要政治任务，成立了扶贫工作领导小组，明确了党委书记作为扶贫工作第一责任人的责任和班子成员一岗双责的责任，建立了党委会定期听取扶贫工作的制度，每半年召开一次全校扶贫工作推进会、经验交流会，建立了校领导、处级干部和各院系联村联户帮扶机制，明确工作内容、工作目标和工作责任，建立校领导定期赴扶贫点调研的制度，选优配强第一书记和驻村干部，积极配合地方政府，强化组织领导和对接工作，在统筹学校各类资源，发挥专业优势、科技优势、人才优势实施精准帮扶方面下足了功夫。

二、聚焦科技优势，服务经济发展

青海大学充分发挥青海省十大农牧业科技创新平台、三江源及高原农牧业国家重点实验室、5个特色产业基地等平台的作用，聚焦科技优势，发展地方产业，助力脱贫攻坚。学校在贵南县、共和县等8个县域建成32个藏羊高效养殖以及蚕豆种业等方面扶贫产业科技示范基地，带动贫困户脱贫致富。学校累计实施多胎藏羊高效养殖技术、牦牛提质增效技术、中药材种苗繁育、羊肚菌高原设施高产栽培技术等特色产业的生产关键技术集成示范等科技扶贫产业项目11项，培育优势产业30个左右，覆盖约100余个贫困村，涉及约1000个贫困户，带动户增收3000～20 000元。

在发展养殖方面，藏羊养殖是藏族居住地区的优势产业，青海大学羊产业平台首席专家侯生珍教授主持的科研团队把藏羊高效养殖技术作为科技助力产业扶贫的重要抓手，将母羊同期配种，母羊妊娠后期精准饲养、泌乳期精准饲养，羔羊早期断奶和羔羊养殖等关键技术，集成高效养殖技术后，使当年羔羊6月龄出栏，比传统放牧养殖多增加收入2.5万元，带动贫困户1000多户，年实现新增产值达3000万元，户均超过3万元。“以前在传统养殖条件下，藏羔羊5月龄才断奶。羔羊断奶后，天然草场牧草正处于枯黄季节，容易造成羔羊大面积死亡。新技术养殖让藏羔羊2月龄断奶后，3～5天藏母羊就回奶了。我们合作社当年饲养的500只母羊，成活率提高了14个百分点，6月龄羔羊活体重达到了41公斤。”海南藏族自治州共和县兴隆肉羊养殖合作社理事长马生海说，“前些年自己用土办法养殖，羊的死亡率很高。以前一只羊一年下一胎，现在用了侯教授的高效养殖技术后，一年下两胎，一次下两只，收入多了一倍！”2018年8月的一天，都兰县香加乡科学图生态畜牧业合作社理事长那木卡在遇见侯生珍教授时，激动地说：“大教授，我就知道你这几天要来。我先告诉你一个好消息，今年我们合作社进行高效养殖的26户牧民，分红得了48万多元，带动贫困户9户，贫困户每户也有2万元的分红。我们牧民们高兴得要跳起来了，这主要是您的功劳，我们非常感谢，今天我一定要多敬您几杯。”

在发展种植业方面，青海大学全力推广学校自主研发的青稞、油菜、马铃薯、蚕豆等青藏高原当家优质良种及栽培技术，所种出的农作物被农牧民亲切地称为“脱贫洋芋”“致富油菜”“来钱蚕豆”“增收青稞”。

近几年，“青杂”系列油菜品种在我国春油菜区年推广面积达到500万亩，占甘蓝型油菜种植面积的85%以上，种植区农民年增收近5亿元。马铃薯“青薯9号”目前已在青海、甘肃、四川等10多个省、自治区推广种植，2016年以来累计推广面积800万亩，农民增收20多亿元。

蚕豆是青海省海南州的特色产物，是当地农牧民喜欢种植的作物。青海大学充分利用当地的需求，在共和县塘格木镇采用“科研+公司+基地+农户”的扶贫模式发展和培育扶贫产业。2019年蚕豆产业平台首席专家刘玉皎教授带领团队在海拔3000米的共和县塘格木镇东格村，成功实现以早熟蚕豆“青海13号”以及全程机械化综合配套技术为核心的“蚕豆+青稞”轮作模式，建立示范基地2000亩，平均亩产量300公斤以上，蚕豆秸秆产量每亩约100公斤，产值1500元左右，较传统产业种植效益每亩增收近500元。2020年春天，东格村村主任贾寿禄开心地说：“去年，四川来的商人直接到我们家门口来收蚕豆，一亩的收入有1500元以上，比种其他作物每亩增收500元以上。而且蚕豆秸秆为我们的养殖业提供了饲草，每亩饲草的产值在150元左右。我们村的种植面积会逐步扩大，今年我们村种植蚕豆至少5000亩以上。”

海南州贵南县沙沟乡拉扎村是青海大学联点帮扶村，青海大学以蚕豆种业为抓手，科技助力产业扶贫，收到实效。村党支部书记冷本才让感慨地说：“2019年我自己种了5.8亩‘青蚕14号’，收入达12 300元，自己的收入增长了一倍多。收入最多的是尕藏尖措家，收获30 050元，最少的也在1万元以上。蚕豆种植基地建设使拉扎村村民收入达到40万元左右”。村民多拉太说：“去年我种的蚕豆每亩收入超过了2000元，对我们村来说，这个效益是最高的。蚕豆草还可养牛养羊，效果比较好，今年我作为致富带头人种植蚕豆达30余亩，我有信心今年的收入比去年更好，总之感谢青海大学对我们的大力支持。”

第一书记扎西东主说：“蚕豆‘青蚕14号’保障了我村产业发展，为我村经济破零做出了贡献。我们要把产业扶贫工作作为脱贫攻坚的持续有效举措抓出实效。在青海大学帮扶下，我们准备了高产优质的‘青蚕14号’种子0.9万公斤，利用中央1号文件宣讲时机，全部免费分发给拉扎村大豆种植农户，受益农户60余户，其中包含贫困户29户。我们要转变思想，以发展产业为根本，助力脱贫攻坚。”

青海大学食用菌团队在省科技厅的支持下，实施“羊肚菌高原设施高产栽培技术集成示范项目”。以技术示范为主要工作内容，以提高技术熟化程度和实现科技成果产业化为主要目标的示范推广项目，旨在推动青海省食用菌产业发展，提升对农业重点产业的支撑能力，助力脱贫攻坚，巩固脱贫成效。该团队开展科技扶贫以来，先后组织实施“高原羊肚菌栽培技术概述”“高原羊肚菌设施栽培的技术条件”“高原羊肚菌设施栽培整地技术”等技术指导培训10余场次，累计开展大范围技术指导、培训工作100余人次。统计显示，较蔬菜种植，青海省羊肚菌种植节省人力成本2/3，单季每亩均产150公斤，毛利润在3万元人民币左右。

三、聚焦健康扶贫，真情惠及民生

青海大学充分发挥高原医学、藏医药学等学科专业和附属医院优势，送医送药、下乡义诊已成为健康扶贫常态。包虫病创新诊疗团队在人群流调、临床诊疗技术、影像学诊断策略研究方面，研究成果达到国内领先水平。“包虫病综合防控技术研究与示范”已在全省进行推广应用，学校在三江源地区开展包虫病的临床诊疗、预防控制、动物防疫等工作，建立起高效的包虫病综合防控体系。学校成功开展了“医疗卫生精准扶贫”“三江源包虫病公益行”“肝脏重生计划”“精准医疗帮扶”“‘健康中国　医师行动’健康扶贫包虫病攻坚战计划”等系列公益活动，走进基层开展了一系列医疗救助和科技扶贫等工作。

青海大学及其附属医院开展了包虫病属地化防治工作，对重点人群以宣教手环、藏汉双语宣教手册、包虫病防治视频、藏汉双语讲解等形式联合开展宣传教育，累计举办包虫病防治宣传教育400余场，对45 000余人进行健康宣教，共发放宣传资料70 000余册，播放包虫病防治视频340余场次。宣教涉及人群从最初的以学生、牧民为主体，扩展到领导干部、僧侣等群体，让他们发挥自己的主动性、影响力，带动其他人群做好主观预防。学校及其附属医院在青海三江源地区开展基层属地手术600余台，筹集公益救助资金700余万元，公益救助患者700余人次。

青海大学及其附属医院携手基层医疗机构积极开展诊疗合作。学校附属医院积极发挥已建成的青海省包虫病临床诊疗中心、青海省包虫病临床医学研究中心、青海省包虫病外科医疗质量控制中心、青海省临床重点建设专科的资源优势，与果洛州人民医院、玉树八一医院、玉树州人民医院、海西州人民医院等开展包虫病临床诊疗合作，开展精准医疗帮扶，提升基层包虫病的诊治水平，更好地为牧区群众服务。

青海大学及其附属医院还建立了面向基层医生、技术人员和农牧民的培训与服务体系。学校附属医院包虫病诊疗团队的专家组成培训团，不定期地在果洛州、玉树州等地区开展培训，开展包虫病规范化诊疗、普通外科疾病诊疗的同时，还开展包虫病规范化诊疗技术、普通外科常规手术、腹腔镜技术、手术麻醉技术的培训及现场示教指导，培训基层医务工作者千余人次，真正实现规范化包虫病诊疗新理念、新技术下沉到基层。学校及其附属医院将继续以精湛的医疗技术、热忱的合作态度帮扶、救助更多病患，稳步推进精准扶贫。

（青海大学　马　青）

点评：

在脱贫攻坚工作中，贵州大学主动担当作为，积极投身如火如荼的脱贫攻坚战，把科研论文写在贵州大地上。学校充分利用学科优势、平台优势和人才优势，书记校长深入农户、学科专家走村到户、“博士村长”长期驻村，将学校科研成果和党的政策送到企业、农户手中，手把手教给农户技术，面对面为农户寻找致富路。一户户农民的脱贫、一个个企业的发展、一个个村庄的巨变、一个个贫困县的脱贫摘帽，这些生动的扶贫实践告诉我们：“博士村长”的青春和热血没有白费，他们向党和人民交出了一份满意的答卷，为贵州如期打赢脱贫攻坚战做出了巨大贡献，为中国减贫事业提供了“贵州方案”“贵大智慧”。

——贵州大学公共管理学院院长、教授　洪名勇

参加科技扶贫项目是我攻读硕士期间最难忘的事情。走出实验室，来到云南省临沧市临翔区蚂蚁堆村，把自身所学用于扶贫、创造价值，这让我感到非常幸运。每次老乡们给我们送吃的，向我们表示感谢时，我都体会到我们所做的事情是很有意义的，也深深感受到青年人身上所承担的责任。

在脱贫攻坚战役中，虽然我只是一股小小的力量，但对我自身成长来说，这段时间却是我进步最快的时期。我学会了如何迎接挑战，如何克服困难，如何静下心来做好每一件事情。习近平总书记说过，青春由磨砺而出彩，人生因奋斗而升华。我想我正在经历这个过程，我也更加坚定了要投身国家和社会发展之中，将论文写在祖国大地上的决心和信心。

——华中科技大学生命科学与技术学院研究生　谢燕霞